INSTITUIÇÕES DE
DIREITO CIVIL

Volume IV

DIREITOS REAIS

Posse • Propriedade • Direitos Reais de Fruição,
Garantia e Aquisição

EDIÇÕES ANTERIORES

1ª edição – 1970
19ª edição – 2005 – 2ª tiragem
19ª edição – 2006 – 3ª tiragem
19ª edição – 2006 – 4ª tiragem
19ª edição – 2007 – 5ª tiragem
19ª edição – 2008 – 6ª tiragem

20ª edição – 2009
20ª edição – 2010 – 2ª tiragem
20ª edição – 2011 – 3ª tiragem
21ª edição – 2012
22ª edição – 2014
23ª edição – 2015

24ª edição – 2016
25ª edição – 2017
26ª edição – 2018
27ª edição – 2019
28ª edição – 2022

Grupo
Editorial
Nacional

O GEN | Grupo Editorial Nacional – maior plataforma editorial brasileira no segmento científico, técnico e profissional – publica conteúdos nas áreas de concursos, ciências jurídicas, humanas, exatas, da saúde e sociais aplicadas, além de prover serviços direcionados à educação continuada.

As editoras que integram o GEN, das mais respeitadas no mercado editorial, construíram catálogos inigualáveis, com obras decisivas para a formação acadêmica e o aperfeiçoamento de várias gerações de profissionais e estudantes, tendo se tornado sinônimo de qualidade e seriedade.

A missão do GEN e dos núcleos de conteúdo que o compõem é prover a melhor informação científica e distribuí-la de maneira flexível e conveniente, a preços justos, gerando benefícios e servindo a autores, docentes, livreiros, funcionários, colaboradores e acionistas.

Nosso comportamento ético incondicional e nossa responsabilidade social e ambiental são reforçados pela natureza educacional de nossa atividade e dão sustentabilidade ao crescimento contínuo e à rentabilidade do grupo.

CAIO MÁRIO DA SILVA PEREIRA

Professor Emérito na Universidade Federal do Rio de Janeiro
e na Universidade Federal de Minas Gerais.

INSTITUIÇÕES DE DIREITO CIVIL

Volume IV

DIREITOS REAIS

Posse • Propriedade • Direitos Reais de Fruição,
Garantia e Aquisição

Carlos Edison do Rêgo Monteiro Filho
Atualizador e colaborador

29ª revista,
edição atualizada e
reformulada

Editora
FORENSE

■ **Atendimento ao cliente: (11) 5080-0751 | faleconosco@grupogen.com.br**

■ Direitos exclusivos para a língua portuguesa
Copyright © 2024 by
Editora Forense Ltda.
Uma editora integrante do GEN | Grupo Editorial Nacional
Travessa do Ouvidor, 11 – Térreo e 6º andar
Rio de Janeiro – RJ – 20040-040
www.grupogen.com.br

■ Capa: Aurélio Corrêa

1ª edição – 1970
29ª edição – 2024

■ **CIP-BRASIL. CATALOGAÇÃO NA PUBLICAÇÃO**
SINDICATO NACIONAL DOS EDITORES DE LIVROS, RJ

P49i
29. ed.
v. 4

    Pereira, Caio Mário da Silva, 1913-2004
    Instituições de direito civil : direitos reais : posse, propriedade, direitos reais de fruição, garantia e aquisição / Caio Mário da Silva Pereira ; atualizador e colaborador Carlos Edison do Rêgo Monteiro Filho. - 29. ed., rev., atual. e ampl. - Rio de Janeiro : Forense, 2024.
    384 p. ; 24 cm.   (Instituições de direito civil ; 4)

    Inclui índice alfabético-remissivo
    ISBN 978-85-3099-444-0

    1. Direitos reais - Brasil. 2. Posse (Direito) - Brasil. 3. Propriedade - Brasil. I. Monteiro Filho, Carlos Edison do Rêgo. II. Título. III. Série.

24-88989   CDU: 347.2(81)

Meri Gleice Rodrigues de Souza - Bibliotecária - CRB-7/6439

AOS MEUS FILHOS

*dedico este volume que
trata dos bens, para
que a estes saibam
sempre sobrepor os
valores morais.*

Índice Sistemático

Homenagem a Caio Mário da Silva Pereira

Costuma-se dizer que a tarefa de atualização de um texto encerra níveis de dificuldade maiores do que os enfrentados na criação de um novo. Em especial quando aos atualizadores se submete obra clássica, admiradíssima, e que há mais de quarenta e cinco anos, como é o caso das *Instituições de Direito Civil*, fascina diferentes gerações de civilistas. Além da elegância de estilo e do domínio singular sobre a linguagem, a obra do professor Caio Mário da Silva Pereira alia as marcas da profundidade e da didática, virtudes tais que distinguem suas *Instituições* como o manual de direito civil de maior repercussão na comunidade jurídica, a criar vinculação intelectual e afetiva entre o Mestre e seus leitores, desde os bancos da graduação até o desempenho das mais altas atividades profissionais por todo o país. Assim, os trabalhos de revisão e atualização revestem-se de profunda dimensão social, pois têm por escopo não privar as atuais e futuras gerações de estudantes e estudiosos do direito civil das preciosas lições que se perpetuam na presente coleção.

Como que a lidar com a pureza dos diamantes, intervenções pontuais, adendos e mesmo construções inovadoras paulatinamente inseridos nas edições atualizadas procuram guardar fidelidade ao estilo e às diretrizes centrais do pensamento do autor, incorporando toda a farta produção jurisprudencial e legislativa hodierna ao conteúdo do livro. Já nos manuscritos desenvolvidos para a primeira versão pós-Código Civil de 2002, gentilmente cedidos aos atualizadores, percebe-se a preocupação do professor em conciliar o Direito com as exigências da realidade, afastando construções ensimesmadas em conceitualismos vazios. Ao adotar, no rigor metodológico, o Direito como ciência instrumental aos anseios de justiça, Caio Mário logrou imprimir em suas *Instituições* significado transcendente, de profícua aplicabilidade aos tempos correntes.

A explosão dos diferentes empreendimentos imobiliários, bem como as novas faces da autonomia privada nos direitos reais, e a ainda necessária ampliação dos meios de acesso à propriedade, por exemplo, evidenciam a importância prática das lições do professor Caio Mário. Nesta linha, a 25ª edição do livro procurou tratar de temas tais como a disciplina da usucapião extrajudicial e as modificações relativas às ações possessórias no Código de Processo Civil de 2015, e, ainda, a atualização do instituto da alienação fiduciária e os novos perfis do pacto comissório na jurisprudência. Em sua 26ª edição, a obra incorporou as inovações normativas de 2017, dentre as quais se destacam o direito real de laje, o condomínio de lotes, a conversão da legitimação da posse em título de propriedade, nos termos da Lei nº 13.465/2017. Na 27ª edição, além de se desenvolver o estudo das instituições aqui mencionadas, privilegiou-se o tratamento de outra ainda mais nova, o condomínio em multipropriedade (Lei nº 13.777, de 20 de dezembro de 2018), abordando-se, também, as recentíssimas inovações na disciplina da promessa de compra e venda de imóveis objeto de incorporação imobiliária (Lei nº 13.786, de 27 de dezembro de 2018). Na 28ª edição, merecem destaque as alterações promovidas pela Lei da Liberdade Econômica (Lei nº 13.874, de 20 de setembro de 2019), responsável, no que tange à disciplina dos direitos reais, pela incorporação ao Código Civil das normas gerais sobre fundos de investimento. Por fim, quanto à presente 29ª edição, que agora o leitor tem em mãos, as principais inovações ficaram por conta da Lei nº 14.620, de 13 de julho de 2023, que trouxe modificações pontuais em diversos direitos reais, bem como da Lei nº 14.711, de 30 de outubro de 2023, conhecida como Marco Legal das Garantias, que alterou de maneira enfática, sobretudo, o direito real de hipoteca e a alienação fiduciária em garantia.

As cinco últimas edições desenvolveram-se no âmbito de grupo de pesquisa institucional por mim coordenado, integrado por mestrandos e doutorandos do Programa de Pós-graduação em Direito da UERJ, aos quais registro meu especial agradecimento: Danielle Bouças, Diana Paiva de Castro, Francisco de Assis Viégas, Gustavo Azevedo, Mariana Siqueira, Rafael da Mota Mendonça, Rodrigo Freitas, Rodrigo da Guia, Victor Willcox, Vynicius Guimarães e, em especial nesta 29ª edição, Diego Brainer.

Constata-se, da prazerosa leitura deste clássico, que, além de núcleo essencial das situações patrimoniais, os direitos reais se revelam importante meio de construção de uma sociedade livre, justa e solidária, que prima pela preeminência dos princípios e valores humanistas consagrados na Constituição da República. A servir de guia interpretativo do sentido das *Instituições*, encerram-se essas palavras com a dedicatória introduzida pelo próprio Caio Mário ao presente volume: "Aos meus filhos, dedico este volume que trata dos bens, para que a estes saibam sempre sobrepor os valores morais".

Carlos Edison do Rêgo Monteiro Filho

À s vésperas de completar 90 anos, tenho a alegria de entregar a uma equipe de destacados juristas os "manuscritos" que desenvolvi desde a versão original do Projeto do Código Civil de 1975, aprovado pela Câmara dos Deputados em 1984 e pelo Senado Federal em 1998.

A exemplo dos mais modernos compêndios de direito, com o apoio daqueles que escolhi pela competência e dedicação ao Direito Civil, sinto-me realizado ao ver prosseguir no tempo as minhas ideias, mantidas as diretrizes que impus às *Instituições*.

Retomo, nesse momento, algumas reflexões, pretendendo que as mesmas sejam incorporadas à obra, como testemunho de uma concepção abrangente e consciente das mudanças irreversíveis: a História, também no campo do Direito, jamais se repete.

Considerando que inexiste atividade que não seja "juridicamente qualificada", perpetua-se a palavra de Del Vecchio, grande jusfilósofo por mim tantas vezes invocado, ao assinalar que "todo Direito é, em verdade, um complexo sistema de valores" e, mais especificamente, ao assegurar que o sistema jurídico vigente representa uma conciliação entre "os valores da ordem e os valores da liberdade".[1]

Em meus recentes estudos sobre "alguns aspectos da evolução do Direito Civil",[2] alertei os estudiosos sobre o perigo em se desprezar os motivos de ordem global que legitimam o direito positivo, e sobre a importância de se ter atenção às "necessidades sociais" a que, já há muito, fez referência Jean Dabin.[3]

Eu fugiria da realidade social se permanecesse no plano puramente ideal dos conceitos abstratos, ou se abandonasse o solo concreto "do que é" e voltasse pelas áreas exclusivas do "dever ser". Labutando nesta área por mais de sessenta anos, lutando no dia a dia das competições e dos conflitos humanos, reafirmo minhas convicções no sentido de que o Direito deve ser encarado no concretismo instrumental que realiza, ou tenta realizar, o objetivo contido na expressão multimilenar de Ulpiano, isto é, como o veículo apto a permitir que se dê a cada um aquilo que lhe deve caber – *suum cuique tribuere*. E se é verdade que viceja na sociedade a tal ponto que *ubi societas ibi ius*, também é certo que não se pode abstraí-lo da sociedade onde floresce: *ubi ius, ibi societas*.

Visualizando o Direito como norma de conduta, como regra de comportamento, e esquivando-me dos excessos do positivismo jurídico, sempre conclamei o estudioso a buscar conciliá-lo com as exigências da realidade, equilibrando-a com o necessário grau de moralidade e animando-a com o anseio natural de justiça – esse dom inato ao ser humano.

Não se pode, em verdade, ignorar o direito positivo, o direito legislado, a norma dotada de poder cogente. Ele é necessário. Reprime os abusos, corrige as falhas, pune as transgressões, traça os limites à liberdade de cada um impedindo a penetração indevida na órbita das liberdades alheias. Não é aceitável, porém, que o Direito se esgote na manifestação do poder estatal. Para desempenhar a sua função básica

---

1 Giorgio Del Vecchio. *Evoluzione ed Involuzione del Diritto*, Roma, 1945, pág. 11, refere-se a "*un tentativo di conciliazione tra il valore dell'ordine e il valore della libertà*", muito embora para assegurar um desses valores seja necessário sacrificar correspondentemente o outro.

2 Caio Mário da Silva Pereira. *Direito Civil: Aspectos de sua Evolução*, Rio de Janeiro, Forense, 2001.

3 Jean Dabin. *Philosophie de l'Ordre Juridique Positif*, Paris, Sirey, 1929, pág. 22.

de "adequar o homem à vida social", como eu o defini,[4] há de ser permanentemente revitalizado por um mínimo de idealismo, contribuindo para o equilíbrio de forças e a harmonia das competições.

Assiste-se, por outro lado, à evolução do direito legislado, na expressão morfológica de sua elaboração, como tendente a perder cada vez mais o exagerado tecnicismo de uma linguagem esotérica, posta exclusivamente ao alcance dos iniciados. Sem se desvestir de uma linguagem vernácula, há de expressar-se de tal modo que seja compreendido sem o auxílio do misticismo hermenêutico dos especialistas.

Tomado como ponto de partida o Código Civil de 1916, sua preceituação e a sua filosofia, percebe-se que o Direito Civil seguiu por décadas rumo bem definido. Acompanhando o desenvolvimento de cada instituto, vê-se que, embora estanques, os segmentos constituíram uma unidade orgânica, obediente no seu conjunto a uma sequência evolutiva uniforme.

No entanto, as últimas décadas, marcadas pela redemocratização do País e pela entrada em vigor da nova Constituição, deflagraram mudanças profundas em nosso sistema jurídico, atingindo especialmente o Direito Privado.

Diante de tantas transformações, passei a rever a efetiva função dos Códigos, não mais lhes reconhecendo a missão tradicional de assegurar a manutenção dos poderes adquiridos, tampouco seu valor histórico de "Direito Comum". Se eles uma vez representaram a "consagração da previsibilidade",[5] hoje exercem, diante da nova realidade legislativa, um papel residual.

Como ressalvei no primeiro volume de minhas *Instituições,* buscando subsídios em Lúcio Bittencourt,[6] "a lei contém na verdade o que o intérprete nela enxerga, ou dela extrai, afina em essência com o conceito valorativo da disposição e conduz o direito no rumo evolutivo que permite conservar, vivificar e atualizar preceitos ditados há anos, há décadas, há séculos, e que hoje subsistem somente em função do entendimento moderno dos seus termos".

O legislador exprime-se por palavras, e é no sentido real destas que o intérprete investiga a verdade e busca o sentido vivo do preceito. Cabe a ele preencher lacunas e omissões e construir permanentemente o Direito, não deixando que as leis envelheçam apesar do tempo decorrido.

Fiel a essas premissas hermenêuticas, sempre considerei a atuação de duas forças numa reforma do Código Civil: a imposição das novas contribuições trazidas pelo progresso incessante das ideias e o respeito às tradições do passado jurídico. Reformar o Direito não significa amontoar todo um conjunto normativo como criação de preceitos aptos a reformular a ordem jurídica constituída.

Em meus ensinamentos sobre a "interpretação sistemática", conclamei o investigador a extrair de um complexo legislativo as ideias gerais inspiradoras da legislação em conjunto, ou de uma província jurídica inteira, e à sua luz pesquisar o conteúdo daquela disposição. "Deve o intérprete investigar qual a tendência dominante nas várias leis existentes sobre matérias correlatas e adotá-la como premissa implícita daquela que é o objeto das perquirições".[7]

Estou convencido de que, no atual sistema jurídico, existe espaço significativo para uma interpretação teleológica, que encontra na Lei de Introdução às normas do Direito Brasileiro sua regra básica, prevista no art. 5º: *"Na aplicação da lei, o juiz atenderá aos fins sociais a que ela se dirige e às exigências do bem comum".*

Na hermenêutica do novo Código Civil, destacam-se hoje os princípios constitucionais e os direitos fundamentais, os quais se impõem às relações interprivadas, aos interesses particulares, de modo a fazer prevalecer uma verdadeira "constitucionalização" do Direito Privado.

---

4   Caio Mário da Silva Pereira. *Instituições de Direito Civil*, Rio de Janeiro, Forense, 2003, vol. I, nº 1.

5   Natalino Irti. "L'Età della Decodificazione", *in Revista de Direito Civil*, nº 10, pág. 16, out./dez. 1979.

6   C. A. Lúcio Bittencourt, "A Interpretação como Parte Integrante do Processo Legislativo", *in Revista Forense*, vol. 94, pág. 9.

7   Caio Mário da Silva Pereira. *Instituições de Direito Civil*, vol. I, nº 38.

Com a entrada em vigor da Carta Magna de 1988, conclamei o intérprete a um trabalho de hermenêutica "informado por uma visão diferente da que preside a interpretação das leis ordinárias".[8]

Ao mesmo tempo, alertei-o acerca do que exprimi como o "princípio da continuidade da ordem jurídica", mantendo a supremacia da Constituição sobre a legislatura: "Aplica-se *incontinenti*, porém voltada para o futuro. Disciplina toda a vida institucional *ex nunc*, a partir de 'agora', de quando começou a vigorar".[9] Não obstante o seu caráter imperativo e a instantaneidade de sua vigência, "não poderia ela destruir toda a sistemática legislativa do passado".[10]

Diante do "princípio da hierarquia das leis", não se dirá que a Constituição "revoga" as leis vigentes uma vez que, na conformidade do princípio da continuidade da ordem jurídica, a norma de direito objetivo perde a eficácia em razão de uma força contrária à sua vigência. "As leis anteriores apenas deixaram de existir no plano do ordenamento jurídico estatal por haverem perdido seu fundamento de validade".[11] Diante de uma nova ordem constitucional, a *ratio* que sustentava as leis vigentes cessa. Cessando a razão constitucional da lei em vigor, perde eficácia a própria lei.

Naquela mesma oportunidade, adverti no sentido de que a nova Constituição não tem o efeito de substituir, com um só gesto, toda a ordem jurídica existente. "O passado vive no presente e no futuro, seja no efeito das situações jurídicas já consolidadas, seja em razão de se elaborar preceituação nova que, pela sua natureza ou pela necessidade de complementação, reclama instrumentalização legislativa".[12]

Cabe, portanto, ao intérprete evidenciar a subordinação da norma de direito positivo a um conjunto de disposições com maior grau de generalização, isto é, a princípios e valores dos quais não pode ou não deve mais ser dissociada.

Destaco, a este propósito, o trabalho de Maria Celina Bodin de Moraes, que assume uma concepção moderna do Direito Civil.[13] Analisando a evolução do Direito Civil após a Carta Magna de 1988, a autora afirma: "Afastou-se do campo do Direito Civil a defesa da posição do indivíduo frente ao Estado, hoje matéria constitucional".

Ao traçar o novo perfil do Direito Privado e a tendência voltada à "publicização" – a conviver, simultaneamente, com uma certa "privatização do Direito Público" –, a ilustre civilista defende a superação da clássica dicotomia "Direito Público-Direito Privado" e conclama a que se construa uma "unidade hierarquicamente sistematizada do ordenamento jurídico". Essa unidade parte do pressuposto de que "os valores propugnados pela Constituição estão presentes em todos os recantos do tecido normativo, resultando, em consequência, inaceitável a rígida contraposição".[14]

A autora ressalta a supremacia axiológica da Constituição, "que passou a se constituir como centro de integração do sistema jurídico de direito privado",[15] abrindo-se então o caminho para a formulação de um "Direito Civil Constitucional", hoje definitivamente reconhecido, na Doutrina e nos Tribunais.

Reporto-me, especialmente, aos estudos de Pietro Perlingieri, ao afirmar que o Código Civil perdeu a centralidade de outrora e que "o papel unificador do sistema, tanto em seus aspectos mais tra-

---

8 Caio Mário da Silva Pereira. "Direito Constitucional Intertemporal", *in Revista Forense*, vol. 304, pág. 29.

9 *Idem*, ob. cit., pág. 31.

10 *Idem*, ob. cit., pág. 32.

11 Wilson de Souza Campos Batalha *apud* Caio Mário da Silva Pereira. "Direito Constitucional Intertemporal", cit., pág. 33.

12 Caio Mário da Silva Pereira. "Direito Constitucional Intertemporal", cit., pág. 34.

13 Maria Celina Bodin de Moraes. "A Caminho de um Direito Civil Constitucional", *in Revista de Direito Civil*, nº 65, pág. 22, jul./set. 1993.

14 *Idem*, ob. cit., pág. 24.

15 *Idem*, ob. cit., pág. 31.

dicionalmente civilísticos quanto naqueles de relevância publicista, é desempenhado de maneira cada vez mais incisiva pelo Texto Constitucional".[16]

Diante da primazia da Constituição Federal, os "direitos fundamentais" passaram a ser dotados da mesma força cogente nas relações públicas e nas relações privadas, e não se confundem com outros direitos assegurados ou protegidos.

Em minha obra, sempre salientei o papel exercido pelos "princípios gerais de direito", a que se refere expressamente o art. 4º da Lei de Introdução às normas do Direito Brasileiro como fonte subsidiária de direito. Embora de difícil utilização, os princípios impõem aos intérpretes o manuseio de instrumentos mais abstratos e complexos e requerem um trato com ideias de maior teor cultural do que os preceitos singelos de aplicação quotidiana.[17]

Devo reconhecer que, na atualidade, os princípios constitucionais se sobrepõem à posição anteriormente ocupada pelos princípios gerais de direito. Na Doutrina brasileira, cabe destacar, acerca dessa evolução, os estudos de Paulo Bonavides sobre os "princípios gerais de direito" e os "princípios constitucionais".[18]

Depois de longa análise doutrinária e evolutiva, o ilustre constitucionalista reafirma a normatividade dos princípios.[19] Reporta-se a Vezio Crisafulli[20] ao asseverar que "um princípio, seja ele expresso numa formulação legislativa ou, ao contrário, implícito ou latente num ordenamento, constitui norma, aplicável como regra de determinados comportamentos públicos ou privados".

Bonavides identifica duas fases na constitucionalização dos princípios: a programática e a não programática, de concepção objetiva.[21] "Nesta última, a normatividade constitucional dos princípios ocupa um espaço onde releva de imediato a sua dimensão objetiva e concretizadora, a positividade de sua aplicação direta e imediata".

Conclui o conceituado autor que, "desde a constitucionalização dos princípios, fundamento de toda a revolução 'principal', os princípios constitucionais outra coisa não representam senão os princípios gerais de direito, ao darem estes o passo decisivo de sua peregrinação normativa, que, inaugurada nos Códigos, acaba nas Constituições".[22]

No âmbito do debate que envolve a constitucionalização do Direito Civil, mencione-se ainda o § 1º do art. 5º do Texto Constitucional, que declara que as normas definidoras dos direitos e das garantias fundamentais têm aplicação imediata. Considero, no entanto, que não obstante preceito tão enfaticamente estabelecido, ainda assim, algumas daquelas normas exigem a elaboração de instrumentos adequados à sua fiel efetivação.[23]

Rememorando meus ensinamentos sobre "direito subjetivo" e a centralidade da *facultas agendi*, ressalvadas, é claro, as tantas controvérsias e divergências que envolvem o tema, destaco na conceituação do instituto o poder de ação, posto à disposição de seu titular e que não dependerá do exercício por parte deste último. Por essa razão, o indivíduo capaz e conhecedor do seu direito poderá conservar-se inerte, sem realizar o poder da vontade e, ainda assim, ser portador de tal poder.

Ainda a respeito do direito subjetivo, sempre ressaltei a presença do fator teleológico, ou seja, "o direito subjetivo como faculdade de querer, porém dirigida a determinado fim. O poder de ação abstrato é incompleto, desfigurado. Corporifica-se no instante em que o elemento volitivo encontra uma finalidade prática de atuação. Esta finalidade é o interesse de agir".[24]

---

16   Pietro Perlingieri. *Perfis do Direito Civil: Introdução ao Direito Civil Constitucional.* Trad. de M. C. De Cicco, Rio de Janeiro, Renovar, 1997, pág. 6.
17   *Vide Instituições de Direito Civil,* cit., vol.1, nº 13.
18   Paulo Bonavides. *Curso de direito constitucional,* 7ª ed. São Paulo, Malheiros, 1997.
19   Paulo Bonavides. *Curso de Direito Constitucional,* cit., pág. 246.
20   Vezio Crisafulli. *La Costituzione e sue Disposizioni di Principi,* Milano, 1952, pág. 16.
21   *Idem,* ob. cit., pág. 246.
22   *Idem,* ob. cit., págs. 261-262.
23   Caio Mário da Silva Pereira. "Direito Constitucional Intertemporal", cit., pág. 33.
24   Caio Mário da Silva Pereira. *Instituições de Direito Civil,* vol. I, nº 5.

Mais uma vez, refiro-me aos estudos de Maria Celina Bodin de Moraes, que, apoiando-se em Michele Giorgianni, esclarece: a força do direito subjetivo não é a do titular do direito, e sim "a força do ordenamento jurídico que o sujeito pode usar em defesa de seus interesses", concluindo que "esta força existe somente quando o interesse é juridicamente reconhecido e protegido". (...)

No âmbito dos direitos subjetivos, destaca-se o princípio constitucional da tutela da dignidade humana, como princípio ético-jurídico capaz de atribuir unidade valorativa e sistemática ao Direito Civil, ao contemplar espaços de liberdade no respeito à solidariedade social. É neste contexto que Maria Celina Bodin de Moraes insere a tarefa do intérprete, chamado a proceder à ponderação, em cada caso, entre liberdade e solidariedade. Esta ponderação é essencial, já que, do contrário, os valores da liberdade e da solidariedade se excluiriam reciprocamente, "todavia, quando ponderados, seus conteúdos se tornam complementares: regulamenta-se a liberdade em prol da solidariedade social, isto é, da relação de cada um, com o interesse geral, o que, reduzindo a desigualdade, possibilita o livre desenvolvimento da personalidade de cada um dos membros da comunidade".[25]

Nessas minhas reflexões, não poderia me omitir quanto às propostas de João de Matos Antunes Varela, as quais ajudaram a consolidar minhas convicções, já amplamente conhecidas, no sentido da descodificação do Direito.

Numa análise histórica, o insigne civilista português demonstra que o Código Civil se manteve na condição de "diploma básico de toda a ordem jurídica", atribuindo ao Direito Civil a definição dos direitos fundamentais do indivíduo. Desde os primórdios das codificações, nunca se conseguiu, no entanto, estancar a atividade das assembleias legislativas no que concerne à "legislação especial", a qual se formava por preceitos que "constituíam meros corolários da disciplina básica dos atos jurídicos e procuravam, deliberadamente, respeitar os princípios fundamentais definidos no Código Civil".

O mencionado autor apresenta efetivos indicadores para o movimento de descodificação: o Código Civil deixou de constituir-se o centro geométrico da ordem jurídica, já que tal papel foi transferido para a Constituição; o aumento em quantidade e qualidade da legislação especial; a nova legislação especial passou a caracterizar-se por uma significativa alteração no quadro dos seus destinatários: "As leis deixaram em grande parte de constituir verdadeiras normas gerais para constituírem 'estatutos privilegiados' de certas classes profissionais ou de determinados grupos políticos".[26]

Refere-se, ainda, aos "microssistemas" como "satélites autônomos que procuram regiões próprias na órbita incontrolada da ordem jurídica (...)" e "reivindicam áreas privativas e exclusivas de jurisdição e que tendem a reger-se por princípios diferentes dos que inspiram a restante legislação".[27]

Conclui Varela que a Constituição não pode hoje limitar-se a definir os direitos políticos e as liberdades fundamentais do cidadão e a traçar a organização do Estado capaz de garantir a livre-iniciativa dos indivíduos. "Acima da função de *árbitro* nos conflitos de interesses *individuais* ou de acidental *interventor supletivo* no desenvolvimento econômico do país, o *Estado social moderno* chamou, justificadamente, a si duas funções primordiais: a de promotor ativo do *bem comum* e de garante da *justiça social*".[28]

Como Antunes Varela, considero a necessidade de serem preservadas as leis especiais vigentes, salvo a total incompatibilidade com normas expressas do novo Código Civil, quando estaremos enfrentando a sua revogação ou ab-rogação. Alerte-se, no entanto, para a cessação da vigência da lei por força do desaparecimento das circunstâncias que ditaram a sua elaboração. Invoca-se, a propósito, a parêmia *cessante ratione legis, cessat et ipsa lex*.

Entre as causas especiais de cessação da eficácia das leis, não se pode deslembrar a resultante da declaração judicial de sua inconstitucionalidade. Por decisão definitiva do Supremo Tribunal Federal,

25 Maria Celina Bodin de Moraes. "Constituição e Direito Civil: Tendências", *in Revista dos Tribunais*, vol. 779, págs. 55 e 59, set. 2000.
26 João de Matos Antunes Varela. "O Movimento de Descodificação do Direito Civil", *in Estudos Jurídicos em Homenagem ao Prof. Caio Mário da Silva Pereira*, Rio de Janeiro, Forense, 1984, págs. 507-509.
27 *Idem*, ob. cit., pág. 510.
28 *Idem*, ob. cit., pág. 527.

cabe ao Senado Federal suspender a sua execução, no todo ou em parte (CF, art. 52, X). Portanto, não compete ao Poder Judiciário revogar a lei, mas recusar a sua aplicação quando apura a afronta a princípios fixados no Texto Maior.

Destaque-se, ainda, a Lei Complementar nº 95, de 26 de fevereiro de 1998, que dispõe sobre a "elaboração, a redação, a alteração e a consolidação das leis", declarando no art. 9º que *a cláusula de revogação deverá enumerar, expressamente, as leis ou disposições legais revogadas*".

Outrossim, devemos ser cautelosos ao interpretar o art. 2º, § 2º, da Lei de Introdução às normas do Direito Brasileiro, segundo o qual *a lei nova, que estabeleça disposições gerais ou especiais a par das já existentes, não revoga nem modifica a lei anterior*". Da mesma forma advertiu Marco Aurelio S. Vianna, ao considerar que "a generalidade de princípios numa lei geral não cria incompatibilidade com regra de caráter especial. A disposição especial disciplina o caso especial, sem afrontar a norma genérica da lei geral que, em harmonia, vigorarão simultaneamente".[29]

A adequação do Código Civil ao nosso *status* de desenvolvimento representa um efetivo desafio aos juristas nesse renovado contexto legislativo. A minha geração foi sacrificada no altar estadonovista. Quando atingiu a idade adulta e chegou o momento de aparelhar-se para competir nos prélios políticos, as liberdades públicas foram suprimidas e o restabelecimento custou inevitável garroteamento entre os antigos que forcejavam por ficar e os mais novos que chegaram depois e ambicionavam vencer. A geração atual, que conviveu com as diversas versões do novo Código, busca assimilar as lições realistas do mundo contemporâneo.

Nova diretriz deverá ser considerada para o jurista deste milênio que se inicia. San Tiago Dantas pregava, de forma visionária, a universalidade do comando jurídico, conduzindo à interdisciplinaridade entre os vários ramos jurídicos. Considero, contudo, que o Direito deve buscar também nas outras ciências, sobretudo naquelas sociais e humanas, o apoio e a parceria para afirmar seus princípios, reorganizando metodologicamente seus estudos e pesquisas. As relações humanas não podem ser tratadas pelo sistema jurídico como se fossem apenas determinadas pelo mundo dos fatos e da objetividade. A filosofia, a psicologia, a sociologia, a medicina e outras ciências indicam novos rumos ao Direito.

Convivendo com um sistema normativo, que sempre se contentou com a pacificação dos conflitos, cabe aos juristas, intérpretes e operadores do Direito, assumi-lo com a "função promocional" apregoada por Norberto Bobbio desde a década de setenta. O Código de Defesa do Consumidor, o Estatuto da Criança e do Adolescente e a Lei de Diretrizes e Bases da Educação representam estrutura legislativa que se projetará como modelo dos diplomas legislativos, nos quais há de prevalecer, acima de tudo, o respeito aos direitos fundamentais.

Devemos, portanto, assumir a realidade contemporânea: os Códigos exercem hoje um papel menor, residual, no mundo jurídico e no contexto sociopolítico. Os "microssistemas", que decorrem das leis especiais, constituem polos autônomos, dotados de princípios próprios, unificados somente pelos valores e princípios constitucionais, impondo-se, assim, o reconhecimento da inovadora técnica interpretativa.

No que tange ao volume quarto das *Instituições*, contei com o apoio do jurista Carlos Edison do Rêgo Monteiro Filho, Professor Titular e Diretor da Faculdade de Direito da Universidade do Estado do Rio de Janeiro – UERJ, onde leciona nos cursos de graduação, mestrado e doutorado. Foi Coordenador do Programa de Pós-Graduação em Direito e Vice-diretor da Faculdade de Direito da UERJ. Autor dos livros *Rumos contemporâneos do Direito Civil*: estudos em perspectiva civil-constitucional, *Pacto comissório e pacto marciano no sistema brasileiro de garantias*, *Responsabilidade contratual e extracontratual*: contrastes e convergências no Direito Civil contemporâneo, *Elementos da responsabilidade civil por dano moral*, além de diversos artigos, ensaios e pareceres publicados em livros e revistas especializadas. Vice-presidente do Instituto Brasileiro de Estudos da Responsabilidade Civil – IBERC. Membro da Comissão de Direito Civil da OAB/RJ. Mestre em Direito da Cidade e Doutor em Direito Civil pela UERJ. Procurador do Estado do Rio de Janeiro. Advogado e consultor em temas de Direito Privado.

---

29   Marco Aurelio S. Vianna, *Direito Civil. Parte Geral*, Belo Horizonte, Del Rey, 1993, pág. 53.

Agradeço o empenho e o desvelo, que tanto engrandeceram a obra. Graças ao seu trabalho, este volume foi acrescido não apenas de meus próprios comentários, como também de referências a outras teses doutrinárias, nacionais e estrangeiras, cuja seleção revela a pesquisa realizada em prol da cuidadosa atualização.

Diante do Código Civil de 2002, espero que minha obra, já agora atualizada, possa prosseguir no tempo orientando os operadores do Direito, os juristas e os acadêmicos do novo milênio, cabendo-lhes, sob a perspectiva da globalização das instituições, o desafio de conciliar critérios de interpretação que resultem na prevalência do bom-senso, da criatividade e, por vezes, de muita imaginação.

Caio Mário da Silva Pereira

As *Instituições de Direito Civil* prosseguem.
E aqui vai, de início, o nosso agradecimento. Aos estudantes, aos advogados, aos professores, aos magistrados, que as prestigiam, adotando-as, citando-as, indicando-as, invocando-as. Aos que, em pública manifestação, lhes deram o seu aplauso. Ao Instituto dos Advogados Brasileiros, que as considerou generosamente, ao conceder a seu modesto autor a Medalha Teixeira de Freitas.

* * *

Prosseguem, agora, com os Direitos Reais, designação que desde Savigny se vem difundindo e aceitando, posto que a denominação clássica "Direito das Coisas" tenha sido consagrada no Código Civil Brasileiro de 1916, e mantida no Código Civil de 2002, como prevalecera no BGB de 1896.

Já tivemos ensejo de os conceituar, distinguindo-os dos de crédito (v. nº 7, *supra,* vol. I), dizendo que os primeiros (*iura in re*) traduzem uma dominação sobre a coisa, atribuída ao sujeito, e oponível *erga omnes*, enquanto os outros implicam a faculdade de exigir de sujeito passivo determinado uma prestação.

Não é, contudo, erma de controvérsia a matéria. Ao invés, eriçada de discussões. Não faltam escritores a negar a diferença entre uns e outros direitos (Demogue), opinando que se caracterizam apenas em razão da intensidade (direitos fortes e direitos fracos). Mais recentemente, Perlingieri alinha-se dentre os que refutam a existência de uma precisa separação.[1] Outros proclamam o artificialismo da distinção (Thon, Schlossmann), e negam a existência dos direitos reais, que a seu ver não passariam de um processo técnico, utilizado pelo direito positivo, ao instituir restrições à conduta humana, em benefício de determinadas pessoas.

Mesmo dentre os que aceitam a dicotomia lavra indisfarçável/disparidade de pareceres, há os que enxergam, nos direitos reais, uma relação de subordinação da coisa mesma ao sujeito (Vittorio Polacco, De Page, Orosimbo Nonato), vinculando-os à ideia de assenhoreamento sem intermediários, entre a coisa e o titular. Outros há que situam a diversificação numa ideia de percussão do direito (Windscheid, Marcel Planiol), e consideram *relativos* os de créditos e *absolutos* os reais. Sem embargo dos opinados patronos, subsiste a dúvida, e duplamente desenvolvida. Pois de um lado levanta-se contra o absolutismo dos direitos reais a objeção no sentido de que nenhum direito é absoluto (Josserand), mas todos têm o seu exercício condicionado

---

1 Pietro Perlingieri, *Perfis do Direito Civil,* págs. 204 e segs.

às implicações sociais que conduzem à sua relatividade. De outro lado argui-se que, a aceitar o conceito da existência de direitos absolutos, abrangeriam estes, fora dos direitos reais, outras classes como o *status* das pessoas, seu nome, sua vida e integridade física (*direitos da personalidade*).

Para outra corrente, real é o direito quando o seu titular dispõe de "execução real", isto é, tem a faculdade de conseguir coativamente a coisa prometida, privando dela o promitente (Ziebarth), o que sem ser inexato leva a uma configuração demasiado técnica e, sob o aspecto didático, muito pouco prática.

Aceita, pois, a diferenciação, como o é na generalidade dos autores, são duas as escolas que se digladiam: *realista* e *personalista*.

Para a doutrina realista, o direito real significa o poder da pessoa sobre a coisa, numa relação que se estabelece diretamente e sem intermediário, enquanto o direito de crédito requer sempre a interposição de um sujeito passivo, devedor da prestação, independentemente de consistir esta na entrega de uma coisa, na realização de um fato, ou numa abstenção.[2]

Em oposição à teoria realista, também chamada tradicional ou clássica, ergueu-se a *personalista*. Na base de sua construção situa-se um conceito essencial, geralmente admitido, e que Emanuel Kant muito bem expressou, segundo o qual não é de ser aceita a instituição de uma relação jurídica diretamente entre a pessoa do sujeito e a própria coisa, uma vez que todo direito, correlato obrigatório de um dever, é necessariamente uma relação entre pessoas.[3] No direito de crédito há, obviamente, dois sujeitos em confronto: o sujeito ativo, *reus credendi*, em cujo favor ou benefício a situação jurídica, se constitui; e o sujeito passivo, *reus debendi*, que se vincula ao primeiro e lhe deve a prestação. Arma-se a relação jurídica, ostensivamente, entre uma pessoa e outra pessoa determinada. No direito real existe um sujeito ativo, titular do direito, e há uma relação jurídica, que se não estabelece com a coisa, pois que esta é o objeto do direito, mas tem a faculdade de opô-la *erga omnes*, estabelecendo-se desta sorte uma relação jurídica em que é sujeito ativo o titular do direito real, e sujeito passivo a generalidade anônima dos indivíduos. Enquanto no direito de crédito há um sujeito passivo, contra o qual o titular da relação jurídica pode individualmente opor a *facultas agendi*, no direito real fica-lhe reconhecido o poder de opô-lo indiscriminadamente a toda a sociedade. O direito pessoal ou de crédito tem um sujeito passivo determinado; no direito real, ao sujeito ativo conhecido opõe-se o que se denomina *sujeito passivo universal*.

Se é certo que, algumas vezes, pode ocorrer a hipótese de *ius in re* com devedor determinado (e. g., a constituição de servidão sobre imóvel), e se se admite em tese direito com obrigação real *in faciendo*,[4] nem por isto se desfigura a oponibilidade da *facultas* a todo aquele que receba, detenha ou adquira a coisa vinculada. Tanto mais que esses outros constituem mais tecnicamente a categoria das chamadas *obrigações*

---

2   De Page, *Traité Élémentaire*, vol. I, nº 127.

3   Kant, *Principes Métaphysiques du Droit*, trad. de Joseph Tissot, pág. 88.

4   Louis Rigaud, *Le Droit Réel*, pág. 420.

propter rem ou *obrigações ob rem*, a que não retornamos, por havê-las estudado no nº 131, *supra*, vol. II.

Não faltam escritores modernos a defender a teoria realista, opondo à *perso-nalista* argumentação ora em profundidade, ora meramente especiosa. Na verdade, defende De Page (*in* loc. cit.) a doutrina clássica, com a distinção acima resumida: o direito real caracteriza-se pelo fato de exercer-se diretamente, isto é, mediante a utilização da coisa sem qualquer intermediário. Ao passo que no direito pessoal o sujeito ativo não pode ter a utilização da coisa sem a intermediação de um devedor, ou sujeito passivo determinado. Os irmãos Mazeaud explicam a teoria clássica, dizendo que o direito pessoal é *exercido contra uma pessoa* enquanto o direito real comporta um sujeito ativo (o titular do direito) e um objeto (a coisa sobre que versa o direito), criando um elemento ativo no patrimônio do titular.[5] De seu lado, Marty e Raynaud criticam a existência do *sujeito passivo universal* com o argumento segundo o qual ninguém inscreve em seu patrimônio o valor negativo consistente em respeitar os direitos reais de outrem, o que, em última análise, não seria uma obrigação geral negativa, mas uma regra de conduta.[6]

Não obstante o desfavor que perante bons autores envolve a doutrina perso-nalista, ela continua, do ponto de vista filosófico, a merecer aplausos. Sem dúvida que é muito mais simples e prático dizer que o direito real arma-se entre o sujeito e a coisa, através de assenhoreamento ou dominação. Mas, do ponto de vista moral, não encontra explicação satisfatória esta relação entre pessoa e coisa. Todo direito se constitui entre humanos, pouco importando a indeterminação subjetiva, que, aliás, em numerosas ocorrências aparece, sem repulsa ou protesto. E no caso da pessoa jurídica, é necessária a sua personificação *hominum causa*, a fim de que se revista da titularidade jurídica. A teoria *realista* seria então mais pragmática. Mas encarada a distinção em termos de pura ciência, a teoria *personalista* é mais exata.

Assentado que a relação jurídico-real cria a *facultas*, que o titular exerce contra quem quer que o moleste, e opõe-na à generalidade anônima dos indivíduos, tendo por objeto uma coisa especificamente, suas características ressaltam, tais como a teoria realista, sem que a diversidade temática lhes ponha óbices:

1. O direito real é oponível *erga omnes*, enquanto o direito de crédito o é a um sujeito passivo determinado.

2. O objeto do direito real é sempre determinado, ao passo que o do direito de crédito basta seja determinável.

3. O *ius in re* exige a existência *atual* da coisa, em contraposição ao *ius ad per-sonam*, compatível com a sua futuridade.

4. O direito real é *exclusivo*, no *sentido* de que se não compadece com a plura-lidade de sujeitos com iguais direitos.

5. O direito real adquire-se por *usucapião*, ao passo que os direitos de crédito não suportam este modo de aquisição.

5   Mazeaud e Mazeaud, *Leçons de Droit Civil*, vol. I, nᵒˢ 161 e 162.
6   Marty e Raynaud, *Droit Civil*, vol. I, nᵒˢ 301 e segs.

6. Os direitos de crédito extinguem-se pela inércia do sujeito, ao passo que os reais conservam-se, não obstante a falta de exercício, até que se constitua uma situação contrária, em proveito de outro titular.

7. Os direitos reais são providos da prerrogativa de acompanharem a coisa (ambulatoriedade), autorizando o titular a exercê-los contra quem quer que com ela se encontre (sequela).

8. O titular do direito real tem a faculdade de receber privilegiadamente em caso de falência ou concurso creditório, sem se sujeitar ao rateio, cabendo-lhe, dentro dos limites de seu crédito, embolsar o produto da venda da coisa gravada (*preferência*).

9. O titular de um direito real, que não possa mais suportar seus encargos, tem a faculdade de abandoná-lo, o que não cabe no tocante aos direitos de crédito.

10. Os *iura in re* são suscetíveis de posse, os de crédito não são.[7]

Os direitos reais classificam-se, genericamente, em duas categorias: sobre coisa própria e sobre coisa alheia. No primeiro plano, está a *propriedade*, direito real por excelência, ou *direito real pleno*. No segundo, situam-se os direitos reais *limitados de fruição* ou *gozo* (enfiteuse, servidão, uso, usufruto, habitação, direito de superfície, a concessão de uso especial para fins de moradia, a concessão de direito real de uso e a laje) e *os de garantia* (hipoteca, anticrese, penhor, propriedade fiduciária), além da posse, que ocupa lugar destacado; e, num derradeiro plano, surge novo direito real, gerado pelas exigências da vida moderna, ocupando lugar destacado: *direito real de aquisição* (promessa irrevogável de venda).

O aspecto, igualmente preponderante, na caracterização dos direitos reais, é a sua limitação legal.[8] Somente o legislador (no Código ou em lei extravagante) pode criá-los (*numerus clausus*). A convenção ou a vontade dos interessados não tem este poder. São os direitos revestidos da prerrogativa de restringir o uso dos bens a certos sujeitos, e é conveniente que os não possa criar senão o legislador, pelas implicações sociais consequentes. Na sua enumeração lavra certa diversidade legislativa como doutrinária. Enquanto alguns direitos reais são mencionados ou enumerados em caráter constante, outros são aos revés omitidos em um ou outro sistema jurídico. Tendo em vista a sua caracterização especial, e atendendo às preferências legislativas, assim os tratamos: *a*) como *direitos reais de gozo ou fruição*, cogitamos da enfiteuse, servidões, usufruto, uso, habitação, concessão de uso especial para fins de moradia, concessão de direito real de uso, renda constituída sobre imóveis, direito de superfície e direito de laje; *b*) como *direitos reais de garantia* mencionamos o penhor, a

---

7   Cf., a respeito da distinção: Julio Dassen e Enrique Veras Villalobos, *Manual de Derechos Reales*, nº 6; De Page, ob. cit., nº 131; Mazeaud e Mazeaud, *Leçons de Droit Civil*, vol. I, nºs 161 e seg.; Marty e Raynaud, *Droit Civil*, nºs 301 e segs.; Orlando Gomes, *Direitos Reais*, nº 2; Clóvis Beviláqua, *Direito das Coisas*, vol. I, § 6º; Jean Dabin, "Une Nouvelle Définition du Droit Réei", *in Revue Trimestrielle de Droit Civil*, 1962, págs. 20 e segs.; Lacerda de Almeida, *Direito das Coisas*, Introdução; Serpa Lopes, *Curso de Direito Civil*, vol. VI, nºs 10 e segs.

8   Lafayette, *Direito das Coisas*, Prefácio, nº 4.

anticrese, a hipoteca e a alienação fiduciária em garantia; *c*) como *direito real de aquisição* focalizamos a promessa irrevogável de venda.

Neste volume, estudaremos o direito real pleno, isto é, a *propriedade, ius in re* por excelência, tendo por objeto coisa móvel ou imóvel, corpórea ou incorpórea, do próprio titular. Estudaremos os outros direitos reais limitados, incidentes sobre coisa alheia – *iura in re aliena* –, os quais a doutrina costuma dizer que têm por objeto a *propriedade limitada*,[9] o que melhor se denominará, entretanto, falando que implicam restrições à propriedade alheia em benefício do titular.

Posição proeminente ocupa a *posse*, gerada por uma situação de fato similar ao domínio (visibilidade do domínio – Jhering). Disputam os mestres a sua caracterização como direito ou mero fato, e, dentre os primeiros, uns lhe reconhecem e outros lhe negam a natureza de *ius in re*. Tudo isto será oportunamente estudado (n° 286, *infra*).

Limitamo-nos aqui nesta Introdução a debater a sua localização, pois que também esta é *vexata quaestio*. Há os que situam a teoria da posse antes da propriedade, e outros depois. Dentre estes últimos, inscrevem-se as escolas francesa e italiana, em razão de os respectivos Códigos disciplinarem a propriedade antes da posse. Mas os primeiros têm razão, pois que, independentemente de adentrar no regime jurídico da propriedade, e de suas limitações, defronta-se o jurista com os problemas relativos à defesa daquela situação que retrata a exterioridade do domínio, e de sua defesa provisória. Assim pensando, têm procedido, entre nós e alhures: Mackeldey, Dernburg, Maynz, Windscheid, Muhlembruch, Cornil, Martin Wolff, Salvat, Lafaille, Lafayette, Clóvis Beviláqua, Pontes de Miranda, Washington de Barros Monteiro, Orlando Gomes.

No desenvolvimento dos temas, na exposição das doutrinas e na fixação dos conceitos, atentamos, primordialmente, nas mais modernas concepções que a construção jurídica, nossa e alheia, desenvolve. A contribuição científica, neste terreno, é muito grande, e muito valiosa, ora arrimada às fontes mais puras, ora inspirada no mais vivo espírito criador. Mas não podemos deixar, igualmente, de cogitar do direito positivo, fiel à orientação desta obra.

Procedendo-se à reforma legislativa, com o advento do Código Civil de 2002, cuja Primeira Comissão coube-nos a honra de integrar, já nas edições anteriores inserimos, a par das informações necessárias, o que deveria prevalecer no diploma futuro, tendo em vista as ideias que representam a contribuição mais constante do pensamento jurídico brasileiro.

Tivemos também presentes as tendências sociais de nosso tempo, que vão imprimindo às construções jurídicas a marca de suas predominâncias. Esta, aliás, é a província do direito privado mais sensível às influências de evolução social. Em todos os tempos, à medida que a pesquisa histórica os ilumina, avulta a peculiaridade do assenhoreamento dos bens terrenos, como índice dos fenômenos sociopolíticos.

---

9   Teixeira de Freitas, *Consolidação das Leis Civis*, Introdução, pág. LXXXIV.

A organização teocrática reflete-se no conteúdo de sua propriedade, tal qual nele se espelha a instituição patriarcal; o caráter sagrado predominante na Cidade Antiga aflora no regime jurídico do seu domínio; a preeminência usufrutuária entre os germanos atesta a composição política oposta ao extremado individualismo quiritário, enfraquece a propriedade privada com a queda do Império, adquire a noção dominial maior expressão política com o feudalismo; a exaltação da propriedade imobiliária e o aviltamento da *res mobilis* fixou a tônica da construção jurídica do século passado; o assalto à cidadela proprietarista caracteriza a revolução social do presente, o combate aos privilégios assinala a tendência reformista de nossos dias.

Consignamos neste volume os impactos que a Constituição Federal de 1988 impôs aos direitos reais, em referência à função social da propriedade, à aquisição por usucapião, à política de reforma agrária, e tudo o mais que condiz com esses direitos – que serão estudados no lugar próprio.

Assim se compôs este volume, o IV das *Instituições*, tendo em vista uma distribuição de matéria segundo as cinco grandes divisões que o estudo dos Direitos Reais comporta: Primeira Parte, A Posse; Segunda Parte, A Propriedade; Terceira Parte, Direitos Reais de Gozo ou Fruição; Quarta Parte, Direitos Reais de Garantia; Quinta Parte, Direito Real de Aquisição.

A Constituição Federal de 5 de outubro de 1988 trouxe novos enfoques que percutem nas matérias atinentes aos Direitos Reais. Na presente edição deste volume não podemos deixar de considerar, à luz dos novos princípios, a doutrina constitucional dos bens públicos, nas duas categorias básicas: bens da União e bens dos Estados, com referência especial às terras devolutas. Cogitamos em paralelo da política agrícola, fundiária e da reforma agrária, que atrai a atenção dos órgãos públicos, e refletem nos particulares, da mesma forma que cuida a nova Carta dos preceitos relativos à política urbana. Não obstante a sedimentação das normas disciplinares da desapropriação, é indispensável atualizar as regras reguladoras. Merecem igualmente atenção as reservas de gás natural e de petróleo (inclusive sua refinação), bem como as de quaisquer minerais, notadamente nucleares. Embora nas edições anteriores tenhamos cogitado da função social da propriedade, não podemos omitir a preceituação atual, que levantou enorme polêmica na elaboração dos conceitos. Paralelamente aí encontra lugar a usucapião de áreas urbanas como rurais. A defesa do meio ambiente e da proteção ecológica exige menção especial de igual que a competência para legislar sobre as águas, superficiais quanto subterrâneas.

Por fim, a presente edição foi integralmente revista e atualizada à luz das mais recentes alterações normativas.

CAPÍTULO LXIV
GENERALIDADES SOBRE A POSSE

Bibliografia

Rudolf von Ihering, *Grund des Besitzschutzes*; Rudolf von Ihering, *La Posesión*, trad. de Adolfo Posada; Savigny, *Das Recht des Besitzes*; Savigny, *Traité de la Possession*, trad. de Faivre D'Audelange; Tito Fulgêncio, *Da Posse e das Ações Possessórias*, vol. I, nᵒˢ 1 e segs.; Edmundo Lins, *Estudos Jurídicos*, págs. 111 e segs.; Lafayette, *Direito das Coisas*, §§ 2º e segs.; Vittorio Polacco, *Il Possesso*; Butera, *Dizzionario Prattico di Diritto Privato*; de Scialoja, V. *Possesso*; J. W. Hedemann, *Derechos Reales,* trad. de Diez Pastor e Gonzalez Enriquez, §§ 6º e segs., págs. 53 e segs.; Segré, *Nuovo Digesto Italiano*, V. *Possesso*; Ruggiero e Maroi, *Istituzioni di Diritto Privato*, vol. I, § 123; Ribas, *Da Posse e das Ações Possessórias*, Cap. I; Lacerda de Almeida, *Direito das Coisas*, nota ao § 8º; Orlando Gomes, *Direitos Reais*, nᵒˢ 9 e segs.; Melchiades Picanço, *A Posse*; Cornil, *Traité Élémentaire des Droits Réels et des Obligations*, §§ 27 e segs.; Astolfo Rezende, *in Manual Lacerda*, vol. VII, nᵒˢ 1 e segs.; Raviart e Raviart, *Traité Théorique et Pratique des Actions Possessoires*, nᵒˢ 5 e segs.; Mazeaud e Mazeaud, *Leçons de Droit Civil*, vol. II, nᵒˢ 1.409 e segs.; Enneccerus, Kipp e Wolff, *Tratado de Derecho Civil, Derecho de Cosas* I, §§ 3º e segs.; Julio Dassen e Enrique Veras Villalobos, *Manual de Derechos Reales,* Parte General, nᵒˢ 19 e segs.; De Page, *Traité Élémentaire de Droit Civil*, vol. V, nᵒˢ 826 e segs.; Clóvis Beviláqua, *Direito das Coisas*, vol. III; Astolfo Rezende, "Posse dos Direitos Pessoais", *in Arquivo Judiciário*, vol. IV, pág. 25; Giulio Venzi, *Manuale di Diritto Civile Italiano*, nᵒˢ 376 e segs.; Alberto Trabucchi, *Istituzioni di Diritto Civile*, nº 174; Planiol, Ripert e

Boulanger, *Traité Élémentaire de Droit Civil*, vol. I, nos 2.760 e segs.; Colin e Capitant, *Cours Élémentaire de Droit Civil Français*, vol. I, nos 942 e segs.; Alberto Montel, *Il Possesso, passim;* Barassi, *Il Possesso, passim;* Eduardo Espínola, *Posse, Propriedade, Condomínio, Direitos Autorais*, págs. 25 e segs.; Cornil, *Traité de la Possession*; Marty e Raynaud, *Droit Civil*, vol. II, nos 12 e segs.; Serpa Lopes, *Curso de Direito Civil*, vol. VI, nos 41 e segs.

284. CONCEITO DE POSSE

Embora o Romano nunca fosse propenso às abstrações e por isso não tivesse elaborado uma teoria pura da posse, aquele Direito foi particularmente minucioso ao disciplinar este instituto. Tão cuidadoso, que quase todos os sistemas jurídicos vigentes adotam-no por modelo.[1]

Em nosso direito pré-codificado, a omissão legislativa levou-nos a adotar, qual moeda corrente, a técnica romana, sua terminologia e princípios práticos.[2] O Código de 1916, que imprimiu ordem e sistema às disposições até então esparsas, e construiu com lógica e método o seu ordenamento, não abandonou os conceitos herdados, no que foi seguido pelo Código de 2002, com ainda melhor sistematização.

Os doutores de maior talento e engenho, ao formularem a sua dogmática, não perdem de vista os textos e as proposições que os jurisconsultos enunciaram. E, mesmo quando alguém supõe estar fazendo obra original, nada mais consegue do que repetir ou adaptar em linguagem a experiência que o *Corpus Iuris Civilis* fixou há 15 séculos, e que o tempo decorrido e o reestudo sedimentaram. É claro que a disciplina legal da posse há de ter presente a organização social contemporânea, e as condições locais, sob pena de constituir planta desarraigada, e por isso mesmo condenada a perecer. Mas a dogmática da posse não perde os conceitos romanos, que enfrentaram uma tão frequente imposição dos fatos e uma tão farta contribuição de variegadas hipóteses que as teorias vão ainda hoje inspirar-se naquelas fontes. A exposição, posto que moderna, não dispensa os ensinamentos da sabedoria romana,[3] como a invocação dos textos, não obstante as dúvidas levantadas quanto às interpolações ao tempo da codificação justinianeia, revela utilidade indisfarçável para a solução de problemas atuais.

Talvez pelo fato de, nestes 2000 anos de civilização romano-cristã, viver a posse sempre presente na cogitação dos civilistas, é o campo onde os temas andam mais controvertidos. Tudo, em termos de posse, é debatido, negado, reafirmado. As palavras mesmas – *possessio, possidere* –, que nos deram *posse e possuir*, são de étimo duvidoso. Ora vão prender-se a *pedes ponere*, com a ideia de "pôr os pés", fixar-se.[4] Ora diz-se que vêm de *sedes ponere, sedium positio,* lembrando a posição do assento. Não falta quem simplifique a pesquisa dizendo que *possessio* nasce de *posse, poder*. Boas autoridades afirmam que a origem dos vocábulos está na aliança das expressões *sedere e sessio* (assentar-se) às partículas *pot* ou *pos*, que lhes dão ênfase e reforço.[5] Deixando de lado as deturpações semânticas, que ora levam a confundir

---

1   Edmundo Lins, *Estudos Jurídicos*, pág. 111.
2   Lafayette, *Direito das Coisas*, § 2º, nº I, nota 1.
3   Montel, *Il Possesso*, pág. 4.
4   *Digesto*, Liv. 41, Tít. II, fr. 1: *Possessio appellata est (ut Labeo ait) a pedibus, quasi positio: quia naturaliter tenetur ab eo qui ei insisti.*
5   Sobre a etimologia do vocábulo "posse": Ihering, *Esprit du Droit Romain*, vol. III, págs. 264 e 342; Molitor, *Possession en Droit Romain*, nº 8; Cornil, *Traité de la Possession*, § 1º; Carcaterra, "La voce 'Possidere' ad un esame filologico giuridico", *in Archivi Giuridici*, 1936, pág. 168; Win-

posse e propriedade (o que, aliás, já ocorria no Direito Romano mesmo), ora a empregar a palavra para designar a utilização dos direitos ou a existência de um estado
de fato semelhante à situação jurídica (posse de estado de filho), ora a significar a
investidura em cargo público (posse do Presidente da República), ora a compreender
os bens de fortuna (uma pessoa de altas posses), ora a traduzir a condição econômica
na sociedade (classe dos poderosos em contraposição aos que não têm posses) –
expressões que se usam na linguagem vulgar como na erudita, aqui como alhures[6]
atenhamo-nos tão somente à sua acepção rigorosamente técnica.

Trabalhando sobre os textos, os romanistas, desde o tempo da glosa, disputam
as preferências na análise dos elementos, na sua caracterização jurídica, na fundamentação teórica de sua proteção. Uma das causas da inconciliável polêmica reside,
certamente, no fato de haver a codificação justinianeia reunido textos de períodos
vários (primeiros monumentos, república, época pré-clássica e clássica), associan-
do-se ainda às teses bizantinas e medievais, cada tempo sofrendo a contribuição de
fatores socioeconômicos diversificados e diversificantes.[7]

Sem embargo dos diferentes entendimentos, em todas as escolas está sempre
em foco a ideia de uma situação de fato, em que uma pessoa, independentemente
de ser ou de não ser proprietária, exerce sobre uma coisa poderes ostensivos, conservando-a e defendendo-a. É assim que procede o dono em relação ao que é seu; é
assim que faz o que tem apenas a fruição juridicamente cedida por outrem (locatário,
comodatário, usufrutuário); é assim que se porta o que zela por coisa alheia (administrador, inventariante, síndico); é assim que age o que se utiliza de coisa móvel ou
imóvel, para dela sacar proveito ou vantagem (usufrutuário). Em toda posse há, pois,
uma coisa e uma vontade, traduzindo a relação de fruição.

Mas, nem todo estado de fato, relativamente à coisa ou à sua utilização, é juridicamente *posse*. Às vezes o é. Outras vezes não passa de mera *detenção*, que muito se
assemelha à posse, mas que dela difere na essência, como nos efeitos. Aí é que surge
a doutrina, com os elementos de caracterização, e com os pressupostos que autorizam estremar uma de outra. Mas é daí, também, que advém a infindável polêmica. O
ponto de partida de toda teoria sobre a posse, segundo Martin Wolff, é, então, o poder
efetivo sobre uma coisa, senhorio este que pode exercer qualquer pessoa (física ou
jurídica), e sobre qualquer coisa ou partes dela.[8] Ou ainda, como explica De Page, na
posse existe ínsita a ideia de servir-se alguém da coisa como senhor dela.[9]

---

dscheid, *Pandette*, vol. II, § 148, nota 1; Cesare Consolo, *Trattato del Possesso*, nº 31; Edmundo
Lins, *Estudos Jurídicos*, pág. 114; Dassen, *Derechos Reales*, nº 19; Arangio Ruiz, *Istituzioni di
Diritto Romano*, pág. 269; Montel, *Il Possesso*, pág. 5; Espínola, *Posse, Propriedade* etc., pág. 35;
Serpa Lopes, *Curso*, vol. VI, nº 41.

6   Tito Fulgêncio, *Da Posse e das Ações Possessórias*, vol. I, nº 1; Edmundo Lins, ob. cit., pág. 119;
Hedemann, *Derechos Reales*, § 6º, pág. 53.

7   Dassen, *Derechos Reales*, nº 23.

8   Enneccerus, Kipp e Wolff, *Tratado, Derecho de Cosas*, vol. I, § 5º.

9   De Page, *Traité*, vol. V, nº 827.

285. Teorias sobre a posse

Dois elementos estão presentes em qualquer posse: uma coisa, e uma vontade, que sobre ela se exerce. Estes elementos, material e anímico, hão de estar sempre conjugados, e, sem a sua presença conjunta, nenhuma posse há. Desde as fontes assim era, e a sentença de Paulus o proclama: *Et adipiscimur possessionem corpore et animo: neque per se animo aut per se corpore.*[10] Com estas designações – *corpus* e *animus* – os elementos da posse atravessaram os séculos. E é ainda com as mesmas expressões que os escritores de nosso tempo aludem aos componentes objetivo e subjetivo da posse.

As divergências aparecem precisamente na sua caracterização. Desde os *glosadores* que assim foi, configurando-se-lhes o *corpus* como o contato material com a coisa, ou atos simbólicos que o representassem; e o *animus* como a intenção de ter a coisa para si ou com a intenção de proprietário. Duas grandes escolas, todavia, dividem os doutrinadores, com repercussão legislativa evidente: a de Savigny, chamada subjetivista, e a de Rudolf von Ihering, objetivista.

Savigny, aos vinte e quatro anos, publicou em 1803 o *Tratado da Posse* (*Das Recht des Besitzes*), que influiu profundamente no pensamento jurídico do século passado, e atingiu as legislações, influenciando tão seriamente os Códigos que, até hoje, não obstante as críticas que o atingem, encontra defensores. Mesmo em sistemas que consagram a opinião contrária, as suas ideias penetram, e amiúde aparecem com visos de nítida influência.

Para Savigny, o *corpus* ou elemento material da posse, caracteriza-se como a faculdade real e imediata de dispor fisicamente da coisa, e de defendê-la das agressões de quem quer que seja; o *corpus* não é a coisa em si, mas o *poder físico da pessoa sobre a coisa*; o fato exterior, em oposição ao fato interior.[11] Sectário de Savigny, extrai Lafayette o corolário esclarecedor, dizendo que basta a simples presença do adquirente, para que se perfaça a aquisição da posse. Mas, se no local achar-se outra pessoa, que se atribua a posse da mesma coisa, ela somente se adquire com o seu consentimento, ou com o seu afastamento pela violência.

O outro elemento, interior ou psíquico, *animus,* considera-o Savigny a intenção de ter a coisa como sua. Não é a convicção de ser dono – *opinio seu cogitatio domini* – mas a vontade de tê-la como sua – *animus domini.*[12]

A concepção de Savigny exige, pois, para que o estado de fato da pessoa em relação à coisa se constitua em posse, que ao elemento físico (*corpus*) venha juntar-se a vontade de proceder em relação à coisa como procede o proprietário (*affectio tenendi*), mais a intenção de tê-la como dono (*animus*). Se faltar esta vontade interior, esta intenção de proprietário (*animus domini*), existirá simples *detenção* e não posse. A teoria se diz *subjetiva* em razão deste último fato. Para Savigny, adquire-se

---

10 *Digesto*, Liv. 41, Tít. II, fr. 3, § 1º.
11 Savigny, *Traité de la Possession*, § XIV, págs. 209 e segs.
12 Savigny, ob. cit., § IX, págs. 101 e segs.

a posse quando ao elemento material (*corpus* = poder físico sobre a coisa) se adita o elemento intelectual (*animus* = intenção de tê-la como sua). Reversamente: não se adquire a posse somente pela apreensão física, nem somente com a intenção de dono: *Adipiscimur possessionem corpore et animo; nec per se corpore nec per se animo*. Destarte, quem tem a coisa em seu poder, *mas em nome de outrem, não lhe tem a posse civil; é apenas detentor, tem a sua detenção* (que ele chama de *posse natural – naturalis possessio*), despida de efeitos jurídicos, e não protegida pelas ações possessórias ou interditos.

Para Savigny, portanto, não constituem relações possessórias aquelas em que a pessoa tem a coisa em seu poder, ainda que juridicamente fundada (como na locação, no comodato, no penhor etc.), por lhe faltar a intenção de tê-la como dono (*animus domini*), o que dificulta sobremodo a defesa da situação jurídica.

Contrapondo-se a Savigny, e criticando com vivacidade a sua obra, Von Jhering (*Grund des Besitzschutzes*) também analisa a posse nos seus elementos. Para ele, *corpus* é a relação exterior que há normalmente entre o proprietário e a coisa, ou a aparência da propriedade. O elemento material da posse é a conduta externa da pessoa, que se apresenta numa relação semelhante ao procedimento normal de proprietário. Não há necessidade de que exerça a pessoa o poder físico sobre a coisa, pois que nem sempre este poder é presente sem que com isto se destrua a posse.

O elemento psíquico, *animus*, na teoria objetivista de Jhering não se situa na intenção de dono, mas tão somente na vontade de *proceder como procede habitualmente o proprietário – affectio tenendi* – independentemente de querer ser dono. Denomina-se *objetiva* a teoria, porque dispensa esta intenção.[13] Para se caracterizar a posse, basta atentar no procedimento externo, independentemente de uma pesquisa de intenção. Partindo de que, normalmente, o proprietário é possuidor, Jhering entendeu que é possuidor quem procede com a aparência de dono, o que permite definir, como já se tem feito: *posse é a visibilidade do domínio*.

O objetivismo da teoria de Ihering, ou seja, a dispensa da intenção de dono na sua configuração permite caracterizar como relação possessória o estado do fato do locatário em relação à coisa locada, do depositário em relação à coisa depositada, do comodatário em relação à coisa comodada, do credor pignoratício em relação à coisa apenhada etc. E isto não é mera abstração. Verdadeiramente dotado de efeitos práticos, permitirá a qualquer deles defender-se por via das ações possessórias ou interditos, não apenas contra os terceiros que tragam turbação, mas até mesmo contra o proprietário da coisa, que eventualmente moleste aquele que tenha a utilização dela.

Não obstante o enorme prestígio de Savigny, e dos numerosos Códigos que lhe perfilharam a doutrina, bem como da multidão de escritores que o acompanharam dentro e fora da Alemanha, a teoria objetiva de Ihering é mais conveniente e satisfatória. Com efeito, na relação possessória não se revela o *animus domini*, nem facilmente se prova. Às vezes falta de todo, e nem por isto deixa de ser defensável

---

13   Von Ihering, "El Fundamento de la Protección Posesoria", Caps. XI e XII, *in La Posesión*, 1ª parte, págs. 207 e segs.

a relação criada. Quem encontra um chão ermo e o cultiva, não tem e *ipso facto* não pode provar *animus domini*. Mas, se um terceiro invade a sua cultura, e pretende colher os frutos da terra que amanhou, defende-a como possuidor, porque tem a *affectio tenendi* suficiente para a posse, distinguindo-a da mera detenção. Às vezes tem o possuidor um poder de fato sobre a coisa. E, historicamente, a ideia de posse deve tê-la primitivamente contido. Mas nem sempre ocorre. Se um indivíduo vai construir em um terreno e, residindo longe, ali deposita os materiais necessários, não tem poder físico sobre eles. Mas nem por se afastar da sua vista será menos possuidor deles. Quando o Romano enviava o escravo a terras estrangeiras não lhe perdia a posse, muito embora permanecesse de longe, sem o poder físico. O que sobreleva no conceito de posse é a destinação econômica da coisa. Um homem que deixa um livro num terreno baldio, não tem a sua posse, porque ali o livro não preenche a sua finalidade econômica. Mas aquele que manda despejar adubo em um campo destinado à cultura tem-lhe a posse, porque ali cumprirá o seu destino. Se o caçador encontra em poder de outrem a armadilha que deixou no bosque, pode acusá-lo de furto, porque mesmo de longe, sem o poder físico, conserva a sua posse; mas se encontra em mãos alheias a sua cigarreira deixada no mesmo bosque, não poderá manter a acusação, porque não é ali o seu lugar adequado, por não ser onde cumpre a sua destinação econômica. O comportamento da pessoa, em relação à coisa a símile da conduta normal do proprietário, é posse, independentemente da investigação anímica: *qui omnia ut dominus facit*. O que retira a tal procedimento este caráter, e converte-o em simples *detenção*, é a incidência de obstáculo legal. Neste ponto reside a diferença substancial entre as duas escolas, de Savigny e Ihering: para a primeira, o *corpus* aliado à *affectio tenendi* gera detenção, que somente se converte em posse quando se lhes adiciona o *animus domini* (Savigny); para a segunda, o *corpus* mais a *affectio tenendi* geram posse, que se desfigura em mera detenção apenas na hipótese de um impedimento legal (Ihering).

Hoje em dia, passada a fase polêmica, na qual a adoção de uma das posições era quase uma definição partidária, os escritores se convenceram de que as divergências teóricas não se manifestam em profundidade no plano prático, a ponto de sugerirem soluções diferentes para problemas análogos. A oposição entre ambos é mais aparente do que real.[14] E já se considera discussão bizantina e estéril defender a submissão de tal sistema a qual corrente, porque, em puro rigor, as legislações não têm aceito extremamente, senão tolerando implicações recíprocas, quer o subjetivismo de Savigny, quer o objetivismo de Ihering,[15] sendo de acrescer que Ihering não eliminou o elemento intencional na sua concepção da posse.[16]

Com o Código de 1916, hoje revogado, a doutrina objetiva entrou em nossa sistemática, com a relegação da subjetiva dominante entre os civilistas anteriores, bem como da concepção dos glosadores, presente no também revogado art. 200 do

14   Mazeaud e Mazeaud, *Leçons de Droit Civil*, vol. II, n° 1.425.
15   Dassen, ob. cit., n° 41.
16   Planiol, Ripert e Boulanger, *Traité Élémentaire*, vol. I, n° 2.766.

Código Comercial de 1850. O Código Civil de 2002, que em certa medida promoveu a unificação legislativa dos Direitos Civil e Comercial, manteve-se fiel à doutrina objetivista.

A posse, em nosso direito positivo, não exige, portanto, a intenção de dono, e nem reclama o poder físico sobre a coisa. É relação de fato entre a pessoa e a coisa, tendo em vista a utilização econômica desta. É a exteriorização da conduta de quem procede como normalmente age o dono. É a visibilidade do domínio (Código Civil, art. 1.196).

Mas não é possuidor o servo na posse (*Besitzdiener* do art. 855 do *BGB*), isto é, aquele que conserva a posse em nome de outrem, ou em cumprimento de ordens ou instruções daquele em cuja dependência se encontre (Código Civil, art. 1.198). Não se lhe recusa, contudo, o direito de exercer a autoproteção do possuidor, quanto às coisas confiadas a seu cuidado, consequência natural de seu dever de vigilância.[17]

Não induzem posse, também, os atos de mera permissão ou tolerância (Código Civil, art. 1.208): os primeiros, porque resultam de uma concessão do *dominus*, por isso mesmo revogável ao seu nuto; os segundos, porque representam uma condescendência ou indulgência, pelos quais nenhum direito é na realidade cedido.[18]

Objeto. Não encontra a posse, na linguagem legal, limitação às coisas corpóreas. Seu objeto, portanto, pode consistir em qualquer bem. Os exegetas, reportando-se ao disposto no art. 485 do Código Civil de 1916 (que corresponde ao art. 1.196 do Código Civil de 2002), viam nas palavras com que o legislador conceituou o possuidor – aquele que exerce um dos poderes inerentes ao domínio ou propriedade – uma franca alusão a que abrange também os direitos, uma vez que o vocábulo "propriedade" é usado em relação às coisas incorpóreas, enquanto a palavra "domínio" é mais precisa na menção das *corporales res*. O Código Civil de 2002 aboliu a expressão "ao domínio", que há muito já se reputava ociosa, adotando redação mais concisa, sem, contudo, expungir do espectro objetivo da posse qualquer espécie de bem. Em pura doutrina, igualmente, não há empecilho a que a noção de posse abrace tanto as coisas como os direitos, tanto os móveis quanto os imóveis, quer a coisa na sua integridade, quer uma parte dela. O Direito Romano, que a princípio limitava a proteção possessória às coisas corpóreas, veio mais tarde a estendê-la aos direitos reais. Os jurisconsultos medievais, sofrendo a influência do Direito Canônico, chegaram a abranger na tutela possessória também os direitos chamados pessoais. Entre nós, a falta de um remédio jurídico específico levou os nossos jurisconsultos, guiados pelo verbo poderoso de Ruy Barbosa, a sustentar que também os direitos pessoais estavam compreendidos na ideia de posse. A tese, sem dúvida sedutora, preencheu, numa fase de nossa evolução jurídica, importante papel na defesa principalmente dos direitos públicos subjetivos, contra os atos abusivos de autoridades arbitrárias. Hoje, com a amplitude que se reconhece ao *mandado de segurança*, destinado a proteger direito líquido e certo, não amparado por *habeas corpus*, contra toda ilegalidade ou

---

17   Enneccerus, Kipp e Wolff, *Tratado, Derecho de Cosas*, vol. 1º, § 36.
18   Tito Fulgêncio, ob. cit., vol. I, nº 11.

abuso de poder, seja qual for a autoridade que os cometa (Constituição de 1988, art. 5º, nº LXIX), perdeu a razão de ser aquele esforço hermenêutico. A teoria da posse retoma leito mais firme: podem ser objeto da proteção possessória, na verdade, tanto as coisas corpóreas quanto os bens incorpóreos ou os direitos, mas, sendo a posse a visibilidade do domínio, os direitos suscetíveis de posse hão de ser aqueles sobre os quais é possível exercer um poder ou um atributo dominial, como se dá com a enfiteuse, as servidões, o penhor. Não os outros, que deverão procurar medidas judiciais adequadas à sua proteção. À posse dos direitos dá-se o nome de *quase posse*, como se dizia em Direito Romano – *iuris quasi possessio* –, *exempli gratia quase posse* de uma servidão.[19]

Terminologia. A terminologia empregada relativamente à posse, com a qual tomaremos contato na medida do desenvolvimento das teses, é frequentemente muito especializada, e requer cautela na sua utilização. Duas impressões reclamam, desde logo, esclarecimento, porque são usadas repetidamente, com significação própria: *ius possidendi* e *ius possessionis*.

Ius possidendi (literalmente, direito de possuir) é a faculdade que tem uma pessoa, por já ser titular de uma situação jurídica, de exercer a posse sobre determinada coisa. O proprietário, o usufrutuário, o locatário etc. têm *ius possidendi* sobre o objeto da respectiva relação jurídica. *Ius possessionis* é o direito originado da situação jurídica da posse, e independe da preexistência de uma relação. Aquele que encontra um objeto e o utiliza, não tem o *ius possidendi*, embora tenha *ius possessionis*, porque procede como possuidor, embora lhe falte um título para possuir. O que cultiva uma gleba de terra abandonada tem o *ius possessionis*, embora lhe falte o *ius possidendi*. A lei confere ao possuidor, com fundamento no *ius possessionis*, defesas provisórias, ainda no caso de lhe faltar *ius possidendi*. Outras vezes, aliada a posse a outros requisitos que compõem a usucapião, a lei converte o *ius possessionis* em propriedade, que, a seu turno, gera *ius possidendi* sobre a mesma coisa.[20]

286. NATUREZA JURÍDICA DA POSSE

Sendo frequente a controvérsia em torno da posse, não poderiam faltar as disputas a respeito de sua natureza jurídica. Desde os Romanos que se debate. Os

---

19 Cf., a propósito da posse de direitos: Clóvis Beviláqua, *Comentários ao Código Civil*, vol. III, ao art. 485; Astolfo Rezende, "Posse dos Direitos Pessoais", *in Arquivo Judiciário*, Suplemento, vol. IV, pág. 25; Azevedo Marques, *A Ação Possessória*, págs. 10 e segs.; Fedele, "Possesso ed Esercizio de Diritto", *in Rivista di Diritto Commerciale*, 1949, págs. 108 e segs. e 198 e segs.; Saleilles, *La Possession des Meubles*, pág. 67; Ruggiero e Maroi, *Istituzioni*, vol. I, § 123; Ruy Barbosa, *Posse dos Direitos Pessoais, passim*; Lino Leme, *Dos Direitos Pessoais*; Hedemann, *Derechos Reales*, § 6º, pág. 61; Mazeaud e Mazeaud, *Leçons*, vol. II, nº 1.416; De Page, *Traité*, V. nºs 836 e segs.; Salvat, *Derechos Reales*, vol. I; Venzi, *Manuale*, nº 376; Colin e Capitant, *Droit Civil*, vol. I, nº 944.

20 Dassen, ob. cit., nº 20.

textos, imprecisos, ora proclamam-na um fato, *res facti*;[21] ora dizem-na um *direito, de iure dominii sive possessionis*;[22] ora atribuem-lhe bivalência, aludindo a que é simultaneamente um *fato* e um *direito*: *probatio traditae vel non traditae possessionis non tam in iure quam in facto consistit.*[23]

Não estranha, pois, que ainda se discuta o tema, dividindo-se os escritores entre as três correntes. Na verdade, pela autoridade dos combatentes não se decide a batalha. Se a primeira proposição (*a posse é um fato*) tem sido sustentada por juristas do porte de Cujacius, Donnellus, Voet, Windscheid, De Filipis, Trabucchi; e a segunda (*a posse é um direito*), por Accursius, Bartolo, Ihering, Molitor, Cogliolo, Teixeira de Freitas, Edmundo Lins; a terceira (*a posse é um fato e um direito, simultaneamente*) vem amparada por Savigny, Merlin, Namur, Domat, Ribas, Lafayette. E longa iria a relação, de antigos e modernos. Com a minúcia que caracteriza os seus trabalhos, Edmundo Lins alinhou um a um os argumentos com que pretende provar as teses, e, em seguida, disseca-os e os refuta, um a um, com os próprios textos romanos, para chegar, à moda dos matemáticos, a um fecho de que – como se queria demonstrar: "a posse é um direito".[24]

Em termos de maior atualidade, e dentro da linha de princípio que norteia esta obra, enfrentamos sem dúvida a questão, sem nos deixarmos levar pelo tom polêmico dos debates, que em estudo monográfico melhor quadraria, e que, em verdade, sempre há de ressurgir, como profetiza Windscheid.[25]

No lugar próprio (nº 5, vol. I) conceituamos o direito subjetivo na simbiose dos elementos teleológicos (Ihering) e psicológicos (Windscheid), entendendo com Jellinek, Michoud, Ferrara, Saleilles, Ruggiero, que é um poder de vontade para a satisfação de interesses humanos, em conformidade com a norma jurídica. À luz desta noção, procedemos à caracterização da posse.

Não deve perturbar a questão a circunstância de em toda posse assomar uma situação de fato, pois que numerosas relações jurídicas aparentam igualmente uma situação desta ordem, sem que se desfigurem perdendo a condição de direito. A propriedade mesma, como todo direito real, vai dar numa posição de assenhoreamento, que se manifesta por inequívoco estado de fato. E nem por isto deixa de ser um direito, paradigma, aliás, de toda uma categoria de direitos. Direito creditório, e direito inequivocamente, o crédito representado por um título-valor implica uma condição fática, em que a relação jurídica se não dissocia da materialização instrumental, de cuja exibição depende a efetivação do poder creditório do titular. O que cumpre, então, é enfocar o fenômeno à luz do conceito, e ver que se lhe enquadra, sem confundir-se com o fato que o gerou.

---

21 *Res facti*: *Digesto*, Liv. 41, Tít. II, fr. 4.
22 *De iure dominii sive possessionis*: *Digesto*, Liv. 48, Tít. VI, fr. 5, § 1º.
23 Paulus, *Sententiae*, Liv. V, Tít. XI, fr. 2.
24 Edmundo Lins, *Estudos Jurídicos*, págs. 141 e segs.
25 Windscheid, *Pandette*, vol. II, § 150; *è una disputa antica e sempre di nuovo divampante...*

As escolas, tanto subjetiva quanto objetiva, destacam na posse um poder de vontade, em virtude do qual o possuidor age em relação à coisa, dela sacando proveito ou benefício. É, pois, um estado em que o titular procede em termos de lograr a satisfação de seus interesses. É uma situação em que a ordem jurídica impõe requisitos de exercício, cujo cumprimento assegura a faculdade de invocar a tutela legal.

Vista de outro ângulo, e partindo de que a todo direito corresponde uma ação que o assegura (o que vinha consignado no art. 75 do Código Civil de 1916 e encontra hoje sua fonte no art. 5°, n° XXXV, da Constituição de 1988), ou atentando em que *actio nihil aliud est quam ius persequendi in iudicio quod sibi debetur*,[26] o caráter jurídico da posse decorre de que o ordenamento legal confere ao possuidor ações específicas, com que se defender contra quem quer que o ameace, perturbe ou esbulhe.

Não lhe retira esse caráter a circunstância de que a ordem jurídica protege também a posse injusta. À objeção, segundo a qual não é próprio do direito conceder proteção ao comportamento antijurídico, responde Ihering que a proteção dada ao possuidor injusto tem em vista a visibilidade da propriedade, e não a pessoa do que injustamente possui. De acrescer será, ainda, que a lei protege aquele que adquire a posse viciosamente contra terceiros, mas não contra a vítima.[27]

Se é certo que ainda subsistem dúvidas e objeções, certo é, também, que a tendência da doutrina como dos modernos códigos é considerá-la um direito.[28]

Na verdade perdeu hoje importância o debate, resolvendo-se com dizer que, nascendo a posse de uma relação de fato, converte-se de pronto numa relação jurídica.[29]

Caracterizada como direito, vem depois a discordância quanto à tipificação deste. Sem embargo de opiniões em contrário, é um direito real, com todas as suas características; oponibilidade *erga omnes*, indeterminação do sujeito passivo, incidência em objeto obrigatoriamente determinado etc.[30]

Como direito real especificamente qualificado de "direito real provisório", para distingui-lo da propriedade que é direito real definitivo, compreende-a Martin Wolff, e com ele a moderna doutrina tedesca.[31]

287. CLASSIFICAÇÃO DA POSSE

Sem se desfigurar a sua natureza ou alterar o seu conteúdo, a posse pode oferecer nuanças que a qualificam, sujeitando-a a especificidades que são tratadas

---

26   *Institutas*, Liv. IV, Tít. VI, pr.
27   Edmundo Lins, ob. cit., pág. 146.
28   Edmundo Lins, loc. cit., Lafayette, ob. cit., § 5°.
29   Montel, *Il Possesso*, pág. 256.
30   Orlando Gomes, ob. cit., n° 5; Serpa Lopes, ob. cit., n° 45.
31   Enneccerus, Kipp e Wolff, *Tratado, Derecho de Cosas*, vol. I, § 2°.

peculiarmente pela ordem jurídica. Sempre será conceituada nos termos da definição que ficou acima deduzida. Mas, em razão de fatores acidentais, toma tal ou qual aspecto, de que resultam as variedades de tratamento.

A) *Posse justa e posse injusta.* Diz-se que é *justa* a posse quando não lhe pesa a marca de qualquer dos defeitos típicos, isto é, que não é violenta, clandestina ou precária (Código Civil, art. 1.200), repetindo-se a noção negativa romana: *nec vi, nec clam, nec precario.* Injusta, ao revés, a posse viciosa, eivada de uma dessas três pechas.

Posse *violenta* (adquirida *vi*) a que se adquire por ato de força, seja ela natural ou física, seja moral ou resultante de ameaças que incutam na vítima sério receio. A violência estigmatiza a posse, independentemente de exercer-se sobre a pessoa do espoliado ou de preposto seu, como ainda do fato de emanar do próprio espoliador ou de terceiro.[32]

Clandestina é a posse que se adquire por via de um processo de ocultamento (*clam*), em relação àquele contra quem é praticado o apossamento. Contrapõe-se-lhe a que é tomada e exercida pública e abertamente. A clandestinidade é *defeito relativo*: oculta-se da pessoa que tem interesse em recuperar a coisa possuída *clam*, não obstante ostentar-se às escâncaras em relação aos demais.

Salienta-se que a violência e a clandestinidade, como vícios *relativos*, somente podem ser acusadas pela vítima; em relação a qualquer outra pessoa, a posse produz seus efeitos normais. E, como vícios *temporários*, podem ser purgados, com a sua cessação, desde que não consista a mudança em ato do próprio possuidor vicioso.[33]

Posse *precária* é a do fâmulo na posse (*Besitzdiener*), isto é, daquele que recebe a coisa com a obrigação de restituir, e arroga-se a qualidade de possuidor, abusando da confiança, ou deixando de devolvê-la ao proprietário, ou ao legítimo possuidor. Este vício, como observa Serpa Lopes, inicia-se no momento em que o possuidor precarista recusa atender à revogação da autorização anteriormente concedida.

A posse injusta não se pode converter em posse justa quer pela vontade ou pela ação do possuidor: *nemo sibi ipse causam possessionis mutare potest,*[34] quer pelo decurso do tempo: *quod ab initio vitiosum est non potest tractu temporis convalescere.*

Nada impede, porém, que uma posse inicialmente injusta venha a tornar-se justa, mediante a interferência de uma causa diversa, como seria o caso de quem tomou pela violência comprar do esbulhado, ou de quem possui clandestinamente herdar do desapossado.

Reversamente, a posse *ab initio* escorreita entende-se assim permanecer, salvo se sobrevier mudança na atitude, como é o exemplo do locatário (possuidor direto), que recusa restituir ao locador, e se converte em possuidor injusto.

---

32   Tito Fulgêncio, ob. cit., n° 32.
33   Mazeaud e Mazeaud, ob. cit., vol. II, n° 1.437; Dassen, ob. cit., n° 63; De Page, ob. cit., vol. V, n°s 862 e segs.; Planiol, Ripert e Boulanger, *Traité*, vol. I, n°s 2.780 e 2.783; Marty e Raynaud, *Droit Civil*, vol. II, n°s 21 e segs.
34   *Digesto*, Liv. 41, Tít. III, fr. 33, § 1°.

Em qualquer caso, todavia, a alteração no caráter da posse não provém da mudança de intenção do possuidor, mas de inversão do título, por um fundamento jurídico, quer parta de terceiro, quer advenha da modificação essencial do direito.[35]

B) *Posse de boa ou de má-fé.* O conceito de *boa-fé* é fluido. Uns entendem que ela se resume na falta de consciência de que dado ato causará dano, e, desta sorte, imprimem-lhe um sentido negativo, equiparando-a à ausência de má-fé (Ferrini). Outros exigem um fatoramento positivo, e reclamam a convicção do procedimento leal. Nem a própria incerteza satisfaz.[36]

Considera-se de má-fé aquele que possui na consciência da ilegitimidade de seu direito. De boa-fé está aquele que tem a convicção de que procede na conformidade das normas. Esta opinião poderá corresponder à realidade, mas é também possível que se origine de um erro, de fato ou de direito, quanto à legitimidade da posse. Não deixará de estar de boa-fé o possuidor que ignora o obstáculo a que possua, ou que equivocadamente tenha razão de supor escorreita a sua condição, embora na verdade não seja.

O problema da prova da boa-fé, em matéria possessória, não escapa aos tormentos da demonstração da boa-fé em geral.[37] Em virtude do *postulado da boa-fé* nas relações jurídicas, todo aquele que a invoca, para extrair proveito ou vantagem, é bastante que prove a diligência ou cautela normais, presumindo-lhe a boa-fé, e incumbindo ao reivindicante a demonstração de que o possuidor conhecia os vícios de seu título.[38] É uma circunstância de fato, que se supõe existir até que o contendor se convença de que o possuidor possui indevidamente, em razão de conhecer o vício ou de ter havido uma inversão do título geradora da má-fé superveniente. Argui-se, contra o princípio legal (Código Civil, art. 1.202) a dificuldade de se investigar a má-fé, penetrando no ânimo do agente. Não obstante, o alicerce moral do preceito é óbvio, pois que, se as circunstâncias induzem a presunção de que o possuidor não ignora que possui indevidamente, não se deve mobilizar a seu prol o aparelho jurídico-processual.[39]

C) *Posse com justo título.* A palavra *título*, que, na linguagem vulgar, como na especializada, usa-se em variadas acepções, aqui, e para os efeitos mencionados, traz o sentido de *causa* ou de *elemento criador* da relação jurídica. É assim que se diz que a doação ou a compra e venda é título aquisitivo do domínio; ou que o proprietário o é, de tais bens, a *título hereditário.*

---

35   Tito Fulgêncio, ob. cit., n° 40; Ribas, *Ações Possessórias*, pág. 87.
36   Cf., sobre a noção de boa-fé: François Gorphe, *Principe de la Bonne Foi*, pág. 130; Windscheid, *Pandette*, vol. I, pág. 638; Dernburg, *Pandette*, vol. I, pág. 88; Van Wetter, *Pandectes*, vol. 1°, § 147; n° 1, pág. 451; Caio Mário da Silva Pereira, "Ideia de Boa-Fé", *in Revista Forense*, vol. 72, pág. 25.
37   Caio Mário da Silva Pereira, "Ideia de Boa-Fé ", *in* loc. cit.
38   Marcel Planiol, *Traité Élémentaire*, vol. I, n° 2.294.
39   Tito Fulgêncio, ob. cit., n° 39.

E diz-se *justo* o título hábil, em tese, para transferir a propriedade. Basta que o seja em tese, isto é, independentemente de circunstâncias particulares ao caso. Uma escritura de compra e venda é título hábil para gerar a transmissão da *res vendita*. Se lhe faltarem requisitos para, na espécie, causar aquela transferência, o adquirente, que recebe a coisa, possui com título justo, porque o fundamento de sua posse é um título que seria hábil à transmissão dos bens, se não lhe faltasse o elemento que eventualmente está ausente.

Quem possui com justo título tem por si a presunção de boa-fé. Mas é uma *praesumptio iuris tantum* (v. nº 105, *supra*, vol. I), e, como tal, ilide-se pela prova contrária, produzida pelo contendor.

Se a posse originária era injusta, o desconhecimento do defeito daquele que a recebeu por título hereditário não lhe apaga o defeito porque o herdeiro, como sucessor universal do defunto, continua na mesma posse, com os vícios e qualidades que a revestiam.

Se a aquisição se der a *título singular* (convenção, legado), o mesmo não ocorre, pois que, começando sempre a posse com o ato aquisitivo, não a inquinam os vícios anteriormente existentes. É certo que o adquirente tem a faculdade de juntar à sua a posse do antecessor (*accessio possessionis*), mas é mera faculdade, de que somente se utilizará se lhe convier, e o possuidor é disto o único árbitro.[40]

O título que, em tese, não seja hábil a transferir o domínio não é justo, e, consequentemente, não tem o condão de gerar a *praesumptio bonae fidei*.

D) Posse *ad interdicta* e *ad usucapionem*. As fontes, como os autores, aludem à posse *ad interdicta* e à posse *ad usucapionem*. Como a seu tempo veremos (nº 296, *infra*), para que o possuidor obtenha o *interdito* que o ampare contra o turbador ou esbulhador, basta que demonstre os elementos essenciais, *corpus* e *animus*, isto é, a existência da posse; e a moléstia. Mas, para que adquira por usucapião, necessário será que, além dos elementos essenciais à posse, revista-se ainda esta de outros acidentais: boa-fé; decurso ou trato de tempo suficiente; que seja mansa e pacífica; que funde em justo título, salvo na usucapião extraordinária; que seja *cum animo domini*, tendo o possuidor a coisa como sua, já que a *affectio tenendi*, bastante para os interditos, é insuficiente *ad usucapionem*.[41]

E) *Posse direta* e *posse indireta*. Como temos exposto, a posse, como visibilidade do domínio, traduz a conduta normal externa da pessoa em relação à coisa, numa aparência de comportamento como se fosse proprietário, com o fito de lograr seu aproveitamento econômico. Este, muitas vezes, tem lugar com a utilização da coisa por *outrem*. Ocorre assim, para que a coisa possuída cumpra a sua finalidade, um deslocamento a título convencional, e, então, uma outra pessoa, fundada no contrato, tem a sua posse sem afetar a condição jurídica do proprietário, ou do possuidor antecedente. Somente a teoria de Ihering o comporta, pois que basta à determinação da posse que se proceda em relação à coisa como o faz o proprietário (*posse = visi-*

---

40   Ribas, ob. cit., pág. 53.

41   Tito Fulgêncio, ob. cit., nº 12.

bilidade do domínio), e aquele que a recebe numa destinação econômica usa-a como o faria o proprietário. O que é importante é que este possuidor não anula a condição jurídica do dono, de quem recebe o seu título. E é relevante acentuar, também, que tal desdobramento pressupõe uma certa *relação jurídica* entre o possuidor indireto e o possuidor direto.[42]

Uma tal situação explica-se pelo desdobramento da posse, considerando-se o cessionário igualmente possuidor. Desse desdobramento resulta, assim, a duplicidade excepcional da posse sobre a mesma coisa. Dois possuidores. Um, possuidor que cede o uso da coisa, *possuidor indireto* ou *mediato*. O outro, que o recebe por força de contrato, diz-se *possuidor direto* ou *imediato*. Várias são as hipóteses desse desdobramento: locação, usufruto, penhor, depósito, transporte, comodato. O art. 486 do Código Civil de 1916 enumerava, exemplificativamente, alguns casos (usufruto, penhor e locação). Com melhor técnica, o art. 1.197 do Código Civil de 2002 dispõe, genericamente, que a posse direta, de pessoa que tem a coisa em seu poder, temporariamente, em virtude de direito pessoal, ou real, não anula a indireta, de quem aquela foi havida, podendo o possuidor direto defender a sua posse contra o indireto. Convém acentuar, entretanto, que se exclui o dependente, o servidor, que jamais se reputa possuir para si, porém sempre em nome de outrem e para este (Tito Fulgêncio, Hedemann).

As posses direta e indireta coexistem; não colidem nem se excluem. Ambas, mediata e imediata, são igualmente tuteladas, sendo ilícito ao terceiro oponente invocar em proveito próprio o desdobramento. Uma vez que coexistem, e não colidem, é lícito aos titulares defendê-la. Qualquer deles. Contra o terceiro que levante uma situação contrária, pode o possuidor direto invocar a proteção possessória, como igualmente o possuidor indireto, sem que haja mister convocar o auxílio ou assistência do outro. Cada um, ou qualquer um – defende a posse como direito seu, por título próprio, e independente do título do outro.

Mas, se o possuidor indireto molestar a posse direta daquele a quem transferiu a utilização da coisa, tem o possuidor direto ação contra ele.

A concepção desse desdobramento possessório é peculiar, repetimos, à teoria de Ihering, e vem desenvolvida pelos romanistas e civilistas modernos, abrindo novos horizontes à aplicação dos princípios, e atendendo às necessidades práticas.[43]

Mais modernamente, consolidou-se o entendimento segundo o qual também o possuidor indireto pode defender a sua posse contra o direto, ainda que o dispositivo legal (CC, art. 1.197) não o tenha contemplado expressamente (v.g., exploração de pedreira, pelo possuidor direto, não autorizada em contrato).

É preciso não confundir a ideia da posse desdobrada em mediata e imediata, com a noção de *compossessão* ou *composse*, a que dedicaremos o parágrafo seguinte.

---

42 Enneccerus, Kipp e Wolff, *Tratado, Derecho de Cosas*, vol. I, § 8º.
43 Hedemann, ob. cit., § 6º; Tito Fulgêncio, ob. cit., nº 23.

288. COMPOSSE

Tal qual a propriedade, que, como direito real típico, é exclusiva, e consiste na faculdade de usar, gozar e dispor da coisa, reivindicando-a de quem quer que injustamente a detenha, também a *posse é exclusiva*. Uma conduta da pessoa, retratando o comportamento normal do proprietário, não se compadece com o fato de outras simultaneamente exercerem os mesmos poderes e direitos, sobre a mesma coisa. Já as fontes o diziam: *Plures eamdem rem in solidum possidere no possunt*.[44] Da própria noção de posse resulta que a situação jurídica de um aniquila a de outro pretendente, e, em consequência, enquanto perdurar uma posse, outra não pode ter começo, pela mesma razão que a constituição da nova implica a destruição da posse anterior.[45]

Ocorre, porém, que, por força de convenção ou a título hereditário (adquirentes de coisa em comum, cotitulares do mesmo direito, marido e mulher em regime de comunhão de bens, coerdeiros antes da partilha, comunheiros antes da *communi dividundo*), duas ou mais pessoas tornam-se condôminas da mesma coisa, mantendo-se *pro indiviso* a situação respectiva, em virtude de qual ela constitui objeto da propriedade de todos. Não se fragmenta em tantas propriedades distintas quantos forem os sócios, nem se fraciona materialmente de molde a que exerça cada um o domínio *pro parte*. Ao revés, cada condômino é titular do direito de propriedade, por quota ideal, exercendo-o por tal parte que não se anule igual direito por parte de cada um dos demais, e não se embarace o seu exercício.

Uma vez que a posse é a exteriorização do comportamento do *dominus*, admite-se como corolário natural a *composse*, em todos os casos em que ocorre o condomínio, compossuidores os condôminos. Nas suas relações externas, isto é, nas relações com terceiros, os compossuidores procedem como se fossem um único sujeito,[46] não interessando aos estranhos à relação compossessória indagar do estado de comunhão, ou sua causa, nem apurar o valor da quota de cada comunheiro.[47]

Interesse maior, obviamente, reside na determinação das relações internas entre compossuidores, e fixação dos respectivos direitos.

A todos os compossuidores reconhece a lei iguais atributos, assegurando-lhes a todos a utilização da coisa comum, contanto que não interfiram no exercício, por parte dos outros, ou de qualquer deles, de iguais faculdades (art. 1.199 do Código Civil de 2002). Nenhum dos compossuidores possui a coisa por inteiro (Lafayette), porém cada um tem-lhe a posse por fração ideal. Se, pois, um perturbar o desenvolvimento da composse, poderá qualquer dos outros valer-se dos interditos, cujo alcance adstringe-se à contenção do compossuidor no respeito à posse dos outros. Mas, se qualquer deles entender que o comunheiro excedeu as forças de seu título, explorando simplesmente a coisa a maior, os remédios possessórios são inábeis para

---

44   *Digesto*, Liv. 1, Tít. II, fr. 3, § 5º.
45   Lafayette, ob. cit., § 7º; Tito Fulgêncio, ob. cit., nº 26; Montel, *Il Possesso*, pág. 85.
46   Gentile, *Il Possesso*, pág. 175.
47   Montel, *Il Possesso*, pág. 92.

apurar a increpação, cabendo apenas aos interessados o recurso às vias ordinárias para ressarcimento do prejuízo.

Cessa a composse:

A) Pela *divisão*, amigável ou judicial, da coisa comum, uma vez que é ela a consequência natural do estado de indivisão.

B) Pela *posse exclusiva* de um dos sócios que isole, sem oposição dos demais, uma parte dela, passando a possuí-la com exclusividade, o que implica uma divisão de fato, efetivada com a anuência dos comunheiros, e respeitada pelo direito como um estado transitório, até que a definitiva se realize, com observância dos requisitos e formalidades legais.

Dividida a coisa comum, cada sócio presume-se na posse da parte que lhe toca, desde o momento em que a composse se instituiu, e, desta sorte, tem o direito de invocar a sua condição para efeito de aquisição por usucapião (Lafayette).

A composse é, obviamente, temporária. Tradicionalmente, sempre o foi. Mas, com a instituição do regime de divisão dos edifícios por planos horizontais, criou-se, a par da propriedade exclusiva sobre as unidades autônomas, a propriedade em comum sobre o solo e partes de uso de todos (*hall* de entrada, corredores, áreas de ventilação, paredes laterais, elevadores, teto). E, como este condomínio é insuscetível de cessação, por ser condição a que o prédio preencha a sua destinação,[48] a composse sobre as partes de uso comum do edifício de apartamentos é perpétua, no sentido de que não se extinguirá enquanto existir o prédio como entidade econômica e conjunto útil.

289. FUNDAMENTO DA TUTELA POSSESSÓRIA

Tem sido *vexata quaestio* entre os maiores, a indagação do motivo pelo qual a posse recebe do ordenamento jurídico tão insistente proteção. Os historiadores do Direito Romano, projetando as luzes de suas pesquisas pelos tempos primeiros da Cidade, mostram que foi o sistema de defesa da posse a técnica usada naquela fase de distribuição do *ager publicus*, tendo em vista que não podia o beneficiário invocar a garantia dominial, por lhe faltar o título de dono, incompatível que seria este com a inapropriabilidade das terras, insuscetíveis de domínio privado.

À época das *actiones legis* não se distinguia a posse da propriedade. Depois, já discriminados e bem definidos os processos aquisitivos, para as *res mancipi* e para as *res nec mancipi*, foi ainda o instituto da posse o meio de que se valeu aquele Direito para desenvolver os critérios de aquisição onde faltava a *mancipatio*.

A evolução do *Ius Romanum*, a ampliação do *ius honorarium*, a rica floração do período clássico, até a codificação assistiram sempre ao respeito pela posse, à sua

---

48 Caio Mário da Silva Pereira, *Propriedade Horizontal*, nº 26; Caio Mário da Silva Pereira, *Condomínio* e *Incorporações*, nº 34.

garantia por via dos interditos, à sua proteção pelas ações em que esses se converteram, embora conservassem a designação de *interdicta*. E o *Corpus Iuris Civilis* está referto de princípios, que fazem da posse um complexo jurídico extraordinariamente desenvolvido, reputado mesmo por um jurista tão eminente quão sóbrio no dizer, como "a parte mais sistemática e profunda daquele Direito".[49]

Por toda a Idade Média, como nos tempos modernos do direito, quer nos países em que a propriedade é sedimentada nas bases de velha tradição, quer naqueles outros em que a competição pelo aproveitamento de amplas extensões territoriais dá maior ênfase à *affectio tenendi* – sempre a posse ocupa a mais relevante função social, e sua proteção reclama maior atividade do aparelho judiciário.

Por isso, é imponente a indagação que se formula aos juristas, do porquê da tutela possessória. Por isso, também, é tão viva a polêmica que os dispersa no articular a resposta.

Aqui pesa gravemente a concepção teórica do instituto. E longe iríamos, se a exposição e análise de cada uma viessem detidamente articuladas. Evitando as demasias, atemo-nos às teorias principais, como exemplificação típica, observando que umas justificam-na pela posse em si, outras em razão de diverso fator, quer específico (propriedade, pessoa do possuidor), quer genérico (paz social, interesse social).

Para Bruns, protege-se a posse por si mesma, uma vez que o possuidor, pelo só fato de o ser, tem mais direito do que aquele que não o é: *Qualiscumque enim possessor, hoc ipso quod possessor est, plus iuris habet quam ille qui non possidet.*[50]

Igualmente têm em vista a posse em si mesma Ahrens e Roder, para os quais o possuidor, em razão de o ser, deve manter-se provisoriamente no *status quo*, porque a relação externa, em que se encontra para com a coisa, não é injusta: *quilibet praesumitur iustus donec probetur contrarium.*

Savigny e Rudorff, considerando a posse um simples fato, preconizam a sua defesa tendo em mira a pessoa do possuidor, e a repressão à violência ou ao delito contra a inviolabilidade deste, ínsita no ilícito que constitui a turbação ou esbulho. Protege-se, assim, a posse pela necessidade de ser mantida a ordem social.

Kohler sustenta que se tutela a posse em nome da paz social, e não propriamente da ordem jurídica, como critério de manutenção do estado de paz necessário à vida em sociedade.

Para De Page, justifica-se o sistema de proteção legal da posse numa presunção favorável ao que possui, e sobretudo numa imperiosa exigência social, no sentido de assegurar a paz pública.

Ao ver de Martin Wolff, reside o fundamento da proteção possessória no interesse que a sociedade manifesta, em que os estados de fato existentes não possam destruir-se pelas vias de fato de qualquer um, mas pelos processos legais intentados por parte daquele que tenha interesse em contrário. Em resumo, a tutela da posse é a proteção da paz geral.

---

49   Lafayette, ob. cit., § 2º, nº 1, nota 1.
50   *Digesto*, Liv. 43, Tít. XVII, fr. 2.

Para Gans o fundamento da proteção da posse reside no fato de que esta é uma propriedade incipiente.

Diz Stahl que se ampara a posse tal qual se defende a propriedade, mas com a ressalva de que assim se procede como garantia ao estado de fato, que deve ser provisoriamente assegurado, contra quem intente fazê-lo cessar.

Ihering adota como fundamento da proteção possessória o seu conceito mesmo de posse, como exteriorização normal da propriedade. E argumenta que a ordem jurídica dá-lhe segurança como um complemento necessário à garantia que dá à propriedade. Não importa que, às vezes, ela vá beneficiar o não proprietário, e que eventualmente possa dirigir-se contra o proprietário mesmo. É que, se não houvesse a proteção à posse, deveria o *dominus*, à menor turbação ou ameaça, provar a sua propriedade na defesa de sua situação, demonstrando a existência do próprio direito e a regularidade de sua aquisição. E, como esta é habitualmente derivada, o dono teria de demonstrar a existência do ato de transmissão, a capacidade do transmitente, e o direito escorreito deste. Mas, sendo ele também proprietário por transferência, o mesmo processo haveria de repetir-se até encontrar o primeiro ocupante da *res nullius*, que iniciou a cadeia como adquirente originário, provando-se ainda que a coisa efetivamente não tinha dono. Esta prova, tão difícil que os escritores medievais qualificaram-na *diabolica probatio*, imporia em todos os casos um esquema onerosíssimo, e nem sempre convincente. A fim de facilitar a defesa do domínio, imaginou-se a proteção possessória, que permite, mediante a manutenção do *status quo*, tutelar sumariamente a propriedade, assegurando-se àquele que tem a sua exteriorização, ou que se comporte em relação à coisa, como normalmente procede o *dominus*, conservar-se nesta situação, invocando, para repelir a agressão, a sua condição de *possessor*. A posse é, então, a sentinela na defesa da propriedade, e, todas as vezes que se fere um combate de mera posição avançada, basta a utilização da arma branca na expulsão do ladrão ou salteador, reservando-se a artilharia pesada para a eventualidade de se ferir a batalha decisiva da sobrevivência da propriedade.[51]

Como se vê da exposição acima, nenhuma das explicações satisfaz plenamente. Nem as teorias *absolutas*, que sustentam a tutela da posse em razão da própria posse, nem as *relativas*, que vão arrimá-la à pessoa do possuidor, à defesa da propriedade, à paz social, ou ao interesse público. A posse parece condenada a sofrer a maldição das controvérsias.

A teoria de Ihering, que satisfaz aos anseios práticos, no que diz respeito à conceituação, natureza e efeitos da posse, não convence na justificativa do fundamento

---

51 Ihering, *La Posesión*, págs. 32 e segs.; Savigny, *Traité de la Possession*, § 6°; Edmundo Lins, *Estudos Jurídicos*, pág. 186; Villas Boas, *Breve Estudo sobre a Posse*, pág. 44; Lafayette, *Direito das Coisas*, § 2°; Ruggiero e Maroi, *Istituzioni*, vol. I, § 123; Mazeaud e Mazeaud, *Leçons*, vol. II, n°s 1.142 e segs.; De Page, *Traité*, vol. V, n° 827; Enneccerus, Kipp e Wolff, *Tratado, Derecho de Cosas*, vol. I, § 17; Espínola, *Posse, Propriedade* etc., pág. 81; Marty e Raynaud, *Droit Civil*, vol. II, n° 14; Serpa Lopes, *Curso de Direito Civil*, vol. VI, n° 107.

de sua proteção, pois que pressupõe o ordenamento sistemático da propriedade e das ideias em torno de sua defesa. Ora, isto não encontra supedâneo nos monumentos históricos, nem nas hipóteses formuladas em torno de sua origem e evolução.

Tem, contudo, o mérito de uma explicação *a posteriori*, que oferece vantagens de ordem prática. É uma fundamentação útil, sob aspecto realista. Permite que, tomado o ordenamento dos princípios disciplinares da posse e da propriedade, na sua fase atual, dê-se explicação conveniente para a concessão dos interditos àquele que defende a sua condição de possuidor, contra quem quer que o ameace, perturbe ou esbulhe, reservando-se para o petitório a discussão profunda do direito, quando estiver travada a batalha da propriedade.

Capítulo LXV
Aquisição e Perda da Posse

Bibliografia

Tito Fulgêncio, *Da Posse e das Ações Possessórias*, vol. I, nos 41 e segs.; Ruggiero e Maroi, *Istituzioni*, vol. I, § 124; Hedemann, *Derechos Reales*, § 7º; Enneccerus, Kipp e Wolff, *Tratado, Derechos Reales*, vol. I, §§ 10 e segs.; Mazeaud e Mazeaud, *Leçons*, vol. II, nos 1.418 e segs.; De Page, *Traité*, vol. V, nos 851 e segs.; Espínola, *Posse, Propriedade, Condomínio, Direitos Autorais*, nos 46 e segs.; Lafayette, *Direito das Coisas*, §§ 9º e segs.; Orlando Gomes, *Direitos Reais*, nos 36 e segs.; Tartufari, *Della aquisizione e della perdita del possesso*; Dassen e Villalobos, *Derechos Reales*, nos 42 e segs.; Clóvis Beviláqua, *Direito das Coisas*, vol. I, §§ 16 e segs.; Washington de Barros Monteiro, *Curso, Direito das Coisas*, pág. 39; Rudolf von Ihering, *Possessión, Fundamento de los Interdictos Possessorios*, Caps. X e XII; Raymundo M. Salvat, *Tratado de Derecho Civil, Derechos Reales*, nos 98 e segs.; Windscheid, *Pandette*, §§ 153 e 154; Ribas, *Ações Possessórias*, págs. 110 e segs.; Serpa Lopes, *Curso de Direito Civil*, vol. VI, nos 82 e segs.; Giulio Venzi, *Manuale di Diritto Civile Italiano*, nos 376 e segs.; Planiol, Ripert e Boulanger, vol. I, nos 2.767 e segs.; Barassi, *Il Possesso, passim*; Alberto Montel, *Il Possesso, passim*; Hedemann, *Derechos Reales*, págs. 61 e segs.; Trabucchi, *Istituzioni di Diritto Civile*, nº 176, págs. 406 e segs.; Marty e Raynaud, *Droit Civil*, nº 18.

290. AQUISIÇÃO DA POSSE EM GERAL

Como direito subjetivo, conforme ficou demonstrado antes (n° 286), os modos de aquisição dos direitos, genericamente, à posse se aplicam: *inter vivos* (compra e venda, doação, dação em pagamento etc.), *mortis causa* (herança, legado), *judiciais* (arrematação, adjudicação, partilha em inventário, sentença em ação *communi dividundo*).

A lei poderá adotar o critério enunciativo de uma fórmula abrangente, e, com ela, dizer em termos hábeis a franquear ao intérprete o enquadramento de cada hipótese surgente. Foi, aliás, como procedeu o *Bürgerliches Gesetzbuch* no art. 854, e é a orientação adotada pelo Código Civil de 2002, em seu art. 1.204, *verbis*: "Adquire-se a posse desde o momento em que se torna possível o exercício, em nome próprio, de qualquer dos poderes inerentes à propriedade."

O Código de 1916 fixara técnica diferente, preferindo disposição analítica, que minudencia os casos, e, por isso mesmo, não lhe faltaram críticas constantes. A doutrina, entretanto, tem de proceder de maneira a propiciar aos que a ela recorrem as informações necessárias e sistemáticas.

A aquisição, qualquer que seja o seu objeto (coisa ou direito), e qualquer que seja o modo adotado pelo adquirente, há de estar subordinada à noção fundamental da posse. Para a doutrina de Ihering, dominante em nossa orientação teórica, como vitoriosa no ordenamento positivo, adquire a posse aquele que procede em relação à coisa da maneira como o dono habitualmente faz – *omnia ut dominus gerit*. Para se apurar se alguém a adquiriu, ter-se-á de verificar se no caso ocorre uma situação de fato, análoga à conduta do proprietário, em relação às suas coisas, e, na afirmativa, ter-se-á a relação jurídica possessória. Sempre presente estará o critério econômico, inspiração do binômio "coisa-conduta" do agente, ou seja, "objeto-vontade". Ainda que venha a faltar um critério legalmente estatuído, a aquisição da posse decorre do princípio de conjunção de seus dois elementos, *corpus* e *animus*.[1]

Didaticamente, os modos de adquirir a posse classificam-se em *originários e derivados*. Os primeiros traduzem um estado de fato da pessoa, em relação à coisa, oriundo de assenhoreamento autônomo, sem a participação de um ato de vontade de outro possuidor antecedente. Os segundos, derivados, pressupõem a existência de uma posse anterior, transmitida ou transferida ao adquirente, ou, noutros termos, incidem numa coisa que passa à sujeição de outra pessoa, por força de um título jurídico.

Subjetivamente considerada, a aquisição da posse poderá efetuar-se pela própria pessoa que a pretende, por seu representante ou procurador, ou por terceiro sem procuração (Código Civil, art. 1.205) e deverá observar os requisitos do negócio jurídico: capacidade do agente, licitude do objeto, adequação da forma (v. n° 84, *supra*, vol. I).

---

1   De Page, *Traité*, vol. V, n° 851; Montel, *Il Possesso*, pág. 215.

A) O agente, praticando *por si mesmo* o ato gerador da relação jurídica possessória, institui a visibilidade do domínio, tornando-se *ipso facto* possuidor. Procede à *adprehensio* física da coisa, acompanhada da intenção – *animus* – de possuí-la[2] constituído este elemento anímico em incorporação da vontade na relação com a coisa.[3]

B) Na aquisição por via de *representante ou de procurador*, a situação reveste-se de uma certa sutileza, uma vez que o ato aquisitivo é praticado por uma pessoa que age numa ostensiva exteriorização de procedimento normal do proprietário, e, no entanto, o seu comportamento irá repercutir na esfera jurídica alheia, constituindo-se o direito em favor do representante ou mandante. Essa aquisição poderá obedecer a dois esquemas: no primeiro, o representante, legal ou convencional adquire a posse pessoalmente, e transmite-a em seguida ao representado; desloca-se de um para o outro, *ex vi* da relação jurídica vigorante, a condição de possuidor. No segundo, o representante exterioriza um procedimento, mas a *affectio tenendi* é do representado; a vontade deste é o elemento integrante do fenômeno aquisitivo, que o completa, realizando a conjunção necessária dos elementos *corpus* e *animus*. Uma observação ocorre, para a hipótese do representante legal do *incapaz* que não pode exprimir a sua vontade, pelo fato mesmo de o ser: como se opera, então, a aquisição da posse por via de representante (pai, tutor, curador) se o representado (menor, enfermo ou pessoa com deficiência) não pode emitir manifestação volitiva?

A explicação romana da excepcionalidade da hipótese apenas acentua a sua anomalia. No direito brasileiro, a explicação oferecida é que se trata de uma ficção, pela qual se entende que a vontade do representante é a do próprio representado.[4] De qualquer sorte, não se recusando a possibilidade de os incapazes adquirirem a posse *por via* do representante, certa corrente admite que tomam eles por empréstimo o *animus* de quem os representa.[5]

Assinala-se, entretanto, que a vontade, na aquisição da posse, é simplesmente *natural* e não aquela revestida dos atributos necessários à constituição de um negócio jurídico. Daí ser possível tanto ao incapaz realizá-la por si (o escolar possui os livros e cadernos, o menor adquire a posse do brinquedo), sem manifestação de vontade negocial, como ao seu representante adquirir a posse em seu nome.[6]

Outra circunstância merece igualmente ser acentuada: para que alguém adquira a posse por intermédio de outrem, não se faz mister constitua formalmente um procurador, bastando que lhe dê esta incumbência,[7] ou que entre eles exista um vínculo jurídico.[8] Assim é que o jardineiro que vai buscar as plantas, ou a doméstica que

---

2   Trabucchi, *Istituzioni*, pág. 406.
3   Von Ihering, *Le Fondement de la Protection Possessoire*, pág. 31.
4   Tito Fulgêncio, *Da Posse*, vol. I, nº 62.
5   Planiol, Ripert e Boulanger, *Traité Élémentaire*, vol. I, nº 2.768.
6   Hedemann, *Derechos Reales*, § 7º; Enneccerus, Kipp e Wolff, *Tratado, Derecho de Cosas*, vol. I, § 9º.
7   Ribas, *Ações Possessórias*, pág. 147.
8   Espínola, *Posse, Propriedade* etc., pág. 75.

recebe a caixa de vinho adquirem a posse *alieno nomine*, para o patrão e em nome deste, embora dele não sejam mandatários. Se se adquire a posse por intermédio de um gestor de negócios, o seu momento inicial será o da ratificação.[9]

291. AQUISIÇÃO ORIGINÁRIA DA POSSE

A posse adquire-se, originariamente, pela apreensão da coisa ou pelo exercício do direito.

A) *Apreensão da coisa* é a apropriação dela, realizada por ato unilateral do adquirente, desde que subordinada a certos requisitos, que enquadram o fato material na sistemática jurídica da teoria possessória. Com efeito, nem toda apreensão induz posse, da mesma forma que (como veremos adiante) nem sempre a posse exige apreensão. Dentro da teoria de Savigny a apreensão é todo fato gerador da possibilidade imediata de dispor da coisa, e de excluir dela a ação de terceiro.[10] Na doutrina de Ihering, é toda circunstância material que traduza a exteriorização do domínio (*corpus*) aliada à *affectio tenendi* (*animus*), compondo a conduta do adquirente num comportamento normal de proprietário. Às vezes a apreensão exige uma conduta mais evidente do que o mero contato físico, reclamando o deslocamento da própria coisa, como no caso do tesouro oculto no prédio, que requer o fenômeno jurídico da invenção. Outras vezes, a apreensão dispensa o contato externo, como no caso das crias de animais, cuja posse é adquirida independentemente de um contato físico ou de um fato material.[11]

B) O *exercício do direito*, objetivado na sua utilização ou função, é a manifestação externa de quem efetiva uma conduta *ut dominus*, e equivale à apreensão da coisa. Não basta, porém, a mera aptidão abstrata para ser sujeito da relação jurídica, mas é indispensável a realização do poder que ele exprime. Igualmente, não é o exercício de qualquer direito que constitui modo originário de aquisição da posse, porém daqueles direitos que podem ser objeto da relação possessória (servidão, uso etc.).

C) Em desdobramento da ideia de exercício do direito está aquela outra, da *disposição do direito*. Aparentemente, há contradição entre a disposição do direito e a aquisição da posse, pois que aquela faz pensar antes em uma demissão do que em imissão. Mas, o que se quer salientar é que, na ideia de disposição – *abutere* – está contida uma faculdade inerente ao domínio (*ius utendi, fruendi et abutendi*), e, pois, a disposição é uma atitude de conduta normal do proprietário.

Em qualquer caso, porém, a coisa ou o direito hão de ser suscetíveis de apossamento. As que estão fora de comércio – *res extra commercium* – por força da lei não podem ser objeto de posse, ainda que apropriadas (apreensão), porque a

---

9 Montel, *Il Possesso*, pág. 221.
10 Lafayette, *Direito das Coisas*, § 10.
11 Von Ihering, *Fundamento de los Interdictos Posesorios*, Capítulo X; Tito Fulgêncio, ob. cit., nº 45.

ninguém é lícito exercer sobre elas a *affectio tenendi*. Aos direitos de crédito, por escaparem ao alcance da posse (v. n° 285, *supra*), não se estende a aquisição pelo exercício ou pela disposição.

292. AQUISIÇÃO DERIVADA

Quando uma pessoa recebe a posse de uma coisa, a ela transmitida por outro possuidor, a aquisição é *derivada*. Esta aquisição diz-se também por ato bilateral[12] em contraposição à originária, que se perfaz unilateralmente.

A) O ato mais frequente é a *tradição*. Na sua acepção mais pura, ela se manifesta por um ato material de entrega da coisa, ou a sua transferência de mão a mão, passando do antigo ao novo possuidor. Para tal, não é necessária uma "declaração de vontade" em sentido técnico, bastando a intenção do *tradens* e do *accipiens* convergindo no mesmo fim, como na hipótese do menor entregar ao menor.[13]

Mas nem sempre a tradição se completa com tal simplicidade, ora porque o objeto, pelo seu volume ou pela sua fixação, não se compadece com o deslocamento – *loco movere* –, ora porque não há necessidade da remoção. Em qualquer caso, entretanto, pode haver *traditio* de aspectos variados.

Afora a tradição real, no pressuposto da transposição ou remoção da coisa, e sua passagem de mão a mão – *de manu in manum translatio possessionis*,[14] conhece o direito a *tradição simbólica, a traditio longa manu*, e ainda a *traditio brevi manu*.

Basta ao possuidor de uma casa fazer a entrega de suas chaves a outrem para que se considere transmitida a posse do próprio imóvel (*tradição simbólica*).

Não é necessário, igualmente, e às vezes nem é possível mesmo, que o adquirente ponha a mão na própria coisa, como uma fazenda de grande extensão, que não pode percorrer inteira, para considerar-se imitido na sua posse. Contentava-se o Direito Romano com a sua exibição – *in conspectu posita* – e também o direito moderno satisfaz-se em que seja colocada à *disposição do accipiens*. Se ninguém a detém, efetua-se a tradição de longa mão – *traditio longa manu*.

Quando alguém já tem a posse do objeto, posse direta em razão de um vínculo jurídico, por exemplo, como depositário ou como credor pignoratício, e adquire o seu domínio, não há mister devolver-se ao dono, para que este novamente lhe faça a entrega (tradição real) do mesmo. É suficiente a demissão voluntária da posse pelo transmitente, para que se repute *tradita* a coisa; tradição de breve mão, *traditio brevi manu*.

A tradição, como modalidade de aquisição derivada, abrange qualquer dessas modalidades, e não apenas a tradição real.

---

12   De Page, *Traité*, vol. V, n° 852.
13   Enneccerus, Kipp e Wolff, ob. cit., § 9°.
14   *Digesto*, Liv. 41, Tít. I, fr. 34.

B) *Constituto possessório* é uma técnica de aquisição derivada, onde atuou o gênio inventivo dos Romanos que, muito apegados aos critérios formais, prefeririam contornar a rigidez dos princípios a com eles transigir. Quando uma pessoa tinha a posse de uma coisa, e, por título legítimo, a transferia a outrem, não requeria o direito que materialmente se entregasse, porém contentava-se com o fato de que o transmitente, por ato de vontade, deixasse de possuir para si mesmo, e passasse a possuir em nome do adquirente, e para este: *Quod meo nomine possideo, possum alieno nomine possidere; nec enim muto mihi causam possessionis, sed desino possidero et alium possessorem ministerio meo facio.*[15] O alienante conserva a coisa em seu poder, mas, por força de uma cláusula do contrato de alienação, passa à qualidade de possuidor *alieno nomine*, possuidor para outra pessoa. Esta, então, por força da cláusula *constituti*, *adquire a posse convencionalmente. O constituto possessorio*, em consequência, é um modo derivado de aquisição e, tão frequentemente usado no trato dos negócios, que se emprega como fórmula tabelioa, inserta mecanicamente em toda escritura translativa da propriedade. Em qualquer caso de tradição convencional (tradição simbólica, *traditio brevi manu, constituto possessório*) é requisito a validade da declaração de vontade; a convenção nula não transmite a posse.[16]

C) A posse adquire-se ainda, *ope legis*, quando passa aos herdeiros no momento da abertura da sucessão, e sem necessidade de que haja qualquer ato seu (Código Civil, art. 1.784). O Direito Romano não conheceu esta modalidade aquisitiva, que teve origem no direito costumeiro, no chamado *droit de saisine*, em virtude do qual o servo morto deixava de devolver a posse da coisa ao seu senhor, imitindo nela o seu sucessor: *le mort saisit le vif*[17] (cf. nº 429, vol. VI).

Accessio possessionis. Quando uma posse é adquirida por forma derivada, não há apreensão em primeira mão, porém a *translatio possessionis*, que vai da pessoa do antecessor para a pessoa do que a recebe.

Na transmissão *mortis causa*, ficando o herdeiro no lugar do defunto, continua a mesma posse, que era a deste, com os mesmos vícios e as mesmas qualidades, como efeito direto da transmissão hereditária. O sucessor universal continua de direito a posse de seu antecessor (Código Civil, art. 1.207).

Quando, porém, a aquisição ocorre a título singular (compra e venda, doação, dação em pagamento), o adquirente, recebendo embora uma posse de outrem, começa a sua como estado de fato novo. Permite-lhe a lei, entretanto, unir à sua posse a do seu antecessor (Código Civil, art. 1.207, segunda parte). Ele não é um continuador na posse antiga, mas constitui para si uma posse nova. Como o tempo é fator importante no desenvolvimento dos seus efeitos, pode haver conveniência, para o possuidor adquirente, em adicionar o tempo de sua posse ao daquele que fez a sua transmissão, estendendo-a por um tempo pretérito, anterior ao ato aquisitivo. É uma faculdade e não uma consequência necessária da aquisição derivada.

---

15 Enneccerus, Kipp e Wolff, ob. cit., vol. I, § 9º.
16 Enneccerus, Kipp e Wolff, ob. cit., vol. I, § 9º.
17 De Page, ob. cit., vol. V, nº 852; Lafayette, ob. cit., § 12, nº 3.

É um poder conferido ao *accipiens* e não uma imposição, é um direito e não uma obrigação. O adquirente, unindo a sua posse à do antecessor, realiza a acessão de uma à outra. Mas se o *accipiens* (seja comprador, seja locatário) está de má-fé no momento da aquisição, não lhe será lícito invocar a boa-fé do antecessor, para qualificar a própria posse.[18]

293. PERDA DA POSSE DAS COISAS

A teoria da perda da posse está fundamentalmente estruturada na decorrência da aplicação dos princípios que integram a sua composição doutrinária. Sendo a posse a visibilidade da propriedade, perde-a o possuidor que não guarda a conduta, em relação à coisa, análoga à do proprietário. Sendo os dois elementos – *corpus* e *animus* – essenciais à posse, dar-se-á a perda *corpore et animo*, ou então *solo corpore* ou *solo animo*, conforme desapareça um deles. Tornou-se hoje ocioso indagar em cada caso, se a perda ocorreu numa ou noutra hipótese. O que tem relevância é positivar a causa da perda, ou a circunstância fática, em virtude da qual se perde a posse.[19]

O Código Civil de 2002, com efeito, seguiu a linha de orientação do Projeto de 1965, desprezando a orientação do Código de 1916. Este era casuístico, aludindo ao abandono, à tradição, à perda ou destruição da coisa, à posse de outrem e ao constituto possessório. Discriminava, desta sorte, a demissão voluntária e a cessação involuntária do poder sobre a coisa. O diploma atual, enunciando preceito sintético, não despreza a ocorrência dessas hipóteses, que, não sendo taxativas, estendem-se a qualquer situação fática outra, em que venha a cessar o poder sobre a coisa ou a faculdade de exercer algum dos direitos inerentes à propriedade (art. 1.223).

O possuidor esbulhado pode recuperar a coisa pela força (desforço incontinenti), nos termos do que dispõe o art. 1.210, § 1º. Se tenta fazê-lo e não consegue, considera-se perdida a posse. Perdida igualmente será se, não estando presente ao esbulho, abstém-se de retomar a coisa. Num ou noutro caso, consolida-se no esbulhador uma situação fática incompatível com o poder sobre a coisa, e isto significa a perda da posse.

O Código de 1916 atentava para a hipótese de haver o possuidor sofrido a perda ou furto da coisa móvel (inclusive título ao portador) e assegurava ao esbulhado ação contra quem a detivesse, ressalvando-lhe ação de *in rem verso* contra quem lha transferiu. Embora o Código de 2002 não reproduza o preceito, vigora o direito por força do art. 1.212, segundo o qual é cabível ação de esbulho contra terceiro que recebeu a coisa esbulhada, sabendo que o era, compreendida aí toda espécie de aquisição. Se

---

18 Trabucchi, *Istituzioni*, nº 176, pág. 408.
19 Dassen e Villalobos, *Derechos Reales*, nº 74.

o terceiro adquiriu a coisa de boa-fé (e como tal presume-se a que foi comprada por qualquer forma de venda pública), o possuidor não pode reivindicá-la, salvo indenizando ao adquirente.

Nada obstante à síntese normativa promovida em 2002, perde-se a posse das coisas:

A) Pela *perda da própria coisa*, e consequente subtração sua ao senhorio da pessoa. Mas é preciso ressalvar que nem sempre pelo fato de se achar ela fora daquela dominação, automaticamente haja privação de sua posse. Perdida a coisa, nem sempre se acha desapossado o titular. Tendo em vista a sua destinação econômica, que sobreleva na doutrina de Ihering, a diligência do possuidor para recuperá-la e o seu interesse em reavê-la mantêm viva a relação jurídica da posse, não obstante faltar o contato material com o objeto. A própria inação transitória não é incompatível com a posse, como no exemplo daquele que perde a sua carteira dentro de sua própria casa e, nem pelo fato de omitir-se na sua procura imediata, infere-se que tenha deixado de ser possuidor dela.[20] A razão está em que, se a posse se não adquire *solo animo*,[21] o princípio de tutela jurídica admite que se conserve *solo animo*, desde que coexistam a vontade de mantê-la e o fato de continuar a coisa à disposição do possuidor[22] como, aliás, já o concebia o Direito Romano: *Sed si solo animo possideas, licet alius in fundo sit, adhuc tamen possides.*[23]

Para que se dê, neste caso, a perda da posse, cumpre esteja perdida a coisa, efetivamente, quer por não envidar o possuidor recuperá-la, quer por ter outra pessoa adquirido a sua posse. Considera-se, ainda, perdido o objeto, quando se acha em lugar inacessível, como a joia que cai no fundo do mar: sabe-se onde está, mas não se alcança para retirar.

B) *Pela destruição*. Perecendo o objeto, extingue-se o direito, conforme já ficou visto (v. n° 81, *supra*, vol. I), seja quando desaparece na sua substância (morte do animal, incêndio da casa), seja quando perde as qualidades essenciais à sua utilização, como se dá, por exemplo, com o trecho de praia, antes usado e construído, mas depois submerso permanentemente. Destruição existe, ainda, na transformação que desfigura a coisa, impossibilitando a sua distinção em relação a outra, como se dá nos casos de confusão, comissão, adjunção, avulsão.[24]

Em todos esses casos, dá-se *solo corpore* a perda da posse. Mas a sua danificação não implica perda, pois que, prejudicada embora, ou economicamente aviltada, a coisa preenche a sua destinação, permitindo que a posse sobreviva ao fato danoso.

C) *Posse de outrem*. É também perda da posse, e perda *solo corpore*, o esbulho por terceiro, que passa, contra a vontade do outro, a possuir a coisa. Como já vimos (n° 288, *supra*) é da essência da posse a exclusividade. E, pois, se *plures eamdem*

---

20   Tito Fulgêncio, ob. cit., vol. I, n° 275.
21   Ruggiero e Maroi, *Istituzioni*, vol. I, § 124.
22   Planiol, Ripert e Boulanger, ob. cit., vol. I, n° 2.771; Marty e Raynaud, *Droit Civil*, vol. II, n° 18.
23   *Digesto*, Liv. 41, Tít. II, fr. 3, § 7°.
24   Tito Fulgêncio, ob. cit., n° 276.

rem in solidum possidere non possunt, a tomada de posse por um importa, necessariamente, na sua perda pelo anterior. Não tem, aliás, outro alcance senão readquirir a posse perdida o interdito *recuperandae possessionis* (v. nº 296, *infra*).

D) *Abandono.* O abandono – *derelictio* – caracteriza a perda da coisa *corpore et animo*, de vez que, por ele, o possuidor se despoja dela, voluntariamente, demitindo de si o estado de fato que reflete a conduta normal do proprietário. Há desaparecimento da condição de assenhoreamento, acompanhado da intenção contrária à situação possessória.

O elemento *animus* nem sempre é fácil de se apurar e comprovar na ausência de declaração expressa do que abdica. Um locatário desocupa a casa onde morava; o proprietário de apartamento na zona de praia deixa-o fechado e sem utilização durante os meses de inverno: aparentemente, são duas condutas iguais, porque em ambas o possuidor deixa a coisa sem utilização; mas diferem em que, no primeiro caso, a intenção de abandono com renúncia à posse decorre do rompimento da cadeia de atos que implicam a conduta análoga à do proprietário – *neglecta atque omissa custodia*; no segundo, o não uso é uma forma de exercer o direito, porque, pela sua finalidade natural, a casa de praia não é usada no inverno.

É, então, preciso, no abandono, positivar, além da deixada da coisa, o ânimo de renunciar o direito.[25]

Pode perder-se a posse por *abandono do representante*, da mesma forma, e pelos mesmos motivos, que por via de representante se adquire.[26]

Mas somente se reputa perdida, em verdade, se o possuidor, ciente da infidelidade do mandatário, ou preposto, abstém-se de reavê-la, ou é repelido ao tentar fazê-lo.[27]

E) *Tradição.* A *traditio* é, também, uma perda da posse *corpore et animo*, ou somente *animo*, conforme o caso. Como já foi visto, é um meio aquisitivo, seja *real* ou *simbólica*, seja *brevi manu* ou *longa manu*. E, como é a ação do *tradens* a *causa acquisitionis*, esta mesma ação gera a demissão da posse, e sua consequente perda. É uma perda por transferência, porque simultaneamente adquire-a o *accipiens*, e nisto difere do abandono, em que se consigna unilateralmente a renúncia, sem a correlata imissão de alguém na posse da coisa *derelicta*.

Equivalente a uma tradição, para os imóveis, é a *inscrição do título* no registro respectivo, que tem o mesmo efeito translatício da posse.[28]

F) *Constituto possessório.* Importa na perda da posse *solo animo*, uma vez que o possuidor (v. nº 292, *supra*), por via da cláusula *constituti*, altera a relação jurídica, e, mudando o elemento intencional (*animus*), passa a possuir *nomine alieno*, aquilo que possuía para si mesmo. A sua conduta, em relação à coisa, materialmente não se altera, conservando-a *corpore*; mas a *affectio tenendi* extingue-se em relação a ele

---

25   Tito Fulgêncio, ob. cit., nº 279.
26   Enneccerus, Kipp e Wolff, ob. cit., § 15.
27   Lafayette, ob. cit., § 16.
28   Tito Fulgêncio, ob. cit., nº 281.

próprio, e nasce em nome do adquirente: eis porque o *constituto possessório* é modo de perder a posse, *solo animo*.

G) *Coisa fora do comércio*. Perde-se, ainda, a posse se a coisa é posta fora do comércio.[29] Visto não ser possível que o ato aquisitivo tenha por objeto as *res extra commercium* (v. n° 77, *supra*), aquelas que antes eram assenhoreadas deixam de ser hábeis à posse em consequência do ato que as retira da dominação particular, rompendo-se a relação possessória. Mas isto nem sempre acontece, pois que a inalienabilidade é frequentemente compatível com a cessão de uso ou posse alheia.

294. PERDA DA POSSE DOS DIREITOS

A lei civil anterior traduzia, numa só fórmula, a perda da posse dos direitos, enunciando (Código Civil de 1916, art. 520, parágrafo único) a impossibilidade de seu exercício e a prescrição.

O Código Civil de 2002, por sua vez, não contemplou especificamente o tema da perda da posse dos direitos –, limitando-se a tratar do gênero perda da posse em geral ao estabelecer, de forma sintética, que a perda da posse ocorre sempre que cessar "embora contra a vontade do possuidor, o poder sobre o bem, ao qual se refere o artigo 1.196" (art. 1.223). Sem embargo da unificação normativa operada pelo codificador de 2002, a perda da posse dos direitos ocorre ordinariamente nas hipóteses a seguir estudadas.

A) Impossibilidade do exercício. Perde-se a posse dos direitos, quando se impossibilita para o titular a fruição e utilização dos seus efeitos. A hipótese equivale à de perda da coisa, em lugar inacessível: o possuidor não tem mais a faculdade de se conduzir, *ut dominus gessisse*, e sofre então a perda da posse.

Esta impossibilidade pode provir de obstáculo levantado por outrem, que se oponha à sobrevivência da posse, ou pode nascer de um fato natural. O efeito é sempre o mesmo.

B) Conforme ficou oportunamente esclarecido (v. n°s 119 e segs., *supra*, vol. I), a ação do tempo, que tem efeitos vários nas relações jurídicas, opera a sua extinção, quando aliada à inércia do sujeito. E, sendo a posse um direito, está subordinada a esta consequência: não exercida pelo tempo previsto, acarreta a perda para o titular.

Não se extingue, automaticamente, pelo não uso, porque, se a propriedade não perece pelo fato de deixar o *dominus* de usar a coisa, pois que o não uso pode ser mesmo a forma de exercício querida pelo proprietário, também a posse, como visibilidade do domínio, não se perde para o possuidor.

É necessário que, ao não uso, corresponda uma situação contrária por parte de alguém. Quem tem a quase posse de uma servidão de caminho não a perde pelo só fato de deixar de transitar ali, pelo lapso de ano e dia. Mas perde-a em razão de le-

---

29 Orlando Gomes, ob. cit., n° 44.

vantar o proprietário do prédio serviente uma cerca barrando o tráfego do possuidor. Na primeira hipótese, ocorreu tão somente a ausência de utilização, inócua para a relação jurídica, pois que não é necessário a que a servidão se mantenha viva, estar o possuidor a transitar permanentemente pela estrada. Mas no segundo, já que se erigiu contra a existência da posse uma situação contrária, a inércia do titular importará necessariamente na prescrição do direito, e perda consequente da posse.

C) Pode a posse perder-se pelo *abandono*, pela *tradição*, ou pelo *constituto possessório*. No primeiro, há um propósito manifestado ou inequívoco. Nos demais, existe um procedimento ou um ato jurídico, pelo qual o possuidor transmite a posse a outrem ou passa a possuir em nome deste. Se o abandono for *involuntário* e injusto (perda, extravio, furto) cabe ao possuidor reaver a coisa e obter a posse novamente. Mas se o abandono, posto que involuntário, for legítimo (sentença judicial, desapropriação, requisição) descabe a ação de reintegração,[30] restando ao desapossado o ressarcimento do dano, quando couber.

D) Pode a posse perder-se por ato de representante (Espínola, Martin Wolff, Hedemann). Mas, se não tiver ele poderes para a renúncia ou abandono, o possuidor pode reaver a coisa e recuperar a posse.

---

30 Espínola, *Posse, Propriedade* etc., pág. 120.

Capítulo LXVI
Efeitos da Posse

Bibliografia

Ribas, *Ações Possessórias*, págs. 189 e segs.; Espínola, *Posse, Propriedade, Condomínio, Direitos Autorais*, n⁰ˢ 55 e segs., págs. 79 e segs.; Lafayette, *Direito das Coisas*, §§ 18 e segs.; Raviart e Raviart, *Actions Possessoires et Bornage*, n⁰ˢ 240 e segs.; Clóvis Beviláqua, *Direito das Coisas*, vol. I, §§ 18 e segs.; Dassen e Villalobos, *Derechos Reales*, n⁰ˢ 84 e segs.; Edmundo Lins, *Estudos Jurídicos*, págs. 126 e segs.; Tito Fulgêncio, *Da Posse e das Ações Possessórias*, vol. I, n⁰ˢ 73 e segs.; Ruggiero e Maroi, *Istituzioni*, vol. I, § 126; Hedemann, *Derechos Reales*, págs. 65 e segs.; De Page, *Traité*, vol. V, n⁰ˢ 871 e segs.; Mazeaud e Mazeaud, *Leçons*, vol. II, n⁰ˢ 1.456 e segs.; Brugi, *Digesto Italiano*, V. *Azioni Possessorie*; Planiol, Ripert e Boulanger, *Traité*, vol. I, n⁰ˢ 2.785 e segs.; Washington de Barros Monteiro, *Curso, Direito das Coisas*, págs. 46 e segs.; Colin e Capitant, *Droit Civil*, vol. I, n⁰ˢ 953 e segs.; Enneccerus, Kipp e Wolff, *Tratado, Derechos de Cosas*, vol. I, §§ 16 e segs.; Alberto Montel, *Il Possesso, passim*; Barassi, *Il Possesso, passim*; Trabucchi, *Istituzioni di Diritto Civile*, n⁰ 178, págs. 412 e segs.; Serpa Lopes, *Curso de Direito Civil*, vol. VI, n⁰ˢ 104 e segs.

295. EFEITOS DA POSSE EM GERAL

Os escritores atribuem à posse efeitos próprios. Com mais razões aqueles, como nós, que a qualificamos como um direito (v. n° 286, *supra*). Mas, ao alinhá-los, divergem mais uma vez. Se há escritor (Tapia) que lhe atribui setenta e dois diferentes, não faltou quem (Sintenis) lhe negasse qualquer efeito. Estendem-se outros na demonstração de que os produzidos por ela reduzem-se aos interditos (Maynz, Cornil, Edmundo Lins, Vicente Ráo), enquanto outros ainda reduzem seus efeitos à presunção da propriedade. Na concepção de Savigny, são dois os efeitos: invocação dos *interditos* e *usucapião*. Uma corrente mais racional admite que ela os gera, vários, sem exageros contudo (Martin Wolff, Planiol e Ripert, Astolfo Rezende).

A matéria não deve ter esta complexidade, nem é o caso de se dividirem os mestres em tão numerosos e inconciliáveis campos. O ponto de partida é, na atualidade, harmônico: *a produção de efeitos*. E pode resumir-se assim: a posse produz alguns efeitos.

Uns, os *interditos*, o são diretos, sem a intercorrência de qualquer fator exógeno. É bastante que exista a posse, independentemente de elementos acidentais, para que se possa valer das ações *possessórias* aquele que sofra uma turbação, um esbulho, ou uma ameaça. Não se diga, em negativismo injustificável, que os interditos não são um efeito de posse, por estarem condicionados à existência da moléstia. Esta, na verdade, não é requisito existencial daqueles (Edmundo Lins), porém o malefício ou ação antijurídica que o possuidor tem em vista repelir ou evitar.

Os *interditos*, nome pelo qual o pretor romano designava a medida defensiva com que paralisava a penetração do terceiro na esfera jurídica do possuidor (*interdicere = proibir*), ou *ações possessórias*, designação por que modernamente se denominam os remédios que resguardam a posse de toda turbação, esbulho, ou simples ameaça – os *interditos* ou *ações possessórias* (repetimos) são efeitos da posse, porque produto constante e regular desta, independentemente de qualquer outro fato.[1]

Outros efeitos gera a posse, embora exijam a presença de elementos qualificadores, modificativos e adicionais. Não são efeitos *exclusivos*, mas oriundos da posse condicionada, ou da posse acompanhada de algo mais. Não cabe, porém, negá-los, pois que o legislador assim os considera e proclama.

A) *Usucapião*. Como veremos adiante (n° 305, *infra*) a usucapião é modo de aquisição da propriedade. Aquisição pela posse prolongada e qualificada pela boa-fé, decurso de tempo, pacificidade, *animus domini*. Não seria, então, efeito da posse pura e simples. Mas, como esta lhe é essencial, não há recusar que a posse é requisito da usucapião, e, pois, que esta é efeito seu.[2]

B) *Presunção de propriedade*. Pelo fato de ser a visibilidade do domínio, o possuidor tem por si a presunção de ser dono, até que seja convencido do contrário.

---

1   Cornil, *Possession*, pág. 3, nota 1; Edmundo Lins, *Estudos Jurídicos*, pág. 127.
2   Enneccerus, Kipp e Wolff, *Tratado, Derecho de Cosas*, vol. I, pág. 16.

Presunção *iuris tantum*, sem dúvida, cede à prova contrária. Mas, enquanto esta se não der, milita a seu favor a *praesumptio* que o habilita a repelir o oponente.

C) *Percepção dos frutos*. Ao possuidor de boa-fé, enquanto ela durar, assiste a faculdade de perceber os frutos da coisa possuída. Não é um efeito da posse exclusivamente. Mas, como exceção ao princípio segundo o qual pertencem ao proprietário os frutos da coisa sua, o possuidor os perceberá, arrimado à boa-fé. Nem pelo fato de somente beneficiar ao *possessor bonae fidei* se negará ser efeito da posse, pois que sem esta não se perfura a regra *fructus rei frugifearae pars est* (v., sobre o conceito de frutos, o nº 75, *supra*, vol. I).

Cessada a boa-fé, ou presumindo-se tal desde a citação para a lide, cessa pela mesma razão a *fructuum perceptio*, devendo ser restituídos os frutos então pendentes, com dedução das despesas de manutenção e custeio, assim como os que forem colhidos por antecipação, que esta se presume maliciosa.[3]

O possuidor de má-fé responde por todos os frutos, inclusive aqueles que, culposamente, deixou de colher.

D) *Direito de retenção*. A quem tenha de devolver coisa alheia, reconhece o direito, em certos casos, recusar a restituição sob fundamento da existência de um crédito contra o que irá recebê-la. O *ius retentionis* justifica-se em razão da equidade, que se não compraz em que o devedor da restituição tenha de efetuá-la, para somente depois ir reclamar o que lhe é devido. Permite-lhe opor-se à devolução até ser pago. Mas, se é seu fundamento a *aequitas*, e se é seu requisito a existência de um débito, nem por isso se nega que o direito de retenção seja efeito da posse, embora rodeada esta de outros elementos, pois certo é que, sem ela, não tem objeto o *ius retentionis*.

E) *Indenização pelas benfeitorias*. Pelo valor das *benfeitorias necessárias*, como pelo das úteis autorizadas, o possuidor tem direito a ser indenizado, e reter a coisa até que o seja (v., sobre o conceito de *benfeitorias* e sua classificação, o nº 75, *supra*, vol. I). Não é, evidentemente, um efeito da posse exclusiva, porém desta aliada às circunstâncias de ter o possuidor benfeitorias na coisa. Se forem *necessárias*, isto é, despesas ou obras realizadas na coisa, com o fito de conservá-la, evitando o seu perecimento ou danificação, cabe-lhe o direito de reaver o seu valor. Se forem *úteis*, como tais consideradas as que aumentam o cômodo da coisa, cabe indenização ao possuidor de boa-fé. Quanto às *voluptuárias*, de mero aformoseamento, ao possuidor de boa-fé será lícito levantá-las (*ius tollendi*), desde que não advenha dano à coisa.

Até ser indenizado, o possuidor tem *ius retentionis* quanto às necessárias, bem como às úteis autorizadas; mas falta-lhe em relação às voluptuárias.

F) São estes os mais comuns efeitos da posse. Outros há, menos frequentes, ou menos característicos, que se podem omitir sem prejuízo da exposição. De maior importância são as ações *possessórias*. Não as mencionamos aqui, dedicando-lhe

---

3   Clóvis Beviláqua, *Comentários ao Código Civil*, vol. III, ao art. 511; João Luiz Alves, Comentário ao art. 511; Espínola, *Posse, Propriedade* etc., nº 79.

o parágrafo seguinte, não somente por se tratar de efeito mais acentuado da posse, como, ainda, em razão de constituírem a técnica jurídica adotada para a sua defesa, aproximadamente igual em todos os sistemas jurídicos. Embora sejam remédios vários, acham-se reunidas, porque submetidas a fundamentação uniforme, tendo em vista objetivo comum, que é a proteção da posse mesma.

G) *Autodefesa*. Lugar à parte merece a defesa direta da situação do possuidor – *autotutela da posse* – que se coloca a meio-termo entre os efeitos que ela produz em conjugação com outros fatores, e os interditos. Fora da ação judicial, ou antes dela, o possuidor tem a faculdade de repelir o atentado à posse, mantendo-a ou nela se reintegrando pela própria força. Para que se legitime a reação, o desforço tem de obedecer a certos requisitos, sem os quais a autodefesa se converte, a seu turno, em comportamento antijurídico: *a)* Em primeiro plano, o seu *imediatismo*, isto é, a repulsa à violência sem retardamento, sem permitir que flua tempo após o seu início, e antes que o invasor ou turbador consolide a posição – *non ex intervallo, sed ex continenti*; *b)* demais disso, a *proporcionalidade* entre a agressão e a reação, que deverá conter-se no limite do indispensável a repeli-la – *moderamen inculpatae tutelae* – sem que se converta em fundamento de violência reversa, a símile do que ocorre com a legítima defesa. Para Kohler a legítima defesa sobreleva ao próprio direito, constituindo emanação da personalidade. Tendo o titular o gozo do direito, deve-lhe ser reconhecida a faculdade de defendê-lo contra a agressão de terceiros, na medida em que o permitir a paz pública.[4]

A autodefesa não é reconhecida, por alguns, como Hedemann, ao possuidor indireto, em razão de lhe faltar o poder sobre a coisa e a sua utilização imediata; para outros, como Serpa Lopes, cabem também ao possuidor indireto, que os tem.[5] Em contraposição, não se exige a qualidade de possuidor para exercê-la, admitindo-se que o guardião da coisa, o servo na posse, o representante do titular poderão exercê-la em nome e a benefício do possuidor ou representado.[6]

O princípio da autodefesa, denominado também *desforço in continenti* ou *desforço em continente*, consagrado em nosso direito positivo (Código Civil, art. 1.210, § 1°), vai-se prender ao texto de Ulpiano, quando enunciava ser lícito repelir a violência pela força: *vim vi repellere licet*. E segundo Montel, recebeu ele a aprovação canônica nas Decretais de Inocêncio III: *ex ea vim vi, sicut omnia iura permittunt cito repellentes*.[7]

O direito moderno o reconhece para repelir a agressão, cabendo em qualquer caso de *inquietação* (ainda que já consumada), como ainda para a recuperação da posse, mas neste último caso não tem cabida se a perda já se consumou.[8]

---

4   Kohler, *Lehrbuch des Bürgerlichen Rechts*, vol. I, § 69, n° V.
5   Hedemann, ob. cit., pág. 68; Serpa Lopes, ob. cit., n° 122.
6   Dassen e Villalobos, ob. cit., n° 95.
7   Montel, *Il Possesso*, pág. 415.
8   Enneccerus, Kipp e Wolff, ob. cit., vol. I, § 18.

296. Ações possessórias

Ao possuidor ameaçado, molestado ou esbulhado assegura a lei meios defensivos com que repelir a agressão. São as ações *possessórias*, que variam na conformidade da moléstia. Ontologicamente análogas, todavia, embora diversificadas em função do objeto, não prejudicam a invocação de uma por outra, não induz nulidade o ajuizamento de uma em vez de outra, desde que satisfeitos os requisitos de uma delas (art. 554, CPC/2015; art. 920, CPC/1973). A existência dessas ações, com caráter próprio e rito especial, que, de modo geral, todos os sistemas adotam, inspira-se no objetivo de resolver rapidamente a questão originada do rompimento antijurídico da relação estabelecida pelo poder sobre a coisa, sem necessidade de debater a fundo a relação jurídica dominial.[9] O fundamento mesmo de se instituir procedimento especial (*ações possessórias*) para a tutela da posse assenta não tanto na celeridade do rito, mas principalmente em que tais ações permitem solução simplificada.[10]

Além da conversibilidade entre os interditos possessórios, verifica-se a peculiar característica da duplicidade dessas ações, que, como bem esclarece o art. 566 do CPC/2015 (art. 922 do CPC/1973), permite, tanto ao autor como ao réu, em uma mesma ação, requerer a tutela de sua posse ameaçada. Há de ser observada também a possibilidade de o interdito ser processado em rito liminar quando se trate de ação de força nova, assim considerada quando a violação da posse tenha ocorrido em menos de ano e dia, conforme prevê o art. 558 do CPC/2015 (art. 924 do CPC/1973).

Não se deixa também de ponderar que a tutela da posse tem em vista, a par de considerá-la um fenômeno individual, consistir ela igualmente num fato social.[11]

Posto se controverta ainda o assunto, entendemos que no Direito brasileiro as ações possessórias se qualifiquem cientificamente como ações *reais* (Serpa Lopes, Astolfo Rezende, Washington de Barros Monteiro, Orlando Gomes, San Tiago Dantas).

Muito se tem discutido a respeito da sua limitação à posse de imóveis como em certos sistemas[12] ou sua extensão à de móveis como em outros,[13] inclusive o nosso.[14] Mais vivamente debate-se a inclusão da disciplina destas ações no corpo do Código Civil. Ao tempo da promulgação do de 1916, mais acesa foi a discussão tendo em vista que era da competência estadual votar as leis de processo. Hoje, superado este problema, de vez que à União cabe ditar assim as de fundo quanto as de forma, ainda perdura a questão, arrefecida embora, em nome tão somente do rigor científico. Ainda sob tal aspecto, improcede a crítica.

---

9   Dassen e Villalobos, *Derechos Reales*, nº 84.
10   Montel, ob. cit., nº 428.
11   Barassi, *Il Possesso*, nº 150.
12   De Page, *Traité*, vol. V, nº 871.
13   Enneccerus, Kipp e Wolff, ob. cit., vol. I, § 19.
14   Corrêa Telles, *Doutrina das Ações*, § 186.

Na verdade, à lei de fundo cabe conceder o direito de fixar as normas de sua constituição e disciplinar o seu exercício. Às de forma é relegada a discriminação do rito e dos trâmites a seguir para a efetivação da defesa.

Acontece que, algumas vezes, a tutela do direito associa intimamente o fundo e a forma, por tal arte que, sem esta, sofre a própria substância, e sacrifica-se na sua essência o sistema defensivo.

A posse é um desses institutos, cuja unidade é fundamental à eficácia da técnica de proteção, em razão da ligação íntima existente entre o direito e a sua defesa. A peculiaridade desse direito está em que se acha permanente e indissoluvelmente ligado à situação de fato. Qualquer distúrbio que sofra esta, afeta-o na própria essência. Daí a conveniência de que a lei, que define o direito, conceda desde logo a sua tutela, no reconhecimento de que, faltando a defesa que assegura ao possuidor aquela exteriorização da conduta análoga à do proprietário, o que vem a sacrificar-se é o próprio direito, e sucumbirá a posse. Em consequência, cabe à lei de fundo – Código Civil – conceder e definir desde logo ao possuidor o direito de agir contra o turbador ou o esbulhador.

Mas não deve transpor a medida da delimitação da tutela. Se descer às minúcias da ritualidade, ou se cogitar das formalidades do procedimento, pecará pelo excesso e incidirá em condenável erro de técnica.[15]

Em Roma, a defesa da posse efetuava-se sem os critérios extremados do direito formulário, por via dos interditos, pronunciados pelo pretor, com a finalidade de paralisar a moléstia à posse, amparando situações que careciam de defesa pronta e eficaz.[16] Somente mais tarde, já no período de predomínio da atividade imperial,[17] foi que os *interdicta* se converteram em *actiones*, conservando embora a designação originária. Esta, aliás, de tão arraigada e generalizada, sobreviveu no período medieval, e veio até o direito moderno, que usa desembaraçadamente a sinonímia.

No direito brasileiro, o Código de Processo Civil de 1939 dedicou dois capítulos aos interditos possessórios, deixando claro o cabimento de liminar em ações de força nova e o seu processamento sob o rito especial. O CPC de 1973, por sua vez, manteve a base do Código anterior, adicionando, ainda, seção destinada à disciplina das disposições gerais das ações possessórias.

Maior inovação se observa com o CPC de 2015, que, dentro do procedimento especial das ações possessórias, previu expressamente a figura do litisconsórcio multitudinário, sempre que o esbulho, turbação ou ameaça for realizado por uma multidão de pessoas, e a possibilidade, nesses casos, de citação por edital dos réus que não forem encontrados no local (art. 554, §§ 1º, 2º e 3º, CPC/2015). Regulamentou, também, no art. 565, o litígio coletivo pela posse do imóvel, determinando que o

---

15 Tito Fulgêncio, ob. cit., nº 74; Orlando Gomes, ob. cit., nº 65.
16 Giffard, *Précis de Droit Romain*, pág. 341.
17 Ribas, *Ações Possessórias*, pág. 194.

juiz, antes de apreciar o pedido de concessão de liminar na ação possessória de força velha, designe audiência de mediação, a ser realizada em até trinta dias.[18]

Aqui passamos em revista as várias *ações possessórias*:

A) *Manutenção de posse.* Eram os *interditos retinendae possessionis*, com finalidade defensiva típica. O possuidor, sofrendo embaraço no exercício de sua condição, mas sem perdê-la, postula ao juiz que lhe expeça mandado de manutenção, provando a existência da posse, e a moléstia. Não se vai discutir a qualidade do direito do turbador, nem a natureza ou profundidade do dano, porém o fato em si, perturbador da posse. Por isso é que o *interdito retinendae*, tais sejam as circunstâncias, pode ser concedido contra o malfeitor, contra o que se supõe fundado em direito, e até mesmo contra o proprietário da coisa.

Esta circunstância é aparentemente estranha, pois que pode chegar ao extremo de defender o salteador ou o ladrão contra o verdadeiro dono. Mas é a consequência inevitável da proteção à posse: se em cada caso se fosse apurar o domínio, a pretexto de tutelar a sua exteriorização, seria um nunca ter fim, e a *diabolica probatio* repetir-se-ia em todos os conflitos, nulificando a defesa da posse mesma.

Tem-se discutido se a manutenção pode ser concedida ao *possuidor direto*, e, mais longe o debate, se é lícito expedir-se contra o *indireto*. Enquanto Gondim Neto sustenta a proteção possessória entre os dois possuidores, um contra o outro,[19] Espínola e Orosimbo Nonato negam a tutela da posse por via dos interditos invocados por qualquer deles contra o outro, e afirmam que as diferenças ou litígios devem dirimir-se por via de outras ações que não as de natureza possessória.[20] Dentro da sistemática da posse, não obstante as valiosas opiniões em contrário, a defesa da posse pela via aqui cogitada deve, entretanto, ser reconhecida como meio de resguardar a condição do possuidor imediato, seja contra um terceiro, seja contra o possuidor indireto. Este não pode, em nenhum caso, romper, por sua força, o estado de fato de que o possuidor direto goza, em razão do título que criou o desdobramento da posse. Igualmente idônea é a manutenção dada ao possuidor mediato ou indireto contra terceiro, ou mesmo contra o direto, que apesar de ter poder sobre a coisa, pode ser considerado turbador da posse indireta, como vimos no item 287, alínea E, *supra*.[21]

Dá-se o interdito contra qualquer moléstia: *a*) *de fato*, quando consiste a turbação em via de fato; *b*) *de direito*, quando se realiza por via judicial ou administrativa,

---

18 Por força do estado de emergência em saúde pública decorrente da pandemia de Covid-19, a Lei nº 14.216, de 2021, suspendeu até o dia 31 de dezembro de 2021 os efeitos de atos ou decisões judiciais, extrajudiciais ou administrativas, editados ou proferidos desde a vigência do estado de calamidade pública reconhecido pelo *Decreto Legislativo nº 6, de 20 de março de 2020*, até 1 (um) ano após o seu término, que imponham a desocupação ou a remoção forçada coletiva de imóvel privado ou público, exclusivamente urbano, que sirva de moradia ou que represente área produtiva pelo trabalho individual ou familiar (art. 2º). Diante disso, restaram suspensas, durante o período mencionado, as execuções de decisão liminar e de sentença em ações de natureza possessória e petitória.

19 Gondim Neto, *Posse Indireta*, pág. 160.

20 Espínola, ob. cit., pág. 88; Orosimbo Nonato, *in Arquivo Judiciário*, vol. 90, pág. 418.

21 Contra: Enneccerus, Kipp e Wolff, ob. cit., § 20; Tito Fulgêncio, ob. cit., nº 88.

como no caso de ser intimado o locatário a não mais pagar aluguel ao locador, ou em anúncio de venda pública da coisa possuída, decisão das autoridades fixando largura a uma estrada em detrimento da utilização da coisa etc.[22]

Se a moléstia é recente, e como tal considera-se a de menos de ano e dia, dar-se-á *manutenção liminar*, após justificação sumária, sem audiência da outra parte.[23] Ressalva-se, contudo, que, se a posse data de menos de ano e dia, ninguém será mantido ou reintegrado, senão contra quem não tiver melhor posse. Considera-se, no conflito das posses, melhor a que se fundar em justo título, ou, na falta deste, a que contar maior tempo (*prior in tempore melior in iure*). E, se não for possível apurá-lo, por serem todas duvidosas, o juiz ordenará o sequestro da coisa, até que, em decisão definitiva, fique demonstrado qual a melhor (art. 558, CPC/2015; art. 924, CPC/1973).

Concedido o mandado liminar, contra o qual não dá o Código de Processo recurso específico, o réu apresentará defesa, e, correndo a ação seus trâmites regulares, a sentença final decidirá pela cassação ou pela confirmação definitiva da medida.

Datando de mais de ano a moléstia, não tem cabimento a ação sumária, com expedição de mandado *in limine litis*, porém a ordinária possessória, para a qual o réu é regularmente citado, apresenta provas, decidindo afinal o juiz segundo o alegado e provado pelas partes litigantes.

A sentença mantenedora da posse deverá restituir ao *statu quo ante*, com a cessação da moléstia, inclusive a demolição de obras realizadas pelo turbador.[24]

Não tem lugar, porém, a manutenção de posse para defesa de servidões contínuas não aparentes, nem servidões descontínuas, em razão da ausência de sinais visíveis, salvo quando os respectivos títulos provieram do possuidor do prédio serviente, ou daquele de quem este o houve, pois que então se distinguem da mera tolerância (Código Civil, art. 1.213).[25] Mas, se se patenteiam por obras ostensivas, cabe o interdito, como se se tratasse de contínuas e aparentes.[26]

Problema que tem desafiado a argúcia dos julgadores é o que se põe na contagem do prazo, para efeito ou não de ser idônea a sumária possessória, quando são múltiplos os atos de turbação da posse, praticados pela mesma pessoa, e formando o seu conjunto a moléstia de que se queixa o lesado. Uma certa divergência entre os doutores revela-se em que uns mandam computar o prazo do primeiro ato turbativo,[27] outros aconselham isolar da sequência de atos o que constitua turbação real.[28] Melhor será distinguir: se, na cadeia de fatos, um houver que importe em privação da

---

22 Ruggiero e Maroi, *Istituzioni*, vol. I, § 126; De Page, ob. cit., vol. V, n° 876; Raviart e Raviart, *Actions Possessoires et Bornage*, n° 125.

23 Pontes de Miranda, *Comentários ao Código de Processo Civil*, vol. VI; Teixeira de Freitas, *Doutrina das Ações*, §§ 77 e segs.; Corrêa Telles, *Doutrina das Ações*, §§ 186 e segs.

24 Tito Fulgêncio, ob. cit., n° 81.

25 Clóvis Beviláqua, *Comentários*, vol. III, ao art. 509.

26 Mendes Pimentel, "Servidão de Trânsito", in *Revista Forense*, vol. 40, pág. 295.

27 Raviart e Raviart, ob. cit., n° 337; Cesare Consolo, *Trattato del Possesso*.

28 Aubry e Rau, *Droit Civil*, vol. II, § 186.

posse, daí correrá o prazo; se houver vários atos distintos, sem nenhuma relação de causalidade, cada um constitui turbação autônoma para efeito da contagem; se, ao contrário, forem ligados entre si pela mesma causação, formará toda a cadeira uma só moléstia, e do último deles contar-se-á o lapso para efeito de ser admitido o rito sumário.[29]

B) *Reintegração de posse*. Aquele que é desapossado da coisa tem, para reavê--la e restaurar a posse perdida, ação de *reintegração de posse*, que corresponde aos interditos *recuperandae possessionis*. Também aqui há duas hipóteses a considerar: se o esbulho datar de menos de ano e dia, a ação, com o nome também de ação de *força nova espoliativa* inicia-se pela expedição de mandado liminar, para que seja o possuidor prontamente reintegrado: *spoliatus ante omni restituendus*, mediante justificação sumária dos requisitos. Após a expedição do mandado, abre-se ao réu o prazo de defesa.

Se o esbulho é de mais de ano (*ação de força velha espoliativa*) o juiz fará citar o réu para que se defenda, admitirá suas provas, que ponderará com as do autor, e decidirá finalmente quem terá a posse. Nesse caso, a sentença tem *efeito dúplice*: julgando que o autor não deve ser reintegrado, reconhece *ipso facto* a legitimidade da posse do réu; e *vice-versa*, concedendo a reintegração, repele a pretensão do esbulhador sobre a coisa.

São requisitos do interdito *recuperandae* a existência da posse e seu titular, e o esbulho cometido pelo réu, privando aquele, arbitrariamente, da coisa ou do direito (violência, clandestinidade ou precariedade). Exclui-se da caracterização do esbulho a privação da coisa por justa causa.

O objetivo imediato da sentença é restituir a coisa ao esbulhado, e, se ela não mais existir, o seu valor.

Cabe a ação do esbulho ao possuidor direto contra terceiro ou contra o possuidor indireto, tal qual se viu quanto à de manutenção. Ao possuidor indireto dá-se o interdito *recuperandae* para obter a restituição em favor do direto ou em seu próprio benefício, se o possuidor imediato não puder ou não quiser reaver a coisa,[30] e esbulhador for um terceiro.

Exceção de domínio. Tanto na ação de manutenção, quanto na de reintegração, pode o juiz ter de enfrentar a defesa do réu, fundada no domínio (*exceptio dominii*). Com base no princípio de que se trata de situações bem diversas – *nihil communi habet proprietas cum possessione* – o julgamento da posse não pode ser distorcido pela invocação da propriedade, isto é, se o réu acusado de haver turbado ou esbulhado a posse, articular como defesa o seu domínio, justificando-se de que agiu por ser dono (*feci quia dominus sum*), não colherá o argumento, porque não lhe assiste, sob alegação de propriedade, molestar a posse alheia. O que lhe cabe, ante a constituição de uma situação contrária ao seu domínio, é promover a reivindicação, reavendo a

---

29   Aubry e Rau, *Droit Civil*, vol. II, § 186.
30   Espínola, ob. cit., nº 74.

coisa por via *petitória*. Por isso é que se lê em Hedemann não haver lugar no "possessorium" para as alegações de caráter petitório.[31]

Dentro da doutrina de Ihering encontra plena justificativa a rejeição da *exceptio dominii*, porque o debate possessório tem em vista o estado de fato do possuidor, cuja defesa se frustraria se fosse aberta a questão em torno da propriedade, sucumbindo a própria sistemática da posse.

O Código de 1916, em seu art. 505, dispunha que: "Não obsta à manutenção, ou reintegração na posse, a alegação de domínio, ou de outro direito sobre a coisa. Não se deve, entretanto, julgar a posse em favor daquele a quem evidentemente não pertencer o domínio". A segunda parte do dispositivo, cujo pressuposto era a *evidência do domínio*,[32] talvez fundada no receio de sustentar a posse em qualquer circunstância, não mereceu acolhida no atual Código (art. 1.210, § 2º), que, em boa hora, restituiu a coerência do sistema legal de tutela da posse, não mais transigindo com a *exceptio dominii*.

Volta o ordenamento a manter-se fiel à velha regra, segundo a qual nada existe em comum entre a posse e a propriedade – *nihil communi habet proprietas cum possessione* – vale dizer: o julgamento da posse não pode ser distorcido pela invocação da propriedade. Dentro da doutrina de Ihering encontra plena justificativa a norma em tela, cabendo ao proprietário, se se constitui uma situação contrária ao seu domínio, promover a ação de reivindicação, reavendo a coisa pela via petitória (Hedemann). O Código Civil de 2002, com o enunciado simples desse preceito, põe termo à dúvida criada pelo art. 923 do Código de Processo Civil de 1973, seja na sua redação original, seja na que resultou da emenda advinda da Lei 6.820, de 16 de setembro de 1980. É, pois, inadmissível, na pendência de ação possessória (de manutenção ou reintegração) a alegação de ser dono (*feci quia dominus sum*), remontando-se em toda a sua pureza à doutrina de Ihering, segundo a qual a proteção da posse tem em vista a posse em si mesma, sem se cogitar de sua causa subjacente. Alerte-se, entretanto, que o art. 557 do CPC/2015 inova ao permitir expressamente o ajuizamento da ação de reconhecimento de domínio, se esta for intentada em face de terceira pessoa.

C) *Interdito proibitório* é a defesa preventiva da posse, ante a ameaça de turbação ou esbulho. Consiste em armar o possuidor de mandado judicial, que a resguarde da moléstia iminente. Não é necessário que aguarde a turbação ou o esbulho. Pode antecipar-se ao cometimento da violência e obter um julgado que o assegure contra a hipótese de vir a acontecer, sob pena de pagar o réu multa pecuniária, em favor do próprio autor ou de terceiro (uma instituição filantrópica, *e.g.*). Com a cominação do preceito, o réu se contém, e, se não abstiver da moléstia, automaticamente incidirá na pena (arts. 567 e 568 do CPC/2015; arts. 932 e 933 do CPC/1973).

---

31 Hedemann, *Derechos Reales*, vol. II, pág. 69.
32 Espínola, ob. cit., nº 68; Ribas, ob. cit., nº 284; Astolfo Rezende, *in Manual Lacerda*, vol. VII, pág. 209, em comentário ao art. 505.

Mas é preciso, ao revés, que o autor tenha fundado receio de que a violência virá, cumprindo-lhe, pois, provar os requisitos: posse, ameaça da moléstia, probabilidade de que venha a verificar-se.[33]

D) *Ação de dano infecto* é medida preventiva como o interdito proibitório, e dá-se quando o possuidor tenha fundado receio de que a ruína de prédio vizinho ao seu, ou vício na sua construção, possa vir a causar-lhe prejuízo. Precavendo-se, o autor obtém que a sentença comine ao réu a prestação de caução que o assegure contra o dano futuro – *cautio damni infecti*.

Embora, em estrita aplicação dos princípios, a *cautio damni infecti* não se alinhe entre as ações possessórias propriamente ditas, é habitualmente considerada por reputados autores como medida desta natureza, tendo em vista que seu âmbito compreende a proteção do possuidor, pelo fato de o ser.

E) *Nunciação de obra nova.* Quando a moléstia possessória consiste em construção que levanta o vizinho, dentro de suas próprias linhas lindeiras, o possuidor tem, para o efeito de sustar o seu prosseguimento e desfazer o que se acha edificado, uma ação específica, mista de possessória e cominatória, denominada *nunciação* ou *embargo de obra nova – operis novi nuntiatio*.

Seu principal objetivo é o embargo à obra, isto é, o obstáculo a que seja concluída, e, secundariamente, a cominação de multa para o caso de reinício ou de reconstrução. E tem lugar, ainda que a obra não cause um dano atual, mas permita antever resultado turbativo, se vier a completar-se.[34]

Para que tenha cabimento, será necessário que ocorram os seguintes requisitos: *a*) que haja posse; *b*) que o vizinho esteja realizando uma obra dentro de seus próprios confins, porque, se ultrapassá-los já se converte em turbação à posse, e cabível será o interdito *retinendae possessionis*; *c*) que a obra cause moléstia à posse; *d*) que se trate de obra nova, isto é, em vias de construção, descabendo o remédio se já estiver concluída. Neste último caso, o prejudicado tem de se valer da ação demolitória, cujo objetivo é limitado ao desfazimento de obra terminada, já que a sua conclusão é incompatível com o embargo, ou interrupção de seu curso.

F) *Imissão de posse.* O sistema defensivo da posse conta com a ação de imissão – *interdito adipiscendae possessionis* – pelo qual, em certos casos, o que tem direito à posse adquire-a contra o detentor. Discute-se a sua caracterização no Direito Romano: enquanto Savigny lhe negava a natureza possessória, Ihering sustentava-a, qualificando a opinião de Savigny como errônea.

Em termos de execução de sentença, a imissão de posse sempre teve livre curso entre nós. Mas, como a ação autônoma, era desconhecida em nosso direito, salvo nos Códigos de Processo de Minas, da Bahia e do Distrito Federal.[35] O Có-

---

33   Pontes de Miranda, ob. cit.; Câmara Leal, *Comentários ao Código de Processo Civil*, Forense, vol. V, n°s 55 e segs.

34   De Page, ob. cit., n° 880.

35   Lafayette, ob. cit., § 18, nota 4; Serpa Lopes, *Curso*, vol. VI, n° 124.

digo de Processo Civil de 1939 deu-lhe corpo, reconhecendo-a em casos estritos (art. 381), a saber:

1. Para haver a posse dos bens adquiridos, contra o próprio alienante ou contra terceiro que os conserve, sem fundamento em um título jurídico.

2. Para compelir os antigos administradores de pessoas jurídicas de direito privado a entregar aos atuais e demais representantes, bens pertencentes à entidade administrada.

3. Para permitir que o procurador receba de seu antecessor os bens do mandante.

Esta ação, cuja natureza possessória é discutida,[36] não padece dúvida que em nossa sistemática o fora, pois que assim a tratou e regulou o direito positivo (Código de Processo Civil, de 1939, art. 381).

A reforma processual de 1973 não cogitou da imissão de posse como ação, no que foi acompanhada pelo Código de Processo Civil de 2015. O CPC/2015, assim como seu congênere (art. 625 do CPC/1973), manteve a referência à possibilidade de imissão na posse na execução para a entrega de coisa certa (art. 806, § 2º, CPC/2015).

Por fim, a imissão provisória na posse concedida a entes públicos no bojo de desapropriações, a partir da Lei nº 14.620/2023, consta prevista expressamente no Código Civil (art. 1.225), concebida como direito real.

297. INDENIZAR AO POSSUIDOR

Além das ações de que se pode valer o possuidor, na defesa de sua condição ou de seu estado, assegura-lhe ainda a ordem jurídica o ressarcimento do dano. Este problema encontra solução, quer nos princípios gerais de direito, quer em disposição específica. E divide os civilistas, que ora assentam a reparação do dano na regra geral da responsabilidade aquiliana (Messineo, Barassi, Colasurdo), ora na estrutura mesma da proteção possessória (Montel, Ruggiero e Maroi, Vittone Zuccalà).

Qualquer que seja a corrente seguida, a doutrina parte do pressuposto de que a posse traduz uma situação proveitosa (Tito Fulgêncio). Quebrando o ritmo de sua fruição, a moléstia possessória é via de fato causadora de prejuízo. E, não podendo compadecer-se a ordem jurídica com a lesão, reconhece ao possuidor turbado ou esbulhado, a par dos interditos defensivos, a indenização dos danos sofridos (art. 555, I, CPC/2015; art. 921, I, CPC/1973).

Na dedução lógica da regra, cabe acentuar que não são apenas os danos concretos, como a destruição da cerca ou a colheita da planta que se consideram. Também os que consistem na turbação ou no esbulho, em si mesmos, merecem ser ponderados, como o trânsito pelo fundo, a ocupação da área etc. A manutenção,

---

36 Savigny, *Possession*, § 35; Cornil, *Possession*, § 22.

que a sentença decreta no pressuposto de que sofreu o possuidor a turbação efetiva, far-se-á acompanhar necessariamente de indenização do prejuízo causado.[37]

Duas questões têm sido levantadas pelos escritores, entre nós, a saber: se o ressarcimento deve limitar-se ao dano emergente, e se são devidos honorários de advogado.

Em hermenêutica fechada, pretendeu-se confinar a reparação ao que o possuidor efetivamente perdeu em razão da moléstia à sua posse (*damnum emergens*). É que, falando a lei em "prejuízo sofrido" (art. 503 do Código Civil de 1916), e na restituição da coisa "mais o valor de suas deteriorações" (art. 1.541 do Código Civil de 1916), parecendo que o legislador quis restringir o direito ao ressarcimento. Tal entendimento influía na aplicação dos dispositivos, que da doutrina e da jurisprudência receberam interpretação hermética.

A experiência e o desenvolvimento natural das ideias lograram, contudo, clarear o pensamento legislativo, com a compreensão de que o prejuízo que o possuidor molestado suporta terá de ser compensado também daquilo que razoavelmente deixa de ganhar (*lucrum cessans*), e, como corolário inevitável, a indenização deve ser a mais ampla.[38]

Na esteira de tal compreensão, o Código Civil atual tomou posição na contenda para contemplar de modo expresso a indenização por lucros cessantes, estabelecendo em seu art. 952 que, "*havendo usurpação ou esbulho do alheio, além da restituição da coisa, a indenização consistirá em pagar o valor das suas deteriorações e o devido a título de lucros cessantes; faltando a coisa, dever-se-á reembolsar o seu equivalente ao prejudicado.*"

Os honorários de advogado, a seu turno, devem constituir natural complemento da indenização, de vez que, não sendo lícito à vítima ingressar em Juízo sem o patrocínio de profissional legalmente habilitado, o pagamento a este, pela defesa da posse, seria, em qualquer hipótese, um ônus, a pesar sobre os ombros do possuidor, desfalcando-lhe o patrimônio. A recomposição deste não se reputará perfeita sem a inclusão dos honorários na verba da reparação.

Acresce que a moléstia causada à posse é uma conduta ilegítima, atentatória do direito ou causadora de prejuízo, e, como tal, compreendida no conceito amplo de culpa. E, na forma do que dispunha o Código de Processo Civil de 1939 (art. 64), os honorários de advogado são devidos sempre que a ação resulta de dolo ou culpa contratual ou aquiliana.

No Anteprojeto do Código de Obrigações, por nós elaborado, fizemos consignar a extensão da reparação pelo esbulho aos lucros cessantes (art. 948) e aos honorários de advogado (art. 950).

---

37   Tito Fulgêncio, ob. cit., vol. I, nº 78.
38   Lafayette, ob. cit., § 22, nota 2; Tito Fulgêncio, ob. cit., vol. I, nº 79. É de notar que Tito Fulgêncio, contrário a princípio à extensão da reparação aos lucros cessantes, emendou depois a mão, e passou a integrá-los no esquema reparatório.

Modificação no sistema legal foi introduzida pela Lei nº 4.632, de 18 de maio de 1965, reforçando a doutrina da imposição de honorários do advogado da outra parte ao esbulhador ou turbador da posse. Ao assunto não se refere diretamente. Como, porém, esse diploma estabelece que o vencido paga sempre os honorários do advogado da parte vencedora, independentemente da culpa ou dolo, o possuidor reintegrado ou mantido não necessita mais invocar outros princípios, assistindo-lhe direito a essa verba pelo só fato de sair vencedor no prélio judicial. Segundo a mesma lei, o juiz na sentença os arbitrará, com moderação e motivadamente. É a aplicação pura e simples do "princípio da sucumbência". Esse princípio foi mantido no art. 85 do CPC/2015 (art. 20 do CPC/1973), fixando os honorários num mínimo de 10% e no máximo de 20% sobre o valor da condenação, atendidos: *a*) o grau de zelo do profissional; *b*) o lugar da prestação do serviço; *c*) a natureza e importância da causa, o trabalho realizado pelo advogado, e o tempo exigido pelo serviço. Se a causa for de pequeno valor, ou se for este inestimável, os honorários serão arbitrados consoante apreciação equitativa do juiz.

O Código Civil de 2002 omitiu-se a respeito da matéria, antes tratada pelo art. 503 do Código de 1916. Sem embargo, prevaleceu a necessidade de reparação cabal dos danos, quer pela análise sistemática do ordenamento, quer pela aplicação do disposto no art. 555, I, do Código de Processo Civil de 2015 (art. 921, I, CPC/1973).

PARTE SEGUNDA
A PROPRIEDADE

CAPÍTULO LXVII
PROPRIEDADE EM GERAL

Bibliografia

Ludovic Beauchet, *Histoire du Droit Privé de la République Athénienne*, vol. III, *passim*; Fustel de Coulanges, *La Cité Antique*, págs. 62 e segs.; Herbert Spencer, *Sociologie*, vol. III, págs. 717 e segs.; José D'Aguano, *Genesis y Evolución del Derecho*, Capítulo VII; Sumner Maine, *Études sur l'Ancien Droit et le Coutume Primitive*, págs. 391 e segs.; Lucien Jansse, *La Propriété, passim*; Felicien Challaye, *Histoire de la Propriété, passim*; Miguel Sanches de Bustamante, *La Propriedad, passim*; Virgílio de Sá Pereira, *Manual Lacerda*, vol. VIII, nᵒˢ 1 e segs.; Clóvis Beviláqua, *Direito das Coisas*, vol. I, §§ 31 e segs.; Washington de Barros Monteiro, *Curso*, págs. 83 e segs.; Scialoja, *Teoria della Propietà nel Diritto Romano, passim*; Arangio Ruiz, *Istituzioni di Diritto Romano*, págs. 180 e segs.; Cuq, *Manuel de Droit Romain*, págs. 254 e segs.; Ugo Natoli, *La Proprietà, passim;* Lafayette, *Direito das Coisas*, §§ 24 e segs.; Serpa Lopes, *Curso de Direito Civil*, vol. VI, nᵒˢ 135 e segs.; Malta Cardoso, *Tratado de Direito Rural Brasileiro*; Karl C. Thalheim, *Política Agrária*; Adolfo Damasck, *La Reforma Agraria;* Marty e Raynaud, *Droit Civil*, vol. II, nᵒˢ 31 e segs.; Orlando Gomes, *Direitos Reais*, nᵒˢ 81 e segs.; Eduardo Espínola, *Posse, Propriedade, Condomínio, Direitos Autorais*, págs. 127 e segs.; J. W. Hedemann, *Derechos Reales*, trad. de Diez Pastor e Gonzalez Henriquez, págs. 7 e segs.; Enneccerus, Kipp e Wolff, *Tratado, Derecho de Cosas*, vol. I, §§ 51 e segs.; De Page, *Traité*, vol. V, nᵒˢ 890 e segs.; Vareilles Sommières, "Définition et Notion Juridique de la Propriété", *in Revue Trimestrielle du Droit Civil*, 1905, págs. 443 e segs.; Alberto Trabucchi, *Istituzioni di Diritto Civile*, nᵒˢ 167 e segs.; Mazeaud e Mazeaud, *Leçons de Droit Civil*, vol. II, n°s 1.292 e segs.; Planiol, Ripert e Boulanger, *Traité Élémentaire de Droit Civil*, vol. I, n°s 2.703 e segs.; Renard e Trotabas, *La Fonction Sociale de la Propriété Privée*; Rouast, "Évolution du Droit de Propriété", *in Travaux de la Société*, Henri Capitant, 1945, pág. 45; Gustavo Tepedino, *Temas de Direito Civil*, págs. 283 e 284.

298. SOCIOLOGIA DA PROPRIEDADE

A propriedade tem sido objeto das investigações de historiadores, sociólogos, economistas, políticos e juristas. Procuram todos fixar-lhe o conceito, determinar-lhe a origem, caracterizar-lhe os elementos, acompanhar-lhe a evolução, justificá-la ou combatê-la. Em obra sistemática, em monografia, em estudo avulso – é assunto sempre presente na cogitação do jurista.[1]

Não existe um conceito inflexível do direito de propriedade. Muito erra o profissional que põe os olhos no direito positivo e supõe que os lineamentos legais do instituto constituem a cristalização dos princípios em termos permanentes, ou que o estágio atual da propriedade é a derradeira, definitiva fase de seu desenvolvimento. Ao revés, evolve sempre, modifica-se ao sabor das injunções econômicas, políticas, sociais e religiosas. Nem se pode falar, a rigor, que a estrutura jurídica da propriedade, tal como se reflete em nosso Código, é a determinação de sua realidade sociológica, pois que aos nossos olhos e sem que alguém possa impedi-lo, ela está passando por transformações tão substanciais quanto aquelas que caracterizaram a criação da propriedade individual, ou que inspiraram a sua concepção feudal.

A princípio foi o fato,[2] que nasceu com a espontaneidade de todas as manifestações fáticas. Mais tarde foi a norma que o disciplinou, afeiçoando-a às exigências sociais e à harmonia da coexistência. Nasceu da necessidade de dominação. Objetos de uso e armas. Animais de presa e de tração. Terra e bens da vida. Gerou ambições e conflitos. Inspirou a disciplina. Suscitou a regra jurídica. Tem sido comunitária, familial, individual, mística, política, aristocrática, democrática, estatal, coletiva.

Em nossa organização jurídica não se vislumbra resíduo da concepção dominial dos povos do Oriente. A organização feudal, que também medrou em solo português, compareceu no transitório regime das capitanias hereditárias ensaiado no início da colonização lusa, e não deixou de imprimir a sua marca em nossos costumes, embora não subsista a disciplina em nosso sistema jurídico.

A raiz histórica do nosso instituto da propriedade vai-se prender no Direito Romano, onde foi ela individual desde os primeiros monumentos. Dotada de caráter místico nos primeiros tempos. Mesclada de determinações políticas. Somente o cidadão romano podia adquirir a propriedade; somente o solo romano podia ser seu objeto, uma vez que a dominação nacionalizava a terra conquistada. E a técnica da aquisição – *mancipatio* –, um cerimonial tipicamente romano, restringia o fenômeno e limitava o domínio *ex iure quiritium*. Mais tarde estendeu-se o *ius commercii* aos estrangeiros, ampliou-se a suscetibilidade da aquisição ao solo itálico, e depois além

---

1   Também ao assunto nos temos referido, em: "O Direito de Propriedade e sua Evolução", *in Revista Forense*, vol. 152, pág. 7; *Propriedade Horizontal*, nºs 1 e segs.; *Condomínio e Incorporações*, págs. 17 e segs.

2   Sá Pereira, *in Manual Lacerda*, vol. VIII, nº 1.

deste; e a par daquela modalidade aquisitiva hermética, surgiram novos usos e os jurisconsultos elaboraram novas técnicas: *traditio, in iure cessio.*[3]

Quando, pois, Justiniano promove a codificação no século VI, a propriedade que o *Corpus Iuris Civilis* retrata é a resultante de lenta evolução que dentro do Direito Romano cobrira mais de um milênio.

A invasão dos bárbaros, que por si mesma não implicou subversão no regime dos bens, uma vez que a ideia de dominação das coisas era tão familiar aos Germanos quanto aos Romanos,[4] carreou, no entanto, por via de repercussão indireta, profunda transmutação nos valores: gerando a instabilidade, a insegurança e o receio, sugeriu a ideia de transferência da terra aos poderosos, com juramento de submissão e vassalagem, em troca de proteção à sua fruição (*beneficium*) e, na medida em que a rede de devotamentos, assistência, auxílio e aliança se estendia, crescia o conceito de poder político ligado à propriedade imobiliária. O nobre, dentro de seu domínio é um soberano, distribui justiça, cobra tributos, declara a guerra, faz a paz. Cede o uso da terra ao servo, que a ela se vincula e dela não tem o direito de se afastar (servidão da gleba), pagando para cultivá-la um rédito em dinheiro ou em frutos.[5]

A instituição da monarquia absoluta não poderia deixar de afrontar o conceito dominial, com abolição dos poderes dissociados através da escala nobiliárquica.

A Revolução Francesa pretendeu democratizar a propriedade, aboliu privilégios, cancelou direitos perpétuos. Desprezando a coisa móvel (*vilis mobilium possessio*), concentrou sua atenção na propriedade imobiliária, e o Código por ela gerado – *Code Napoléon* – que serviria de modelo a todo um movimento codificador no século XIX, tamanho prestígio deu ao instituto, que com razão recebeu o apelido de "código da propriedade", fazendo ressaltar acima de tudo o prestígio do imóvel, fonte de riqueza e símbolo de estabilidade. Daí ter-se originado em substituição à aristocracia de linhagem uma concepção nova de aristocracia econômica, que penetrou no século XX.

O tempo atual tem-se marcado pelos desequilíbrios, incertezas e mutações. Alteram-se os regimes jurídicos e os regimes políticos, dançando da direita para a esquerda e da esquerda para a direita. A noção de contrato sofre sensível modificação, com reforçamento do primado da ordem pública sobre o princípio da autonomia da vontade (v. nº 186, *supra*, vol. III). E como é natural, a propriedade recebe permanente impacto, que vai até a luta pela supressão do domínio individual, a que se contrapõe a resistência dos velhos conceitos. E conforme a influência do regime político sobre o modelamento da tipicidade dominial, o direito de nosso tempo conhece e disciplina a propriedade individual como padrão de direito subjetivo nos regimes capitalistas, e a ela se contrapondo e forcejando por se lhe sobrepor a propriedade

---

3   Eduard Cuq, *Institutions*, vol. I, págs. 247 e segs.; Albertario, *Istituzioni*, págs. 183 e seg.; Von Mayr, *Historia del Derecho Romano*, pág. 175.

4   Lucien Jansse, *La Propriété*, pág. 20.

5   Felicien Chalaye, *Histoire de la Propriété*, pág. 50; Joseph Zaksas, *Les Transformations du Contrat et leurs Lois*, pág. 67; Caio Mário da Silva Pereira, *Propriedade Horizontal*, nº 5.

coletiva predominante especialmente no que concerne aos bens de produção, vigentes nos regimes socialistas e nas chamadas repúblicas populares.

O certo é que nenhuma das duas modalidades dominiais é pura, nem a coletiva, nem a individual. A extinta União Soviética, após o período do comunismo de guerra e consolidação revolucionária, inaugurou a fase da NEP, transigindo com o que se diziam práticas burguesas. Cessando a "nova política econômica", assentou-se uma noção de propriedade de acordo com o regime, na qual se distinguiram dois setores, o da economia privada e o da economia pública: no primeiro, admite-se a propriedade exclusiva sobre bens de consumo pessoal e a propriedade usufrutuária de bens de utilização direta; no setor da economia pública socializam-se os bens de produção (minas, águas, meios de transportes, indústrias de base, etc.) e coletivizam-se em regime de concessão usufrutuária gratuita indústria e granjas cultivadas (*sovcoses e colcoses*). Em qualquer setor, entretanto, desaparece a noção de propriedade como direito individual revestido das características tradicionais, não suportando o confronto, mesmo no que diz respeito aos bens de uso, com a concepção da propriedade nos regimes capitalistas.

A verdade é que a propriedade individual vigente em nossos dias, exprimindo-se embora em termos clássicos e usando a mesma terminologia, não conserva, todavia, conteúdo idêntico ao de suas origens históricas. É certo que se reconhece ao *dominus* o poder sobre a coisa; é exato que o domínio enfeixa os mesmos atributos originários – *ius utendi, fruendi et abutendi*. Mas é inegável também que essas faculdades suportam evidentes restrições legais, tão frequentes e severas, que se vislumbra a criação de novas noções. São restrições e limitações tendentes a coibir abusos e tendo em vista impedir que o exercício do direito de propriedade se transforme em instrumento de dominação. Tal tendência ora se diz "humanização" da propriedade, ora se considera filiada a uma corrente mais ampla com o nome de "paternalismo" do direito moderno (Colin e Capitant), ora se entende informada a nova noção pelos princípios do "relativismo" do direito (Josserand). Outros acreditam que aí se instaura uma tendência à "socialização" do direito ou socialização da propriedade,[6] mas sem razão, porque a propriedade socializada tem características próprias e inconfundíveis com um regime em que o legislador imprime certas restrições à utilização das coisas em benefício do bem comum, sem, contudo, atingir a essência do direito subjetivo, nem subverter a ordem social e a ordem econômica.[7] Não obstante a luta das correntes contrárias – individualista e coletivista – sobrevive a propriedade, parecendo ter razão Hedemann quando assinala que é mais uma questão de limite, ou problema de determinar até que ponto a propriedade individual há de ser restringida em benefício da comunidade.[8]

Na verdade, crescem os processos expropriatórios, sujeitando a coisa à utilidade pública e aproximando-a do interesse social. Condiciona-se o uso da propriedade

---

6   Mazeaud e Mazeaud, *Leçons*, vol. II, n° 1.303.
7   René David, *Traité Élémentaire de Droit Comparé*, pág. 335.
8   Hedemann, *Derechos Reales*, pág. 23.

predial a uma conciliação entre as faculdades do dono e o interesse do maior número; reduz-se a liberdade de utilização e disposição de certos bens; sujeita-se a comercialidade de algumas utilidades a severa regulamentação; proíbe-se o comércio de determinadas substâncias no interesse da saúde pública; obriga-se o dono a destruir alguns bens em certas condições. De certo modo os legisladores e os aplicadores da lei em todo o mundo, segundo afirma Trabucchi, mostram-se propensos a atenuar a rigidez do direito de propriedade.[9]

Outros preconizam a "publicização" do direito de propriedade (Savatier), na medida em que a órbita de ação individual cede praça às exigências da ordem pública. E outros, ainda, tratam a propriedade como "instituição" e não como direito. Acreditando e sustentando que os bens são dados aos homens não para que deles extraiam o máximo de benefício e bem-estar com sacrifício dos demais, porém, para que os utilizem na medida em que possam preencher a sua "função social", defendem que o exercício do direito de propriedade há de ter por limite o cumprimento de certos deveres e o desempenho de tal função. Esta posição, em que se dão as mãos o *solidarismo* de Duguit e o *espiritualismo* dos neotomistas, encontrou acolhida em nosso direito positivo (apesar de teoricamente parecer a alguns, como Ripert e Gaston Morin, inconciliáveis as ideias de direito e de função social), inscrevendo-se na Constituição Federal de 1946 a subordinação do uso da propriedade ao bem-estar social (art. 147), princípio que se manteve na Reforma Constitucional de 24 de janeiro de 1967 (art. 157), como ainda na de 1969 (art. 160) e sobrevive na Constituição de 1988 (art. 5°, n° XXIII, art. 182, § 2° e art. 186).

A Constituição de 1988 insere entre os princípios gerais da atividade econômica, ao lado da propriedade privada, a sua "função social" (art. 170). Esta se considera cumprida quando a propriedade rural atende aos diversos critérios mencionados no art. 186: aproveitamento racional, utilização adequada, observância da legislação sobre relações de trabalho, bem-estar dos proprietários e dos trabalhadores; e quando a propriedade urbana atende às exigências fundamentais da ordenação da cidade expressas no plano diretor (art. 182, § 2°). No tocante à propriedade rural, a Lei n° 8.629, de 25 de fevereiro de 1993, dispõe sobre a regulamentação dos dispositivos constitucionais relativos à reforma agrária (arts. 184 a 191). Quanto à propriedade urbana, cabe ainda a referência ao Estatuto da Cidade (Lei n° 10.257, de 10 de julho de 2001), que cuidou da regulamentação dos arts. 182 e 183 da Constituição em vigor.

Não tem faltado mesmo hostilidade franca à propriedade, e certa posição de inimizade aos abastados, terreno em que somam esforços os *marxistas* e os *católicos sociais*.

Dentro da variedade de explicações, com vocabulário mais ou menos rico, uma observação ressalta com a força de uma constante: reconhecendo embora o direito de propriedade, a ordem jurídica abandonou a passividade que guardava ante os conflitos de interesses, e passou a intervir, séria e severamente, no propósito de pro-

---

9   Trabucchi, *Istituzioni*, pág. 381.

mover o bem comum que é uma das finalidades da lei,[10] e ainda de assegurar a justa distribuição da propriedade com igual oportunidade para todos.

Admitida a sobrevivência da propriedade privada como essencial à caracterização do regime capitalista, garante a ordem pública a cada um a utilização de seus bens, nos misteres normais a que se destinam. Mas, em qualquer circunstância, sobrepõe-se o social ao individual. O bem-estar de todos sobreleva às conveniências particulares. E, para realizá-lo, arma-se o legislador de poderes amplos e afirmativos. A Constituição de 1988, neste sentido, como argutamente salientado por Gustavo Tepedino, ao submeter os interesses patrimoniais aos princípios fundamentais do ordenamento (arts. 1º, 3º e 5º), ditou uma disciplina que se dirige precipuamente à compatibilidade da situação jurídica de propriedade com situações não proprietárias, derivando de tal compatibilidade o preciso conteúdo da propriedade.[11]

Confrontando o direito de propriedade na sua feição romana com as concepções dia a dia ocorrentes, verifica-se que se esboça com toda nitidez uma tendência que se concretiza em doutrina atual, distanciando as noções hodiernas dos conceitos clássicos e salientando notória linha de evolução para um regime dominial invencivelmente diverso do que foi no passado. Em meio a tais tendências, o direito moderno conhece um novo tipo dominial, o da *propriedade empresarial*. Com a concentração do *poder econômico*, tornou-se necessário imprimir ao domínio maior flexibilidade, que lhe permita adaptar-se a condições de mais fácil mobilização dos capitais, diminuição de encargos tributários etc. Por outro lado, certos empreendimentos requerem disponibilidades enormes. Em consequência de tudo isto, institui-se a empresa como organização econômica, dentro da qual se fragmentam os direitos de cada um, e, em vez de o investidor apresentar-se como titular do domínio sobre bens de valor imenso, desloca-se para a empresa o *ius dominii*, dispersando-se por um sem-número de sócios, ou mais comumente acionistas, os direitos expressos em títulos representativos de uma espécie de *propriedade usufrutuária*. Desta sorte, a propriedade não deixa de ser um direito subjetivo e, sem perder as suas características individuais, fragmenta-se a seu turno. A empresa, administrada por um grupo controlador, é proprietária do acervo de bens, às vezes de valor imensurável, enquanto os indivíduos que concorreram para a formação dos recursos financeiros têm os seus direitos restritos ao gozo de vantagens, ou reduzidos à percepção de certa rentabilidade (espécie de usufruto). A propriedade se multiplica valorativamente, enquanto se concentra na empresa; e ao mesmo tempo se difunde na aptidão de fruição. A tendência hoje em dia é não se preocuparem os componentes do grupo controlador com a detenção da maioria quantitativa das ações (maioria de capital), mas distribuírem-se estrategicamente, de sorte a conseguirem o controle, embora não representem a maioria financeira. Com o *holding*, no qual uma sociedade investe o seu patrimônio na

---

10   Jean Dabin, *Philosophie de l'Ordre Juridique Positif*, págs. 152 e segs.
11   Gustavo Tepedino, *Temas de Direito Civil*, págs. 283 e 284.

participação em outras sociedades, facilita-se o controle remoto pelo grupo acioná-rio, despersonaliza-se este último e facilita-se a pulverização do capital.[12]

No que tange ao cenário da propriedade empresarial, convém destacar o teor das normas desenvolvidas pela *International Organization for Standardization*, que visam a estabelecer a criação, manutenção e melhoria do sistema de gestão ambiental e das áreas envolvidas em seu entorno; a verificação se a empresa está em conformidade com sua própria política ambiental; e outras determinações relevantes. Trata-se de normas que ressaltam a necessidade de se observar, na atividade empre-sária, os parâmetros socioambientais. O sistema de gestão ambiental deve interagir com outros sistemas de gestão da sociedade empresária. A ISO 14001, por exemplo, destina-se à proteção do meio ambiente e à prevenção da poluição emitida. Tais nor-mas articulam-se perfeitamente com os ditames da Constituição e bem integram o comando da exigência do cumprimento da respectiva função social.

O Projeto de Código Civil de 1965 (Orlando Gomes, Orosimbo Nonato e Caio Mário da Silva Pereira) aludia especialmente, no art. 377, à propriedade sob forma de empresa, recomendando o dever de conformar-se às exigências do bem comum, e sofrer as limitações legais.

Por outro lado, os regimes socialistas, diretos como indiretos, vinham manifes-tando sensível tendência para uma abertura política de reflexo notório na economia; como a propriedade é o ponto nodal da organização institucional, é plausível que países ainda socialistas como Cuba, sem renunciarem à sua configuração socialista, transijam com a conceituação da propriedade, admitindo-a em moldes que se apro-ximam da economia capitalista. As novas configurações não deixaram de influenciar o modelo capitalista, tanto mais pacificamente, quanto a flexibilidade doutrinária sempre reflete no direito positivo, permitindo que se distancie no modelo quiritário que formalizava a legislação vigente.

Desenvolvendo os temas, prosseguiremos no estudo do direito de propriedade tal como se apresenta na doutrina civilista e no direito positivo, cuidando, entretanto, de assinalar a cada passo as modificações e as novas inspirações.

---

12 Cf., a respeito das tendências modernas do direito de propriedade: Gaston Morin, "Le Sens de l'Évolution Contemporaine du Droit de Propriété", *in Le Droit Privé Français au Milieu du XXè-me Siècle*, vol. II, pág. 3; Pontes de Miranda, *Comentários à Constituição de 1946*, vol. IV, págs. 495 e segs.; Caio Mário da Silva Pereira, *Condomínio e Incorporações*, Introdução; Savatier, *Du Droit Civil au Droit Publique*, págs. 34 e segs.; Georges Ripert, *Les Forces Créatrices du Droit*, n°s 77 e segs.; Josserand, *L'Esprit des Droits et leur Relativité*, n°s 13 e segs.; Adolf A. Berle Jr. e Gar-diner C. Means, *A Propriedade Privada na Economia Moderna*, págs. 22 e 25; Bonbright e Means, *The Holding Company*; Sereni, *La Società per Azioni in America*, pág. 30; Bernardino Libonati, *Holding and Investment Trust*, pág. 17; Ascarelli, *Saggi di Diritto Commerciale*, pág. 268; Lagarde e Hamel, *Droit Commercial*, vol. I, n° 866; H. F. Koechlin, *Droit de L'Entreprise*, n°s 114, 204 e 502; Erich Molitor, "Nueva Problematica de la Propriedad", *in Revista de Derecho Privado*, 1954, págs. 169 e segs.; Mazeaud e Mazeaud, *Leçons*, vol. II, n° 1.304; André Rouast, "L'Évolution du Droit de Propieté", *in Travaux de l'Association Henri Capitant*, vol. I, 1945, págs. 45 e segs.; Planiol, Ripert e Boulanger, *Traité Élémentaire*, vol. I, n° 2.705; Duguit, *Les Transformations Générales du Droit Privé depuis le Code Napoléon*.

299. Conceito e elementos da propriedade: seu objeto

Direito real por excelência, direito subjetivo padrão, ou "direito fundamental" (Pugliatti, Natoli, Planiol, Ripert e Boulanger), a propriedade mais se sente do que se define, à luz dos critérios informativos da civilização romano-cristã. A ideia de "meu e teu", a noção do assenhoreamento de bens corpóreos e incorpóreos independe do grau de cumprimento ou do desenvolvimento intelectual. Não é apenas o homem do direito ou o *business man* que a percebe. Os menos cultivados, os espíritos mais rudes, e até crianças têm dela a noção inata, defendem a relação jurídica dominial, resistem ao desapossamento, combatem o ladrão. Todos "sentem" o fenômeno propriedade.

Em termos de generalização, Lafayette atribuiu-lhe o sentido abrangente de todos os direitos que formam o patrimônio, ou todos os direitos que se traduzem numa expressão pecuniária. E Serpa Lopes declara, peremptoriamente, estar construída a teoria dos direitos reais em torno da propriedade erigida assim em centro de irradiação.[13]

Ao conceituá-la, porém, emergem as dúvidas, porque o fato da senhoria sobre a coisa, sua repercussão patrimonial e a projeção das faculdades que encerra dificilmente se deixa prender em fórmula sucinta que dê bem a noção de seus vários aspectos.

O Código Napoleão, e com ele outros monumentos legislativos, ensaiou uma definição (art. 544) dizendo-a "o direito de gozar e dispor das coisas da maneira mais absoluta, desde que delas não se faça uso proibido pelas leis e regulamentos".

Não foi feliz, a começar por uma gradação do absoluto, que é contrária à lógica e à semântica: o absoluto não comporta superlativo. Se se admitir um absoluto que o possa ser mais que outro, constrói-se a ideia de relativo; e se há um absoluto que o seja menos que outro absoluto, é porque não o é. Em seguida, a definição desfaz o absoluto, quando o submete às restrições legais e regulamentares. Com efeito, há conceitos que se não compadecem com a ideia de limitação. Assim é soberania; uma nação é soberana. Simplesmente. Mas, se em virtude de algum acontecimento político sofre diminuição em sua soberania, não se poderá dizer que ficou menos soberana, porém, que perdeu a soberania. Assim, também, o absoluto. E se a propriedade é um direito absoluto, que se enfraquece pela imposição de restrições legais e regulamentares, já não é absoluto, porém um direito simplesmente, reduzido às dimensões dos demais direitos.[14]

É certo que aquela definição tem seus defensores, que procuram conciliá-la com o senso comum. Diz-se, então, que o vocábulo "absoluto" não foi empregado na

---

13 Lafayette, *Direito das Coisas*, § 24; Serpa Lopes, *Curso de Direito Civil*, vol. VI, n° 135.

14 Planiol, *Traité Élémentaire*, vol. I, n° 2.329; Josserand, *Cours de Droit Civil Positif Français*, vol. I, n° 1.430; Sá Pereira, *in Manual Lacerda*, vol. VIII, n° 4; Washington de Barros Monteiro, *Curso, Direito das Coisas*, p. 89; Planiol, Ripert e Boulanger, *Traité Élémentaire*, vol. I, n° 2.716.

acepção de "ilimitado", mas para significar que a propriedade é liberta dos encargos inumeráveis e vexatórios que a constrangiam desde os tempos feudais.[15]

O defeito, entretanto, continua, pois que uma definição legal deve oferecer a ideia escorreita, sem necessidade para a sua hermenêutica de se recorrer a processos históricos de entendimento ou explicação.

O nosso Código Civil não dá uma definição de propriedade, preferindo enunciar os poderes do proprietário (art. 1.228): "O proprietário tem a faculdade de usar, gozar e dispor da coisa, e o direito de reavê-la do poder de quem quer que injustamente a possua ou detenha".

Fixando a noção em termos analíticos, e mais sucintos, dizemos, como tantos outros, que a *propriedade é o direito de usar, gozar e dispor da coisa, e reivindicá--la de quem injustamente a detenha*. E ao mesmo tempo nos reportamos ao conceito romano, igualmente analítico: *dominium est ius utendi et abutendi, quatenus iuris ratio patitur*.

Se não é perfeita a definição, melhor noção não é apresentada. Clóvis Beviláqua, apresentando-a como "o poder assegurado pelo grupo social à utilização dos bens da vida psíquica e moral",[16] usou sem dúvida fórmula elevada e formosa, mas que não esclarece o conteúdo do fenômeno, quer jurídica, quer economicamente. O clássico Lafayette, cujo poder de síntese é sempre encarecido, perde-se numa definição longa, difusa e imprecisa: "Domínio é o direito real que vincula legalmente e submete ao poder absoluto de nossa vontade a coisa corpórea, na substância, acidentes e acessórios".[17] Além do mais, é inexato, pois que incompatível com o poder absoluto da vontade. Lacerda de Almeida construiu uma noção própria, definindo--a como "o direito real que vincula à nossa personalidade uma coisa corpórea sob todas as suas relações".[18] Sucinto no dizer, sente, no entanto, a necessidade de tecer comentários e dar explicações em relação às suas diversas partes, pela utilização dos conceitos adotados como seus pressupostos. Tito Fulgêncio, naquele poder de síntese que por vezes supera o próprio Lafayette, constrói a sua definição: "Chama-se propriedade o direito que tem uma pessoa de tirar diretamente de uma coisa toda a sua utilidade jurídica."[19] Elegante na forma, peca, todavia, pela deficiência ao omitir em que consistiria aquela utilidade jurídica, deixando assim de revelar o conteúdo desse direito.

Fiquemos então com o conceito calcado no Código Civil de 2002, similar ao adotado pelo Código Civil de 1916, que, sem pruridos de perfeição estilística, define o domínio e ao mesmo tempo o analisa em seus elementos.

Estes, desde as fontes, consistem no uso, fruição e disposição da coisa. São os *atributos* ou faculdades inerentes à propriedade. Errôneo, contudo, seria dizer que

---

15   De Page, *Traité*, vol. V, nº 891.
16   Clóvis Bevilàqua, *Direito das Coisas*, vol. I, § 34.
17   Lafayette, *Direito das Coisas*, § 24.
18   Lacerda de Almeida, *Direito das Coisas*, vol. I, § 8º.
19   Tito Fulgêncio, *Direitos de Vizinhança*, nº 1, pág. 7.

esta reúne ou enfeixa os direitos de usar, gozar e dispor da coisa. A propriedade é que é um direito, e este compreende o poder de agir diversamente em relação à coisa, usando, gozando ou dispondo dela: *ius utendi, fruendi et abutendi* (Windscheid, Coviello, Serpa Lopes).

Podem estes atributos reunir-se numa só pessoa, e tem-se neste caso a propriedade em toda a sua plenitude, propriedade plena, ou simplesmente a propriedade ou propriedade sem qualificativos: *plena in re potestas*. Mas pode ocorrer o desmembramento, transferindo-se a outrem uma das faculdades, como na constituição do direito real de usufruto, ou de uso, ou de habitação, em que o *dominus* não deixa de o ser (*domínio eminente*), embora a utilização ou fruição da coisa passe ao conteúdo patrimonial de outra pessoa (*domínio útil*). Pode, ainda, perder o proprietário a disposição da coisa, como na *inalienabilidade* por força de lei ou decorrente da vontade. Em tais hipóteses, diz-se que a propriedade é *menos plena*, ou *limitada*.

O direito de propriedade é em si mesmo *uno*, tornamos a dizer. A condição normal da propriedade é a plenitude.[20] A limitação, como toda restrição ao gozo ou exercício dos direitos, é excepcional. A propriedade, como expressão da senhoria sobre a coisa, é excludente de outra senhoria sobre a mesma coisa, é *exclusiva*: *plures eamdem rem in solidum possidere non possunt*. Só acidentalmente vige a copropriedade ou condomínio, como oportunamente veremos (v. nº 314, *infra*).

Por tudo isso, e por ser da natureza embora não da essência que a propriedade se ostente livre de restrições e de coparticipação jurídica, *presume-se plena e exclusiva* (Código Civil, art. 1.231). Trata-se de uma presunção *iuris tantum*, que vige até ser dada prova em contrário, por parte de quem tenha interesse na existência da limitação, ou do ônus, ou do condomínio. Enquanto não é dada tal prova, traduz o *ius excludendi omnes alios*.

O direito moderno, entretanto, vai tecendo uma rede cada vez mais extensa e cerrada de restrições à propriedade (v. nº 301, *infra*).

Visto que são vários os atributos dominiais, passá-los-emos em revista destacadamente.

A) *Direito de usar – ius utendi.* Consiste na faculdade de colocar a coisa a serviço do titular, sem modificação na sua substância.[21] O dono a emprega no seu próprio benefício, ou no de terceiro. Serve-se da coisa. Mas é claro que também pode deixar de usá-la, guardando-a ou mantendo-a inerte. Usar não é somente extrair efeito benéfico, mas também ter a coisa em condições de servir. Porém utilizá-la *civiliter*, uma vez que o uso se subordina às normas da boa vizinhança (v. nº 320, *infra*) e é incompatível com o "abuso do direito de propriedade".[22] Subordinando, o parágrafo segundo do art. 1.228 do Código de 2002, a propriedade à teoria do abuso do direito, veda o exercício da propriedade dirigido no propósito de ser nocivo a outrem. O

---

20 Trabucchi, *Istituzioni*, pág. 383; Windscheid, *Pandette*, vol. II, § 167; Coviello, *Della Trascrizione*; Serpa Lopes, *Curso*, vol. VI, nº 154.

21 Sá Pereira, ob. cit., nº 5.

22 De Page, *Traité*, vol. V, nº 910.

parágrafo fala em "intenção de prejudicar". A pesquisa subjetiva seria inócua, mas o que se deve entender aqui é que a ordem jurídica reprime a conduta lesiva, ainda que abstratamente fundada no direito de propriedade. Modernamente o Direito Positivo cada vez mais restringe as prerrogativas dominiais, ora limitando a utilização, ora impondo-a em benefício da coletividade.[23] Assim, o Código de 2002 proclama, no parágrafo primeiro do mesmo art. 1.228, que a propriedade deve ser exercida em consonância com as suas finalidades econômicas e sociais. São ideias de certa forma fluidas, vagando ao sabor das convicções dos entendimentos subjetivos. Contudo, nesta submissão sobreleva o conceito de função social, mais determinável pelo aspecto negativo, de sorte que o *dominus* não faça de seu direito um instrumento de opressão, nem leve o seu exercício a extrair benefícios exagerados, em contraste com a carência circunstante. Destoa, da noção encrustada no parágrafo, que o proprietário use egoisticamente seu direito em detrimento da coletividade, extraindo da coisa proveito que importe em sacrifício do maior número.

B) *Direito de gozar – ius fruendi*. Realiza-se essencialmente com a percepção dos frutos, sejam os que da coisa naturalmente advêm (*quidquid nasci et renasci solet*), como ainda os frutos civis. A fruição, em termos de precisão linguística, distingue-se do uso, e já o Direito Romano admitia a estipulação destacada: *si fructus sine usu obtigerit stipulatio locum hadebit*.[24] A linguagem corrente, mesmo jurídica, emprega a expressão em sentido mais abrangente, inserindo no direito de gozar o de usar, tendo em vista a normalidade lógica do emprego da coisa, cuja fruição habitualmente envolve a utilização. Pode-se, igualmente, pressupor no gozo a utilização dos produtos da coisa, além dos frutos, embora uns e outros se diferenciem (v. nº 75, *supra*, vol. I).

C) *Direito de dispor – ius abutendi*. É a mais viva expressão dominial, pela maior largueza que espelha. Quem dispõe da coisa mais se revela dono do que aquele que a usa ou frui, o que levou o Landrecht prussiano de 1794 a erigir a disponibilidade como elemento definidor do domínio.[25]

O Direito Romano empregava o verbo *abutere* para traduzir este atributo, o que conduziu muitos escritores, traduzindo-o literalmente, a reconhecer no proprietário o poder extremo de *abusar* da coisa. Mas é certo que o Direito Romano não concedia tal prerrogativa, fazendo ao revés conter o domínio em termos compatíveis com a convivência social. Muito mais patente é no direito moderno, este propósito de contenção, não só pela repressão ao mau uso da propriedade, como ainda pelas restrições em benefício do bem comum.

Não pode também o *abutere* traduzir-se por *destruir*, porque nem sempre é lícito ao *dominus* fazê-lo, mas somente em dadas circunstâncias.[26] Ao revés, a ordem pública opõe-se a que o titular do direito intente destruir a coisa, prejudicando tercei-

---

23   Mazeaud e Mazeaud, *Leçons*, vol. II, nº 1.336.
24   *Digesto*, Liv. VII, Tít. 9, fr. 5.
25   Hedemann, *Derechos Reales*, pág. 140.
26   Mazeaud e Mazeaud, ob. cit., nº 1.337.

ros, ou atentando contra a riqueza geral. No Direito Romano, mais adequadamente o *abusus* prendia-se à ideia de consumo,[27] e *abutere* à de *consumir*.

Bem andou, pois, a terminologia moderna, no plano doutrinário como no legislativo, pondo a ideia de *disposição* como sucedânea do *abutere*, e desta maneira fornecendo a noção de um poder amplo, não seguido de implicações antissociais.

O *ius abutendi*, no sentido de *disponendi*, envolve a *disposição material* que raia pela destruição (De Page) como a *jurídica*, isto é, o poder de alienar a qualquer título – doação, venda, troca; quer dizer ainda consumir a coisa, transformá-la, alterá-la; significa ainda destruí-la, mas somente quando não implique procedimento antissocial. Em suma: dispor da coisa vai dar no fato de atingir a sua *substância*, uma vez que no direito a esta reside a essência mesma do domínio.[28] Mas envolve, ainda, o poder de gravá-la de ônus ou submetê-la ao serviço alheio (Sá Pereira).

Exceção ao *ius abutendi* reside ainda na *propriedade resolúvel*, resultante de cláusula aposta ao título aquisitivo; resolvido que seja o domínio, entendem-se resolvidos também os direitos reais constituídos na sua pendência (Código Civil, art. 1.359).

D) *Reaver a coisa – rei vindicatio.* No Direito Romano nascia o direito da ação, e por isso não tinha o direito aquele que não podia perseguir em Juízo o seu objeto. Modernamente, a correlação ainda existe, mas a proposição se inverte, atribuindo-se a todo direito uma ação que o assegura (Constituição de 1988, art. 5º, XXXV). De nada valeria ao *dominus*, em verdade, ser sujeito da relação jurídica dominial e reunir na sua titularidade o *ius utendi, fruendi, abutendi*, se não lhe fosse dado *reavê-la* de alguém que a possuísse injustamente, ou a detivesse sem título. Pela *vindicatio* o proprietário vai buscar a coisa nas mãos alheias, vai retomá-la do possuidor, vai recuperá-la do detentor. Não de qualquer possuidor ou detentor, porém, daquele que a conserva sem causa jurídica, ou a *possui injustamente*.

Depois de promover a decomposição da propriedade em seus elementos, salienta Lafayette que a essência da propriedade está no direito à "substância da coisa", em torno do qual se congregam as faculdades elementares. E acrescenta que estas podem ser destacadas em favor de terceiros, sem com isso ser atingida a condição jurídica do proprietário; mas este deixa de sê-lo desde o momento em que a outrem passa a substância da coisa.[29]

Como consequência do princípio da função social da propriedade, o Código Civil estabeleceu interessante óbice ao direito do proprietário de reivindicar a coisa das mãos de terceiros (§ 4º do art. 1.228).

O novel instituto tem agitado doutrina e jurisprudência que se dedicam à identificação de sua natureza jurídica. Delineiam-se neste cenário quatro grupos de posicionamentos principais. Para uns, constituir-se-ia em uma modalidade de desapropriação de direito privado; para outros, em uma espécie de usucapião onerosa; para

27 Sá Pereira, loc. cit.; Trabucchi, *Istituzioni*, pág. 378.
28 Lafayette, ob. cit., § 25.
29 Lafayette, loc. cit.

uma terceira corrente, estaria em jogo uma modalidade de aquisição *sui generis* por interesse social; e, para a quarta vertente, o instituto não envolveria diretamente aquisição e perda da propriedade, mas sim privação do direito do proprietário de reaver a posse da coisa, uma vez preenchidos os requisitos normativos previstos, consistindo numa exceção de posse socialmente qualificada (para a aquisição da propriedade, aí sim, se somaria requisito distinto: o pagamento estipulado no parágrafo quinto).

Por outro turno, é certo que o texto legal padece do uso excessivo de conceitos indeterminados, porque confere ao juiz o poder arbitrário de subjetivamente determinar o que considera "extensa área", o que qualifica como "considerável número de pessoas" e ainda qual o conceito de "obras e serviços de interesse social e econômico relevante".

Na sequência, o parágrafo quinto atribui ao juiz o poder de fixar a indenização. Mas não menciona qual o sujeito passivo da obrigação indenizatória. Tendo em vista que o litígio se fere entre o proprietário reivindicante e os ocupantes, sem que nenhuma pessoa jurídica de direito público integre a relação processual, a "indenização" fixada pelo juiz, ainda que justa, não pode ser oponível nem à União, nem ao Estado, nem ao Município pela razão técnica de que não formam partes no processo, e, portanto, não podem sofrer os efeitos da sentença condenatória.

Objeto do direito de propriedade. Na problemática conceitual da propriedade não se pode omitir uma palavra sobre o seu *objeto.* Pode-se dizer que, em tese, todos os bens são apropriáveis, ou que o homem, como sujeito da relação jurídica, tem a faculdade de dominação sobre todas as coisas dentro dos limites e com as restrições instituídas em lei. A assertiva não é, porém, tranquila. Ao revés, sofre contradita séria. Deixando de lado os regimes políticos que retiram de apropriação os bens de produção, ou que somente toleram uma espécie de propriedade usufrutuária sobre as utilidades imediatas, encaramos a questão no plano da pura doutrina civilista. Em oposição à concepção universitária de Gierke, para quem os bens incorpóreos e os direitos, tanto quanto as coisas corpóreas, podem ser objeto do direito de propriedade, Martin Wolff restringe às coisas corpóreas, sejam móveis, sejam imóveis, a aptidão para serem objeto do domínio, e o faz sustentando-o em face do que a respeito dispõe o BGB.

Dentro de nossos sistemas não vemos lugar para a controvérsia. O que ocorre é mera questão de terminologia, como observam Ruggiero e Maroi, ao dizerem que se a rigor, a propriedade compreende apenas as coisas corpóreas, estende-se, entretanto, o conceito dominial aos direitos. A linguagem corrente, não apenas popular ou literária, mas igualmente a jurídica, não sofre pelo fato de se levar a noção do direito de propriedade aos bens incorpóreos. Tudo isto levou Serpa Lopes a qualificar de elástico o conceito de propriedade.

É certo que, em puro rigor, a condição de sujeito de direito sobre bens incorpóreos se designa por outros apelidos. É certo, também, que os direitos de autor na atualizada revisão terminológica e conceitual desbordam da relação dominial. Mas à amplitude semântica do vocabulário jurídico não repugna designar a titularidade dos direitos sobre bens incorpóreos como "propriedade".

299-A. PROPRIEDADE RESOLÚVEL

Como todo direito, a propriedade pode ser subordinada a uma condição ou a um termo. Com o implemento da condição resolutiva, extingue-se o direito de propriedade. Com o advento do termo, cessa para o titular o exercício daquele direito. Cogita o art. 1.359 dos efeitos de ambas as modalidades. Com o implemento da condição ou o advento do termo extintivo, consideram-se resolvidos automaticamente os direitos reais concedidos na sua pendência. O proprietário, beneficiado pelo implemento da condição ou advento do termo, recupera o seu domínio livre de toda modalidade. Em consequência, pode reivindicar a coisa, no poder de quem quer que a possua ou detenha.

Não cabe, aqui, adentrar na discussão, que no plano doutrinário povoa o problema da retroatividade da *conditio*, uma vez que, na disposição expressa do artigo, ocorre a resolução *pleno iure* dos direitos reais concedidos. Ao reconhecer ao proprietário o poder reivindicatório da coisa, o Código, por via de consequência, faz abstração daqueles direitos constituídos na constância da condição ou do termo, e, assim, pronuncia-se pelo efeito retro-operante, a um tempo anterior ao em que foram concedidos.

O art. 1.360 reproduz quase literalmente o que dispunha o art. 648 do Código Civil de 1916, que não era um primor de clareza, abrindo-se polêmica em torno de sua hermenêutica. Perdeu-se, destarte, o ensejo de reafirmar o princípio, que é correto, em linguagem mais clara.

Admite, então, o Código que a propriedade se resolva pelo implemento da condição ou pelo advento do termo, com efeito *ex tunc*, tal como enuncia o art. 1.359. Resolvendo-se por uma causa diversa, superveniente, gera efeitos *ex nunc*, isto é, produz consequências que não retroagem. Daí desdobrar-se o preceito desta maneira: *a)* resolvendo-se o domínio por motivo superveniente, diverso, portanto, do que prevê o art. 1.359, a resolução opera a partir do ato que a determinou; *b)* os direitos constituídos antes do acontecimento que gerou a resolução são válidos e eficazes, o que vale dizer que a propriedade adquirida anteriormente ao evento resolutório reputa-se perfeita; *c)* operada a resolução, a pessoa, em cujo favor efetuou-se, tem ação contra aquela outra cujo domínio se resolveu, para haver a própria coisa, e, não sendo mais possível, para obter o seu valor.

A referência a "motivo superveniente", do teor do art. 1.360, significa a existência de uma causa resolutória que se não insere no próprio título, mas, ao revés, procede de causa posterior à transmissão da propriedade (Clóvis Beviláqua).

300. EXTENSÃO DO DIREITO DE PROPRIEDADE

Fixado o conceito de propriedade, logo ocorre o exame de sua extensão, a saber até onde vai o poder do proprietário. Particularmente no tocante aos imóveis, muito se tem debatido o problema.

A invocação do Direito Romano guarda hoje um interesse puramente histórico, atendendo a que as transformações políticas, econômicas e técnicas provocaram, necessariamente, sensível modificação nos conceitos jurídicos.

A noção geométrica de superfície, como expressão de solo, não satisfaz às exigências jurídicas, pois é óbvio que o proprietário não teria a possibilidade de exercer os poderes dominiais de uso e gozo (*ius utendi et fruendi*) se lhe fosse negado direito ao que está abaixo e acima. Não poderia construir ou plantar, não teria meios de utilizar se a concepção de domínio ficasse adstrita à camada externa de revestimento da terra.

Daí ter nascido a ideia de que a propriedade do solo estende-se ao subsolo e ao espaço aéreo.

Mas, ainda assim, a questão perdura, na indagação de até onde. Se se expande sempre, ou se encontra algum limite. O problema ocupou a mente dos Romanos.

Os glosadores, tomando literalmente os textos, sem uma depuração das condições psicossociais que os inspiraram, a seu turno construíram uma teoria, que se condensou numa fórmula repetida pelos juristas em toda a Idade Média, e que chegou ao nosso tempo: *qui dominus est soli dominus est usque ad coelos et usque ad inferos* – quem é dono do solo é também dono até o céu e até o inferno. A fórmula é poética, mas não exprime uma realidade econômica nem encerra uma verdade material. Não é exata, porque ao dizer que o dono do solo é dono do subsolo e do espaço aéreo induziria admitir que a propriedade imobiliária se fraciona em propriedade do solo, propriedade do subsolo e propriedade do espaço aéreo. Por isso mesmo já se disse que não é a propriedade que se estende verticalmente, mas o poder do proprietário.[30] Mesmo entendida nestes termos, a fórmula deixa de satisfazer como uma equação absoluta. O dono do solo não leva o seu poder, verticalmente, como a projeção espacial do seu direito. Não se justifica, em consequência, como conceito jurídico. Falta-lhe consistência ao afirmar que o proprietário do solo estende indefinidamente o seu poder para cima e para baixo.

Embora represente tão somente uma abstração, pois que ninguém jamais cogitou levar o seu domínio em projeção vertical sem qualquer termo, a fórmula encontrou simpatia e penetrou no Código Napoleão (art. 552), reclamando do legislador francês a adoção ulterior de medidas de contenção, hábeis a fixar a norma na órbita do possível.

Mais realista é a concepção germânica, que pressupõe a projeção vertical limitada ao *interesse* do proprietário (BGB, art. 905) ou à *utilidade* do aproveitamento (Código Civil Suíço, art. 667).

O Código Civil de 1916, numa redação totalmente infeliz, porém corrigida mais tarde (art. 526), e seguida, com ligeiras alterações, pelo Código Civil de 2002 (art. 1.229), filiou-se à corrente germânica e instituiu a extensão do direito de propriedade ao espaço aéreo e ao subsolo em toda altura e em toda profundidade úteis ao seu exercício, não podendo, todavia, opor-se o proprietário a trabalhos que sejam empreendidos até onde não exista o interesse de impedi-los. Conjugou assim a *utilidade e o interesse*. E deu o rumo de seu pensamento que pode ser assim resumido

---

30   Orlando Gomes, *Direitos Reais*, n° 90.

em consonância com a orientação de outros Códigos: o proprietário de um imóvel tem poderes mais amplos do que o simples aproveitamento do solo. Projetam-se verticalmente para cima e para baixo. Mas não chegam até as estrelas – *usque ad sidera* – como queriam os juristas medievais, nem avançam até as profundidades da terra – *usque ad inferos*. Até lá não chegam as razões de interesse do titular, uma vez que o *interesse*, na acepção legal, não consiste na intenção abstrata de guardar a potencialidade de um aproveitamento remoto ou meramente teórico, porém revela-se na adoção de um critério utilitário: o *dominus* põe o seu interesse onde chega a faculdade de lhe ser a coisa prestada. Um proprietário vê projetada para o alto a titularidade de seu domínio, e pode edificar o arranha-céu, levantar as antenas de captação das ondas hertzianas, fazer outra construção. Pode impedir que por sobre o seu imóvel o vizinho ou o poder público estenda linhas de transmissão, ou que lhe deitem sacadas ou terraços. Tem um legítimo interesse na obstrução de tais procedimentos, ou de outros. Mas não pode impedir que um avião passe sobre a sua casa, como não tem interesse legítimo para embargar a perfuração de um túnel a uma profundidade tal que não ponha em risco a sua segurança ou não lhe causa dano. Em contraposição, tem direito a excluir tudo que interfira com o aproveitamento da coisa, assim atual como futuro, se efetivamente ameaça restringir a condição jurídica do proprietário.

Se se indagar concretamente onde se situa aquele interesse, ou até que ponto se positiva a utilidade, verifica-se faltar um gabarito seguro, ficando portanto algo fluida e imprecisa a delimitação dos poderes dominiais, variando ao sabor das circunstâncias, ou na conformidade das implicações econômicas, administrativas, de segurança pública, ou até de conforto pessoal. Não obedece à mesma objetividade, em relação aos extremos horizontais da propriedade, a sua fixação no sentido vertical.

O problema não fica adstrito a isso. Vai muito mais longe porque as exigências cada vez mais frequentes da vida moderna impõem restrições à utilização da propriedade, tanto no que diz respeito ao espaço aéreo quanto ao subsolo, segundo se desenvolverá em seguida. E é por isso que já se procura fixar conceito diverso, assentando ideia diferente da explicação dominial. O proprietário do solo não tem um direito de propriedade sobre o espaço aéreo sobrestante, mas exerce o direito de impedir que a sua utilização lhe traga dano, ou moléstia. Se a decolagem de aeronave lhe é incômoda, tem direito de impedi-la ou de ressarcir-se do dano. Mas não pode obstar a que seu prédio seja sobrevoado a uma altura tal que lhe não seja nociva. Coisa diversa é o conceito do espaço aéreo no plano internacional, pois aí se reconhece às nações o direito de soberania. Mais correto seria, então, alterar os preceitos e, em vez de dizer que o dono do solo o é do subsolo e do espaço aéreo, assentar que a tutela jurídica da propriedade do solo compreende a do subsolo e do espaço aéreo até onde chega o interesse do dono.[31]

---

31 A respeito da extensão do direito de propriedade ao espaço aéreo, *cf.* Barassi, *Proprietà e comproprietà*, nº 135; Enneccerus, Kipp e Wolff, *Tratado, Derecho de Cosas*, § 52; Otto Riese e Jean Lacour, *Précis de Droit Aérien, passim*; Bonfante, *Teoria della Proprietà*, pág. 54; Código Brasileiro de Aeronáutica.

301. RESTRIÇÕES AO DIREITO DE PROPRIEDADE

É costume sustentar, no Direito Romano, o absolutismo da propriedade, e dizer que o seu extremado individualismo o levava ao último grau. A tese requer, entretanto, ser recebida *cum granu salis*. É fora de dúvida que aquele Direito era individualista. É irrecusável a influência dessa concepção no moderno direito de propriedade, direito por natureza suscetível de se hipertrofiar. Mas a assertiva merece as considerações que uma análise mais detida sugere. O ponto de partida é a consideração de ser o domínio um direito real de conteúdo virtualmente limitado.[32] A sua plenitude, todavia, não se revela incompatível com as limitações que se lhe impõem, conforme assinalam os mais modernos (Barassi, Publiatti, Natoli), e que, assim no plano histórico, como no direito positivo, encontram a mais segura documentação.

Embora substancialmente os Romanos vissem na *proprietas* um direito ilimitado, em que se incorporava a liberdade de fazer o *dominus* o que quisesse, os romanistas ressalvam que tal faculdade podia encontrar limitações provindas de princípios especiais.[33]

E efetivamente as limitações existiam. No campo dos conflitos de vizinhança, na instituição de servidões, ou em termos gerais, levantadas aquelas sob a inspiração de um interesse público ou de conveniências particulares.[34] Foi, contudo, no Baixo Império que mais se acentuaram, à medida que se desenvolvia o poder imperial e crescia o estatismo.[35] Não faltou mesmo a ideia de autorizar um terceiro a cultivar em proveito próprio as terras cujo proprietário deixasse ao abandono.[36]

Nosso direito pré-codificado continha numerosas restrições ao direito de propriedade, algumas fundadas em razões de segurança pública (proibição de construir ou cultivar a quinze braças das fortificações e praças de guerra); outras referentes a disposições de polícia administrativa (alinhamento, modo de construção); outras que compreenderíamos sob as designações de servidões pessoais ou servidões legais; além de uma peculiaridade da época, traduzida no direito real do Estado sobre as minas de diamantes em terrenos particulares.[37]

No direito de todos os povos ocidentais, ora com maior, ora com menor intensidade, as restrições ao direito dominial campeiam, assinaladas pelos historiadores, mas tão patentes que dispensam o expositor de indicar as hipóteses para ilustrar a proposição.

Baste-nos, pois, a menção do fenômeno no estado atual de nosso direito, sem a costumeira incursão comparativa.

---

32 Ugo Natoli, *La proprietà*, pág. 88.
33 Van Wetter, *Pandectes*, vol. II, § 162.
34 Scialoja, *Della Proprietá nel Diritto Romano, passim*; Arangio Ruiz, *Istituzioni di Diritto Romano*, págs. 180 e segs.
35 Raymond Monier, *Droit Romain*, vol. I, nº 266.
36 Cuq, *Manuel de Droit Romain*, pág. 248.
37 Lafayette, *Direito das Coisas*, § 29.

Em fórmula genérica, enunciou o art. 147 da Constituição Federal de 1946 que o uso da propriedade será condicionado ao bem-estar social, e que a lei, sem quebra pelo respeito ao direito do proprietário, deverá promover a justa distribuição da propriedade, com igual oportunidade para todos. Aí está uma preceituação programática e teórica, porém definidora de uma tendência. E esta tendência prende suas raízes num movimento que é geral, e de que dá testemunho a inserção de fórmula análoga na Constituição italiana, com nítida expansão doutrinária (Natoli, Barberó, Pescatore, Grasseti).

A Reforma Constitucional de 1967 não podia deixar de considerar o assunto, que reaparece em forma analítica no art. 157, com que se abre o título da "ordem econômica" assentando as finalidades desta na realização da justiça social, com base em certos princípios considerados essenciais; a liberdade de iniciativa, a valorização do trabalho como condição da dignidade humana, a função social da propriedade, a harmonia e solidariedade entre os fatores de produção, o desenvolvimento econômico, a repressão ao abuso do poder econômico. Tudo isso estará compreendido num complexo de limitações ao direito dominial polarizadas na tutela de conveniências diversas dos direitos do dono, sob a inspiração do interesse público (Pescatore, Barberó, Barassi, Ugo Natoli). Igual tendência subsiste no art. 160 da Reforma de 1969.

No minudenciar este programa, integrou no seu texto a orientação expropriatória do latifúndio, a faculdade de planejar a reforma agrária por decreto executivo, a desapropriação da propriedade territorial rural mediante pagamento em títulos. Além de manter o princípio da intervenção no domínio econômico, limitou a produção dos bens supérfluos.

O Estatuto da Terra (Lei n° 4.504, de 30 de dezembro de 1964) e sua regulamentação (Decretos n° 55.286, de 24 de dezembro de 1964; n° 55.891, de 31 de março de 1965; n° 56.792, de 26 de agosto de 1965), complementados pelos já revogados[38] Decretos n° 55.889, de 31 de março de 1965 (Instituto Brasileiro de Reforma Agrária – IBRA), e n° 55.890, de 31 de março de 1965 (Instituto Nacional de Desenvolvimento Agrário – INDA), – revogação expressa, respectivamente operada pelo Decreto n° 65.130/69 e pelo Decreto sem número de 05.09.1991 – instituem um complexo de medidas que visam a promover melhor distribuição da terra, a fim de atender aos princípios da justiça social e ao aumento da produtividade. Obviamente, criam limitações ao direito de propriedade e prometem extinguir gradativamente as formas de ocupação e de exploração da terra que sejam contrárias à sua função social. Pelo Decreto n° 582, de 15 de maio de 1969, foi criado o Grupo Executivo da Reforma Agrária (GERA), com a atribuição de elaborar projeto para sua efetivação e para as medidas complementares. O Decreto-lei n° 1.110, de 1970, criou o INCRA,

---

38 Os Decretos n°s 55.889 e 55.890 foram expressamente revogados pelo Decreto n° 65.130/69 e pelo Decreto sem número de 05.09.1991, respectivamente, sendo mister asseverar, todavia, que desde a edição do Decreto-lei n° 1.110/1970 foram extintos o IBRA e o INDA, os quais restaram incorporados ao Instituto Nacional de Colonização e Reforma Agrária (INCRA), criado pelo referido Decreto-lei.

incorporando a este todos os direitos, as competências, as atribuições e as responsabilidades do Instituto Brasileiro de Reforma Agrária – IBRA, do Instituto Nacional
de Desenvolvimento Agrário – INDA e do Grupo Executivo da Reforma Agrária
– GERA, que foram extintos a partir da posse do Presidente do novo Instituto. Por
sua vez, o INCRA foi extinto e transformado pelo MIRAD, tendo sido absorvido em
1989 pelo Ministério da Agricultura.

Já antes, a Lei nº 4.947, de 6 de abril de 1966, exigia o certificado de cadastro
do IBRA para a venda, hipoteca, arrendamento, desmembramento ou promessa de
venda de imóvel rural.

O Decreto-lei nº 2.363, de 21 de outubro de 1987, extinguira o INCRA e criara
o Instituto Jurídico de Terras Rurais – INTER, vinculado ao Ministério da Reforma e
do Desenvolvimento Agrário – MIRAD, ao qual compete a supervisão, a coordenação e execução da reforma agrária. Atualmente, o INCRA voltou a tratar da questão
fundiária.

O Decreto nº 95.715, de 10 de fevereiro de 1988, regulamentava as desapropriações para reforma agrária, no entanto, restou revogado pelo Decreto nº 9.757,
de 11 de abril de 2019. Já o Decreto nº 433, de 24 de janeiro de 1992, alterado pelo
Decreto nº 2.614, de 3 de junho de 1998, dispõe sobre aquisição de imóveis rurais,
para fins de reforma agrária, por meio de compra e venda.

Em vista da determinação constitucional dos incisos XXII e XXIII do art. 5º,
garantindo a propriedade como direito fundamental e atrelando essa garantia ao
cumprimento de sua função social, em 2009 entrou em vigor a Lei nº 11.977. O
diploma dispõe sobre o Programa Minha Casa, Minha Vida, alterando o Decreto-lei
nº 3.365/1941, as Leis nos 4.380/1964, 6.015/1973, 8.036/1990 e 10.257/2001, e a
Medida Provisória nº 2.197/2001. Em seu art. 1º, *caput*, com a redação determinada pela Lei nº 12.424/2011, a Lei estabelece a finalidade do programa, destinado à
criação de mecanismos de incentivo à produção e aquisição de novas unidades habitacionais, requalificação de imóveis urbanos e produção ou reforma de habitações
rurais, para famílias com renda mensal de até R$ 4.650,00 (quatro mil, seiscentos e
cinquenta reais). Mais recentemente, a regularização fundiária rural e urbana passou
a ser disciplinada pela Lei nº 13.465, de 11 de julho de 2017.

No ano de 2021, foi regulamentado, por meio da Lei nº 14.118, o Programa
Casa Verde e Amarela, em substituição ao antigo Minha Casa, Minha Vida. O novo
programa possui escopo mais amplo, pois poderão ser beneficiárias famílias residentes em áreas urbanas com renda mensal de até R$ 7.000,00 (sete mil reais) e a famí-
lias residentes em áreas rurais com renda anual de até R$ 84.000,00 (oitenta e qua-
tro mil reais). Ademais, para além de promover a produção e aquisição de moradia
própria, o Programa Casa Verde e Amarela também pretende promover melhorias de
habitações já existentes, a urbanização de assentamentos precários, a regularização
fundiária urbana, dentre outros objetivos listados no art. 8º da referida lei.

Em julho de 2023, adveio legislação dispondo sobre novas regras do Programa
Minha Casa, Minha Vida, Lei nº 14.620, com atualização de faixas de renda, aumento

do valor máximo do imóvel e alterações pontuais no Código Civil, no Código de Processo Civil, na Lei de Registros Públicos, na Lei do FGTS, dentre outras leis.

Minas. Insurgindo-se contra o princípio romano de se estender a propriedade chão adentro, *usque ad inferos*, e de incorporar na titularidade do *dominus* tudo que o subsolo contenha, destacam-se da propriedade do solo as jazidas, minas e demais recursos minerais, bem como o potencial hidrelétrico (Constituição de 1967, art. 161; Reforma de 1969, art. 168). Além da exploração do petróleo, cuja pesquisa e lavra competem à União, em regime de monopólio (Emenda de 1969, art. 169), as jazidas e demais riquezas minerais somente se efetuam mediante concessão, instaurando-se processo em que se apurem as condições pessoais do concessionário e verificação de requisitos segundo se dispõe no Código de Mineração (Decreto-lei nº 227, de 28 de fevereiro de 1967; Decreto-lei nº 318, de 14 de março de 1967). Ver, sobre o regime das minas, nº 76, vol. I.

A Constituição de 1988 declara serem bens da União os recursos minerais, inclusive os do subsolo.

As jazidas e demais recursos minerais e os potenciais de energia hidráulica constituem propriedade distinta do solo e pertencem à União, garantida ao concessionário a propriedade do produto da lavra e assegurada participação ao proprietário do solo nos resultados da lavra e no valor que dispuser a lei (Constituição de 1988, art. 176 e seus parágrafos).

Espaço aéreo. Embora o proprietário tenha o direito de utilização do espaço aéreo, não o poderá fazer a uma altura que embarace, perturbe ou ameace a segurança de voo (Código Brasileiro de Aeronáutica, Lei nº 7.565/1986), nem tem o direito de se opor ao tráfego de aeronaves. O direito de edificar é limitado verticalmente, por motivos de salubridade e segurança, pelos regulamentos de obras que estatuem o gabarito máximo permitido nos centros urbanos.

Tombamento. Colocando sob a proteção especial do Poder Público os documentos, obras e locais de valor histórico, os monumentos e as paisagens naturais notáveis, a Constituição imprime maior ênfase ao Tombamento de nossas riquezas culturais, cuja defesa a lei instituíra (Decreto-Lei nº 25, de 30 de novembro de 1937). Trata-se aqui de uma limitação ao direito de propriedade, sem a sua eliminação sobre os bens inscritos no Tombamento. Criado o Departamento do Patrimônio Histórico e Artístico Nacional – DPHAN – foi mais tarde substituído pelo Serviço do Patrimônio Histórico e Artístico Nacional – SPHAN – e posteriormente pelo Instituto do Patrimônio Histórico e Artístico Nacional – IPHAN. Criada a respectiva "Secretaria", veio afinal a ser instituída a Fundação Pró-Memória (Lei nº 6.757, de 17.12.79).

Compete à União proteger os documentos, obras e bens de valor histórico (Constituição, art. 23, nº III); e juntamente com os Estados proteger o patrimônio histórico, cultural, artístico e paisagístico (art. 24, nº VII), legislando sobre responsabilidade por danos ao meio ambiente (art. 24, nº VIII).

Abusos do poder econômico. O direito moderno, com a criação da propriedade empresária (v. nº 298, *supra*), permitiu a concentração do poder econômico de tal forma que promove uma desigualdade social altamente perigosa. No propósito de coibir os abusos daí resultantes, a ordem jurídica tem de adotar medidas tendentes a conter a utilização dos bens num plano compatível com a sobrevivência dos interesses da coletividade. Para isso, inscrevem-se no texto constitucional as normas genéricas globais, segundo as quais a lei reprimirá os abusos do poder econômico, caracterizado pelo domínio dos mercados, a eliminação da concorrência, e o aumento arbitrário dos lucros. A lei, no desenvolvimento da norma constitucional, regula a repressão ao abuso do poder econômico (Lei nº 8.137, de 27 de dezembro de 1990), instituindo um sistema de punições e ao mesmo tempo definindo o conteúdo do que se considera abusivo.[39] Completando o sistema de proteção à ordem econômica, destaca-se a Lei nº 12.529/2011, que, entre outras providências, disciplina as atribuições e o funcionamento do Conselho Administrativo de Defesa Econômica – CADE. Obviamente o direito de propriedade, especialmente quando reveste a forma empresária, deve suportar restrições peculiares com que se conformará, de acordo com as exigências do bem comum, e sujeitar-se-á a obrigações que a limitem, de molde a reprimir a sua utilização abusiva (Código Civil, art. 1.228, § 1º). O Projeto de Código Civil (Orlando Gomes, Orosimbo Nonato e Caio Mário da Silva Pereira) cogitava da modalidade especial da propriedade sob a forma de empresa bem como deste gênero de limitações ao direito dominial (art. 377).[40]

Restrições voluntárias ao direito de propriedade. Conforme visto acima, os direitos do proprietário sofrem restrições nos seus atributos naturais ou nas faculdades de uso, fruição e disposição, provindas de mandamento constitucional, como de disposições legais, no interesse público, por motivo de segurança nacional ou de proteção econômica.

Além dessas, podem ainda ser trazidas outras restrições do direito de propriedade por ato de vontade, como ocorre com a instituição do "bem de família". Também ao testador ou doador é lícito gravar os bens com as cláusulas de inalienabilidade, impenhorabilidade e incomunicabilidade conjugadas ou destacadamente estabelecidas.

Inalienabilidade é a restrição consistente em recusar do beneficiado o poder de dispor da coisa, e será *temporária* ou *vitalícia*, conforme a cláusula limite os seus efeitos a certo tempo (inalienabilidade por 10 anos; inalienabilidade até que o favorecido atinja certa idade), ou os produza por toda vida do interessado.

Impenhorabilidade importa em estabelecer que o bem gravado não pode ser objeto de penhora por dívidas contraídas pelo seu titular. Embora juridicamente fundamentada, esta cláusula é socialmente inconveniente, pela sua percussão nos direitos de terceiros. Questão controvertida, e objeto de vivas polêmicas, foi se a inalienabilidade implica necessariamente a impenhorabilidade. Num e noutro sentido alinham-se juristas de todos os portes, com boa sorte de argumentos, salientando-se que, se

---

39   Nélson de Azevedo Branco e Celso de Albuquerque Barreto, *Repressão ao Abuso do Poder Econômico* (Antitruste), págs. 101 e segs.

40   Cf., a propósito de restrições ao direito de propriedade no interesse público, Planiol, Ripert e Boulanger, *Traité Élémentaire*, vol. I, nºˢ 2.090 e segs.

o proprietário do bem gravado não o puder transferir por ato próprio (porém lhe for permitido contrair dívidas pelas quais responda ele independentemente do gravame), fácil será burlar a restrição. A matéria tem sido debatida pelos nossos civilistas, seja em comentário à lei, seja em obra de exposição sistemática.[41]

Como é natural, a controvérsia doutrinária reflete no pretório, e multiplica as decisões de todos os tribunais, inclusive do Supremo, podendo-se invocar arestos, ora no sentido de que a inalienabilidade induz impenhorabilidade, ora que não (nº 465, vol. VI).

São cláusulas autônomas, assim em razão de seu interesse social como dos seus efeitos. A de inalienabilidade tem em vista pôr fora de comércio o bem por ato do adquirente. A de impenhorabilidade visa a subtrair o bem à sua qualidade de garantia dos credores. Uma tem por efeito negar ao titular a faculdade de dispor; outra recusa aos credores a sua apreensão judicial para a satisfação de obrigações.

Incomunicabilidade é a cláusula segundo a qual o bem permanece no patrimônio do beneficiado, sem constituir coisa comum ou patrimônio comum, no caso de casar-se sob regime de comunhão de bens.

A cláusula de incomunicabilidade pode ser aposta em conjunto com as demais, ou em caráter autônomo. Neste último caso, tem por efeito manter o bem como patrimônio separado, embora possa alienar-se ou ser penhorado.

Mas, depois de vacilações jurisprudenciais numerosas, acabou o Supremo Tribunal Federal por assentar que a cláusula de inalienabilidade inclui a incomunicabilidade (Súmula nº 49).

O Código Civil de 2002 estabelece que a cláusula de inalienabilidade implica impenhorabilidade e incomunicabilidade (art. 1.911).

Para que prevaleçam e produzam os seus efeitos, as restrições voluntárias ao direito de propriedade devem ser subordinadas a determinados requisitos:

A) Hão de provir de doação ou testamento. Não é lícita a imposição das cláusulas em contrato de compra e venda, permuta, ou outra modalidade aquisitiva onerosa. Nem se tolera que resultem de ato do próprio dono. É inválida, obviamente, a declaração restritiva em relação aos próprios bens.

B) Deverão constar do registro público. A presunção é no sentido de que os bens são livres no patrimônio do seu titular. E, como qualquer restrição (inalienabilidade, impenhorabilidade, incomunicabilidade) repercute necessariamente nos direitos de terceiros, a estes não se opõem se não constarem no registro de imóveis.

A cláusula de inalienabilidade não tem caráter absoluto. Poderá ser levantada, mediante pedido fundamentado do juiz, que autorizará a alteração do bem gravado, com *sub-rogação* em outro determinado ou em títulos da dívida pública, sobre que pesará o ônus (Decreto-lei nº 6.777, de 8 de agosto de 1944; Código de Processo Civil de 1973, art. 1.116; sem correspondente no CPC/2015).

---

41 Clóvis Beviláqua, *Comentários ao Código Civil*, vol. VI, ao art. 1.676; Itabaiana de Oliveira, *Direito das Sucessões*, §§ 690 a 692; Serpa Lopes, *Curso*, vol. I, nº 174, e vol. VI, nº 161; Orlando Gomes, *Direitos Reais*, nos 100 e segs.

Outra questão em torno da restrição voluntária ao direito de propriedade atém-se à indagação se se estende aos rendimentos. E a resposta há de ser negativa: retira-da ao *dominus* a faculdade de dispor dos frutos da coisa, além de se lhe recusar a sua disponibilidade, a propriedade se esvazia de conteúdo a tal ponto, que se converte em nada. Além disso, sob o aspecto social é inconveniente, porque o bem, que não pode ser alienado e de que se não utilizam os frutos, é elemento negativo como riqueza coletiva.

Tem-se, todavia, admitido a validade da cláusula que estende a impenhorabilidade aos frutos, sob o fundamento de que o beneficiado ficará desprovido da utilidade do bem, se os credores, não podendo penhorá-lo, ficarem com a liberdade de apreender-lhe os rendimentos para satisfação das obrigações.

É preciso, num esclarecimento final e abrangente, dizer que somente se devem entender como limitações ou restrições ao direito de propriedade aquelas que o atingem na sua substância ou nos seus elementos fundamentais. Não o são a transferência de exercício de qualquer dos seus atributos e a outorga de faculdades que não impliquem diminuição na sua plenitude, como se dá com os direitos pessoais ou de crédito. Estes, embora possam importar na utilização da coisa (locação, comodato etc.), traduzem-se em exercício de direito que não restringe, em princípio, os poderes do *dominus*.[42]

301-A. Propriedade urbana

Ao cogitar da "propriedade urbana", a Constituição de 1988 (art. 182) traça a política de desenvolvimento urbano com o fito de ordenar o pleno desenvolvimento das funções sociais da cidade e garantir o bem-estar de seus habitantes. Entende que a propriedade urbana cumpre sua função social quando atende às exigências fundamentais de ordenação da cidade expressas no plano diretor.

O Poder Público municipal poderá exigir, nos termos da lei federal, que o proprietário do solo não edificado, subutilizado ou não utilizado promova seu adequado aproveitamento, sob pena de se sujeitar sucessivamente: I) ao parcelamento ou edificação compulsórios; II) ao imposto sobre a propriedade predial e territorial urbana progressivo no tempo; III) à desapropriação com pagamento em títulos da dívida pública com prazo de resgate de até 10 anos.

No planejamento da propriedade urbana, o art. 183 institui a usucapião especial de cinco anos, desde que se trate de área de até 250 metros quadrados, e não tenha o possuidor outro imóvel urbano ou rural.

O título de domínio ou o de concessão de uso serão conferidos ao homem ou à mulher, ou a ambos independentemente do estado civil.

---

42   Lacerda de Almeida, *Direito das Coisas*, vol. I, § 9º.

Esse direito não será reconhecido ao mesmo possuidor mais de uma vez, excluindo-se dessa usucapião os imóveis públicos.

A matéria vem regulamentada no Estatuto da Cidade (Lei nº 10.257, de 10 de julho de 2001, com os acréscimos da Lei nº 13.311/2016) e na Medida Provisória nº 2.220, de 4 de setembro de 2001.

301-B. Bens da União

O art. 20 da Constituição de 1988 arrola os bens da União: "I – os que atualmente lhe pertencem e os que lhe vierem a ser atribuídos; II – as terras devolutas indispensáveis à defesa das fronteiras, das fortificações e construções militares, das vias federais de comunicação e à preservação ambiental, definidas em lei; III – os lagos, rios e quaisquer correntes de água em terrenos de seu domínio, ou que banhem mais de um Estado, sirvam de limites com outros países, ou se estendam a território estrangeiro ou dele provenham, bem como os terrenos marginais e as praias fluviais; IV – as ilhas fluviais e lacustres nas zonas limítrofes com outros países; as praias marítimas; as ilhas oceânicas e as costeiras, excluídas, destas, as que contenham a sede de Municípios, exceto aquelas áreas afetadas ao serviço público e à unidade ambiental federal, e as referidas no art. 26, II;[43] V – os recursos naturais da plataforma continental e da zona econômica exclusiva; VI – o mar territorial; VII – os terrenos de marinha e seus acrescidos; VIII – os potenciais de energia hidráulica; IX – os recursos minerais, inclusive os do subsolo; X – as cavidades naturais subterrâneas e os sítios arqueológicos e pré-históricos; XI – as terras tradicionalmente ocupadas pelos índios. § 1º É assegurada, nos termos da lei, à União, aos Estados, ao Distrito Federal e aos Municípios a participação no resultado da exploração de petróleo ou gás natural, de recursos hídricos para fins de geração de energia elétrica e de outros recursos minerais no respectivo território, plataforma continental, mar territorial ou zona econômica exclusiva, ou compensação financeira por essa exploração. § 2º A faixa de até cento e cinquenta quilômetros de largura, ao longo das fronteiras terrestres, designada como faixa de fronteira, é considerada fundamental para defesa do território nacional, e sua ocupação e utilização serão reguladas em lei."

Continua em vigor, no que não contraria a Constituição, o Decreto-Lei nº 9.760, de 05.09.46.

301-C. Bens dos Estados

Pelo art. 26 incluem-se entre os bens dos Estados: I – as águas superficiais ou subterrâneas, fluentes, emergentes e em depósito, ressalvadas, neste caso, na forma

---

43   Inciso com a redação conferida pela Emenda Constitucional nº 46/2005.

da lei, as decorrentes de obras da União; II – as áreas, nas ilhas oceânicas e costeiras, que estiverem no seu domínio, excluídas aquelas sob domínio da União, Municípios ou terceiros; III – as ilhas fluviais e lacustres não pertencentes à União; IV – as terras devolutas não compreendidas entre as da União.

301-D. Concessão de direito real de uso

A concessão de direito real de uso encontra-se prevista no art. 1.225, XII, do Código Civil. Trata-se de contrato administrativo por meio do qual o poder público concede ao particular direito real resolúvel de uso de terreno público em que não existam benfeitorias ou de espaço aéreo que o recobre, estabelecido conforme os fins previamente estipulados em ato normativo, de competência do ente federativo concedente.

Em âmbito federal, tal instituto tem por regulamento o Decreto-lei 271/1967. Segundo o art. 7º do referido instrumento, a concessão de direito real de uso destina--se a finalidades notadamente sociais, consectárias da política urbana definida nos arts. 182 e 183 da Constituição, objetivando a regularização fundiária de interesse social, urbanização, industrialização, edificação, cultivo da terra, aproveitamento sustentável das várzeas, preservação das comunidades tradicionais e seus meios de subsistência ou outras modalidades de interesse social em áreas urbanas.

Ressalte-se que tais objetivos devem ser estritamente cumpridos pelo conces-sionário, sob pena de extinção e reversão do uso para o poder público, com perda das benfeitorias de qualquer natureza (art. 7º, § 3º, do Decreto-lei 271/1967), após prévio processo administrativo.

A concessão de direito real de uso, nos termos do art. 1.473, IX, do Código Civil, mostra-se suscetível de hipoteca. Ademais, permite-se seja objeto de alienação fiduciária (art. 22, § 1º, III, da Lei 9.514/1997), podendo a garantia ser restrita a certo prazo, na hipótese de concessão de direito real de uso por período determinado (art. 22, § 2º, da Lei 9.514/1997).

301-E. Concessão de uso especial para fins de moradia

A concessão de uso especial para fins de moradia originou-se da Medida Pro-visória nº 2.220, de 4 de setembro de 2001. A Lei nº 11.481, de 31 de maio de 2007, inseriu o instituto no rol dos direitos reais previstos no art. 1.225 do Código Civil (inciso XI). Trata-se de expediente que permite ao particular exigir que o poder pú-blico lhe conceda o direito real resolúvel de uso de terreno público.

Para tanto, deve preencher os requisitos constantes do art. 1º da MP nº 2.220/2001, com redação alterada pela Lei nº 13.465, de 11 de julho de 2017: "Art. 1º Aquele que, até 22 de dezembro de 2016, possuiu como seu, por cinco anos, ininterruptamente e sem oposição, até duzentos e cinquenta metros quadrados de imóvel público situado em área com características e finalidade urbanas, e que o utilize para sua moradia ou de sua família, tem o direito à concessão de uso especial para fins de moradia em relação ao bem objeto da posse, desde que não seja proprietário ou concessionário, a qualquer título, de outro imóvel urbano ou rural". Uma vez tendo o ocupante do bem público promovido requerimento administrativo direcionado ao órgão de patrimônio do ente público, pleiteando a concessão de uso, este deverá proferir parecer conclusivo sobre a solicitação formulada. Caso não o faça no prazo de 12 meses da data do protocolo do pedido, o interessado poderá recorrer à via judicial (art. 6º, § 1º, da MP nº 2.220/2001).

O exercício do direito deve ser assegurado no próprio local em que a posse é exercida. Apenas nas hipóteses elencadas nos arts. 4º e 5º da MP nº 2.220/2001, admite-se o reassentamento em área próxima ao local da moradia originária.

A concessão de uso especial para fins de moradia, nos termos do art. 1.473, VIII, do Código Civil, pode ser objeto de hipoteca e de alienação fiduciária (art. 22, § 1º, II, da Lei nº 9.514/1997).

301-F. Direitos oriundos da imissão provisória na posse a entes públicos

Os direitos oriundos da imissão provisória na posse, quando concedida à União, aos Estados, ao Distrito Federal, aos Municípios ou às suas entidades delegadas e a respectiva cessão e promessa de cessão, restaram inseridos expressamente no rol do art. 1.225 do Código Civil pela Lei nº 14.620, de 13 de julho de 2023.

Embora tal diploma normativo, atinente ao "Novo Programa Minha Casa, Minha Vida" tenha feito constar esse *novo* direito real no rol taxativo, a bem dizer afigura-se tão somente mais uma dimensão do conhecido direito de propriedade dos entes públicos. Direito, pois, que já havia sido incluído na Medida Provisória nº 700, de 2015 (art. 5º, § 4º), que, ante seu transcurso temporal sem conversão em lei, supervenientemente, caducou e deixou de produzir efeitos.

O direito de propriedade da União, dos Estados e dos Municípios, bem como das entidades delegadas, no contexto da desapropriação, constitui-se logo quando da chamada imissão provisória na posse, momento que marca a aquisição originária da propriedade pelo ente desapropriante.

A imissão provisória na posse do ente público, cuja previsão consta no art. 15 da Lei de Desapropriações (Decreto-lei nº 3.365/1941), materializa figura que permite ao Poder Público a utilização e a fruição imediata do bem sobre o qual incide a desapropriação, com fincas ao atendimento da utilidade pública ou interesse social designados no ato expropriador.

Valer dizer: nesse momento do trâmite de expropriação do bem, já há autorização judicial e depósito de montante pecuniário que o ente público desapropriante considera adequado. A eventual discussão remanescente cinge-se ao valor depositado, isto é, sobre sua quantificação.

Logo, inexiste qualquer traço de provisoriedade na imissão de posse ora discutida. Ela é causa jurídica de aquisição originária do direito de propriedade, sendo certo que o registro posterior no cartório da circunscrição possui eficácia apenas declaratória.

Do ponto de vista registral, desde 1991 a imissão provisória na posse pelo ente desapropriante já é prevista como ato passível de registro no cartório do RGI, *ex vi* do art. 167, item 36, da Lei nº 6.015/1973 (Lei de Registros Públicos – LRP).

A legislação de 2023 acresce, ainda, que tal direito pode ser objeto de garantias hipotecária e fiduciária, de acordo com o art. 1.473, XI, do CC, bem como com o § 1º do art. 22 da Lei nº 9.514/1997, respectivamente.

Capítulo LXVIII
Aquisição da Propriedade Imóvel

Bibliografia

Clóvis Beviláqua, *Direito das Coisas*, vol. I, §§ 36 e segs.; Ruggiero e Maroi, *Istituzioni di Diritto Privado*, vol. I, § 110; Lafayette, *Direito das Coisas,* §§ 31 e segs.; Lacerda de Almeida, *Direito das Coisas*, vol. I, §§ 14 e segs.; Nicola Coviello, *Trascrizione*; Orlando Gomes, *Direitos Reais*, n°s 103 e segs.; Eduardo Espínola, *Posse, Propriedade, Condomínio, Direitos Autorais*, págs. 175 e segs.; Hedemann, *Derechos Reales*, págs. 75 e segs.; Enneccerus, Kipp e Wolff, *Tratado, Derecho de Cosas*, vol. I, §§ 60 e segs.; De Page, *Traité*, vol. VI, n°s 1 e segs.; Trabucchi, *Istituzioni di Diritto Civile*, n° 179, págs. 415 e segs.; Mazeaud e Mazeaud, *Leçons de Droit Civil*, vol. II, n°s 1.474 e segs.; Planiol, Ripert e Boulanger, *Traité Élémentaire*, vol. I, n°s 2.820 e segs.; J. do Amaral Gurgel, *Registros Públicos*; Serpa Lopes, *Tratado dos Registros Públicos*; Clóvis Paulo da Rocha, *Eficácia da Transcrição*; Waldemar Loureiro, *Registro da Propriedade Imóvel*; Soriano Neto, *Publicidade Material e Registro Imobiliário*; Philadelpho Azevedo, *Registro de Imóveis*; Serpa Lopes, *Curso*, vol. VI, n°s 330 e segs.

302. AQUISIÇÃO DA PROPRIEDADE EM GERAL

ada sistema jurídico tem os seus princípios específicos relativamente à *aqui-sição da propriedade*, que se pode entender como a personalização do direito num titular.[1] Com efeito, a propriedade é o direito subjetivo padrão, dado que confere ao sujeito toda uma gama de poderes, e encontra na ordem jurídica toda sorte de proteções: a Constituição Federal o assegura, o Direito Civil o desenvolve, o Direito Processual oferece as ações defensivas, o Direito Penal pune os atentados contra a propriedade, o Direito Administrativo disciplina vários dos seus aspectos. Cumpre então verificar por que meios a propriedade, como direito, adere ao proprietário como sujeito, e minudenciar as causas ou os fatos jurídicos hábeis a gerar para alguém a titularidade do direito. Qualquer que seja, todavia, a modalidade aquisitiva, três são os pressupostos gerais de sua ocorrência: *pessoa* capaz de adquirir; *coisa* suscetível de ser adquirida; um *modo* de adquirir.[2]

Quanto à procedência, a aquisição da propriedade pode ser *originária* ou *derivada*, classificação encarecida por De Page, não obstante considerá-la Planiol desprovida de interesse.[3]

Diz-se *originária*, quando o indivíduo, num dado momento, torna-se dono de uma coisa que jamais esteve sob o senhorio de alguém. É uma propriedade que se adquire sem que ocorra a sua transmissão por outrem, seja voluntária ou involuntária, seja direta ou indireta. E resulta numa propriedade sem relação causal com o estado jurídico anterior da própria coisa (Lafayette, Planiol e Ripert, Serpa Lopes).

Num estágio mais remoto da vida jurídica dos povos, a aquisição originária era a regra. Tudo que havia estava à disposição do primeiro que chegasse. Em verdade, tudo era de ninguém. *Res nullius* por toda parte, oferecendo-se à apropriação de quem quer que fosse. A terra e tudo que nela havia, os móveis, os semoventes. Nada tinha um dono. O homem, individual ou coletivamente – mais coletiva do que individualmente – projetando a sua personalidade sobre os bens, submetia-os à sua dominação.

No estado atual da civilização, ainda subsiste aquisição do domínio por modo originário. Mais reduzida, é certo, porém gozando de importância, ao menos suficiente para que o direito a discipline e desenvolva. Especialmente no plano da propriedade sobre coisas móveis, pois é aí que se concebe com algum desembaraço a ideia de assumir o indivíduo a titularidade sobre coisas que nunca estiveram antes como objeto de uma relação jurídica. É no campo da aquisição originária que se implanta o assenhoreamento de bens que, existindo *in natura*, passam pela primeira vez a pertencer a alguém (*ocupação*). É ainda neste campo que se inscrevem os modos de aquisição nascidos do poder criador do homem ao afeiçoar a matéria bruta,

---

1   Ruggiero e Maroi, *Istituzioni*, vol. I, § 110.
2   Lafayette, *Direito das Coisas*, § 31.
3   De Page, *Traité*, vol. VI, nº 1; Marcel Planiol, *Traité Élémentaire*, vol. I, nº 2.561.

dando-lhe forma ou transformando-a. É ainda como aquisição originária que se qualifica a que tem por objeto coisas acessórias que aderem à principal.

Se a aquisição originária, em termos de bens mobiliários, é perfeitamente admissível, relativamente frequente, e devidamente regulamentada – não ocorre outro tanto no que diz respeito aos imóveis. Em tese a aquisição originária não é incompatível com a hipótese de alguém se apropriar de um imóvel que jamais a outrem pertenceu. Praticamente, todavia, a situação é bem outra, porque todo imóvel tem um dono. Os terrenos pertencem aos seus proprietários. E mesmo aquelas terras que não estão assenhoreadas pelo particular têm no Estado o titular respectivo (terras devolutas).

Diz-se *aquisição derivada* a que ocorre quando se considera a coisa em função de seu dono atual, ou seja, a titularidade do domínio em relação com outra pessoa que já era proprietária da mesma coisa. A aquisição derivada é mais frequente, mais assídua, partindo do fato comum de que as coisas no momento atual têm dono, e, pois, sempre que alguém lhes adquire a propriedade, o faz sub-rogando-se no complexo jurídico de outrem, que já era antes o proprietário. É o que se passa normalmente com a propriedade imobiliária, considerada em função de que o direito que se adquire está relacionado com o direito de um precedente proprietário, como ainda na generalidade dos bens móveis.

A ideia predominante em matéria de aquisição derivada é a de *transmissão*. O antigo proprietário transmite o direito ao novo proprietário, transmissão que pode ser *direta* ou *indireta*, *voluntária* ou *involuntária*, e na forma da terminologia assente diz-se a *título universal* ou a *título singular*. Em toda aquisição derivada ocorre necessariamente a ideia de relação entre a propriedade atual e a anterior, entre o sucessor e o antecessor.

Transmissão a *título universal* – *successio in universum ius* – dá-se quando o novo titular sucede ao antigo em todos os seus direitos e obrigações: o herdeiro (legítimo ou testamentário) assume a condição jurídica do hereditando, e não é sem propósito que se costuma dizer que ele ocupa o lugar do defunto.

Transmissão a *título singular* – *successio in rem* – é aquela em que o novo titular assume uma determinada condição jurídica do antecessor, sem se sub-rogar na totalidade dos direitos deste, ou sem substituí-lo inteiramente como sujeito ativo e passivo das suas relações jurídicas, passando o direito para o sucessor com as mesmas qualificações, vantagens, restrições e defeitos que preexistiam no antecessor.

A *sucessão universal* dá-se *causa mortis*, enquanto a sucessão singular pode ocorrer *entre vivos* por qualquer via de transferência de direitos, onerosa ou gratuitamente, ou *causa mortis* no caso particular do legado testamentário.

No desenvolvimento do tema, dedicamos o presente capítulo e o seguinte à aquisição da propriedade imóvel, deixando as modalidades referentes à propriedade móvel para os números 309 a 313.

Em termos abrangentes, contudo, e como elemento componente da teoria geral da aquisição da propriedade, convém determinar aqui a orientação a que obedece o nosso direito em matéria de transferência da propriedade.

No sistema jurídico brasileiro, com efeito, a propriedade não se adquire *solo consensu*, isto é, pelo contrato exclusivamente (Clóvis Beviláqua, Espínola, Serpa Lopes, Orlando Gomes, Philadelpho Azevedo). É certo que alguns autores, ou por desconhecerem as raízes históricas do fenômeno aquisitivo, ou pelo gosto de mera inovação, pretendem que o domínio das coisas possa adquirir-se pelo contrato, a símile do que se passa com o direito francês e com os sistemas filiados àquela corrente. Para o nosso direito o fenômeno aquisitivo, não obstante tais opiniões isoladas e inconsistentes, requer a ocorrência de um fato cuja materialidade determina a transmissão da propriedade. Neste passo, como em tantos outros, a tônica de nosso direito reside na inspiração romana, que informa o jogo dos princípios. Ali se dizia que pela tradição e pela usucapião é que o domínio das coisas se transfere, não pelo contrato: *traditionibus et usucapionibus, non nudis pactis, dominia rerum transferuntur*. Também para nós não se efetua pelos pactos nus. E isso tanto para as coisas móveis quanto para as imóveis. No lugar próprio (n° 303, *infra*) desenvolveremos o tema quanto à aquisição da propriedade imobiliária pela inscrição e ainda (n° 313, *infra*) atacaremos a dos móveis pela tradição.

Cuidando da propriedade imóvel, o Código Civil de 2002 estatui (arts. 1.238 a 1.259) que se adquire: 1. pela transcrição do título de transferência no registro do imóvel; 2. pela acessão; 3. pela usucapião; 4. pelo direito hereditário (arts. 1.784 e seguintes). A aquisição da propriedade dos móveis será tratada nos números 309-313, *infra*.

Quanto aos imóveis, o presente capítulo cuidará da *inscrição* do título como causa aquisitiva (n° 303) e da acessão (n° 304). Da aquisição por *usucapião* trataremos no capítulo seguinte (n° 305) e da sucessão hereditária, ao desenvolvermos, no lugar próprio (vol. VI), o direito hereditário.

303. REGISTRO

Em Direito Romano a transferência do domínio exigia um ato externo (tradição ou usucapião) para efetivar: *traditionibus et usucapionibus, non nudis pactis, dominia rerum transferuntur*. Não bastava, pois, a ação individual do transmitente, mas tornava-se mister o concurso da sociedade, como complemento do ato ou sua autenticação.[4] E, se no tocante às coisas móveis, o dinamismo da vida mercantil de Roma acabou por amenizar a exigência formal[5] prevaleceu, no entanto, quanto aos imóveis, que aumentaram de importância sobretudo no período clássico.

À propriedade imóvel era, pois, indispensável a *tradição* da coisa, que a princípio se realizava mediante a tomada de posse direta com a efetiva presença do adquirente em todas as partes do imóvel (*traditio brevi manu*), e mais tarde considerada

---

4   Maynz, *Droit Romain*, vol. I, § 105.
5   Clóvis Beviláqua, *Direito das Coisas*, vol. I, § 37.

efetiva pelo só fato de o alienante o levar ao ponto mais alto, de onde a coisa trans-mitida era mostrada ou colocada ante os olhos do adquirente (*in conspectu posita*) e desta sorte entregue a este (*traditio longa manu*). Sobre tradição, ver 292 *supra* e 313 *infra*.

Nosso direito anterior ao Código de 1916, desprendendo-se do passado históri-co, atribuiu força translativa ao contrato, admitindo que os imóveis se transmitissem *solo consensu*, e, desta sorte, perfilhava doutrina análoga à do Código Francês (art. 712), bem como dos que a este se prenderam pela mesma técnica (italiano, espa-nhol). Considerava-se, então, que a propriedade se transmitia exclusivamente pelo contrato, sem a necessidade de outra qualquer exigência.[6]

Sentindo, porém, os riscos que daí forçosamente se originavam, entenderam os nossos juristas que a transcrição se tornava necessária "para que a transferência tivesse valor contra terceiros".

Em crítica ao sistema então vigente, na qual envolve também o direito francês, Virgílio de Sá Pereira objeta que o direito brasileiro consagrava verdadeira contradi-ção essencial, pois que se o contrato bastava para transferir o domínio, mas o registro era necessário a que prevalecesse *erga omnes*, na verdade não se verificava a trans-ferência do domínio por força do contrato, uma vez que é da essência da propriedade a sua validade em *relação a todos* (*erga omnes*). Se a transmissão da propriedade ao adquirente operava apenas *inter partes*, isto é, com força limitada aos contratantes apenas, o título na verdade não produzia efetivamente a consequência de transferir o domínio senão a partir do momento em que se completava o seu registro, pois que não existia e não podia existir um domínio que tivesse validade apenas entre as partes.[7]

A contradição não havia passado despercebida aos nossos civilistas, que então classificavam a transcrição como uma *tradição solene*, a ser exigida como elemento necessário à transferência imobiliária. Teixeira de Freitas (*Consolidação das Leis Civis*, pág. 110, da Introdução), com a largueza de sua visão, defendia o caráter publicitário da transcrição e, ao mesmo tempo, por explícito sustentava preencher ela o fim da tradição, separando os direitos reais dos chamados direitos pessoais. Lafayette, na segurança de seu estilo, salientava que antes da transcrição o domínio do imóvel não passa do alienante para o adquirente, o que o levava a considerar que a transcrição do título era um modo de aquisição do domínio e seus direitos elemen-tares.[8] Os nossos dois maiores civilistas do tempo deram-se, portanto, as mãos para assentar a necessidade da transcrição como elemento da transmissão do domínio, e defender a reforma de nosso direito.

O Código Civil Alemão (*Bürgerliches Gesetzbuch*), de 1896, instituiu uma sis-temática para a transferência do domínio, baseada fundamentalmente na inscrição do

---

6   Sobre a aquisição pela convenção ou aquisição do direito francês, cf. Mazeaud e Mazeaud, *Leçons*, vol. II, n° 1.612; Planiol, Ripert e Boulanger, vol. I, n° 2.885; Marty e Raynaud, *Droit Civil*, vol. II, n° 53; Aubry e Rau, *Cours*, vol. II, § 207.

7   Sá Pereira, *Manual Lacerda*, vol. III, n°s 27 e segs.

8   Lafayette, ob. cit., § 43.

contrato no registro imobiliário (BGB, art. 873), precedida da depuração do título em processo sumário, que corre perante os juízes do registro imobiliário. A chave do sistema germânico é o *cadastro* de toda a propriedade imóvel. Sem a adoção de livros fundiários rigorosamente escriturados não seria possível desenvolver aquela técnica, e especialmente atribuir-lhe o *efeito* que produz. A inscrição no registro decorre de um *acordo formal de transmissão*, que se erige então em *convenção jurídico-real*, e resulta de declaração de vontade dos interessados, especificamente à inscrição. Uma vez operado o registro, com observância das normas do *direito imobiliário formal*, que estatui rito próprio e somente se efetua em decorrência de ato judicial que escoima o título de vícios ou defeitos, a inscrição assume o sentido de *negócio jurídico abstrato*, isto é, vale por si mesma, independentemente do *negócio jurídico causal* anterior. Quer dizer: promovido o registro nos livros fundiários, a transcrição se desprende do negócio jurídico subjacente (compra e venda, doação, etc., que deu causa à transmissão), para valer como negócio jurídico translativo da propriedade imóvel. E, uma vez efetuado o registro, adquire força probante de *presunção iuris et de iure* da propriedade. Dono é aquele em cujo nome a propriedade é registrada. Não há mister indagar da força ou da validade do título translatício ou causal. Vai-se, porém, mais longe: não cabe perquirir da eficácia do título causal. Assim, se a propriedade foi adquirida por compra, e a transcrição se realizou regularmente, o registro vale como prova da propriedade e atribui o domínio ao adquirente ainda que mais tarde se venha a anular o contrato de compra e venda. Pelo sistema germânico a inscrição opera a transmissão e faz prova plena da propriedade, que se presume na titularidade daquele em cujo nome o registro está. Mas, reversamente, cancelado um direito no Registro, presume-se que não existe. Óbvio, pois, que o BGB oferece meios de proteção contra as inscrições inexatas, autorizando as retificações, e até mesmo o cancelamento, uma vez observado o procedimento adequado. Aceitando embora que possa surgir desacordo entre a verdadeira situação jurídica e o registro, mas reconhecendo que a experiência prática demonstra ser excepcional, o sistema germânico assenta dois princípios: o da presunção de exatidão do registro (BGB, art. 891) e o da proteção a quem confia no registro, posto inexato (BGB, art. 892).[9]

Ao elaborar o seu Projeto, Clóvis Beviláqua teve presente a doutrina civilista brasileira então vigente, bem como a contribuição germânica, resultando no Código Civil de 1916, um sistema adaptado às condições da propriedade no País que, não dispondo de um sistema de cadastramento como a Alemanha, não poderia instituir o registro geral de imóveis com os efeitos do sistema tedesco. Limitou-se, pois, o nosso direito a instituir um sistema de registro aproximado do germânico: a técnica germânica da aquisição do domínio pelo registro, mas sem os efeitos todos.[10]

---

9   Enneccerus, Kipp e Wolff, *Derecho de Cosas*, vol. I, §§ 26 e segs.; Hedemann, *Derechos Reales*, §§ 9º e segs.; Clóvis Paulo da Rocha, *Eficácia da Transcrição*, págs. 65 e segs.; Soriano Neto, *Publicidade Material e Registro Imobiliário*, nº 59; Serpa Lopes, *Tratado dos Registros Públicos*, vol. I, nº 17; Serpa Lopes, *Curso*, vol. VI, nº 338.

10 Philadelpho Azevedo, *Registro de Imóveis*, nº 23; Serpa Lopes, *Registros Públicos*, vol. II, nº 230; Clóvis Paulo da Rocha, ob. cit., pág. 106; Clóvis Beviláqua, *Direito das Coisas*, vol. I, pág. 147.

Igual orientação foi adotada pelo Código Civil de 2002.

Pelo nosso direito, o contrato não opera a transferência do domínio. Gera tão somente um direito de crédito, impropriamente denominado direito pessoal. Somente o registro cria o *direito real*. É o registro do instrumento no cartório da sede do imóvel que opera a aquisição da propriedade (Código Civil, art. 1.245). Mas, dentro de nossa sistemática, o registro como modo de aquisição não tem a natureza de negócio jurídico abstrato, como no germânico. É, então, um *ato jurídico causal*, porque está sempre vinculado ao título translatício originário, e somente opera a transferência da propriedade dentro das forças, e sob condição da validade formal e material do título. Seu pressuposto fático será, portanto, um *título hábil* a operar a transferência, cabendo ao Oficial do Registro a função de proceder a um exame sumário, a levantar perante o juiz as dúvidas que tiver, seja quanto à capacidade das partes ou a qualquer requisito formal, seja quanto ao direito do transmitente ou outro elemento que lhe pareça faltar para que esse direito se repute escorreito.

Uma vez efetuada a matrícula, ou a inscrição de título constitutivo de algum outro direito diverso da propriedade, *presume-se* pertencer o direito real à pessoa em cujo nome se registrou ou inscreveu (Código Civil, art. 1.245, § 2º). E a propriedade considera-se adquirida na data da apresentação do título a registro (art. 1.246), ainda que entre a prenotação no protocolo e o registro haja decorrido algum tempo.[11]

Trata-se, obviamente, de uma *presunção iuris tantum*, diversamente do que se passa no direito alemão, uma vez que para nós o registro não tem caráter de negócio jurídico abstrato. O que se deve inferir é que, se se considera dono quem figura no registro como titular do direito, assim deve ser tratado enquanto se não cancelar ou anular, uma vez que o registro é ato causal, e exprime sua força na dependência do negócio jurídico subjacente.[12]

Embora lhe falte o caráter de presunção *iuris et de iure*, a importância do registro é fundamental na organização jurídica da propriedade brasileira, não somente porque a lei proclama o registro como *causa determinante* da aquisição da propriedade, como, ainda, porque não se infirma o registro por autoridade do seu oficial, porém há de resultar de uma sentença judicial proferida em processo contencioso, no qual se reconhecerá ao réu a mais ampla defesa. A fim de garantir que o registro espelhe a realidade da descrição do objeto da propriedade, a Lei de Registros Públicos prevê procedimento próprio, chamado de *dúvida*, quando, havendo exigência a ser satisfeita indicada pelo oficial, o apresentante com ela não concordar ou não puder satisfazê-la, sendo, então, remetida ao juízo competente para dirimi-la (arts. 198 e seguintes da Lei nº 6.015/1973).

Afirmando-se o caráter publicitário do registro, por outro lado, fica estabelecido que ali devem ser anotadas todas as alterações e vicissitudes por que venha o

---

11   Espínola, *Posse, Propriedade* etc., pág. 185; Waldemar Loureiro, *Registro da Propriedade Imóvel*, vol. I, pág. 91.

12   Clóvis Paulo da Rocha, ob. cit., pág. 109; Soriano Neto, ob. cit., nº 82; Serpa Lopes, *Curso*, vol. VI, nº 348.

imóvel a passar, e bem assim que o oficial deve franquear o contexto do registro a qualquer interessado e dar certidão a quem a pedir. A eficácia do registro, no sistema brasileiro, assenta na observância das formalidades extrínsecas e intrínsecas a que se subordina, correspondentes às normas de *direito imobiliário formal* e de *direito imobiliário material* do sistema alemão, do qual em linhas gerais se aproxima, embora sem o rigor tedesco e sem que se lhe atribua o efeito absoluto ali vigente.[13]

Pelo direito brasileiro compete à União, privativamente, legislar sobre registros públicos (Constituição de 1988, art. 22, nº XXV). Conjugadas as disposições de fundo com as normas constantes do Regulamento dos registros públicos, hoje disciplinados pela Lei nº 6.015, de 31 de dezembro de 1973, a par da aquisição da propriedade resulta a multiplicidade dos efeitos produzidos pelo registro, segundo salientam avisadamente os nossos escritores.

A) *Publicidade*, no sentido de que é pelo registro que qualquer pessoa toma conhecimento das vicissitudes por que passa o imóvel, como ainda no de que os terceiros não são obrigados a conhecer senão o que dos livros respectivos ficar constando. Como salienta Coviello, a publicidade obtida pela inscrição realiza a importante finalidade de tornar conhecido o direito de propriedade e eventualmente suas limitações, salientando que atua assim na vida dos direitos privados, como nas mais altas projeções que ocorrem nos momentos significativos da vida moderna, e em todos os campos da ação humana: político, econômico, jurídico.[14]

Importante desafio contemporâneo consiste em compatibilizar o princípio da publicidade do registro público, cristalizado no art. 17 da Lei nº 6.015, de 1973 ("Qualquer pessoa pode requerer certidão do registro sem informar ao oficial ou ao funcionário o motivo ou interesse do pedido") e os princípios insculpidos na Lei Geral de Proteção de Dados Pessoais (LGPD). Assim, embora, por evidente, o titular dos dados não tenha pretensão de impedir a publicidade e o compartilhamento de seus dados pelo cartório, alguns pontos merecem reflexão à luz do desenvolvimento de uma cultura de proteção de dados pessoais no país.

Quanto ao compartilhamento das informações com outros órgãos da Administração Pública, torna-se necessário esclarecer ao titular que seus dados estão sendo compartilhados pelo poder público, bem como indicar-lhe a finalidade de tal compartilhamento, a fim de cumprir o disposto no art. 18, inciso VII, da LGPD, sendo certo que constitui direito do titular obter "informação das entidades públicas e privadas com as quais o controlador realizou uso compartilhado de dados".

Já quanto à emissão de certidões, pelo cartório, a particulares que as solicitem, importante refletir se o teor do art. 17 da Lei nº 6.015, de 1973, já mencionado, encontra-se em consonância com o propugnado pela Lei Geral de Proteção de Dados. Com efeito, torna-se questionável, no estágio atual de tutela dos dados pessoais, a existência de um direito subjetivo à obtenção de certidões em cartório sem a apresentação de justificativa razoável para o pedido.

---

13 Orlando Gomes, *Direitos Reais*, nº 114.
14 Nicola Coviello, *Trascrizione*, vol. I, pág. 2.

B) *Legalidade* do direito do proprietário, atendendo a que se o oficial efetuou a transcrição ou inscrição, foi porque nenhuma irregularidade extrínseca ou intrínseca lhe ocorreu do exame do título.

C) *Força probante*, no sentido de que o registro indica o titular do direito real, e institui a presunção *iuris tantum* de que, enquanto assim constar, deve ser tratado como tal aliada à presunção de conhecimento por terceiros, dos atos inscritos.[15]

D) *Matrícula*. Completando a sistemática, a Lei nº 6.015/1973 instituiu a *matrícula*, que perpetua toda a vida jurídica do imóvel.

Além destes efeitos, preponderantes e de maior significação, outros se lhe atribuem, dos quais ressalta a *continuidade* histórica da propriedade, razão pela qual sempre se mencionará o número da matrícula ou registro anterior. Para que através dele se consigne a seriação de fatos que modificam a vida do imóvel, a Lei nº 6.015/1973 arrola uma série de títulos sujeitos à inscrição (art. 167). Mas já o Código de 1916 (art. 532) exigia a transcrição de alguns títulos, em enumeração que convém abordar mesmo à luz do direito vigente, por sua importância no estudo sistemático da matéria:

I. Os *julgados* pelos quais, nas ações divisórias, se puser termo à indivisão. Trata-se de sentença sempre *declaratória*, que não atribui nem constitui direito, e obviamente não é por ela que o condômino assume a titularidade de seu quinhão na coisa comum. A utilidade do registro, no caso, reside no seu efeito publicitário, e se realiza com a finalidade de oferecer segurança ao próprio sujeito ou a terceiro que tenha interesse na coisa. Desde que ponha termo ao estado de indivisão, a sentença deve ser inscrita, qualquer que seja a sua procedência: *a)* proferida no processo de inventário (*familiae erciscundae*), pela qual se partilhem os bens ou se divida a herança; *b)* pronunciada na ação de divisão, com o objetivo de obter o fracionamento geodésico (*communi dividundo*) conferindo-se a cada antigo comunheiro uma parte certa e com as suas características individuais; *c)* produzida na ação demarcatória (*finium regundorum*), através de que os proprietários de imóveis confrontantes estabeleçam a linha lindeira, ou aviventem rumos que o tempo apagou ou tornou incertos.

A exigência do registro compreende assim os julgados que se pronunciem ao termo de processo contencioso, como ainda as decisões simplesmente homologatórias em feitos nos quais se não instaure controvérsia entre os interessados. É que ao estabelecer a exigência do registro, não a impõe a lei na dependência da natureza do feito, senão em razão do seu objetivo ou da finalidade visada, isto é, em decorrência de se ter posto fim à indivisão e de se haver individuado a propriedade de cada um dos condôminos.[16]

II. Por uma razão análoga, embora não idêntica, registra-se a *sentença* que, nos *inventários* e *partilhas*, *adjudica bens de raiz* em pagamento de dívida da herança, caso em que a sentença produz o efeito de uma alienação *inter vivos*, ainda que o

---

15 Coviello, ob. cit., pág. 324.
16 Clóvis Beviláqua, loc. cit.; Waldemar Loureiro, loc. cit.

beneficiado seja herdeiro. Os bens integravam o espólio, e, nesta qualidade, eram dos herdeiros. Reembolsando a quem exonerou a herança de encargos, a sentença lhe atribui um bem do espólio como solução de um débito do monte, e investe o credor na propriedade exclusiva do que até então se achava em estado indiviso. Sendo ele imóvel, a respectiva carta de adjudicação constitui título a ser registrado.[17]

III. O mesmo art. 532 ordenava ainda que fossem transcritas a *arrematação* e as *adjudicações* em hasta pública. Aqui se cuida das vendas judiciais e não das arrematações que eventualmente se realizam em leilões privados, ou públicos quando esta for a modalidade escolhida para a alienação, como ainda nas vendas feitas pela Administração Pública. É óbvio que também elas sejam levadas a registro, pois que a escolha de tal modalidade para obtenção de melhor preço não dispensa o registro.

Na venda judicial, referida como caso particular, o Legislador salientou a necessidade do registro, mesmo em se tratando de alienação não consensual. O caráter oficial da venda, como no ato processual, não autoriza prescindir do histórico da propriedade, e nem se diga que a alienação se dá à vista de todos, pois que a publicidade que a acompanha é momentânea[18] e a que deve acompanhar os direitos reais convém seja permanente. A adjudicação quando em processo executivo equivale à arrematação, e quando ocorre para pagamento de dívidas da herança assemelha-se a uma dação em pagamento, ato consensual já cogitado no item II, *supra*.

Dois princípios vêm corroborar a força aquisitiva do domínio pelo registro, sendo de notar que a Lei nº 6.015/1973 substituiu a expressão *transcrever* por *inscrever*:

A) Os atos sujeitos a registro não operam a transferência da propriedade imobiliária, senão a partir da data em que se registrarem.

B) Se à prenotação do título sobrevier a falência ou insolvência do alienante, e o registro se atrasar por culpa do Oficial ou pelo julgamento de improcedência de dúvida por este levantada, o registro subsequente retroage à data em que a apresentação é prenotada no cartório, como se se houvesse realizado concomitantemente. Mas, para se resguardar o adquirente, que não haja pago o preço, torna-se mister o depósito deste em juízo.[19] A Lei nº 11.977/2009 traz consigo uma sistemática diferenciada para o procedimento registral de imóveis a serem adquiridos por meio dos expedientes de fomento à moradia congregados pelo Programa Minha Casa, Minha Vida. Prevê, dentre outras medidas, o sistema eletrônico de registro e seu chaveamento de segurança (arts. 37-41); a redução dos emolumentos devidos pelos atos de abertura de matrícula, registro de incorporação, parcelamento do solo, averbação de construção, instituição de condomínio, registro da carta de habite-se e demais atos

17 Cf. a respeito do registro das partilhas, Philadelpho Azevedo, *Registro de Imóveis*, pág. 62.
18 Clóvis Beviláqua, *Comentários ao Código Civil*, vol. II, ao art. 532.
19 Cf., sobre a transcrição e seus efeitos: Philadelpho Azevedo, *Registro de Imóveis*, págs. 40 e segs.; Serpa Lopes, *Tratado dos Registros Públicos*, vol. III, págs. 291 e segs.; Waldemar Loureiro, *Registro da Propriedade Imóvel*, vol. I, págs. 90 e segs.; Amaral Gurgel, *Registros Públicos*, págs. 130 e segs.; Planiol, Ripert e Boulanger, *Traité Élémentaire*, vol. I, nº 3.227; Coviello, *Trascrizione*, *passim*.

referentes à construção de empreendimentos no âmbito do Programa (art. 42); e a redução dos emolumentos referentes à escritura pública, quando esta for exigida, ao registro da alienação de imóvel e de correspondentes garantias reais, e aos demais atos relativos ao imóvel residencial adquirido ou financiado pelo beneficiário no âmbito do Programa (art. 43).

A Lei nº 13.097/2015, que dispõe sobre múltiplos assuntos, trouxe algumas considerações acerca do registro de imóveis, conferindo tutela a interesses legítimos do terceiro adquirente de boa-fé e, ao mesmo tempo, robustecendo a eficácia do sistema registral. Segundo seu art. 54, os negócios jurídicos que tenham por fim constituir, transferir ou modificar direitos reais sobre imóveis serão eficazes em relação a atos jurídicos precedentes, nas hipóteses em que não tenham sido registrados ou assentados na matrícula do imóvel o (a) registro de citação de ações reais ou pessoais reipersecutórias; (b) a averbação, por solicitação do interessado, de constrição judicial, do ajuizamento de ação de execução ou de fase de cumprimento de sentença, procedendo-se nos termos previstos no art. 828 do CPC/2015 (615-A, CPC/73); (c) a averbação de restrição administrativa ou convencional ao gozo de direitos registrados, de indisponibilidade ou de outros ônus quando previstos em lei; (d) a averbação, mediante decisão judicial, da existência de outro tipo de ação cujos resultados ou responsabilidade patrimonial possam reduzir seu proprietário à insolvência, nos termos do inciso IV do art. 792 do CPC/2015 (inciso II do art. 593, CPC/73), que deverá conter a identificação das partes, o valor da causa e o juízo para o qual a petição inicial foi distribuída (art. 56); e, nos termos da Lei nº 14.825/2024, (e) averbação, mediante decisão judicial, de qualquer tipo de constrição judicial incidente sobre o imóvel ou sobre o patrimônio do titular do imóvel, inclusive a proveniente de ação de improbidade administrativa ou a oriunda de hipoteca judiciária.

Nessa direção, reza o § 1º do art. 54 que não poderão ser opostas situações jurídicas não constantes da matrícula no Registro de Imóveis, inclusive para fins de evicção, ao terceiro de boa-fé que adquirir ou receber em garantia direitos reais sobre o imóvel, ressalvados os atos praticados na forma dos art. 129 e 130 da Lei 11.101/2005, e as hipóteses de aquisição e extinção da propriedade que independam de registro de título de imóvel.

Outro diploma normativo cujos impactos são significativos para a dinâmica registral é a Lei nº 14.382/2022, que, com o intento nodal de modernizar e simplificar a dinâmica cartorária, dispôs sobre o Sistema Eletrônico de Registros Públicos (SERP), de adesão obrigatória a todos os Oficiais de Registros Públicos (art. 4, § 1º). Inseriu-se, pois, a prestação de serviços de registros nos formatos eletrônicos e digitalizados, em base centralizada, permitindo acesso a documentos à distância, de forma integralizada pelo sistema do operador nacional. Com a conexão dos diversos cartórios, proporciona-se agilidade na comunicação e facilitação à publicidade de seus atos, incrementando os desafios de compatibilização com a Lei Geral de Proteção de Dados Pessoais.

Por fim, a Lei nº 14.620/2023 promoveu novas mudanças na Lei dos Registros Públicos, para adequá-la à realidade digital. Dentre as principais alterações, destaca-

-se a atribuição de força executiva aos documentos constituídos por meio eletrônico, que tenham sido aperfeiçoados mediante assinatura eletrônica, dispensando a rubrica por testemunhas.

304. ACESSÃO

Conforme salientado no nº 302 *supra*, a aquisição é originária ou derivada. No parágrafo anterior cuidamos da aquisição pela *transcrição do título* que é sempre derivada, e a ela demos prioridade em atenção à tradicional ordem imprimida pela nossa doutrina, que seguia a sistemática do Código de 1916, e também pelo fato de o registro ser a forma mais frequente de aquisição da propriedade imóvel. No presente tratamos da *acessão*, que pode ser aquisição originária ou derivada e estende o direito do proprietário a tudo que ao bem se incorpora inseparavelmente. Assenta a *acessão* em fundamento de ordem prática, desconvindo destacar o que acede, tanto economicamente quanto juridicamente. Em alguns casos é possível identificar a procedência (avulsão). Em outros nem isso se dá (aluvião), afora aqueles em que a separação não pode materialmente fazer-se (formação de ilhas). Daí a aceitação de que a propriedade das partes que acedem é um incremento material, operando a aquisição em favor do dono do prédio a que adere.[20]

Segundo a dedução legal, em constante fidelidade à classificação tripartida romana, dá-se a acessão de três modos: *a*) de imóvel a imóvel; *b*) de móvel a imóvel; *c*) de móvel a móvel, sendo esta última pertinente à propriedade mobiliária, objeto do Capítulo LXX (nº 310, *infra*).

I. *Acessão de imóvel a imóvel*

A) A acessão de imóvel a imóvel, segundo os princípios em vigor entre nós, fica adstrita ao que Ruggiero e Maroi denominam "incrementos fluviais".

Destaca-se, no primeiro plano, a formação de ilha no leito dos rios não navegáveis – *insula in flumine nata* – seja pelo depósito paulatino de matérias trazidas pela corrente, seja pelo rebaixamento das águas, deixando a descoberto e a seco uma parte do álveo. O que informa a aquisição da propriedade sobre elas é fundamentalmente a sua situação, relativamente às propriedades marginais e ao *talweg* do rio (Código Civil, art. 1.249).

Assim, as que se formam no meio do rio distribuem-se na proporção das testadas dos terrenos ribeirinhos, até a linha que dividir o álveo em duas partes iguais; as que se formarem entre a linha mediana do rio e uma das margens, consideram-se acréscimos dos terrenos ribeirinhos fronteiros desse mesmo lado, e, obviamente, nada lucram os proprietários situados do lado oposto.

Mas, se um braço do rio abrir a terra, a ilha resultante do desdobramento continua a pertencer aos proprietários à custa de cujos terrenos se constituiu. E, dada a

---

20 Orlando Gomes, *Direitos Reais*, nº 121; Mazeaud e Mazeaud, *Leçons*, vol. II, nº 1.588.

peculiaridade de sua formação, a regra não sofria restrições, ainda que se tratasse de rios públicos, conforme assinala procedentemente Clóvis Beviláqua, em comentário ao art. 537 do Código Civil de 1916. Sem embargo de o Código Civil de 2002, em seu art. 1.249, apresentar dicção idêntica, é preciso reconhecer que, se o rio for público, a ilha formada constituirá domínio público. Assim já se dava desde o advento do Código de Águas, que prevalece, no particular, sobre o atual Código Civil, por força do princípio da especialidade (*lex specalis derrogat generali*).

B) Acessão dá-se, também, com a aluvião – *alluvio* –, que são acréscimos paulatinos e quase imperceptíveis (*incrementum latens*), formados por depósitos e aterros naturais, ou, como dizia no Direito Romano, a lição de Gaio, *quod ita paulatim adjuciatur, ut inttelligere non possimus, quantum quoquo momento temporis adjuciatur* (*Digesto*, Liv. 41, Tít. I, fr. 7, § 1º).

A aluvião assemelha-se, no efeito aquisitivo, ao desvio das águas dos rios, ainda que navegáveis, dando lugar ao terreno abandonado.

Tais acréscimos importam em aquisição da propriedade a que aderem, e o elemento fundamental da aquisição está na aderência ou continuidade.[21]

Quando o terreno aluvial se forma em frente a prédios de proprietários diferentes, dividir-se-á entre eles na proporção das testadas de cada um sobre a antiga margem, respeitadas as disposições referentes à navegação (art. 1.250, parágrafo único).

O Código de 1916 não considerava terrenos de aluvião as partes descobertas pela retração (aluvião imprópria) das águas dormentes como lagos e tanques (art. 539), motivo pelo qual, na disciplina hoje revogada, os donos dos terrenos confinantes não os adquiriam, como não perdiam o que as águas invadissem. A matéria foi alterada pelo Código de Águas, que passou a admitir como modo aquisitivo a aluvião imprópria, orientação que se mantém diante do Código de 2002, que não reproduziu o disposto no vetusto art. 539.

Não se consideram terrenos de aluvião os aterros artificiais, ou as terras decorrentes de trabalhos individuais do proprietário ribeirinho, pois que lhes falta a circunstância do incremento paulatino e natural. Em tal caso o proprietário estará alterando a conformação periférica de seus terrenos, nada devendo aos demais, salvo se as obras realizadas implicarem prejuízo alheio, que deverá ser ressarcido na forma do direito comum.

O Código das Águas alterou em muitos pontos a doutrina legal em torno da aluvião. De um lado, estende o conceito de terreno aluvial aos acréscimos formados em acessão ao mar e às correntes; de outro lado, admite como modo aquisitivo a aluvião imprópria que o Código Civil repelia. Considera acréscimos públicos dominicais os que se derem nas águas públicas ou dominicais, se não estiverem destinados ao uso comum. Igualmente públicos dominicais, ou constituirão servidão de trânsito os acréscimos, se o álveo for limitado por estrada pública (arts. 16, 17 e 18 – Código de Águas).

C) Ao invés de incremento paulatino pode dar-se o deslocamento brusco de uma porção de terra por força natural violenta, desprendendo-se de um prédio para se

---

21   Ruggiero e Maroi, *Istituzioni*, loc. cit.

juntar a outro – *incrementum patens*. Este fenômeno chama-se *avulsão*, que é também causa aquisitiva da propriedade (art. 1.251), obediente a normas especiais: em princípio, o proprietário de cujo imóvel se desgarra, não perde a parte deslocada, que lhe é lícito reclamar em espécie; mas o do terreno que a recebe tem opção entre aquiescer a que se remova, ou indenizar ao reclamante o seu valor. Perime o direito de reclamação em um ano, findo o qual o adquirente pode opor-se a que se remova sem a obrigação de indenizar. A solução de nosso direito, como de outros sistemas modernos, difere do Direito Romano, que considerava a parte destacada como pertencente ao antigo proprietário até que o enraizamento da vegetação viesse promover a sua coesão orgânica com o terreno a que se justapusesse (*Digesto*, Liv. 41, Tít. I, fr. 7, § 2°).

Quid iuris, todavia, se o proprietário a cujos terrenos foi ter a parte destacada se sentir prejudicado? Não lhe cabe direito a indenização, tendo em vista que o deslocamento avulsivo provém de um fato natural, e a regra é que ninguém responde pelo fortuito: *casus a nullo praestantur*. A questão não é especiosa, e já tem sido discutida em doutrina, com esta solução.[22]

Sendo insuscetível de aderência natural, a avulsão se regula pelas disposições referentes à invenção.

D) Cogita-se ainda da aquisição decorrente do abandono do álveo – *alveus derelictus* – por um rio que seca ou que se desvia, seja em consequência de fenômeno natural, seja em razão de obra humana. E a regra é que o álveo abandonado, particular ou público do rio, pertence aos proprietários ribeirinhos das duas margens na proporção das testadas, até a linha mediana do álveo abandonado (art. 1.252).

Se ocorrer desvio, vindo a correr o rio por outro leito, não têm os proprietários dos terrenos, por onde abrirem as águas novo curso, direito a qualquer indenização. Esta solução encontra apoio no Direito Romano e paralelo em alguns sistemas (Código Italiano de 1965, art. 461; Código Italiano de 1942, art. 944), mas difere de outros como o francês que, em solução de aplicação difícil, atribui o leito abandonado aos proprietários dos terrenos invadidos proporcionalmente às perdas sofridas em consequência da abertura do novo curso.

II. *Acessão de móvel a imóvel*

Nesta categoria de aquisição imobiliária inscrevem-se as construções e plantações em terreno alheio, num ou noutro caso verificando-se a adesão da coisa ao imóvel que recebe o respectivo incremento, dado que se não poderá mais destacar sem dano ou perda.

O princípio capital enuncia-se por via de uma presunção: toda construção ou plantação, existente em um terreno, presume-se feita pelo proprietário e à sua custa (art. 1.253). Daí decorre o corolário segundo o qual se presume do dono do terreno qualquer construção ou plantação nele existente.

Não se tratando, porém, de *praesumptio iuris et de iure*, cede à prova contrária, e, portanto, cabe desenvolver as hipóteses em que a presunção se ilide.

---

22 Aubry e Rau, *Cours*, vol. II, § 203; Mazeaud e Mazeaud, *Leçons*, vol. II, n° 1.608; Clóvis Beviláqua, loc. cit.

Se é o proprietário que semeia, planta ou constrói no seu terreno com sementes, plantas ou materiais alheios, adquire a propriedade destes, pois *quidquid plantatur vel inaedificatur solo cedit* – o que adere ao solo a este se incorpora. Mas terá de reembolsar o valor do que utilizar, respondendo ainda por perdas e danos se tiver procedido de má-fé. Não se poderá dizer que o direito protege aquele que maliciosamente emprega no plantio ou construção bens alheios. O que se tem em vista é que a planta, a semeadura ou o material, acedendo ao solo, a ele se incorpora, sendo antieconômico e inútil destruir, perdendo ou danificando o que foi usado. Daí admitir o direito a acessão, ainda em caso de má-fé do proprietário do terreno. Mas a indenização por perdas e danos ressarcirá o prejuízo sofrido pelo dono dos bens utilizados, impedindo o locupletamento à sua custa realizado pelo proprietário do imóvel.

Ao revés, quem planta, semeia ou edifica em terreno alheio perde, em proveito do proprietário, as plantas, sementes ou construções, mas tem direito a indenização, estando de boa-fé, *ad instar* do que ocorre com aquele que realizar benfeitorias úteis em coisa alheia.

Se estiver, todavia, de má-fé, será tratado diversamente: em opção concedida ao proprietário, pode ser compelido a tudo repor no *statu quo ante*, retirando a planta ou demolindo a edificação; ou deixar que permaneça, a benefício do proprietário e sem indenização, pois não seria razoável nem jurídico que o plantador ou construtor, procedendo de má-fé, fosse encontrar para esta uma proteção da ordem jurídica e obter indenização para o seu malfeito, em condição melhor do que o possuidor de má-fé, uma vez que também este nenhuma indenização recebe.

Não podendo o proprietário malicioso auferir proveito do seu comportamento antijurídico, a lei estabelece que se ambas as partes se houverem com má-fé, o proprietário adquire as sementes, plantas e construções, uma vez que a acessão industrial é modalidade aquisitiva do domínio, mas é obrigado a indenizar o respectivo valor (Código Civil, art. 1.256). A apuração da má-fé no proprietário desloca-se para o plano da prova, nem sempre fácil. Contudo, à falta de outros elementos mais positivos, presume-se a sua má-fé quando o trabalho de construção ou lavoura se fez em sua presença e sem impugnação sua.

Complica-se o problema e cresce em dificuldade se o construtor ou plantador usou materiais, sementes ou plantas alheias. Para não romper com a regra geral da aquisição por acessão entende-se que, mesmo neste caso, o proprietário do terreno os adquire, desdobrando-se as consequências em função dos comportamentos. Assim é que, se de má-fé o plantador, semeador ou construtor, e de boa-fé o proprietário do terreno, o dono das plantas, sementes ou materiais, somente poderá ressarcir-se contra o plantador, semeador ou construtor. Se uns e outros procederam de boa-fé a indenização será concedida ao que é dono; mas se houverem agido de má-fé, o dono das plantas, sementes ou materiais poderá cobrar o dono do solo a indenização devida, quando não puder havê-la do plantador ou construtor.

O até aqui exposto vem consolidado desde a codificação anterior. Sem embargo de as linhas mestras da matéria não terem sofrido alterações, o Código Civil de 2002 trouxe importantes inovações, que convém destacar.

Dispõe o parágrafo único do art. 1.255 do Código de 2002 que, se a construção ou a plantação exceder consideravelmente o valor do terreno, aquele que, de boa-fé, plantou ou edificou, adquirirá a propriedade do solo, mediante pagamento da indenização fixada judicialmente, se não houver acordo. Noutras palavras: se o plantio ou a construção excederem, de muito, o valor do solo, há uma inversão. O solo deixa de ser principal e passa a acessório. Em virtude disso, o que plantou ou edificou, estando de boa-fé, adquire a propriedade do terreno, pagando indenização. É esta deixada ao arbítrio dos próprios interessados. Se, porém, não chegarem a acordo, compete ao juiz arbitrá-la. Tal já era a solução adotada pela jurisprudência, de forma a evitar o enriquecimento sem causa do proprietário do solo. Fortalece-se agora a solução, com a expressa consagração legislativa.

Preenchendo lacuna existente no Direito anterior, o Código de 2002 passou também a tratar da possibilidade de, inicialmente, construir-se, plantar-se ou semear-se em solo próprio, invadindo-se terreno alheio.

Prevê, pois, o Código que se a construção, feita parcialmente em solo próprio, invade solo alheio em proporção não superior a um vigésimo deste, o construtor de *boa-fé* adquire a propriedade da parte invadida, se o valor da construção exceder o dessa parte, e responde por indenização correspondente, também, ao valor da área perdida e à desvalorização da área remanescente (art. 1.258). Ora, cada um tem o direito de construir em solo próprio, dês que respeite a propriedade alheia. Se alguém, construindo em solo próprio, invade o alheio, tem o proprietário deste o direito de embargar a construção. Quando a parte invadida não exceder um vigésimo do solo, e o valor da construção for superior em um vigésimo, da parte invadida, o construtor de boa-fé adquire a propriedade da parte invadida, mas responde ao proprietário desta por indenização. Esta, para ser completa, há de compreender o valor efetivo da área perdida (dano emergente) e mais a desvalorização da área remanescente (lucro cessante). Se, em razão da parte invadida, o terreno não puder ser utilizado para o fim a que normalmente se destine, computar-se-á no ressarcimento essa circunstância.

Mesmo estando de má-fé, o construtor adquire a parte do solo alheio que invadiu, mas somente se esta área invadida corresponder à vigésima parte de todo o solo, e o valor da construção exceder consideravelmente o dessa parte, e não for mais possível demolir a porção invasora, sem grave perigo para a construção. Nesse caso, o invasor pagará em décuplo as perdas e danos aqui previstas (Código Civil, art. 1.258, parágrafo único).

Cogita a lei, outrossim, de invasão que exceda um vigésimo do solo invadido, atendendo à boa ou à má-fé do invasor. Se o construtor estiver de boa-fé, adquire a propriedade da porção do solo invadido, indenizando o proprietário do valor da área respectiva, mais o valor que a invasão acrescer à sua construção, e ainda ressarcirá ao dono da terra perdida a desvalorização do terreno remanescente. Se o invasor estiver de má-fé, será obrigado a demolir o que nele construiu, repondo o terreno no *statu quo ante*, e ainda pagará, em dobro, ao dono da terra invadida as perdas e danos que a construção lhe causou (Código Civil, art. 1.259).

Capítulo LXIX
Usucapião

Bibliografia

Virgílio de Sá Pereira, *Manual do Código Civil de Paulo de Lacerda*, vol. VII, nos 34 e 68 e segs.; Clóvis Beviláqua, *Direitos das Coisas*, vol. I, § 40; Lafayette, *Direitos das Coisas*, §§ 59 e segs.; Ruggiero e Maroi, *Istituzioni di Diritto Privato*, vol. I, § 115; Orlando Gomes, *Direitos Reais*, nos 129 e segs.; Lacerda de Almeida, *Direito das Coisas*, vol. I, §§ 37 e segs.; Washington de Barros Monteiro, *Curso, Direito das Coisas*, págs. 118 e segs.; Eduardo Espínola, *Posse, Propriedade, Condomínio, Direitos Autorais*, págs. 217 e segs.; Pugliese, *La Prescrizione Acquisitiva, passim*; Enneccerus, Kipp e Wolff, *Tratado, Derecho de Cosas*, vol. I, §§ 71 e segs.; De Page, *Traité*, vol. VI, nos 83 e segs.; Mazeaud e Mazeaud, *Leçons de Droit Civil*, vol. II, nos 1.481 e segs.; Planiol, Ripert e Boulanger, *Traité*, vol. I, nos 3.145 e segs.; Serpa Lopes, *Curso de Direito Civil*, vol. VI, nos 351 e segs.

305. Aquisição por usucapião em geral

Ao tratarmos do tempo e sua influência nas relações jurídicas, desenvolvemos o instituto da prescrição (nᵒˢ 119 a 125). Salientamos que a prescrição determina a extinção das relações jurídicas, mas autoriza a aquisição dos direitos. Recordamos que para alguns juristas a matéria deve ser tratada como um só instituto, enquanto para outros é notória a distinção entre a prescrição aquisitiva e a prescrição extintiva. Em pura doutrina, se se apresentam bons e opinados defensores da unicidade, como Fadda e Bensa, Oertmann, De Page, Planiol, Ripert e Boulanger, não faltam também os que propugnam pela separação conceitual, não obstante reconhecerem a presença de pontos de contato ou de aproximação: Clóvis Beviláqua, Orosimbo Nonato, Pugliese.

No campo legislativo, a orientação do Código Civil Alemão foi adotada no nosso Código Civil de 1916, com a colocação da prescrição extintiva na Parte Geral e da prescrição aquisitiva na Parte Especial, no Livro II do Direito das Coisas, reconhecendo desta sorte a autonomia da usucapião, no direito positivo. Manteve-se a orientação no Código Civil de 2002, que trata da prescrição extintiva na Parte Geral e da prescrição aquisitiva nos Capítulos II e III, do Título III, do Livro III, da Parte Especial.

A nosso ver, e considerada cientificamente a matéria, a posição correta da usucapião, denominada impropriamente prescrição aquisitiva (como referem Lafayette, Ruggiero e Maroi), é entre as diversas modalidades de aquisição da propriedade, e conforme prometemos no nᵒ 120 *supra* (vol. I destas *Instituições*) aqui promovemos o seu desenvolvimento e sua determinação dogmática.

Começando pela definição remontamos à de Modestino no *Digesto*, Liv. 41, Título III, fr. 3: *Usucapio est adiectio dominii per continuationem possessionis temporis lege definiti*. O conceito ainda é presente na obra dos modernos, que não deixam, contudo, de acentuar que nem só a propriedade se adquire por esta maneira, porém outros direitos reais, embora não todos (Ruggiero e Maroi).

Daí podermos, reportando-nos aos civilistas como Lafayette, Beviláqua, Espínola, Mazeaud e Mazeaud, De Page, enunciar uma noção: *Usucapião é a aquisição da propriedade ou outro direito real pelo decurso do tempo estabelecido e com a observância dos requisitos instituídos em lei*. Mais simplificadamente, tendo em vista ser a posse que, no decurso do tempo e associada às outras exigências, se converte em domínio, podemos repetir, embora com a cautela de atentar para a circunstância de que não é qualquer posse senão a qualificada: *Usucapião é a aquisição do domínio pela posse prolongada*.

Como se vê, dois elementos são básicos na aquisição *per usucapionem*: a posse e o tempo. Outros fatores os acompanham e, na sua absorção em maior ou menor base, sobressaem três tipos ou espécies de usucapião, que serão objeto de referência destacada nos parágrafos subsequentes: *usucapião extraordinária, usucapião ordinária, usucapião especial*, esta última dividindo-se, a partir do Estatuto da Cidade (Lei nᵒ 10.257/2001), em individual e coletiva.

No presente limitamo-nos a deduzir os princípios gerais da usucapião, por isso mesmo de aplicação necessária às três espécies.

Antes, porém, de entrarmos na análise de seus caracteres etiológicos, devemos formular e responder à questão relativa à colocação dessa modalidade no quadro geral da aquisição do domínio: constitui a usucapião modalidade de aquisição *originária* ou *derivada*?

Reportando-nos ao que enunciamos acima (n° 302, *supra*), considera-se originária a aquisição, quando o indivíduo, num dado momento, torna-se dono de uma coisa que jamais esteve sob o senhorio de outrem. Assim entendendo, não se pode atribuir à usucapião esta qualificação, porque é modalidade aquisitiva que pressupõe a perda do domínio por outrem, em benefício do usucapiente. Levando, pois, em conta a circunstância de ser a aquisição por usucapião relacionada com outra pessoa que já era proprietária da mesma coisa, e que perde a titularidade da relação jurídica dominial em proveito do adquirente, conclui-se ser ela uma forma de aquisição derivada. Mas não se pode deixar de salientar que lhe falta, sem a menor dúvida, a circunstância da transmissão voluntária, ordinariamente presente na aquisição derivada. Com tal ressalva, assim o classificamos na torrente civilista.

E antes de descermos ao estudo da usucapião como modo aquisitivo, deixamos claro que, embora sua teoria seja exposta aqui, como em todos os autores, na aquisição do domínio, abrange ainda a de outros direitos reais (usufruto, uso, habitação, enfiteuse, servidões reais) como no devido tempo desenvolveremos, e ao tratarmos de cada qual. Cogitamos, pois, desta modalidade de aquisição genericamente considerada, assentando neste parágrafo as regras aplicáveis a todos os casos de prescrição aquisitiva. Em seguida, trataremos da usucapião extraordinária como espécie, da ordinária e da especial.

Num plano de maior amplitude especulativa, raiando pelas fronteiras filosóficas, costumam os juristas indagar do seu fundamento ético, justificando-se, para uns (teorias subjetivistas) no abandono da coisa pelo antigo dono (renúncia presumida); para outros na necessidade de se atribuir certeza do direito de propriedade; e para outros ainda (teorias objetivistas) na segurança social aliada ao aproveitamento econômico do bem usucapido. A tendência moderna, contudo, de cunho nitidamente objetivo, considerando a função social da propriedade, há de inclinar-se no sentido de que por ele se prestigia quem trabalha o bem usucapido, reintegrando-o pela vontade e pela ação, no quadro dos valores efetivos de utilidade social, a que a prolongada inércia do precedente proprietário o condenará.[1]

Encarado o fenômeno aquisitivo da usucapião nos seus componentes básicos e constantes, destacam-se a *posse* e o *tempo*.

A posse. No primeiro plano está, pois, a *posse*. Não é qualquer posse, repetimos; não basta o comportamento exterior do agente em face da coisa, em atitude análoga

---

1   Lafayette, *Direito das Coisas*, § 60; Orlando Gomes, *Direitos Reais*, n° 131; Trabucchi, *Istituzioni*, pág. 418; Baudry, Lacantinerie e Tissier, *De la Prescription*, n° 27; Serpa Lopes, *Curso*, vol. VI, n° 355.

à do proprietário; não é suficiente a gerar aquisição, que se patenteie a visibilidade do domínio. A posse *ad usucapionem*, assim nas fontes como no direito moderno, há de ser rodeada de elementos, que nem por serem acidentais, deixam de ter a mais profunda significação, pois a lei a requer contínua, pacífica ou incontestada, por todo o tempo estipulado, e com intenção de dono. O possuidor não pode possuir a coisa a intervalos, intermitentemente, nem tê-la maculada de vícios ou defeitos (*vi, clam aut precario*), ainda que depois de iniciada venha a perder a falha de origem, pois é certo que o vício não se apaga pelo decurso do tempo: *quod ab initio vitiosum est non potest tractu temporis convalescere*. Requer-se, ainda, a ausência de contestação à posse, não para significar que ninguém possa ter dúvida sobre a *conditio* do possuidor, ou ninguém possa pô-la em dúvida, mas para assentar que a contestação a que se alude é a de quem tenha legítimo interesse, ou seja da parte do proprietário contra quem se visa a usucapir.

A *posse ad usucapionem* é aquela que se exerce com intenção de dono – *cum animo domini*. Este requisito psíquico de tal maneira se integra na posse, que adquire tônus de essencialidade. De início, afasta-se a mera detenção, pois, conforme visto acima (nº 285, *supra*) não se confunde ela com a posse, uma vez que lhe falta a vontade de tê-la. E exclui, igualmente, toda posse que não se faça acompanhar da intenção de ter a coisa para si – *animus rem sibi habendi*, como por exemplo a posse direta do locatário, do usufrutuário, do credor pignoratício, que, tendo embora o *ius possidendi*, que os habilita a invocar os interditos para defesa de sua situação de possuidores contra terceiros e até contra o possuidor indireto (proprietário), não têm nem podem ter a faculdade de usucapir. E é óbvio, pois aquele que possui com base num título que o obriga a restituir desfruta de uma situação incompatível com a aquisição da coisa para si mesmo. Completando-lhe a qualificação é que se impõe o requisito anímico, que reside na intenção de dono: possuir *cum animo domini*.

Acessão da posse. Não se exige que, pelo tempo necessário, a coisa seja possuída pela mesma pessoa. Permite a lei que o prescribente faça juntar à sua a posse do seu antecessor – *accessio possessionis*, observando-se que: *a*) na sucessão a título universal, dá-se sempre a acessão; *b*) na que se realiza a título singular, o usucapiente pode fazer a junção, contanto que sejam ambas aptas a gerar a usucapião. Destarte, a posse do antecessor não acede à do usucapiente se era de má-fé; nem ocorre a *accessio temporis* se o atual possuidor não é sucessor do antigo.[2]

O tempo. A posse há de durar, para que se converta em propriedade, isto é, para que se realize a aquisição por usucapião, torna-se necessário que à *posse* venha associado o fator *tempo – continuatio possessionis*. A resposta à eventual pergunta – qual o tempo necessário para usucapir? – não pode, contudo, ser dada peremptória e singularmente. É um problema de política legislativa, que se resolve diferentemente nos diversos sistemas jurídicos, e até num mesmo sistema jurídico varia com o tempo. Assim é que o Direito Romano a princípio admitira a aquisição por usucapião

---

2   Enneccerus, Kipp e Wolff, *Derecho de Cosas*, vol. I, § 71; Mazeaud e Mazeaud, *Leçons*, vol. II, nº 1.489.

até de dois anos (Lei das XII Tábuas) e mais tarde exigia 10 e 20 anos (Codificação Justinianeia do século VI). Alguns sistemas jurídicos disciplinam a usucapião de dois anos para os móveis e a elevam a trinta para os imóveis. O direito brasileiro adota variegados prazos. A fim de não tumultuar a exposição, trataremos da *duração da posse* como elemento essencial da usucapião, tendo em vista cada uma das três espécies: usucapião extraordinária, ordinária e especial. E em parágrafo final aludimos às disposições da Constituição de 1988.

Por ora limitamo-nos a assinalar a relevância do requisito temporal. Qualquer que seja a usucapião, é indispensável que a posse se estenda ininterruptamente por todo o tempo exigido em lei, e que o prazo se conte por dias e não por horas. E, como as categorias de aquisição pela posse prolongada não se entrecruzam, a duração dela é de ser considerada especificamente, em função da natureza *extraordinária, ordinária* ou *especial* da usucapião (v. *infra* nos 306, 307 e 308).

A Lei nº 14.010, de 2020 (Regime jurídico emergencial e transitório das relações jurídicas de direito privado no período de pandemia de Covid-19), em seu art. 10, suspendeu os prazos para aquisição de propriedade por usucapião entre o dia 12 de junho de 2020, data de sua entrada em vigor, e o dia 30 de outubro do mesmo ano, data em que caducou. Trata-se de medida que encontra justificativa no fato de a pandemia afetar sobremaneira a posição jurídica de eventuais proprietários que, prejudicados pelos efeitos da crise sanitária e suas medidas de contenção, não logram interromper o fluxo do período aquisitivo que corre em seu desfavor. É de se supor que, de fato, a capacidade defensiva de seus interesses sofra restrições decorrentes da proibição de circulação nas cidades e da própria paralisação da atividade econômica, a influir na coleta de elementos probatórios, contratação de advogados, organização da tese jurídica, dedução de pretensões em juízo etc. Sem falar que, em meio ao surto pandêmico, acabe-se por priorizar, como natural, saúde e segurança em detrimento de relações patrimoniais.

Res habilis. É de se considerar, igualmente, se o bem cuja propriedade o possuidor pretende adquirir é suscetível da prescrição aquisitiva.

Deixando de lado certas peculiaridades a serem examinadas em seguida (nos 306 a 308, *infra*), tais como se os bens postos fora de comércio por ato de vontade podem ser usucapidos, fixemos o princípio geral, segundo o qual há determinadas coisas que jamais podem ser objeto de usucapião. Em primeiro plano colocam-se os bens que se acham fora de comércio pela sua própria natureza, dada a insuscetibilidade de sua apropriação pelo homem: o ar atmosférico, o mar alto, etc. Em segundo lugar, os bens públicos, a cujo respeito é mister uma palavra esclarecedora: sempre se entendeu que os bens públicos de uso comum, como os de uso especial, são absolutamente inalienáveis, e, *ipso facto*, a usucapião não os alcança. Quanto aos patrimoniais, levantou-se dúvida sob inspiração de Spencer Vampré,[3] que logo se transformou em corrente favorável à tese da usucapião, sob alegação de que, sendo eles passíveis de alienação na forma que a lei prescrever, poderiam ser adquiridos

---

3   Spencer Vampré, *Revista dos Tribunais*, vol. 34, págs. 385 e segs.

pela posse prolongada, uma vez que a usucapião é uma forma de alienação prescrita em lei. O parecer fez carreira, não obstante contrariado por Clóvis Beviláqua,[4] e encontrou guarida nos tribunais. Sentindo a instabilidade que tal doutrina gerava para os bens públicos, veio o Decreto nº 19.924,[5] de 27 de abril de 1931, com força de lei por ser baixado no período em que o Chefe do Executivo acumulava as funções legislativas; e, posteriormente, o Decreto nº 22.785,[6] de 31 de maio de 1933, encerrou a questão anunciando em caráter absoluto, no art. 2º: "Os bens públicos, seja qual for a sua natureza, não são sujeitos a usucapião." Ambos os Decretos da década de 1930 foram revogados expressamente pelo Decreto sem número de 25.04.1991. Não obstante, igual disposição quanto aos bens da União encontra-se no Decreto-lei nº 9.760, de 5 de setembro de 1946. Sem embargo do caráter liberal daquela tendência, e segundo o argumento de Beviláqua, a lei se lhe opõe, acrescentando o mestre que o interesse social deve militar contra a teoria suscitada por Vampré, uma vez que os bens públicos, como patrimônio coletivo, não se devem achar expostos ao risco desta apropriação particular, tanto mais grave quanto maiores as dificuldades de fiscalização em país extremamente vasto dotado de regiões mal povoadas.[7]

A Constituição de 1988 declara que os imóveis públicos não serão adquiridos na usucapião.

Causas interruptivas e *suspensivas da usucapião*. Embora na usucapião, chamada impropriamente prescrição aquisitiva, se assinalem diversidades flagrantes relativamente à prescrição extintiva, não se opera a aquisição da propriedade uma vez que ocorra qualquer das causas determinantes da interrupção ou suspensão dela. Sem necessidade de as estudarmos em minúcia, pois que nos reportamos ao que no lugar próprio já expendemos (nºs 124 e 125, *supra*, vol. I) deixamos consignado aqui que este efeito está em harmonia com a noção mesma do instituto, atraído para o da usucapião por força do que dispõe o art. 1.244 do Código Civil. Acrescente-se, contudo, que, *suspenso* o prazo, volta a computar-se somando-se o período anterior ao período subsequente. Se houver *interrupção*, recomeça a contagem do tempo após a cessação de sua causa.[8] Se houver dúvida a respeito da ocorrência de causa interruptiva, presume-se a posse contínua e pacífica.[9] Cabe, ainda, distinguir a interrupção *natural* da *civil*: a primeira consiste no fato de perder o possuidor a sua posse, ao passo que a civil assenta numa citação judicial.[10]

---

4   Clóvis Beviláqua, *Comentários ao Código Civil*, vol. 1, pág. 320.
5   Revogado pelo Decreto sem número de 25.04.1991.
6   Revogado pelo Decreto sem número de 25.04.1991.
7   Cf., a respeito da imprescritibilidade dos Bens Públicos: Luís Gallotti, *in Revista Forense*, vol. 93, pág. 102; Themístocles Brandão Cavalcanti, *in Revista Forense*, vol. 92, pág. 166; Pereira Braga, *in Revista de Crítica Judiciária*, vol. III, pág. 125; Coelho da Rocha, *Instituições de Direito Civil*, § 464; Reynald Porchat, "Imprescritibilidade dos Bens Públicos", *in Revista de Direito*, vol. 49, pág. 227; João Luís Alves, *Código Civil Anotado*, comentário ao art. 67; Serpa Lopes, vol. VI, nº 359.
8   Enneccerus, Kipp e Wolff, ob. cit., § 71.
9   Mazeaud e Mazeaud, *Leçons*, vol. II, nº 1.491.
10 Planiol, Ripert e Boulanger, vol. I, nºs 3.185 e segs.

Efeitos. Sendo modo de aquisição da propriedade, o principal efeito da usucapião é constituir título para o usucapiente, oponível *erga omnes*, inclusive os interessados em relação aos quais tem a força de operar a sua *transferência* para o usucapiente. Embora este efeito se ligue mais diretamente à usucapião extraordinária e à especial, pode-se atribuir igualmente à ordinária.

Num segundo plano, diz-se que *consolida o domínio*, em favor de quem o adquiriu por título cuja eficácia é discutida. Não constitui causa confirmatória, mas, invocando os seus requisitos o adquirente titulado elimina as discussões, e põe a sua propriedade fora do alcance das dúvidas.

306. USUCAPIÃO EXTRAORDINÁRIA

Pelo hoje revogado Código Civil de 1916 ficou instituído a usucapião extraordinária (art. 550), estabelecendo: "Aquele que, por 30 anos sem interrupção nem oposição, possuir como seu um imóvel, adquirir-lhe-á o domínio, independentemente de título e boa-fé, que, em tal caso, se presumem, podendo requerer ao juiz que assim o declare por sentença, a qual lhe servirá de título para a transcrição no registro de imóveis."

Ulteriormente, por força da Lei nº 2.437, de 7 de março de 1955, que restringiu os prazos prescricionais *longi temporis*, a usucapião extraordinária passou de 30 para 20 anos, redução que mais se acentuaria para 10 anos, no art. 447 do Projeto de Código Civil, que o Governo enviou ao Congresso em 1965 (Orlando Gomes, Orosimbo Nonato e Caio Mário da Silva Pereira), retirando-o em 1966. O Anteprojeto de 1972/73 manteve 20 anos, redutíveis a 15 se o usucapiente fosse estabelecido no imóvel com morada habitual e realizar obras ou serviços de caráter produtivo (art. 1.420). O Projeto de 1975 reduziu os prazos, respectivamente, para 15 e 10 anos (art. 1.238), orientação que se manteve no Código Civil de 2002 (art. 1.238, *caput* e parágrafo único).

Em face do princípio vigente, cumpre determinar os requisitos da usucapião extraordinária, levando em consideração o disposto no art. 1.238:

A) *Posse*. Como foi visto no parágrafo anterior (nº 305, *supra*), a posse *ad usucapionem* há de ser pacífica, ininterrupta, e com intenção de dono.

B) *Tempo*. Tendo em vista a redação do art. 1.238, deverá estender-se por quinze anos contínuos, salvo se o possuidor houver estabelecido no imóvel a sua moradia habitual, ou nele realizado obras ou serviços de caráter produtivo, quando o lapso de tempo exigido se reduz a dez anos. Não é imprescindível que o usucapiente exerça por si mesmo e por todo o tempo de sua duração os atos possessórios, tais como cultivo do terreno, presença do imóvel, conservação da coisa, pagamento de tributos, manutenção de tapumes, defesa contra vias de fato de terceiros, e outros. Consideram-se úteis e igualmente legítimos os atos praticados por intermédio de prepostos, agregados ou empregados.

Também não se requer a continuidade da posse na mesma pessoa, o que a extensão do tempo naturalmente dificulta. Estabelece a lei que o sucessor una à sua a posse do antecessor – *accessio possessionis*. Mas, como ninguém pode, por si mesmo, ou por ato seu, mudar a causa ou título da posse, a acessão desta somente terá lugar, sendo ambas contínuas e pacíficas (art. 1.243 do Código Civil), com observância do princípio segundo o qual o sucessor universal continua de direito a posse do antecessor, ao passo que ao sucessor a título singular é facultado unir uma à outra (art. 1.207); facultado quer dizer, fica ao seu arbítrio postular ou não a acessão.

C) *Justo título e boa-fé.* Na usucapião extraordinária não se exige que o possuidor seja munido de título justo e esteja de boa-fé. A linguagem legal (art. 550 do Código Civil de 1916) era já imperfeita, pois que a um e outra se referia para dizer "que se presumem". Como ao tempo observava Sá Pereira, não se trata de uma presunção, mas na verdade de uma dispensa. Ao contrário da usucapião ordinária (como veremos no nº 307) em que o justo título e a boa-fé são requisitos, não se exigem. Se de presunção se tratasse, inquire o eminente civilista, seria ela "absoluta ou condicional"? Sendo absoluta, não se cogitaria mesmo dela, porque provada a posse e o tempo, vigoraria a "presunção", sem possibilidade de se ilidir. E se fosse relativa (por ele qualificada de condicional) a orientação legislativa estaria errada, porque a usucapião trintenária veio substituir o "imemorial" das Ordenações, em cuja incidência não se cogitava daqueles elementos acidentais. O que o legislador de 1916 em verdade pretendeu foi que tais condições se dispensassem.

A Lei nº 2.437, de 1955, ao reduzir o prazo, poderia emendar a redação, mas não o fez. Cometeu ao revés dois enganos, falando em "justo título de boa-fé" e colocando o verbo presumir no singular ("justo título de boa-fé que em tal caso se presume"). Felizmente a doutrina já se encontra bastante sedimentada, e não se deixou perturbar. O que era e continua vigente é que, para a usucapião extraordinária não se reclama título por parte do usucapiente, nem se exige boa-fé. Assim, o Código Civil de 2002 eliminou a expressão "que, em tal caso, se presume", aperfeiçoando muito a disposição legal sobre o tema (art. 1.238).

O seu princípio básico está, portanto, na valorização do trabalho humano. Aquele que por quinze anos tem como seu um imóvel, rural ou urbano, cultivando-o ou tratando-o, tornando-o útil à comunidade, não pode ser compelido a deixá-lo à instância de quem o abandonou sem consideração pela sua utilização econômica.

Isso ficou ainda mais claro pela redução do lapso temporal exigido ao reconhecimento da usucapião, para dez anos, caso o possuidor faça do imóvel sua moradia habitual ou nele realize obras ou serviços de caráter produtivo.

D) *Sentença.* O art. 1.238 alude à circunstância de poder o possuidor requerer ao juiz que declare a aquisição da propriedade. Daí, desde o Direito anterior, pretendeu-se erigir a sentença em elemento essencial. Mas, sem razão. Segundo a classificação consagrada, as ações, e, portanto, as sentenças, poderão ser *constitutivas, declaratórias* ou *condenatórias*.[11-12] E, como do art. 1.238 se vê, a que se profere na

---

11 Virgílio de Sá Pereira, *in Manual Lacerda*, vol. III, nºs 71 e segs.
12 Chiovenda, *Istituzioni di Diritto Processuale Civile Italiano*, vol. I, pág. 31; Alfredo de Araújo Lopes da Costa, *Direito Processual Civil Brasileiro*, vol. I, pág. 73.

ação da usucapião é *declaratória*. Como tal, o julgador limita-se, por ela, a declarar uma situação jurídica preexistente. Se, ao revés, a aquisição da propriedade dependesse da sentença, seria esta constitutiva. A distinção não é meramente bizantina, e já sofreu a jurisprudência sua repercussão prática na resposta à indagação se pode usucapião extraordinária ser oposta em ação reivindicatória, como defesa. Se a sentença fosse requisito essencial, o réu, não a tendo, ver-se-ia inibido de invocá-la. Não o sendo, como efetivamente não é, à pretensão do reivindicante o possuidor alega em defesa a aquisição por usucapião e, provando no correr da ação que lhe assistem os elementos básicos – posse e tempo – requer ao juiz que a declare. A postulação é lícita, de vez que a sentença na ação reivindicatória é dúplice, no sentido de valer como reconhecimento do direito de propriedade do réu, quando o autor dela decai sob este fundamento.

Não há dúvida, porém, sobre a prolação de uma sentença. Não somente em razão de a isto aludir a lei civil, como porque, no nosso sistema legal da propriedade, esta se prova pela certidão passada pelo oficial do registro imobiliário. É bem de ver que, na falta de um título a ser levado a registro, a condição jurídica do usucapiente permanece eternamente como situação de fato, e, conseguintemente, controvertida. Somente a sentença põe termo ao estado polêmico e incerto, e lhe dá a segurança que o direito real por excelência deve refletir. E sendo declaratória, produz efeito retro-operante, como se a propriedade se tivesse adquirido desde o dia da tomada de posse.[13]

Salientamos a circunstância especial de não se encerrar a relação processual apenas entre usucapiente e proprietário, mas de dever completar com a citação dos confinantes da coisa usucapida (STF, Enunciado nº 391 da Súmula), bem como dos interessados incertos (por edital), intervindo no processo o representante do Ministério Público, e são cientificados da ação os da União, Estado, Distrito Federal ou Município, onde esteja situado o imóvel (arts. 246, § 3º, e 259, I, do CPC/2015, correspondente aos arts. 941 e segs. do CPC/1973).

E) *Registro.* A sentença declarando a aquisição da propriedade por usucapião constitui título que será levado ao registro imobiliário. Uma vez registrada esta, opera não apenas em relação a quem foi parte na lide ou integrou a equação processual (efeito da *coisa julgada*), como também relativamente a terceiros (efeito *erga omnes* do direito real), e prova a propriedade em favor do adquirente (efeito específico do registro).

307. USUCAPIÃO ORDINÁRIA

O princípio em vigor relativamente à aquisição da propriedade por usucapião ordinária é o *caput* do art. 1.242 do Código Civil ("Adquire também a propriedade do imóvel aquele que, contínua e incontestadamente, com justo título e boa-fé, o possuir por mais de 10 (dez) anos"), complementado pelo parágrafo único do mesmo

---

13   Mazeaud e Mazeaud, *Leçons*, vol. II, nº 1.508.

dispositivo ("Será de 5 (cinco) anos o prazo previsto neste artigo se o imóvel houver sido adquirido, onerosamente, com base no registro constante do respectivo cartório, cancelada posteriormente, desde que os possuidores nele tiverem estabelecido sua moradia, ou realizado investimentos de interesse social e econômico").

A) *Posse.* É o principal, e a seu respeito nada temos a acrescentar ao que foi antes examinado: o dispositivo alude à sua pacificidade e continuidade.

B) *Tempo.* O Código Civil de 1916 exigia o lapso de 10 anos entre presentes ou 20 entre ausentes. A Lei nº 2.437, de 1955, reduziu para 15 anos (e foi esta a modificação única que trouxe) o prazo entre ausentes, mantendo o de 10 entre presentes. O Projeto de Código Civil (Orlando Gomes, Orosimbo Nonato e Caio Mário) reduziu para cinco e oito, respectivamente (art. 447). O Anteprojeto de 1972/73 abandona o critério da presença, que substitui pelo da morada seguida de investimentos de caráter social e econômico (art. 1.422), no que foi seguido pelo Projeto de 1975 (art. 1.242), afinal convertido em lei (Lei nº 10.406, de 10 de janeiro de 2002).

O critério legal da ausência foi abolido, sendo irrelevante a circunstância de o proprietário pretérito e o usucapiente residirem em Municípios diferentes.

C) *Justo título e boa-fé.* Para que se opere a aquisição da propriedade por *usucapião ordinária*, o interessado deverá apresentar justo título e demonstrar boa-fé. Para tal efeito, diz-se justo o título hábil em tese para a transferência do domínio, mas que não a tenha realizado na hipótese por padecer de algum defeito ou lhe faltar qualidade específica. A regra prática para aferi-lo seria considerar que o título há de ser tal que transferiria o domínio independentemente de outra qualquer providência, se viesse escorreito. Tem-se referido que o título justo deve revestir as formalidades externas e estar transcrito no registro imobiliário.[14] Mas não nos parece que se possa levar ao extremo a exigência, pois que se destina o instituto da usucapião precisamente a consolidar *tractu temporis* a aquisição fundada em título que apenas em tese era hábil a gerar a aquisição. A conceituação do justo título leva, pois, em consideração a faculdade abstrata de transferir a propriedade, e é neste sentido que se diz justo qualquer fato jurídico que tenha o poder em tese de efetuar a transmissão, embora na hipótese lhe faltem os requisitos para realizá-la.[15] Assim, se a compra e venda, a doação, a arrematação, etc., transmitem a propriedade (em tese), constituem título justo para a aquisição *per usucapionem* no caso de ocorrer uma falha, um defeito, um vício formal ou intrínseco, que lhe retirem aquele efeito na hipótese. Inquinado, porém, de falha, não mais poderá ser atacado, porque o lapso de tempo decorrido expurgou-o da imperfeição, e consolidou a propriedade no adquirente.

Boa-fé é a integração ética do justo título (Orosimbo Nonato, Virgílio de Sá Pereira) e reside na convicção de que o fenômeno jurídico gerou a transferência da propriedade. Internamente, a boa-fé assenta na convicção de não ofender o possuidor

---

14   Lafayette, *Direito das Coisas*, § 69, entendia que apenas no caso de haver hipoteca inscrita; Lacerda de Almeida, § 41, e Serpa Lopes, nº 361, que sempre.

15   Espínola, *Posse, Propriedade* etc., pág. 228, nota 136; Orlando Gomes, *Direitos Reais*, nº 135; Planiol, Ripert e Boulanger, *Traité Élémentaire*, vol. I, nº 3.159.

um direito alheio (Ruggiero e Maroi), ou no erro de entendimento do possuidor que, razoavelmente, se supõe proprietário. Como fator psíquico, não é elemento de demonstração direta. Daí recorrer-se, na sua comprovação, a uma inversão de conceitos, para determiná-lo como elemento negativo – ausência de má-fé – o que no terreno público significa que o possuidor com justo título considera-se de boa-fé, até que se prove o contrário – *donec probetur contrarium.*[16]

Introduziu o parágrafo único um elemento novo, e de certo modo complicador. Prevalece a aquisição por usucapião ordinária, ainda no caso de ter sido o imóvel adquirido por ato oneroso e conste o instrumento de registro público, posto que cancelado por sentença. Neste caso, o tempo fica reduzido a cinco anos, *sub conditione* de o possuidor ter estabelecido no imóvel a sua morada, ou nele ter realizado investimentos de interesse social e econômico, isto é, nele houver feito despesas que não sejam de interesse apenas do possuidor, mas que se projetem socialmente. O inconveniente maior desta última ressalva é a margem aberta ao subjetivismo do juiz, devido à falta de um parâmetro em que se possa apoiar.

D) *Sentença.* Uma vez que o usucapiente assenta o seu direito no título preexistente, não necessita de tomar a iniciativa de obter, por sentença, a declaração relativa à aquisição da propriedade. Nada o impede de fazê-lo, tanto mais que o direito processual reconhece a existência da ação meramente declaratória (arts. 19 e 20, CPC/2015; art. 4º, CPC/1973), e, se o proprietário quiser apagar dúvidas e tornar límpido o seu direito, poderá ajuizá-la. Não será necessário, pois que já tem a sua situação jurídica definida no título, e dessa sorte poderá guardar-se para arguir a aquisição por usucapião no caso de vir a ser molestado por uma pretensão de terceiro. No entanto, nesse caso o título há de estar inscrito no registro imobiliário.

E) *Registro.* Estando o título aquisitivo registrado, constitui a prova da propriedade. Nada impede ao adquirente levar a registro a sentença que lhe consolida o domínio, para que fique constando em definitivo.

F) *Res habilis.* Podem ser objeto de aquisição por usucapião ordinária todas as coisas *in commercio.* Quanto às coisas fora de comércio (v. nº 77, *supra*, vol. I), se é certo que os bens públicos, qualquer que seja a sua natureza, não podem ser adquiridos, certo é também que os bens tornados inalienáveis por ato humano (cláusula testamentária, condição aposta à doação) podem sê-lo, desde que militem em favor do usucapiente os requisitos básicos.

Em nosso direito anterior excluíam-se da aquisição *per usucapionem*, além dos bens públicos, as coisas sagradas, como os templos, as imagens, e as coisas religiosas, como os cemitérios. E em nosso direito, assim antigo quanto moderno, não

---

16   Cf., sobre a noção de boa-fé: François Gorphe, *Le Principe de la Bonne Foi, passim*; Dernburg, *Pandette, Diritto Reali*, págs. 76 e segs.; Van Wetter, *Pandectes*, vol. I, § 147; Dalmiro Alsina Altienza, *Principio de la Buena Fe, passim*; Alexandre Al. Volansky, *Essai d'une Définition expressive du Droit Basée sur l'Idée de Bonne Foi, passim*; Caio Mário da Silva Pereira, "Ideia de Boa-Fé", *in Revista Forense*, vol. 72, pág. 25; Otávio Guimarães, *Boa-Fé no Direito Brasileiro, passim*; Espínola, *Posse, Propriedade* etc., pág. 228, nota 135; Planiol, Ripert e Boulanger, *Traité Élémentaire*, vol. I, nºs 3.167 e segs.

tem cabida a usucapião entre *condôminos*; uma vez que não é lícito a um excluir da posse os demais, mostra-se incompatível com esta modalidade aquisitiva a condição condominial, que por natureza exclui a posse *cum animo domini*.[17]

308. USUCAPIÃO ESPECIAL

No desenvolvimento do conceito de propriedade como integrante da ideia de *função social*, a Constituição de 1934 (art. 125) estabeleceu uma nova modalidade de usucapião. A disposição originária (art. 125 da Constituição de 1934), com as modificações que sofreu (art. 148 da Carta Constitucional de 1937), assim chegou à Constituição de 1946, art. 156, § 3º:

"Todo aquele que, não sendo proprietário rural nem urbano, ocupar por 10 anos ininterruptos, sem oposição nem reconhecimento de domínio alheio, trecho de terra não superior a 25 hectares, tornando-o produtivo por seu trabalho e tendo nele sua morada, adquirir-lhe-á a propriedade mediante sentença declaratória devidamente transcrita."

Na vigência da Constituição de 1946 foi aprovado o Estatuto da Terra – Lei nº 4.504, de 30 de novembro de 1964 –, o qual, a propósito da usucapião especial, estabeleceu no art. 98:

"Todo aquele que, não sendo proprietário rural nem urbano, ocupar por 10 anos ininterruptos, sem oposição nem reconhecimento de domínio alheio, tornando-o produtivo por seu trabalho, e tendo nele sua morada, trecho de terra com área caracterizada como suficiente, para, por seu cultivo direto pelo lavrador e sua família, garantir-lhe a subsistência, o progresso social e econômico, nas dimensões fixadas por esta lei para o módulo de propriedade, adquirir-lhe-á o domínio, mediante sentença declaratória devidamente transcrita."

As características fundamentais desta categoria especial de usucapião baseiam-se no seu caráter social. Não basta que o usucapiente tenha a posse associada ao tempo. Requer-se, mais, que faça da gleba ocupada a sua morada e torne produtiva pelo seu trabalho ou seu cultivo direto, garantindo desta sorte a subsistência da família, e concorrendo para o progresso social e econômico. Se o fundamento ético da usucapião tradicional é o trabalho, como nos parágrafos anteriores deixamos assentado, maior ênfase encontra o esforço humano como elemento aquisitivo nesta modalidade especial.

Não pode ser qualquer área de terra o seu objeto. A Constituição de 1946 limitava-a a 25 hectares. O Estatuto da Terra adotou um critério elástico, tendo em vista a noção de "módulo" de propriedade que ele mesmo fornece, com dimensionamento

---

17 Lafayette, ob. cit., § 62, Assis Moura, *Da Prescrição em face do condomínio*, pág. 20; Serpa Lopes, *Curso*, vol. VI, nº 358. Tendo em vista o problema nos edifícios coletivos, ver Caio Mário da Silva Pereira, *Condomínio e Incorporações*, nºs 50 e 51.

variável em função das condições econômicas locais, fixado para cada região, e com capacidade para absorção da força de trabalho do agricultor e sua família (Lei nº 4.504, de 1964, art. 4º).

Pela sua própria natureza, e do contexto da disposição legal, resultava que somente áreas situadas na zona rural podem por esta modalidade ser adquiridas. Desta forma, a lei tirara a dúvida que desde o regime constitucional de 1934 se levantara.

Tem-se entendido que não se afasta do foco aquisitivo da usucapião especial a terra que constitui bem público patrimonial.[18]

Tendo em vista a complexidade de requisitos a serem apurados, a propriedade neste caso somente se adquire por sentença devidamente transcrita, o que está, aliás, expressamente exigido, ao cogitar o legislador (constitucional como ordinário) da sentença declaratória como instrumento ou título ("... mediante sentença declaratória devidamente transcrita").

A Lei nº 6.969, de 10 de dezembro de 1981, reduziu para cinco anos o prazo da usucapião especial, esclareceu a viabilidade da aquisição de bens públicos, salvo se necessários à segurança nacional, às áreas de interesse ecológico e às reservas indígenas. Simplificou o processo mediante expedição de título definitivo de domínio pelas autoridades, e respectiva inscrição no Registro de Imóveis. Para os terrenos particulares adotou o rito sumaríssimo. E, finalmente, admitiu a invocação da usucapião em defesa na ação movida contra o usucapiente, valendo a sentença como título a ser inscrito no Registro.

O Anteprojeto de 1972/1973 exigia como requisitos da usucapião especial: a) não ter o usucapiente outro imóvel no mesmo Estado (requisito de prova difícil); b) posse por 10 anos; c) dimensão da gleba bastante para a subsistência do usucapiente; d) morada habitual; e) produtividade do bem pelo trabalho (art. 1.421).

A Constituição de 1988, como ressaltado *supra*, cogitou especialmente da usucapião urbana e rural em duas disposições distintas:

"Art. 183. Aquele que possuir como sua área urbana de até 250 metros quadrados, por cinco anos, ininterruptamente e sem oposição, utilizando-a para sua moradia ou de sua família, adquirir-lhe-á o domínio, desde que não seja proprietário de outro imóvel urbano ou rural.

§ 1º O título de domínio e a concessão de uso serão conferidos ao homem ou à mulher, ou a ambos, independentemente do estado civil.

§ 2º Esse direito não será reconhecido ao mesmo possuidor por mais de uma vez.

§ 3º Os imóveis públicos não serão adquiridos por usucapião."

"Art. 191. Aquele que, não sendo proprietário de imóvel rural ou urbano, possua como seu, por cinco anos ininterruptos, sem oposição, área de terra, em zona rural, não superior a 50 hectares, tornando-a produtiva por seu trabalho ou de sua família, tendo nela sua moradia, adquirir-lhe-á a propriedade."

---

18   Clóvis Beviláqua, *Direito das Coisas*, vol. I, § 40.

O Estatuto da Cidade (Lei nº 10.257, de 10 de julho de 2001) dedicou à matéria os arts. 9º a 14, sendo de relevo a previsão da usucapião especial coletiva (art. 10), pelo qual "os núcleos urbanos informais existentes sem oposição há mais de cinco anos e cuja área total dividida pelo número de possuidores seja inferior a duzentos e cinquenta metros quadrados por possuidor são suscetíveis de serem usucapidos coletivamente, desde que os possuidores não sejam proprietários de outro imóvel urbano ou rural".

O Código Civil de 2002 absorveu a usucapião especial, tanto a rural quanto a urbana, em seus arts. 1.239 e 1.240, repetindo, quase literalmente, o teor dos artigos da Constituição que dispõem sobre a matéria.

Quanto à usucapião especial de imóvel rural, dispõe o art. 1.239 do Código que esta se dará se o usucapiente não for proprietário de qualquer outro imóvel, urbano ou rural, possuindo como sua área de terra em zona rural não superior a 50 (cinquenta) hectares, tornando-a produtiva por seu trabalho ou de sua família, tendo nela sua moradia.

Já em relação à usucapião especial de imóvel urbano, é interessante destacar a alteração empreendida em disposição sobre a mesma matéria contida no Estatuto da Cidade. A redação do art. 9º do Estatuto (Lei nº 10.257, de 10 de julho de 2001) encontra-se idêntica ao atual art. 1.240 do Código Civil, exceto por um detalhe: suprimiu-se neste o requisito constante da disposição estatutária: "Para os efeitos deste artigo, o herdeiro legítimo continua, de pleno direito, a posse de seu antecessor, *desde que já resida no imóvel por ocasião da abertura da sucessão*" (sem grifos no § 3º do art. 9º do Estatuto). Prevalece, portanto, a regra geral sobre a *accessio possessionis*, insculpida no art. 1.243 do Código, dispensando-se o sucessor a título universal da necessidade de já fixar sua moradia no imóvel por ocasião da abertura da sucessão.

308-A. USUCAPIÃO ESPECIALÍSSIMA (FAMILIAR)

A Lei nº 12.424, de 16.06.2011, acresceu um novo artigo ao Código Civil (art. 1.240-A), criando o que podemos identificar como uma *usucapião especialíssima*. Na espécie, o prazo para conversão da posse em propriedade reduz-se a apenas dois anos, proporcionando a tutela mais célere dos direitos do cônjuge ou companheiro abandonado pelo outro, em benefício da preservação dos interesses existenciais de todas as pessoas que integram a entidade familiar.

A consagração normativa do instituto apoia-se em pressupostos específicos, comprovando sua aplicação restrita. A começar pela necessidade de que o parceiro abandonado divida a titularidade do imóvel com o abandonador e continue a residir no bem após o evento – a lei diz "utilizando-o para sua moradia ou de sua família". Vale dizer, o cônjuge ou companheiro permanece a residir no imóvel do qual detém uma parcela da propriedade e vai, com o transcurso do biênio legal, adquirir a propriedade da fração pertencente ao outro, integralizando o domínio

em seu nome. A lei não distingue entre os percentuais que cabem a cada condômino para a eficácia do dispositivo. Portanto, basta a situação da comunhão para que
seja deflagrado o mecanismo *ad usucapionem* em relação à fração remanescente,
qualquer que seja a razão da divisão entre as cotas: meio a meio; 40 a 60%; 20
a 80% etc. O raciocínio, tal como apresentado, aparentemente remete a antigo
brocardo interpretativo – no qual o legislador não distinguiu, não cabendo ao intérprete fazê-lo. Porém, muito mais do que isso, a justificativa última encontra-se
nos valores constitucionais da tutela da pessoa humana no ambiente familiar. O
expediente simplifica excepcionalmente a aquisição da propriedade, reunindo as
frações sob a titularidade do responsável que permanece na residência, em benefício da segurança jurídica do núcleo.

A aquisição da propriedade na íntegra independe também do motivo e das razões que deram causa ao suposto abandono do lar, ainda que involuntário o desaparecimento e mesmo se se tratar de hipótese de ausência (arts. 22 a 39 do CC). Se,
de fato, a interpretação literal parece impor o requisito subjetivo, pois a expressão
empregada pela lei "abandono de lar" denota um significado de prática de ato de
vontade, o tipo reclama interpretação extensiva quando confrontado, em análise fun-
cional, com o necessário controle dos valores constitucionais. Isto porque se a finalidade da norma é a tutela célere da preservação da moradia da família, como parece,
sua finalidade restaria enfraquecida se incidisse somente no sumiço deliberado. Em
consequência, ficariam à margem do seu alcance todas as situações jurídicas em que
se não lograsse a demonstração do *animus abandonandi*, criando embaraços para as
pessoas que, muito provavelmente, mais necessitam da tutela social especialíssima.
Mais uma vez, a tutela existencial dos integrantes da família justifica a consolidação
ágil do domínio sob a titularidade do cônjuge/companheiro que permanece na moradia comum, independentemente das causas que motivaram a saída do outro. Não
se trata de norma de natureza punitiva, inspirada na perquirição da culpa no rompimento da sociedade conjugal, em visão que reservaria ao abandonador a sanção de
"perda" de sua fração na propriedade.

Para a definição do que seja imóvel urbano, e bem assim, em contraposição,
o que se entende por imóvel rural, tem-se aplicado ora o critério da localização,
respeitando-se as definições das respectivas municipalidades, ora o da destinação
econômica. Para efeito de alcance da nova regra, basta registrar que o critério da
localização urbana se afigura suficiente à deflagração do mecanismo aquisitivo, sem
descuidar que mesmo que inserido em área rural, se o imóvel se presta à finalidade
de moradia, ter-se-ia por cumprido o requisito, em ótica necessariamente ampliativa,
em vista da função que desempenha.

Quanto ao requisito de não ser proprietário de outro imóvel urbano ou rural, de-
fende-se seja adotado o entendimento que vem prevalecendo na jurisprudência para
casos análogos, segundo o qual a limitação consiste em que o reivindicante não seja
proprietário de *outro imóvel voltado a fins residenciais*. Assim, o ex-cônjuge ou ex-
-companheiro pode, eventualmente, ser dono de uma loja ou sala comercial e mesmo
assim fazer jus à usucapião especialíssima. Em jogo, insista-se, está o direito consti-

tucional à moradia e sua função somente restaria desvirtuada se já houvesse outro(s) bem(s) habitacional(is) sob a titularidade do que pleiteia o domínio na íntegra.

Ademais, quanto à matéria da prova negativa, contentam-se doutrina e jurisprudência com a simples declaração exarada pelo usucapiente de não ser titular de outra propriedade, incumbindo a eventual interessado o ônus de provar o contrário, usualmente com a certidão do cartório do RGI competente que demonstre a titularidade diversa.

Por fim, a propalada inadmissibilidade de usucapião entre condôminos, baseada na circunstância de que ambos têm a composse da coisa, cai por terra com o abandono, pois a partir daí dá-se o fenômeno da interversão da posse, que, assim transfigurada em sua natureza, faz-se *ad usucapionem* desde o momento em que o abandonador deixa a residência, extinguindo a posse conjunta – termo *a quo* do fluxo temporal previsto. O prazo bienal, aliás, para as situações em curso quando do advento da norma, segundo os princípios e regras de direito intertemporal, na ponderação entre a segurança das relações sociais e a eficácia imediata da lei nova, deverá ser deflagrado a partir da vigência desta, que se iniciou com sua publicação em 17 de junho de 2011.

308-B. POLÍTICA AGRÍCOLA E FUNDIÁRIA

A Constituição Federal de 5 de outubro de 1988 abre, a partir do art. 184, todo um Capítulo destinado à Política Agrícola e Fundiária e à Reforma Agrária, salientando-se-lhe os pontos capitais.

Compete à União desapropriar por interesse social, para fins de "reforma agrária" (ver sobre esta o nº 330-A), o imóvel rural que não esteja cumprindo sua função social (art. 184), excluindo, contudo, a pequena e média propriedade desde que seu proprietário não possua outra, bem como a propriedade produtiva.

O art. 186 proporciona as características da "função social" da propriedade, que deixa, assim, de ser um conceito abstrato: 1. aproveitamento racional adequado; 2. utilização adequada dos recursos naturais disponíveis e preservação do meio ambiente; 3. observância das disposições que regulam as relações de trabalho; 4. exploração que favoreça o bem-estar dos proprietários e dos trabalhadores.

Sobre o desenvolvimento do tema da função social da propriedade, confira-se o item 298, *supra*.

A política agrícola será planejada e executada na forma da lei com a participação efetiva do setor de produção (art. 187), observados os critérios que o preceito discrimina.

Ao cogitar da destinação das terras públicas e devolutas, subordinando-as à política agrícola e ao plano nacional de reforma agrária, cogita em especial de sua alienação ou concessão (art. 189), ao mesmo tempo em que a lei regulará e limitará a aquisição ou o arrendamento da propriedade rural por pessoa física ou jurídica estrangeira e estabelecerá os casos que dependem de autorização do Congresso Nacional.

A usucapião especial de *imóvel rural* é mantida na Constituição Federal de 1988, abrangendo imóvel de área não superior a cinquenta hectares, desde que o possuidor nele tenha a sua moradia, e torne produtivo por seu trabalho ou de sua família. O prazo é reduzido a cinco anos (art. 191). Ficam, entretanto, excluídos os imóveis públicos (art. 191, parágrafo único).

308-C. Usucapião administrativa

A legislação ordinária instituiu programa de índole social que visa a criar mecanismos de incentivo à produção e aquisição de novas unidades habitacionais ou requalificação de imóveis urbanos e produção ou reforma de habitações rurais, para famílias com renda mensal de até R$ 4.650,00 (art. 1º, Lei 11.977/09, com a redação dada pela Lei 12.424/2011).

Dentre os instrumentos jurídicos consagrados para atingir tal escopo, acha-se a "usucapião administrativa", inicialmente disciplinada no art. 60 da Lei nº 11.977/2009 e, posteriormente, na Lei nº 13.465/2017.

Da análise da nova lei extrai-se que o mecanismo da usucapião administrativa se consuma em três verificações sucessivas: (i) inclusão da área em "programa de regularização fundiária urbana", assim definido pelos arts. 9º a 13 da Lei nº 13.465/2017; (ii) sua "demarcação urbanística" (arts. 19 a 22); e (iii) concessão da legitimação de posse (arts. 25 a 27).

Assim, e na esteira do art. 26 supracitado, o interessado, após 5 anos do registro de legitimação da posse, será beneficiado pela conversão automática da posse em propriedade, sem que haja a necessidade de prévia provocação ou prática de ato registral, desde que atendidos os termos e as condições do art. 183 da Constituição.

Caso não sejam observados esses termos e condições do art. 183, ainda se admite a conversão, se cumpridos os requisitos exigidos pela legislação para a usucapião. Nessa hipótese, todavia, a conversão não será automática, demandando-se o requerimento no registro de imóveis competente (art. 26, § 1º). Trata-se, em ambas as situações, de forma originária de aquisição do direito real de propriedade, de sorte que o bem ingressará no patrimônio do proprietário livre e desembaraçado de quaisquer ônus, direitos reais, gravames ou inscrições, salvo aqueles instituídos pelo próprio beneficiário (art. 26, § 2º).

Necessário evidenciar que não se trata de uma nova forma de usucapião, pois seus requisitos são semelhantes aos da usucapião especial do art. 183 da Constituição Federal, também prevista nos arts. 1.240 do Código Civil e 9º do Estatuto da Cidade (Lei 10.257/01). A inovação, nessa sede, se dá apenas quanto à eleição da via administrativa para a aquisição da propriedade.

Deve-se destacar, ademais, que não se admite que a legitimação de posse recaia sobre imóveis urbanos situados em área de titularidade do poder público, nos termos do art. 25, § 2º, da Lei nº 13.465/2017. A nova lei prevê, ainda, instrumentos tais como a legitimação fundiária, definida pelos arts. 23 e 24 como a "forma originária de aquisição do direito real de propriedade conferido por ato do poder público, exclusivamente no âmbito da Reurb, àquele que detiver em área pública ou possuir em área privada, como sua, unidade imobiliária com destinação urbana, integrante de núcleo urbano informal consolidado existente em 22 de dezembro de 2016".

308-D. USUCAPIÃO EXTRAJUDICIAL

O Código de Processo Civil de 2015 consagrou a possibilidade da usucapião extrajudicial em seu art. 1.071, que acresce o art. 216-A à Lei de Registros Públicos (Lei nº 6.015/1973).

De acordo com a nova sistemática, ampliou-se o espectro do procedimento extrajudicial da usucapião que, agora, passa a abarcar todo e qualquer pedido em que haja consenso entre o possuidor e demais interessados (confrontantes, proprietário, titulares de direitos reais sobre o imóvel, entre outros).

Segundo o CPC/2015, o requerente, munido da documentação constante no art. 216-A, I a IV, levará seu pedido ao registrador de imóveis da situação do bem. Comprovada a posse sobre a coisa, sua duração, continuidade, qualidade, inexistência de litígio e demais requisitos legais, a usucapião será registrada em cartório (art. 216-A, §§ 2º, 3º, 4º e 6º). Trata-se de procedimento mais célere que aquele processado em juízo.

Inexistindo a comprovação da aquiescência dos titulares de direitos reais sobre imóveis e demais interessados, estes serão notificados pelo registrador competente, pessoalmente ou pelo correio com aviso de recebimento, para manifestar o seu consentimento expresso em quinze dias. Após tal prazo, eventual silêncio será interpretado como concordância (art. 216-A, § 2º).

Do mesmo modo, em caso de impugnação expressa apresentada por qualquer um dos interessados, o oficial de registro de imóveis remeterá os autos ao juízo competente, cabendo ao requerente emendar a petição inicial para adequá-la ao procedimento comum (art. 216-A, § 10).

Frise-se que a rejeição do pedido na via extrajudicial não impede o ajuizamento da ação de usucapião (art. 216-A, § 9º), que também poderá ocorrer por opção do possuidor, eis que a usucapião administrativa constitui mera faculdade, a se desenvolver sob o rito comum do Código.

Ressalte-se, por fim, que a Lei nº 13.465/2017 inseriu os §§ 11 a 14 no referido art. 216-A, admitindo a usucapião extrajudicial de unidade autônoma de condomínio edilício. Nessa hipótese, dispensa-se o consentimento dos titulares de direitos reais e outros direitos registrados ou averbados na matrícula dos imóveis confinantes, sendo suficiente a notificação do síndico.

CAPÍTULO LXX
AQUISIÇÃO DA PROPRIEDADE MÓVEL

Bibliografia

Lafayette, *Direito das Coisas*, §§ 33 e segs.; Lacerda de Almeida, *Direito das Coisas*, vol. I, §§ 15 e segs.; Eduardo Espínola, *Posse, Propriedade, Condomínio, Direitos Autorais*, págs. 186 e segs.; Clóvis Beviláqua, *Direito das Coisas*, I, §§ 45 e segs.; Hedemann, *Derechos Reales*, págs. 200 e segs.; Ruggiero e Maroi, *Istituzioni di Diritto Privato*, vol. I, § 111; Orlando Gomes, *Direitos Reais*, nos 139 e segs.; Enneccerus, Kipp e Wolff, *Tratado, Derecho de Cosas*, vol. I, §§ 65 e segs.; Mazeaud e Mazeaud, *Leçons de Droit Civil*, vol. II, nos 1.516 e segs.; Planiol, Ripert e Boulanger, *Traité Élémentaire*, vol. I, nos 2.827 e segs.

309. Ocupação

No princípio, nada era de ninguém. Todas as coisas eram sem dono, ofereci-das ao primeiro que chegasse: o fragmento de sílex para a arma, o fruto da árvore para alimento, o animal de tiro. Na apropriação de cada coisa sem dono inseriu--se uma ideia que o tempo amadureceu e sistematizou. Quando o Direito Romano se volta para o assunto, é para formular um conceito muito bem definido por Gaio: *Quod nullius est, id ratione naturali occupant conceditur*.[1] E tal conceito é reputado tão exa-to, ao proclamar que a coisa sem dono pertence por direito natural ao ocupante, que os sistemas modernos o adotam ao definir o princípio da aquisição da propriedade móvel: quem se assenhorear de coisa sem dono para logo lhe adquire a propriedade, não sendo essa ocupação defesa por lei (Código Civil, art. 1.263). É modo de aquisição originária. A aquisição originária por excelência.[2-3]

A essência da *ocupação* (*Aneignung*) reside, pois, na apropriação de coisa sem dono pelo simples fato, acrescenta-se, de apreendê-la possuindo-a como própria.[4] E o direito a define. Com efeito, diz-se que não tem dono aquela que nunca foi objeto de assenhoreamento (*res nullius*), categoria preenchida pelas espécies que a nature-za inesgotavelmente produz (Hedemann), como aquela que já o teve e não mais o tem (*res derelicta*). A primeira classe (*res nullius*) é preenchida (conforme dispunha, exemplificativamente, o art. 593 do Código Civil de 1916), em primeiro lugar pelos animais bravios enquanto entregues à sua natural liberdade, que se não confundem com os animais selvagens capturados. Estes não são *res nullius*, pois que pertencem a alguém. No segundo estão os animais mansos ou domesticados, não assinalados ou marcados, se perderem o hábito de retornar ao lugar onde costumam recolher-se, salvo se os donos estiverem ainda à sua procura; reputam-se também sem dono os enxames de abelhas, anteriormente apropriados se o dono da respectiva colmeia os não reclamar imediatamente (decadência instantânea de direito). Finalmente, são ainda *res nullius* as pedras, conchas e outras substâncias minerais, vegetais ou ani-mais, arrojadas às praias pelo mar; mas não são todas, pois excluem-se da categoria de coisa sem dono se apresentarem sinal de domínio anterior. Na apreensão das coi-sas efetivamente sem dono (*res nullius*) reside a *ocupação propriamente dita*.

Considera-se ainda sem dono a coisa abandonada (*res derelicta*); mas para que assim se configure, torna-se mister a ocorrência de um fator psíquico, contido na intenção de renunciá-las. Assim, se é *derelicta* a coisa que o dono atira fora com o propósito de abandonar, não o é aquela que é deixada em determinado local para um fim determinado, ou mesmo a que foi alijada com propósito diverso, como se dá

---

1   *Digesto*, Liv. 41, Tít. I, fr. 3, pr.
2   Mazeaud e Mazeaud, *Leçons*, vol. II, n° 1.579; Planiol, Ripert e Boulanger, *Traité Élémentaire*, vol. I, n° 2.827.
3   Mazeaud e Mazeaud, *Leçons*, vol. II, n° 1.579; Planiol, Ripert e Boulanger, *Traité Élémentaire*, vol. I, n° 2.827.
4   Lafayette, *Direito das Coisas*, § 33.

com a carga lançada de embarcação ou aeronave, para aliviar o peso em momento de perigo. Não se requer, na caracterização do abandono, uma declaração expressa do dono. Basta que o propósito se infira inequívoco do seu comportamento em relação à coisa, como as que são deixadas em locais públicos, em terrenos baldios, e mesmo em lugares policiados ou fechados. É o abandono tácito que alguns denominam "abandono presumido".[5]

Indaga-se da liceidade da cláusula adjecta a talões de empresas de serviço (lavanderia, sapataria, transportadora), consignando que se consideram abandonados os objetos não procurados num prazo determinado. Não se configura aí um contrato de adesão, que requer a possibilidade de conhecer a cláusula e sua adesão a ela (v. n° 197, *supra*, vol. III). Nem é razoável presumir que alguém, deixando um objeto para sofrer reparações, manifeste com isso, a intenção não revelada de a ele renunciar. É aceitável o mandato para vender, e o locador do serviço pagar-se do custo deste. O que não é lícito é forçar no proprietário uma intenção de abandonar e converter a coisa, que o interessado tem a intenção de conservar, numa *res derelicta* pelo fato de haver excedido um prazo determinado no cupão de sua identificação, ou em tabuleta na loja, como limite de validade de seu direito de dono.

Tendo em vista que não são frequentes as coisas sem dono, a *ocupação* como modalidade aquisitiva ficou hoje muito reduzida. As poucas hipóteses remanescentes – caça, pesca e tesouro – constituirão outros tantos subitens deste parágrafo, estando as primeiras regidas por legislação especial e o tesouro pelo Código Civil.

A) *Caça.* As tradições conservam até hoje os hábitos venatórios de nossos maiores, numa reminiscência dos processos alimentares característicos da infância da humanidade. Todos os sistemas jurídicos se lhe referem, e o nosso lhe dedica, na atualidade, regulamentação específica (Código de Caça, Decreto n° 5.894, de 20 de outubro de 1943, substituído pela Lei n° 5.197, de 30 de janeiro de 1967).

Obviamente, não caberá nesta obra à caça senão naquilo que representa modalidade aquisitiva da propriedade, escapando dos limites destas Instituições as normas regulamentares alusivas às épocas em que a caça é interdita, a expedição de licença pelas autoridades administrativas, sistema de punição para os infratores, e tudo mais que exorbite do aspecto meramente civilista. Tal, porém, a predominância das disposições administrativas que já se pretende conceituar a caça como *direito subjetivo público*.[6]

Observadas as normas regulamentares e especiais, a caça poderá ser exercida nas terras públicas, bem como nas particulares com licença do proprietário. Ninguém pode adentrar em terra alheia e ali exercitar a caça sem autorização do dono, mas se o caçador for no encalço de um animal e o ferir, tem direito a ele, podendo compelir o dono do terreno aonde vá abrigar-se a que entregue ou expila, se lhe não permitir a entrada. Ao caçador pertence, por igual, o animal perseguido e ferido, ainda que

---

5   Orlando Gomes, *Direitos Reais*, n° 140.
6   Espínola, *Posse, Propriedade* etc., pág. 186; Messineo, *Manuale di Diritto Civile e Commerciale*, pág. 90.

outra pessoa o apreenda. A aquisição da caça por quem a abater ou ferir compreende assim os animais que comumente se caçam, como quaisquer outros encontrados em estado de natureza.[7]

Mas, se alguém caçar em terreno alheio, sem licença do dono, perderá para este a caça, e ainda lhe responderá por perdas e danos.

B) *Pesca.* O exercício da pesca é igualmente subordinado a disposições contidas em leis especiais e regulamentos. Mais do que isso, convenções e tratados internacionais regulam a pesca de alto-mar, bem como a realizada nas plataformas submarinas, em águas territoriais como extraterritoriais.

Entre nós, a matéria encontra-se regulada pela Lei n° 11.959, de 29 de junho de 2009, que prescreve disposições sobre a Política Nacional de Desenvolvimento Sustentável da Aquicultura e da Pesca, e, residualmente, pelo Decreto-lei n° 221, de 28 de fevereiro de 1967, revogado em enorme parcela pela citada Lei de 2009.

Com o incremento do consumo e a explosão de novas tecnologias, o processo pesqueiro se tornou complexo, exigindo o legislador uma série de requisitos para que a atividade pesqueira seja desenvolvida. A Lei de 2009 orienta-se pelo objetivo de promover os seguintes princípios, expressamente delineados em seu art. 1°: I – o desenvolvimento sustentável da pesca e da aquicultura como fonte de alimentação, emprego, renda e lazer, garantindo-se o uso sustentável dos recursos pesqueiros, bem como a otimização dos benefícios econômicos decorrentes, em harmonia com a preservação e a conservação do meio ambiente e da biodiversidade; II – o ordenamento, o fomento e a fiscalização da atividade pesqueira; III – a preservação, a conservação e a recuperação dos recursos pesqueiros e dos ecossistemas aquáticos; IV – o desenvolvimento socioeconômico, cultural e profissional dos que exercem a atividade pesqueira, bem como de suas comunidades.

O legislador, ao normatizar a atividade da aquicultura (arts. 2°, II, e 18 da Lei n° 11.959), quis introduzir no direito brasileiro uma regulamentação da atividade de "fazenda pesqueira", cuja importância afigura-se crescente no país.

É uma indústria que se transforma e há necessidade de regulamentá-la para o seu bom desenvolvimento, a evitar a depredação ou extinção de espécies. Como estímulo à atividade, a Lei de 2009 prevê a concessão do direito de uso de águas e terrenos públicos para o exercício da aquicultura e a equiparação aos produtores rurais e beneficiários da política agrícola de que trata o art. 187 da Constituição Federal em favor "das pessoas físicas e jurídicas que desenvolvam atividade pesqueira de captura e criação de pescado nos termos desta Lei" (arts. 21 e 27, respectivamente).

Com observância das normas disciplinares é lícito pescar em águas públicas, como nas particulares com licença do dono, operando a aquisição da propriedade do peixe que pescar, como do que o pescador perseguir arpoado ou farpado. Esse direito deverá ser exercido com observância de o pescador, pessoa natural ou jurídica, *e a embarcação de pesca serem previamente inscritos no Registro Geral da Atividade Pesqueira – RGP, bem como no Cadastro Técnico Federal – CTF, na forma da*

---

7   De Page, *Traité*, vol. VI, n° 14.

legislação específica (art. 24 da Lei nº 11.959, regulamentado pelo Decreto nº 8.425, de 2015, que dispõe sobre os critérios para inscrição no RGP e para concessão de autorização, permissão ou licença para o exercício da atividade pesqueira).

O pescador em águas públicas tem direito ao que pescar, ressalvadas as disposições peculiares. Em alto-mar, a pesca é permitida em todo o mundo.[8]

Mas o que exercer a atividade piscatória (em caráter profissional ou desportivo) em águas particulares, sem a necessária licença do dono, perde para este o que apanha, e ainda responde por perdas e danos. A regulamentação da pesca profissional é matéria de direito público.

Se o curso d'água atravessa terrenos pertencentes a diversos donos, cada um dos proprietários ribeirinhos tem direito a exercitar a pesca do seu lado, e na extensão de suas terras marginais, limitada a sua ação até o meio do rio. Mas, se forem públicas as águas, vigora o princípio da liberdade de pesca, resguardando tão somente o direito do proprietário ribeirinho à porção da margem que lhe pertence.

C) *Tesouro.* Em doutrina, define-se tesouro como o depósito antigo de moedas ou coisas preciosas, enterrado ou oculto, de cujo dono não haja memória: *vetus quaedam depositio pecuniae, cuius non extat memoria, ut iam dominium non habeat.*[9]

São extremos de sua caracterização: *a)* ser um depósito de coisas móveis preciosas ou moedas, promovido por mão humana. Não seria tesouro o acúmulo provindo de acidente ou fenômeno natural, como *e.g.* achar-se num rio um depósito aluvional de pedras preciosas roladas pela erosão, como não o é também uma construção ou obra de arte incorporada ao imóvel, ainda que antiga; *b)* estar o depósito enterrado ou oculto, como, por exemplo, se na demolição de um prédio antigo se depara em uma parede ou alicerce, ou durante uma escavação ocorre a descoberta do que era soterrado; *c)* a ancianidade, isto é, ser antigo e tão antigo que se haja perdido a memória de quem seja o proprietário. Não basta seja este apenas desconhecido. É mister se trate de coisa que já não tem dono: *res sine domino.*[10]

O Código Civil de 1916 inscrevia as disposições relativas ao tesouro na seção que disciplinava a ocupação, o que não contava com a adesão da doutrina, que ponderava, com acerto, que, em relação ao proprietário do prédio onde é achado, não há falar em ocupação se é ele quem o encontra, porém mais corretamente em acessão, pois que o seu direito se justifica pelo fato da aderência do depósito ao imóvel: adquire-se a propriedade neste caso em virtude de situar-se em prédio de seu domínio, e não em decorrência do ato de apreensão. Em relação ao inventor, não se dá propriamente ocupação, que pressupõe assenhoreamento de coisa sem dono ou *derelicta*, porém visível. Daí parecer a muitos que o direito do achador se explica melhor como recompensa por ter restituído à sociedade um valor que lhe fora subtraído.[11]

---

8   Enneccerus, Kipp e Wolff, *Derecho de Cosas*, vol. I, § 81.

9   *Digesto*, Liv. 41, Tít. I, fr. 31, § 1º; Lafayette, *Direito das Coisas*, § 35.

10   Ruggiero e Maroi, *Istituzioni*, vol. I, § 112; De Page, *Traité*, VI, nº 21, como Aubry e Rau, *Cours*, II, § 201, dispensam o requisito da vetustez, parecendo-lhes bastante ser desconhecido o proprietário.

11   Dernburg, *Pandette*, vol. I, § 206; Clóvis Beviláqua, *Direito das Coisas*, vol. I, § 47; Ruggiero e Maroi, *Istituzioni*, § 112.

Com melhor técnica, o Código Civil de 2002 separou as hipóteses, na Seção II (Da ocupação) e na Seção III (Do achado do tesouro), ambas compreendidas no Capítulo III (Da Aquisição da Propriedade Móvel).

Encontrado o tesouro em prédio alheio dividir-se-á por igual entre o dono do prédio e o inventor. Mas o achado há de ser casual (*non data ad hoc opera sed fortuitu*), pois que ao inventor nada caberá, se o pesquisava com intenção mas sem licença do dono do prédio. Em tal caso, a este deve caber por inteiro, como ainda por inteiro lhe pertence se foi o próprio dono o achador, ou preposto seu.[12]

Uma vez que é característico do tesouro o desconhecimento do dono, deixa de sê-lo em demonstrando alguém que lhe pertence o depósito, qualificado então como um guardado, sobre o qual exerce o proprietário todos os direitos, como no caso de alguém que oculte, em fundo falso de móvel seu, moedas ou objetos preciosos, e o marceneiro ao repará-lo os encontra.

309-A. DESCOBERTA

Já vimos acima que o assenhoreamento de coisa móvel ainda não apropriada (*res nullius*), como de coisa abandonada (*res derelicta*), gera a aquisição do domínio, não sendo defesa em lei especial. Vimos também que na caracterização de coisa abandonada (*res dereclicta*) há de estar presente o fator anímico ou psíquico, que consiste no propósito ou intenção de *renunciar*.

Tratamos agora do *achado* ou *invenção* de coisa móvel perdida pelo dono. Perdida, mas não abandonada. E distinguimos a "invenção" ou "achado" da "ocupação", em que esta pressupõe apreensão material efetiva, ao contrário do achado que se contenta com a evidência ou o descobrimento; demais disso, a ocupação tem por objeto coisa sem dono (*res nullius* ou *res derelicta*), ao passo que no achado a coisa é *perdida*, vale dizer, tem um dono, posto desconhecido.[13]

Os sistemas jurídicos tratam diversamente o tema. Ora admitem que o achado de coisa perdida gera a aquisição da propriedade, ora lhe recusam este efeito. No primeiro caso está o Código Civil Português de 1867, que sob certas condições assim dispunha, seguido do atual (Código Civil de 1967), que no art. 1.323 estatui que o achador faz sua a coisa perdida se não for reclamada no prazo de um ano da publicação de anúncio do achado; igualmente procede o Código Civil Alemão (BGB, art. 973) convertendo o achado em domínio, após o decurso de um ano de sua comunicação à polícia, sem que o dono seja encontrado ou apresente reclamação.[14]

---

12 Não se pode admitir "representação" nesta matéria, uma vez que a *inventio* do tesouro é "ato real" do próprio inventor; mas pertenceria a quem ordena uma busca de antiguidades no imóvel se o achado se der por empregado seu: Enneccerus, Kipp e Wolff, ob. cit., § 83.

13 De Page, *Traité*, vol. VI, nº 19.

14 Enneccerus, Kipp e Wolff, ob. cit., § 82.

No segundo inscreve-se o direito brasileiro, que se mantém fiel ao Romano, e *não situa o achado na linha da ocupação*. Demais disso, impõe certas medidas ao achador ou inventor, assegurando todavia a este, pelo fato do achado, um prêmio sempre. Mas não conceitua o *achado* de coisa perdida como negócio jurídico. Nem sujeita qualquer pessoa a recolher o que encontra. Os deveres que a ordem jurídica impõe ao achador ou inventor atingem tão somente aquele que, por ato espontâneo, *recolhe a coisa encontrada*.[15]

Para o nosso direito, o princípio cardeal na matéria é oposto à aquisição da propriedade. Tanto assim que o Código de 2002, corrigindo o anterior, retirou a disciplina da *invenção* de subtítulo constante da seção da ocupação, passando a regular a *descoberta*, que é como ora denomina o instituto, em seção própria, inserida no capítulo da propriedade em geral. Destarte, quem quer que ache coisa alheia perdida há de restituí-la ao dono ou legítimo possuidor (art. 1.233 do Código Civil de 2002). Nem pelo fato de ser desconhecido este se ameniza o preceito, cumprindo então ao inventor tudo fazer para descobri-lo, mediante comunicação às pessoas conhecidas ou aos prováveis interessados, consulta aos anúncios em jornais, afixação de avisos pela imprensa etc., até que apareça quem a ela tenha direito. Se comparecerem várias pessoas com pretensão à coisa, a entrega se fará ao que prove *melhor* direito, e, na dúvida, ao que a perdeu.[16]

Não logrando êxito, cumpre ao descobridor entregar o achado à autoridade competente do lugar.

Restituído o objeto a quem demonstre direito a ele, cabe ao achador uma recompensa, gratificação ou achádego, calculado de acordo com os critérios estipulados pelo parágrafo único do art. 1.234 e não inferior a cinco por cento do valor da coisa, além do reembolso das despesas feitas com sua conservação e transporte, abrindo-se ao dono a alternativa de pagar ou abandoná-la. Mas se o achador houver procedido com dolo e causar dano ao proprietário ou possuidor legítimo, responderá por perdas e danos.

Decorridos sessenta dias da divulgação da notícia pela imprensa, ou do edital, sem se apresentar quem demonstre direito à coisa, será esta vendida em hasta pública: do produto da venda deduzir-se-ão as despesas e a recompensa ao inventor, pertencendo o remanescente ao Município em cuja circunscrição se deparou o objeto perdido.[17] No entanto, por razões de economia, a lei assegura ao Município a faculdade de abandonar a coisa de valor diminuto em proveito do descobridor.

---

15 Hedemann, *Derechos Reales*, pág. 230.
16 Enneccerus, Kipp e Wolff, loc. cit.
17 Sobre "a achada" ou achado de coisa perdida, cf.: Espínola, *Posse, Propriedade* etc., pág. 301; Hedemann, *Derechos Reales*, pág. 230; Enneccerus, Kipp e Wolff, *Derecho de Cosas*, vol. I, §§ 82 e segs.

310. ESPECIFICAÇÃO

A manipulação de matéria-prima dá lugar a modalidade aquisitiva de proprie-dade mobiliária, com o nome de *especificação*, e assim definida em decorrência do princípio respectivo (Cód. Civil, art. 1.269): considera-se *especificação* a transfor-mação definitiva da matéria-prima em espécie nova, mediante o trabalho ou indús-tria do especificador. Para que opere a aquisição da propriedade é mister a transfor-mação se dê pela ação humana, e que não seja possível retornar à espécie anterior. Não constitui especificação a transformação meramente acidental ou que respeite a forma antiga.[18] Por outro lado, a especificação exige um *ato real* do homem, não um ato jurídico ou declaração de vontade.[19]

No desenvolvimento do assunto, nosso direito adota orientação que já perfi-lhava o BGB, diferindo da solução adotada em outros Códigos como o francês e os que seguiram a doutrina deste, que estabelecem prioritariamente o condomínio do especificador e do dono da matéria-prima, sobre a espécie nova.

A importância social desta modalidade aquisitiva é muito grande, tendo-se em vista a capacidade criadora do homem, as atividades artísticas, a elaboração artesanal, o desenvolvimento da indústria etc. São exemplos, todos, lembrados pe-los civilistas: a pintura em relação à tela; a escultura em relação à pedra, madeira ou metal; o trabalho gráfico em relação ao papel ou assemelhados; o bordado, ao tecido ou à linha, além da manipulação industrial em relação a toda espécie de matérias-primas. Em qualquer caso, todavia, a "novidade" é encarada em sentido econômico e não filosófico, vale dizer que a nova *species* há de resultar de alteração dotada de importância.[20]

O princípio cardeal, no assunto, institui a predominância do lavor sobre o material: o especificador adquire a propriedade da espécie nova produzida, se a matéria-prima lhe pertencer, ainda que somente em parte; se na sua totalidade pertence a outrem, e não for possível reduzir-se à forma precedente, adquire-lhe ainda a propriedade, estando de boa-fé. Se de má-fé o especificador, a espécie nova será do proprietário da matéria-prima. Mas, em qualquer hipótese, se o preço da mão-de-obra exceder consideravelmente o valor da matéria-prima, a espécie nova será do especificador. Cumpre, todavia, assinalar, como faz Hedemann, que se o proprietário cria uma coisa nova de outras que já lhe pertencem, não modifica uma relação jurídica: continua dono da obra criada como já o era dos elementos que a compõem. O interesse da matéria e a aquisição da propriedade aparecem quando se utilizam coisas de distintos donos.[21] Por este motivo, o Código de 2002, ao fixar o princípio da especificação, dispõe no art. 1.269 que "aquele que, trabalhando em

18   Lafayette, *Direito das Coisas*, § 37.
19   Enneccerus, Kipp e Wolff, ob. cit., §§ 71 e segs.
20   Enneccerus, Kipp e Wolff, loc. cit.
21   Hedemann, *Derechos Reales*, pág. 200.

matéria-prima *em parte alheia*, obtiver espécie nova, desta será proprietário, se não se puder restituir à forma anterior".

Conciliando, todavia, a aquisição da propriedade com o princípio fundamental do respeito ao direito alheio, o prejudicado com a especificação irredutível terá direito ao ressarcimento, salvo se se tratar de especificador de má-fé. Neste caso, o dono da matéria-prima nada tem de indenizar, pois, se a isso fosse obrigado, estaria o direito estimulando a apropriação de coisa alheia pelo especificador malicioso, que nada perderia, colocado entre tornar-se dono da espécie nova ou receber remuneração por um trabalho não encomendado.

311. CONFUSÃO, COMISSÃO, ADJUNÇÃO

Aqui se prevê a hipótese de coisas de diversos donos mesclarem-se. Mais tecnicamente, diz-se haver *confusão* quando se acharem em estado líquido; *mistura* ou *comissão* se forem coisas secas. Num e noutro caso, ordinariamente resulta um *condomínio*, regulados os direitos pelo disposto no título ou na convenção, quando for ela voluntariamente obtida. A *adjunção* consiste na justaposição de uma a outra coisa, impossibilitando destacar-se a acessória da principal, e, conseguintemente, resultando que o dono da primeira adquire a segunda, com observância das regras da acessão.

Se a mesclagem, porém, se operou maliciosamente, caberá à parte de boa-fé escolher entre guardar o todo, pagando a porção que não é sua, ou renunciar à que lhe pertencer, recebendo indenização ampla, abrangente do valor do que é seu e mais o prejuízo resultante de se privar dele.

Aplica-se o mesmo princípio, ainda que da união de matérias de natureza diversa resulte espécie nova (art. 1.274 do Código Civil de 2002).

312. USUCAPIÃO

A ideia dominante em matéria de usucapião de coisa móvel é a mesma que inspira esta modalidade aquisitiva no campo imobiliário. E os conceitos são os mesmos, o que nos dispensa de seu desenvolvimento, reportando-nos, pois, ao que expendemos acima (n. 305, *supra*, e seguintes).

No tocante ao prazo, dispõe o Código Civil que se opera a aquisição em três anos com justo título e boa-fé (art. 1.260) e em cinco anos, independentemente de um e outra (art. 1.261). Já se dispunha desta forma no Direito anterior, nos arts. 612 e 613 do Código Civil de 1916, na redação que proveio da Lei nº 2.437, de 7 de março de 1965.

No direito francês vigora a regra "en fait de meubles possession vaut titre", geradora da *praesumptio dominii* em benefício do possuidor, e que é encarecida como princípio de segurança quase total.[22] Sem enunciar preceito idêntico o direito brasileiro não pode deixar de admitir que se assegure ao possuidor ter a coisa como sua, salvo o direito de terceiro que dê as provas de ser o proprietário. A presunção não impede, todavia, a reivindicação dos móveis perdidos, furtados ou roubados.

313. TRADIÇÃO

O Direito Romano exigia a materialidade de um fato concreto para que se verificasse a transferência da propriedade, enunciando regra segundo a qual *traditionibus et usucapionibus dominia rerum non nudis pactis transferuntur*. Conforme vimos acima (nº 303, *supra*), ao espírito severo e formal dos romanos a convenção não era suficiente à transferência do domínio. Requeria-se a par da usucapião a *traditio* – tradição – cujo desenvolvimento acompanhamos também.

Nosso direito, em divergência do francês, que aceita a transferência dominial por força do contrato apenas, e na linha tradicional romana a que aderem o alemão, o suíço, o argentino, o uruguaio, o chileno, adota critério segundo o qual a convenção não é suficiente à aquisição da propriedade, mas tão somente habilita ou intitula o interessado. Na observância das linhas básicas do sistema, exige para os imóveis a inscrição (v. nº 303, *supra*). E, para os móveis estabelece que o domínio não se transfere pelos contratos antes da tradição (Código Civil, art. 1.267).

Que é tradição? Em que consiste?

Na reconstituição jurídica do fenômeno a tradição vai prender-se originariamente à *entrega efetiva* da coisa, à sua passagem de mão a mão. Sem nos determos nas espécies romanas da *traditio longa manu e traditio brevi manu* (já estudadas acima, nº 292, *supra*), que perderam interesse na atualidade, fixamos para a tradição o conceito, no tocante à transferência dos bens móveis, de *um ato de entrega da coisa ao adquirente, transformando a declaração translatícia de vontade em direito real*.

Na integração jurídica da tradição, há que partir de um primeiro pressuposto: uma vez que opera a transferência de domínio da coisa, necessita da capacidade do *tradens* e a sua titularidade em relação a ela. Se for pessoa incapaz, a *traditio* é inoperante, não produzindo o efeito desejado. Se o *tradens* não for o proprietário da coisa, a tradição não produz a consequência jurídica da transferência do domínio. Vindo, contudo, a adquirir-lhe mais tarde a propriedade e estando o adquirente de boa-fé, considera-se revalidada a transferência e operado o efeito da tradição, desde o momento do seu ato (Código Civil, art. 1.268, § 1º). Em segundo lugar, a tradição, como modo aquisitivo de domínio, exige um *acordo de vontades* neste sentido: não basta que o *tradens* entregue a coisa ao *accipiens*, mas é mister que o faça a título de transferência, pois que não a transmite a tradição a título de locação, de depósito, de penhor etc. E, finalmente, a tradição há de envolver a

---

22 Mazeaud e Mazeaud, *Leçons*, vol. II, nº 1.518.

imissão do *accipiens* na posse da *res tradita*, não sendo, contudo, vedado o *constituto possessório*, como em seguida se verá.

Dentro da sistemática por nós adotada, desde o Direito anterior, tradição é o fator genético da transmissão. Conseguintemente, não se recebe a propriedade do bem alienado, em não havendo a tradição, ou não produzindo esta os seus efeitos.

Como vimos, a tradição originariamente se configura na entrega da coisa, *materialmente efetivada*. Mas, como a vida social e mercantil não tolera subordinar-se diuturnamente às exigências do formalismo jurídico, a tradição procura afeiçoar-se a imposições práticas. Partindo, então, da *tradição real*, o direito moderno desenvolve a noção de tradição simbólica e cultiva o constituto possessório, que nos vem do Direito Romano.

Diz-se *tradição real* a que consiste na efetiva entrega ou *entrega material* da coisa ao adquirente que a recebe e apreende. Neste sentido, dizia-se: *traditio est de manu in manum rei translatio.*

Simbólica se diz a tradição que se não realiza pela entrega e apreensão material da coisa, porém mediante a de algo que a represente, como se o alienante dá ao adquirente a chave do carro, como sinal de que a este o transfere.

Do *constituto possessorio* já falamos (v. n° 292, *supra*). Transpondo-lhe a noção para o plano da aquisição de coisa móvel, revela que a mudança do título da posse (o possuidor *ut dominus* passa, por via da convenção, a possuir em nome do adquirente) implica uma *tradição ficta*, pois que, sem o fato material da entrega direta, o adquirente apreende, através da pessoa mesma do *tradens*, a coisa alienada.

De tais aproximações resulta que, para uns, com Puchta à frente, a tradição encarada genericamente assemelha-se à posse.[23] Mas essencialmente dela se distingue em que a posse é um direito em si mesmo (v. n° 286, *supra*), ao passo que a *traditio* é apenas um modo de adquirir. Por ela adquire-se a propriedade, como através dela ainda outros direitos.

Não há mister que o adquirente em pessoa efetive a apreensão da coisa, ou receba o objeto que a simboliza: poderá proceder por preposto.

Também no seu mecanismo, nada obsta a que o alienante, em vez de realizar a tradição pessoalmente, o faça pela intermediação de um representante, uma vez que esteja munido de poderes bastantes, pois se estes lhe faltarem, a *traditio* será inoperante.

Vale igualmente como tradição, e produz os mesmos efeitos desta, a cessão do direito à restituição da coisa alienada que se encontre na posse direta de terceiro.[24]

A necessidade de segurança nos negócios estatui, entretanto, formalidades especiais para a aquisição de certos bens móveis, não se contentando nesses casos com a *traditio* simples, que se requer, então acompanhada de tais medidas.

---

23   Lacerda de Almeida, *Direito das Coisas*, vol. I, § 23.

24   Cf., sobre o conceito e os requisitos da tradição: Lafayette, *Direito das Coisas*, §§ 43 e segs.; Clóvis Beviláqua, *Direito das Coisas*, vol. I, § 50; Orlando Gomes, *Direitos Reais*, n° 143; Lacerda de Almeida, *Direito das Coisas*, vol. I, §§ 23 e segs.

Bibliografia

Serpa Lopes, *Curso de Direito Civil*, vol. VI, n⁰ˢ 165 e segs.; De Page, *Traité Élémentaire de Droit Civil*, vol. V, n° 1.137; Clóvis Beviláqua, *Direito das Coisas*, vol. I, n° 52; Washington de Barros Monteiro, *Direito das Coisas*, págs. 188 e segs.; Ruggiero e Maroi, *Istituzioni di Diritto Privato*, vol. I, § 109; Ugo Natoli, *La Proprietà*, págs. 177 e segs.; Eduardo Espínola, *Posse, Propriedade, Condomínio, Direitos Autorais*, págs. 333 e segs.; Enneccerus, Kipp e Wolff, *Tratado, Derecho de Cosas*, vol. I, §§ 88 e segs.; Trabucchi, *Istituzioni di Diritto Civile*, n° 173, pág. 396; Planiol, Ripert e Boulanger, *Traité Élémentaire*, vol. I, n⁰ˢ 2.742 e segs.; Marty e Raynaud, *Droit Civil*, vol. II, n⁰ˢ 57 e segs.; Poitier, *La Propriété d'Appartement*; Peretti Griva, *Il Condominio delle Case Divise in Parti*; Zola Florenzano, *Condomínio e Incorporações*; Carlos Maximiliano, *Condomínio*; Caio Mário da Silva Pereira, *Condomínio e Incorporações*.

314. Conceito de condomínio

A noção tradicional de propriedade liga-se à ideia de assenhoreamento de uma coisa com exclusão de qualquer outro sujeito. A de condomínio compreende o exercício do direito dominial por mais de um dono, simultaneamente. Ocorre, assim, como que a contradição entre duas noções: propriedade que é exclusiva e exclusivista, e condomínio que assenta na comunidade de direitos. Esta incompatibilidade entre a propriedade e a pluralidade de proprietários já impressionava os romanos a tal ponto, que um dos seus grandes jurisconsultos, Celso, o enunciava, dizendo: *duorum vel plurium in solidum dominium vel possessionem esse non potest*[1] Isto é: não pode existir a propriedade ou posse de duas ou mais pessoas, solidariamente, sobre a mesma coisa. Vale dizer que a propriedade, senhoria universal sobre a coisa, não pode pertencer a mais de um *dominus* simultaneamente, sendo todavia lícita sua pertinência a mais de um sujeito, *pro parte*.[2]

A vida social está repleta de situações, contudo, em que duas ou mais pessoas têm posse ou propriedade sobre o mesmo bem. A questão residirá no modo de conceituar a situação jurídica, como já fizemos no tocante à *composse* (v. nº 288, *supra*), e ora fazemos quanto ao *condomínio* ou *compropriedade*, também chamado *comunhão*, embora este último vocábulo seja mais abrangente, e compreenda afora a "propriedade em comum" todas as relações jurídicas em que apareça uma pluralidade subjetiva.

Dá-se condomínio, quando a mesma coisa pertence a mais de uma pessoa, cabendo a cada uma delas igual direito, idealmente, sobre o todo e cada uma de suas partes. O poder jurídico é atribuído a cada condômino, não sobre uma parte determinada da coisa, porém sobre ela em sua integralidade, assegurando-se a exclusividade jurídica ao conjunto de comproprietários, em relação a qualquer pessoa estranha, e disciplinando-se os respectivos comportamentos, bem como a participação de cada um em função da utilização do objeto.

A cada condômino é assegurada uma *quota* ou *fração ideal* da coisa, e não uma parcela material desta. Cada cota ou fração não significa que a cada um dos comproprietários se reconhece a plenitude dominial sobre um fragmento físico do bem, mas que todos os comunheiros têm direitos qualitativamente iguais sobre a totalidade dele, limitados contudo na proporção quantitativa em que concorre com os outros comproprietários na titularidade sobre o conjunto.

Somente assim se justifica a coexistência de direitos sobre uma dada coisa, exercidos comunitariamente e sem conflito por uma pluralidade de donos, e com exclusão de todos quantos sejam estranhos à comunhão.[3]

---

1   *Digesto*, Liv. 13, Tít. VI, fr. 5, § 15.
2   Ugo Natoli, *La Proprietà*, pág. 179.
3   Sobre o conceito de condomínio, cf. De Page, *Traité*, vol. V, pág. 990; Planiol, Ripert e Boulanger, *Traité Élémentaire*, vol. I, nº 2.744; Ruggiero e Maroi, *Istituzioni*, vol. I, § 109; Scialoja, *Teoria*

Esta noção de condomínio de origem romana, e por isso mesmo denominado *condominium iuris romani*, não se confunde com o condomínio germânico (*Condominium iuris germanici*), que, aliás, existe na Alemanha ao lado do outro, denominado também condomínio por quotas. No segundo (condomínio germânico) a coisa pertence à coletividade e não aos condôminos, que, desta sorte, têm apenas direitos de uso e gozo da coisa em razão da vinculação corporativa em que se encontram e não em consequência de serem sujeitos, individualmente, de direitos sobre a própria coisa. O traço diferencial do condomínio germânico está, pois, em considerar-se como propriedade coletiva ou exercida de *mão comum* (*Gesamnteigentum* ou *gemeinschaf zur gesammten Hand*), pertencendo a coisa ao grupo ou coletividade, sem distribuição ou participação quantitativa pelos interessados.[4]

Tendo em vista a sua origem, o condomínio pode ser *convencional* ou *incidente*. *Convencional* é aquele que nasce do contrato pelo qual duas ou mais pessoas adquirem ou colocam uma coisa em comum para dela usar ou fruir. Diz-se *incidente* ou *eventual* quando não resulta de um concurso de vontades, como o que nasce de uma sucessão hereditária, dos direitos de vizinhança ou de qualquer outra circunstância em que o estado de comunhão provém de um fato não decorrente da manifestação volitiva dos comunheiros.[5] E se chama *legal* ou *forçado* quando nasce de imposição da ordem jurídica.

Tendo em vista a sua necessidade, denomina-se *ordinário* ou *transitório* aquele que, resultante ou não da convenção, vigora por tempo certo ou enquanto não se lhe ponha termo, *mas que pode cessar sempre*. Permanente é o *coativo* ou *forçado*, insuscetível de se extinguir pela natureza mesma da coisa ou da relação jurídica que o gerou, ou do exercício do direito correlativo.

O Código estabelece normas disciplinares do condomínio tradicional ou *condomínio geral*, que se subdivide em voluntário e necessário, e regras reguladoras do *condomínio edilício*, referentes aos edifícios coletivos.

315. DIREITOS E DEVERES DOS CONDÔMINOS NO CONDOMÍNIO VOLUNTÁRIO

Como propriedade que é, o condomínio proporciona aos seus titulares um complexo jurídico. Mas, devido à situação especial gerada pela pluralidade subjetiva, o respeito aos direitos recíprocos dos condôminos impõe a cada um limitações que dão origem a direitos e deveres de uns em relação aos outros. A par disso, cumpre salientar que a natureza real do direito revela-se na sua oponibilidade *erga omnes*,

---

della Proprietà, pág. 435; Mazeaud e Mazeaud, *Leçons*, vol. II, n° 1.308; Pietro Bonfante, *Istituzioni di Diritto Romano*, § 95.

4   Enneccerus, Kipp e Wolff, *Derecho de Cosas*, vol. I, § 88; Hedemann, *Derechos Reales*, pág. 265.
5   Espínola, *Posse, Propriedade* etc., pág. 338; Ruggiero e Maroi, *Istituzioni*, vol. I, § 109; Trabucchi, *Istituzioni*, pág. 397.

que a seu turno investe os comproprietários em faculdades ou poderes contra quaisquer pessoas estranhas. Os principais são estes:

A) Cada condômino ou consorte pode *usar* livremente a coisa, conforme seu destino, utilizando-a de tal forma que exerça todos os direitos compatíveis com o estado de indivisão. Não se lhe permite, evidentemente, excluir os demais condôminos, pois que a coisa não é de um, mas de todos.

B) Cada condômino ou comunheiro tem a liberdade de *alhear a sua parte* ou *gravá-la*, respeitando o direito preferencial reconhecido aos demais condôminos para a sua aquisição tanto por tanto. Se mais de um a quiser, observar-se-á a ordem de preferência a que já nos referimos ao tratarmos da compra e venda (v. nº 200, vol. III; art. 504, par. único, do Código Civil). Não lhe é lícito, todavia, alhear ou gravar a coisa comum, sem o consentimento dos demais. Quanto à *hipoteca*, é óbvio que o condômino não pode fazê-la incidir na totalidade da coisa, sem o consenso de todos. Poderá, todavia, gravar a sua parte (Código Civil, art. 1.314), mas se por ocasião da divisão, não receber quinhão no imóvel, a hipoteca reputar-se-á inexistente (Lafayette, Serpa Lopes).

C) Cada condômino ou comproprietário tem a faculdade de *reivindicar* de terceiro a coisa comum, independentemente da anuência dos demais. Não se restringe tal direito a uma parte da coisa, na proporção da cota viril, porém estende-se à coisa toda, uma vez que se não individua a parte de cada um. Em relação ao possuidor injusto, a compropriedade arma qualquer dos consortes de poderes para recuperá-la em benefício próprio ou da comunidade.

D) Na sua qualidade de compossuidor, qualquer condômino pode *defender a sua posse* contra outrem.

E) Correlato ao direito de usar a coisa está o dever de concorrer para as *despesas comuns*, na proporção das respectivas partes, seja para a sua conservação (reparações, restaurações, remuneração de vigilante, impostos e taxas, demarcação e extremação etc.), seja para se pôr termo à indivisão (custas judiciais, operações de agrimensura, honorários advocatícios, etc.).

Se algum dos condôminos se recusar a concorrer nas despesas e nas dívidas, libera-se renunciando à sua parte. Se os demais assumirem os ônus, a parte do renunciante é adquirida por todos, na proporção dos pagamentos que fizerem. Se algum ou alguns arcarem com eles, a quota do renunciante a um ou alguns será adquirida. Se nenhum deles quiser suportar o encargo, a solução única é extinguir o condomínio, dividindo a coisa (art. 1.316 do Código Civil).

F) Se um dos condôminos contrair dívida em proveito da comunhão e durante ela, reponde pessoalmente pelo compromisso assumido e não obriga os demais consortes, mas tem contra estes ação regressiva (*de in rem verso*).

G) Se acontecer que todos em conjunto contraiam dívida, sem discriminação da parte de cada um e sem que se estipule a solidariedade, entende-se que cada qual se obrigou proporcionalmente ao seu quinhão ou sorte, na coisa comum, e, desta maneira, o débito será solvido e cobrado.

H) Cada consorte responde aos demais pelos frutos que perceber da coisa comum, e bem assim pelos danos que lhe cause.

I) Nenhum dos comproprietários poderá alterar a coisa comum sem o consentimento dos demais.

J) A nenhum condômino é lícito, sem prévio consenso dos outros, dar posse, uso ou gozo da propriedade a estranho.

316. ADMINISTRAÇÃO DO CONDOMÍNIO VOLUNTÁRIO

Sendo de todos a coisa, a ideia central é a sua utilização pelos consortes, de tal maneira que a cada qual se franqueie a utilização dela, sua exploração e aproveitamento, auferindo assim o benefício que a todos seja concedido, enquanto durar o estado de indivisão, e sem que a uns se permita turbar o uso dela pelos demais.

Ocorrendo, entretanto, que as circunstâncias de fato (ausência, incapacidade etc.) ou o desentendimento impossibilite ou dificulte o uso da coisa em comum, cabe aos comunheiros deliberar se a coisa deve ser administrada, vendida ou alugada. Se todos concordarem que se não venda, será decidida a administração ou o aluguel (Código Civil, art. 1.323). Basta que um só discorde, para que se ponha termo à indivisão.[6] Na falta de oposição, decide-se a respeito da locação ou administração.

Optando a maioria pela administração, escolherá desde logo o administrador, com observância do disposto na lei processual.

Decidido pelo aluguel, serão tomadas as deliberações a respeito, convindo que se aprovem desde logo as condições de preço, prazo etc. Em condições iguais preferir-se-á o condômino ao estranho.

No condomínio, as deliberações serão tomadas não pelo número dos comunheiros, porém calculando-se a maioria pelo valor dos quinhões ou sortes. E para que obriguem a todos, serão as deliberações tomadas pela maioria absoluta, isto é, pelos votos que representem mais de metade do valor total.

Não se chegando a uma decisão por haver empate transfere-se a decisão ao juiz, a requerimento de qualquer comunheiro. Igual providência se adotará, caso não se logre uma deliberação útil por falta de *quorum*.

Administrada ou alugada a coisa, os frutos serão distribuídos segundo o estipulado, e na falta de estipulação, em proporções aos quinhões.

Não havendo deliberação sobre quem seja administrador, presume-se mandatário comum aquele condômino que administrar sem oposição dos demais.

317. EXTINÇÃO DO CONDOMÍNIO VOLUNTÁRIO

A comunhão não é a modalidade natural da propriedade. É um estado anormal (Clóvis Beviláqua), muito frequentemente gerador de rixas e desavenças, e fomentador

---

6   Espínola, *Posse, Propriedade* etc., pág. 353.

de discórdias e litígios. Por isso mesmo, considera-se um estado transitório, destinado a cessar a todo tempo. A propósito, vige então a ideia central que reconhece aos condôminos o direito de lhe pôr termo. No desenvolvimento desse princípio, que é geral, cumpre assinalar como se exerce, e quando se suspende.

Com efeito, é lícito aos condôminos acordarem em que a coisa fique indivisa, como lícito igualmente é ao doador ou testador instituir permaneça ela em comum. Num e noutro caso, estabelece a lei uma limitação temporal, fixado o prazo máximo de cinco anos, reconhecido todavia aos condôminos, e somente a eles, ajustar prorrogação. Convencionada a indivisão por prazo superior a cinco anos, automaticamente a este se reduz.[7]

Guardada esta ressalva, pode qualquer condômino a todo tempo exigir a divisão da coisa comum (Código Civil, art. 1.320). O processo divisório, que foi uma das mais vetustas ações no Direito Romano (*actio communi dividundo*), pode ser amigável ou litigioso. No primeiro caso, o juiz apenas homologa o plano divisório adotado pelos interessados; no segundo decide as questões e dúvidas levantadas pelas partes.

Qualquer que seja a forma adotada (escritura de divisão, processo judicial sumário quando todos forem maiores e capazes, processo judicial ordinário) a divisão não é atributiva de propriedade, senão meramente declaratória. Vale dizer: os direitos dos condôminos são os definidos no título, e remontam à data deste. E tudo se passa como se cada condômino não houvesse direito a outros bens desde o começo, o que equivale dizer que o ato extintivo produz efeitos *ex tunc*.[8] Não obstante ser esta a orientação tradicional, consagrada em nosso direito positivo, e encarecida pelos nossos tratadistas, não se pode negar a existência de opositores, entre os quais o prestigioso Antônio Cicu, sustentando o caráter constitutivo da divisão, com o argumento de que opera uma *sub-rogação* real, em que o quinhão individuado substitui a quota ideal do comunheiro. As questões surgidas ulteriormente em torno da legitimidade do direito serão, pois, dirimidas à vista do título dominial e não do ato divisório, ainda que judicial. A ação de divisão pode inaugurar-se pelo julgamento preliminar da propriedade com expurgo dos títulos e exclusão de quem não seja condômino.

Quando a coisa for indivisível ou se tornar, pela divisão, imprópria do seu destino, e os consortes não quiserem adjudicá-la a um só, indenizados os outros, será *vendida*. Em tal caso, qualquer dos condôminos requererá a alienação com observância do disposto no Código de Processo Civil, sendo o bem vendido em hasta pública, na qual serão observadas as preferências gradativas: o condômino em condições iguais prefere ao estranho; entre condôminos o que tiver na coisa benfeitoria mais valiosa, e, não as havendo, o de maior quinhão (Código Civil, art. 1.322). Praceado o bem, e deduzidas as despesas, o preço será repartido na proporção dos quinhões ou sortes.

---

7   Planiol, Ripert e Boulanger, *Traité Élémentaire*, vol. I, n° 2.747.
8   Ugo Natoli, *La Proprietà*, pág. 182; Planiol, Ripert e Boulanger, *Traité Élémentaire*, vol. I, n° 2.752; Serpa Lopes, *Curso*, vol. VI, n° 197.

318. Condomínio necessário

Considera-se necessário, ou legal, o condomínio que se não origina de uma convenção ou de sucessão hereditária, porém decorre de imposição da ordem jurídica. O Código prevê um caso particular da espécie, em razão de situações peculiares nascidas do direito de vizinhança.

A tapagem e separação de prédios que se fazem por paredes, muros, cercas ou valados pode gerar o condomínio sobre uns e outros, quando levantados ou abertos na linha divisória. É frequente, no momento em que se realizam, concorrerem os proprietários confinantes nas despesas de custeio, e *ipso facto* tornarem-se desde logo comproprietários. Usam-nos conforme suas necessidades, mas cuidando de não trazerem moléstias ao vizinho.

A matéria encontra disciplina nos arts. 1.327 a 1.330 do Código Civil de 2002.

O art. 1.328 do Código Civil estabelece que o proprietário vizinho tem a faculdade de adquirir a meação do que constitua a estremação dos dois prédios, embolsando a aquele que despendeu, a metade do valor da obra. O que de especial se salienta no preceito é que se não leva em consideração o preço de custo, porém aquilo que a obra valer, no momento em que o confrontante exerce o direito. Demais disso, note-se que embora o referido dispositivo legal remeta ao art. 1.297, este trata de situação oposta, em que o confrontante lança mão do direito de constranger seu confinante a proceder com ele à demarcação entre os dois prédios.

Não havendo acordo entre os vizinhos quanto ao preço da obra, este será arbitrado por peritos, às expensas de ambos (art. 1.329 do Código Civil). O interesse em que se proceda à meação das obras divisórias, quaisquer que sejam, reside em que somente o condômino por meação pode fazer uso delas. A respectiva utilização é subordinada a prévio reembolso a quem as realizou. E não querendo este receber, deve ser efetuado o depósito do respectivo valor atualizado.

Inscrevia-se textualmente, no Código de 1916, entre os casos específicos de condomínio, o *compáscuo*, que é a utilização em comum de pradarias, campos ou terrenos de qualquer espécie para pastagem em comum de gado pertencente a proprietários diversos. As regras disciplinares distribuem-se por setores vários, conforme a natureza do imóvel ou a relação jurídica originária.

O compáscuo em terras públicas ou terrenos baldios regula-se pelas leis ou resoluções municipais, se a respeito não existir legislação federal ou estadual.

No caso de incidir em prédio particular, e de ter sido o compáscuo instituído, por servidão, como acontecia no Direito Romano – *pecoris pascendi servitutes* – reger-se-á pelas normas desta, ou pelo disposto no título.[9]

Mas na falta de normação específica, atrai supletivamente o regime do condomínio. Com efeito, guardada a peculiaridade própria à sua limitação, o compáscuo

---

9   Cf., a respeito da servidão de compáscuo: Lafayette, *Direito das Coisas*, § 102, nota 24; Aguiar e Souza, *Tratado das Servidões*, §§ 248 e segs.

é modalidade condominial a que se estende, no que lhe seja aplicável, a disciplina genérica da compropriedade.

319. CONDOMÍNIO EDILÍCIO

O nosso direito anterior, inclusive no regime do Código Civil de 1916, não admitia a divisão de edifício por planos horizontais. Aceitava a que se procedia por planos verticais, geradores das chamadas "casas de parede-meia", a que atribuía normas reguladoras dos direitos de vizinhança.

O desenvolvimento urbano, a valorização dos terrenos citadinos e a necessidade de aproveitamento de espaço suscitaram a ideia de instituir condomínio nos prédios de mais de um andar, distribuindo-os por diversos proprietários.

Uma pesquisa histórica permite recuar a superposição habitacional ao Direito Romano, onde já se conhecia a prática da *insula* destinada à residência plebeia, como dá notícia Tácito ao descrever o incêndio de Roma ao tempo de Nero.[10] A investigação jurídica vai determinar a incidência do fenômeno com a sua disciplina própria.[11] Mais tarde veio a praticar a divisão horizontal como solução indicada em numerosas cidades e registrada no seu direito costumeiro (tais como Orleães, Rennes, Paris, Nantes, Auxerre etc.). Não obstante, os Códigos que traduziram a floração jurídica do século passado desprezaram a divisão horizontal (Francês, Italiano, Alemão, Português).

Nesta linha, o Código Brasileiro de 1916 ignorou o fenômeno, e, com isso, é bom testemunho de que não se manifestava a necessidade social e econômica dessa modalidade condominial.

Foi com o Decreto nº 5.481, de 25 de junho de 1928, modificado ulteriormente pelo Decreto-lei nº 5.234, de 1943, e pela Lei nº 285, de 1948, que se estatuiu a regulamentação dos edifícios coletivos, divididos em unidades autônomas, destinadas a finalidades residenciais, profissionais ou comerciais.

O crescimento da atividade empresarial da incorporação, com as consequências diretas e indiretas, reclamava do Legislador uma regulamentação específica, não somente para atualizar o regime condominial dos edifícios de apartamentos e similares (regime da *propriedade horizontal*) em flagrante desconformidade com as exigências modernas, como ainda para coibir os abusos e normalizar os negócios em torno da construção neste setor, definindo os direitos e as obrigações dos incorporadores, construtores e adquirentes de unidades.

Como autor de obra monográfica em torno do assunto, publicada em 1961 sob o título "Propriedade Horizontal", recebemos o encargo de elaborar "Projeto" a respeito do condomínio e incorporações, que veio afinal a converter-se na Lei nº 4.591, de 16 de dezembro de 1964.[12]

---

10   C. Cornélio Tácito, *Annales*, Liv. XV, nº 41.
11   Abby, *La Propriété des Appartements*, nº 8.
12   Cf. o histórico de sua elaboração em Caio Mário da Silva Pereira, *Condomínio e Incorporações*, Prefácio e Introdução.

O Código Civil de 2002 trata do condomínio especial dos edifícios coletivos nos arts. 1.331 a 1.358-A, sob o título de "Do Condomínio Edilício", denominação que criticamos durante toda a fase de elaboração do Projeto do Código, sem sucesso. Cabe o registro, aliás, que esta espécie de condomínio sempre recebeu denominações as mais variadas: "propriedade horizontal" (por se ter originado da divisão dos prédios por planos horizontais, expressão, aliás, que granjeou muito da preferência dos autores ibero-americanos); "condomínio especial"; "condomínio de edifícios divididos por planos horizontais" e "copropriedade de prédio de apartamentos", entre muitas outras.

A essência do condomínio nos edifícios coletivos reside em que deve ele ser constituído de partes que são de utilização exclusiva, consistindo no direito de propriedade sobre a unidade do seu titular, e partes que são comuns a todos, devendo o direito sobre as mesmas ser subordinado ao conceito condominial, tal como desenvolvido em o n° 314, *supra*. O proprietário de uma unidade no edifício coletivo somente tem a possibilidade material e jurídica de sua utilização se ao mesmo tempo lhe é assegurada a das partes comuns. Daí resulta que o conceito do condomínio edilício há de assentar na reunião orgânica e indissolúvel da propriedade exclusiva, incidente sobre a unidade, e o condomínio sobre as partes e coisas comuns (Clóvis Beviláqua, Carlos Maximiliano, Eduardo Espínola, Ricardo Amati, Ruggiero e Maroi, Ludovico Barassi, Hector Lafaille, Raymundo Salvat, Peretti Griva, Hernán Raciatti).

Precisamente por consistir na simbiose orgânica e indissolúvel da propriedade exclusiva sobre a unidade com a copropriedade que incide nas partes e coisas comuns, estas não podem ser alienadas separadamente daquelas, nem divididas (§ 2° do art. 1.331 do Código Civil).

Embora haja assentado o conceito de condomínio edilício na conjunção perpétua e inseparável da propriedade exclusiva e da copropriedade, o *caput* do art. 1.331 tem enunciado pouco feliz, quando declara que nas edificações "pode haver" partes que são propriedade exclusiva e partes que são propriedade comum dos condôminos. A redação é inadequada, porque ao dizer que "pode haver", insinua o preceito a proposição contrária ("não pode haver"). Mas isso seria a negação do condomínio edilício, que não sobrevive se deixarem de coexistir as partes comuns com as de uso exclusivo.

Compondo um conjunto indissolúvel e indivisível com a unidade de propriedade exclusiva, as partes comuns vinculadas àquela podem ser alienadas e gravadas livremente pelo seu proprietário, não sendo necessária a anuência dos demais comunheiros, nem havendo direito preferencial para a sua aquisição. Este, aliás, é um dos pontos mais característicos da diferenciação entre o condomínio especial e o condomínio geral ou tradicional. Excetuam-se apenas os abrigos para veículos, que não poderão ser alienados ou alugados a pessoas estranhas ao condomínio, salvo autorização expressa na convenção de condomínio (art. 1.331, § 1°, do CC, com a redação dada pela Lei 12.607/2012).

Ainda a propósito do art. 1.331 do Código Civil, convém notar que o referido dispositivo legal descreve casuisticamente, posto que não taxativamente, as partes comuns e as partes suscetíveis de utilização independente. A cada unidade é ligada uma fração ideal representativa das partes comuns.

Embora a redação original do § 3º do art. 1.331 não o dissesse, a doutrina pátria, de forma uníssona, apontava que a fração ideal poderia ser expressa de forma decimal ou ordinária. Hoje, agasalhando a assertiva, a Lei nº 10.931, de 02 de agosto de 2004, alterou a redação do referido § 3º para identificar a fração ideal em forma decimal ou ordinária no instrumento de instituição do condomínio. Em relação a ela, definem-se os direitos dos comunheiros.

Cada unidade, qualquer que seja a sua natureza ou o tipo de sua utilização, necessariamente terá acesso à via pública. Caso contrário, deixaria de ser *autônoma*.

Dentre as partes comuns do edifício, inscreve-se o seu teto. Não é este o telhado da unidade do último pavimento, porém constitui a cobertura de toda a edificação. Como tal, não pode ser apropriado como de uso privativo do proprietário do apartamento (ou outra unidade) a ele imediatamente sotoposta. Ressalva-se, contudo, a hipótese de, na escritura de constituição do condomínio, ser atribuída a sua utilização, caso em que, por convenção expressa, deixa de ser parte comum.

Problema que tem dividido juristas e tribunais é o que condiz com a caracterização da natureza jurídica deste condomínio *sui generis*. Não faltam escritores que o consideram como nova modalidade de pessoa jurídica, ora de cunho societário, ora como universalidade (Jair Lins, Leon Hennebier). Outros invocam institutos tradicionais para explicar a sua existência: direito superficiário (Domenico Simoncelli); servidão (Coviello, Ferrini, Demolombe, Planiol); não faltam os que o associam à enfiteuse (Gianturco, Duranton). A verdade é que é despiciendo mobilizar todos estes velhos conceitos para a caracterização do condomínio edilício. É ele um fenômeno econômico e jurídico moderno. Não se compraz com os institutos invocados para sua explicação, nem deles necessita. Especialmente deve ser lembrado que, se fosse uma pessoa, o condomínio, como tal, é que seria o sujeito de todas as relações jurídicas. Não é isso que se verifica. Os titulares dos direitos, quer sobre as unidades autônomas, quer sobre as partes e coisas comuns, são os condôminos e não uma inexistente ou fictícia pessoa jurídica. O condomínio dito edilício explica-se por si mesmo. É uma modalidade nova de condomínio, resultante da conjugação orgânica e indissolúvel da propriedade exclusiva e da copropriedade.

Para o cálculo das frações ideais, atribuídas a cada unidade, a doutrina varia. Para uns, leva-se em consideração a área (Fréderic Aéby); para outros, situação da unidade pelos andares (Poitier, Fréderic Dénis). Estabelece o § 3º do art. 1.331 que "a cada unidade imobiliária caberá, como parte inseparável, uma fração ideal no solo e nas outras partes comuns, que será identificada em forma decimal ou ordinária no instrumento de instituição do condomínio". Ela se liga, definitivamente, à unidade. Quando resultar de erro de cálculo pode ser emendada. Se desatender ao critério legal, será corrigida, não sendo admissível que um comunheiro se beneficie ou seja prejudicado em razão de uma quota ideal que não corresponde corretamente à sua unidade. É lícito, também, aos condôminos, em face de ocorrências ulteriores, como, *exempli gratia*, a transformação de uma parte ou área comum em unidade autônoma, promover o remanejamento das frações ideais. Em tal caso, somente se o admitirá pelo voto da unanimidade, uma vez que a redução do quantitativo da fração ideal atinge o direito de propriedade. A maioria, mesmo qualificada, não pode impor diminuição ao direito de propriedade alheio.

O condomínio especial dos edifícios coletivos pode ser instituído por ato *inter vivos* ou *causa mortis*. O testador pode estabelecer, para uma edificação já existente, composta de várias unidades, ou para uma que venha a ser realizada, o regime especial do condomínio edilício.

Por convenção pode ser instituído, sendo mais frequentes: *a)* Associarem-se vários indivíduos e comprarem um edifício composto de apartamentos, salas, lojas etc., e, na escritura aquisitiva, promoverem a instituição do regime da propriedade horizontal ou do condomínio especial; *b)* A instituição pode resultar de uma escritura de doação; *c)* Os herdeiros, no Esboço da Partilha, promovem a distribuição das unidades de um prédio, sob o critério do condomínio edilício; *d)* Vários indivíduos, proprietários de um terreno, constroem um edifício, atribuindo-se as unidades autônomas em que o mesmo se divide; *e)* Uma pessoa, física ou jurídica, promove uma incorporação, alienando desde logo as unidades em forma de condomínio especial.

A instituição do condomínio edilício por ato entre vivos requer a concordância de todos os interessados. Não é válida a deliberação, ainda que por maioria qualificada, transformando um condomínio tradicional em condomínio especial.

O ato de instituição do condomínio edilício, *inter vivos* ou *causa mortis*, deve ser inscrito no Registro de Imóveis, e obrigatoriamente deve conter o que vem expresso no art. 1.332 do Código Civil, além do que seja disposto em lei especial.

Convenção de Condomínio. O Projeto de 1975 estipulava que só se considerava constituído o condomínio edilício com a inscrição no Registro de Imóveis de convenção subscrita pelos titulares de, no mínimo, dois terços das frações ideais. A disposição foi modificada na redação definitiva do art. 1.333 do Código Civil de 2002, que considera o registro da Convenção de Condomínio necessário, apenas, para sua oponibilidade a terceiros, mantida a exigência do *quorum* de dois terços das frações ideais.

Uma vez aprovada e registrada, a Convenção condominial torna-se obrigatória para todos os titulares de direitos sobre as unidades, bem como a todas as pessoas que, em caráter permanente ou eventual, ingressem no edifício. Assim é que, independentemente de cláusula expressa, a convenção obriga os adquirentes, promitentes ou cessionários de unidades; os locatários, comodatários ou detentores, ainda que eventuais, de unidades. E, mais ainda, a todos quantos, por qualquer motivo, ingressem na edificação.

Não é necessário que a Convenção de Condomínio revista a forma pública, porém são essenciais a forma escrita e a subscrição por dois terços no mínimo.

A natureza jurídica da Convenção de Condomínio constitui objeto de consideração dos juristas. Assemelha-se ao contrato, por advir de emissão convergente de vontades, mas dele se dissocia por se aplicar a quem não participa de sua formação. É um "ato jurídico plúrimo" (Kyntze), ou, no dizer de outros, um "ato-regra", criando a normação de conduta para uma determinada comunidade, assegurando direitos e impondo obrigações. Seu fundamento contratualista perde terreno, uma vez que assume caráter normativo para todo o agrupamento social, aplicando-se coercitivamente, inclusive para os que manifestam vontade discordante de sua elaboração ou redação. No seu efeito, assemelha-se à lei, posto que dirigida à vontade de uma comunidade reduzida, e nesse sentido insere-se na teoria das fontes de direito (Gaston Jeze, Leon Duguit, Brethe de La Bressay et Laborde Lacoste, Serpa Lopes). A nova teoria das fontes de direito foi desenvolvida no vol. I, nº 9, destas *Instituições*.

A Convenção de Condomínio, como direito estatutário da comunidade (Gurvitch) ou direito corporativo (Planiol, Ripert et Boulanger), contém precipuamente as disposições que condizem com o particular interesse dos condôminos, que têm a liberdade de estipular o que melhor lhes convenha, desde que não transponha as disposições imperativas ou proibitivas da lei. Se eventualmente alguma disposição ofender um mandamento legal, não obriga, nem pode gerar consequências (Marcello Andreolli). Como, entretanto, uma vez aprovada, adquire força obrigatória, cabe ao interessado em que não prevaleça a norma contraveniente à lei prover a sua invalidação pela via judicial, seja tomando a iniciativa do procedimento anulatório, seja arguindo a sua ineficácia em ação que lhe seja intentada. É, todavia, lícito à Assembleia Geral renegar o dispositivo incriminado.

Além das cláusulas que ficam ao alvedrio dos condôminos, e das que estão sujeitas ao art. 1.332 do Código Civil, a Convenção determinará o que neste artigo se estabelece. É de se salientar que cabe à Convenção estatuir sobre o *quorum* para as deliberações. Normalmente, tomam-se estas por maioria, computada em razão das frações ideais. Poderá a Convenção determinar que, para certos assuntos de maior interesse, seja exigido *quorum* especial. Algumas hipóteses, entretanto, devem ser ponderadas.

Assim é que, para a aprovação da Convenção de Condomínio, bem como para qualquer alteração da mesma, as votações serão válidas pelo voto de dois terços. Na vigência da Lei nº 4.591, de 1964, admitia-se que da Convenção constasse a exigência da unanimidade para as modificações, porque o art. 9º, § 3º, alínea "l", era expresso no sentido de que a Convenção deveria conter "a forma e o *quorum* para as alterações da Convenção". No silêncio do Código a respeito, e tendo disposto que a aprovação dela pode validamente ocorrer pelo voto de dois terços, é de se concluir que as alterações poderão também ser deliberadas pelo mesmo *quorum*, em virtude do princípio segundo o qual a competência para revogar é a mesma que para aprovar: *cuius est condere eius est revocare*.

As deliberações que atingem os direitos dos condôminos, tais como as que importam em redistribuição das frações ideais, alienação de partes comuns, e demais previstas em lei, tomam-se por unanimidade.

Controverte-se a respeito da possibilidade de a Convenção limitar a utilização das unidades autônomas para determinados fins, como, por exemplo, a locação por meio de aplicativos de hospedagem, como o AirBnb. Sobre o tema, a jurisprudência do Superior Tribunal de Justiça tem se consolidado no sentido de que esse tipo de locação mostra-se incompatível com edifícios com destinação residencial, devendo, nesses casos, haver autorização expressa da Convenção para que a atividade possa ser levada a efeito (STJ, 4ª T., REsp 1.819.075/RS, Rel. p/ acórdão Min. Raul Araújo, julg. 20.04.2021).

A vedação à presença de animais domésticos, presente em algumas Convenções, com frequência também suscita a manifestação dos tribunais e o Superior Tribunal de Justiça tem entendimento de que a proibição será legítima apenas nos casos em que a presença do animal representar prejuízo à coletividade e que "se a convenção proíbe a criação e a guarda de animais de quaisquer espécies, a restrição pode se revelar desarrazoada, haja vista determinados animais não apresentarem risco à incolumidade e à tranquilidade dos demais moradores e dos frequentadores ocasionais do condomínio" (STJ, 3ª T., REsp 1.783.076/DF, Rel. Min. Ricardo Villas Bôas Cueva, julg. 14.05.2019).[13]

A Convenção pode revestir a forma pública, ou ser redigida por instrumento particular. Se for aprovada em Assembleia Geral, a Ata respectiva, firmada pelo *quorum* mínimo de dois terços, é válida como instrumento particular.

O parágrafo segundo do art. 1.334 equipara aos proprietários de unidades os promitentes compradores e os cessionários de direitos relativos às unidades, considerando-se como tais os promitentes cessionários.

319-A. Direitos e deveres dos condôminos no condomínio edilício

O art. 1.335 do Código Civil trata dos principais direitos do condômino considerando a sua dupla qualidade de proprietário exclusivo da unidade e coproprietário das coisas e partes comuns.

Pode usar, fruir e livremente dispor, por ato *inter vivos* ou *causa mortis*, de sua unidade. Pode cedê-la, alugá-la, emprestá-la, ocupá-la ou deixar de fazê-lo. *Ut dominus*, tem o poder jurídico sobre a coisa, dentro dos limites estabelecidos em lei. Sendo a Convenção do Condomínio lei particular da comunidade, prevalecerão as restrições nela contidas, como, por exemplo, a proibição de alugar unidades ou lojas para determinados usos.

A utilização das partes e coisas comuns deve obedecer à destinação do edifício ou da parte do edifício, como, por exemplo, a proibição para mudar a finalidade residencial em comercial, ou vice-versa. Não pode, também, o proprietário de unidade (ou quem suas vezes faça), utilizar-se com exclusividade de uma parte comum, salvo se receber a anuência da totalidade dos condôminos, ou houver aprovação em

---

13 Em sentido análogo, o Enunciado nº 566, da VI Jornada de Direito Civil do Conselho da Justiça Federal estabeleceu que "A cláusula convencional que restringe a permanência de animais em unidades autônomas residenciais deve ser valorada à luz dos parâmetros legais de sossego, insalubridade e periculosidade".

Assembleia Geral. Não pode, igualmente, na utilização de sua unidade, excluir, perturbar ou embaraçar a utilização dos demais condôminos.

O direito de votar e participar das deliberações nas Assembleias é assegurado por lei, desde que o condômino esteja quite com o pagamento da cota condominial. O proprietário pode fazer-se representar nas Assembleias por procurador com poderes bastantes.

O art. 1.336 do Código Civil cuida dos principais deveres dos condôminos, que passaremos em revista a seguir.

O primeiro dever é o de concorrer para fazer face às despesas do condomínio. É lícito convencionar que sejam solvidas pelo usuário da unidade (locatário, comodatário etc.), sem que importe em transferência da obrigação. Os encargos condominiais constituem obrigação devida em razão da própria unidade – *obligatio ad rem* – e, conseguintemente, por eles responde o proprietário. Em caso de alienação, o adquirente será obrigado pelo pagamento, se o alienante não estiver quite no momento da transferência.

Não pode o condômino realizar obras que comprometam a segurança da edificação, inclusive as que faça no interior de sua unidade.

Não pode alterar a forma externa da sua unidade, nem pintar de cor diferente do conjunto do edifício a fachada, as partes comuns e esquadrias. A fachada é um bem comum a todos os coproprietários (Hernan Raciatti), sendo defesa toda obra que rompa com a unidade arquitetônica. É de se entender, como aliás consiste em tendência jurisprudencial, que não importa alteração interdita o fechamento de área voltada para o exterior, varanda ou terraço, por vidraças encaixilhadas em esquadrias finas, como igualmente não quebra a harmonia do conjunto a colocação de grades finas nas janelas, por razões de segurança.

Não pode o condômino dar à sua unidade destinação diversa da que tem a edificação, nem praticar qualquer ato, ou de qualquer modo utilizá-la em prejuízo do sossego, da salubridade e segurança dos demais moradores. Como lhe é defeso dar à unidade destinação destoante dos bons costumes.

A sanção para a mora na contribuição para as despesas condominiais é o juro moratório convencionado ou, na falta de estipulação, de 1% (um por cento) ao mês, acrescido de multa de até 2% (dois por cento) sobre o valor do débito. Já a infração ao disposto nos incisos II a IV do art. 1.336 do Código Civil (realização de obras que comprometam a segurança da edificação, alteração da forma e cor da fachada, das partes e esquadrias externas e dar às suas partes destinação diversa da que tem a edificação, ou utilizá-las de maneira prejudicial ao sossego, salubridade e segurança dos possuidores, ou aos bons costumes), sujeita o condômino ao pagamento de multa prevista no ato constitutivo ou convenção, independentemente das perdas e danos. A multa é limitada a cinco vezes o valor da contribuição mensal.

O art. 1.337 do Código Civil impõe ao condômino ou possuidor contumaz nas infrações, multa correspondente a cinco vezes o valor da contribuição condominial. Mas o § 2º do art. 1.336 do Código Civil já comina a mesma multa, para qualquer infração do disposto nos incisos II a IV. Tendo em vista a exigência de *quorum* especial, o que se deve entender é que o Código pretendeu acumular as duas penalidades. Assim deveria ser entendido. Mas, não sendo lícito ampliar penalidade por via de interpretação, a conjugação das penas torna-se inadmissível. O parágrafo único do art. 1.337 cogita da imposição de penalidade ao possuidor (locatário, comodatário), por uma conduta antissocial ou comportamento incompatível com a vida em comunidade.

Fonte de questões, litígios e dúvidas é a utilização de área ou vaga, para guarda de veículo. O Código trata do assunto no art. 1.338, que confere direito de preferência aos condôminos em relação a estranhos e, entre todos, aos possuidores.

A Convenção de Condomínio pode proibir o aluguel a estranho. É um direito que tem a maioria condominial, de não admitir, a pretexto de guardar veículo, o ingresso permanente de estranho nas dependências da edificação.

O direito de preferência assegurado no dispositivo em comento obrigará o condômino, que pretender alugar a sua vaga, a notificar os demais, dando-lhes as condições de locação, aguardando o prazo.

É importante insistir, para a fixação do conceito de condomínio *sui generis*, na união perpétua e indissolúvel da propriedade exclusiva incidente sobre a unidade autônoma e da copropriedade perpétua e indivisível das partes e coisas comuns do edifício. Essa simbiose orgânica, assentada em definitivo na Lei nº 4.591, de 1964, encontra amparo na doutrina, tal como registramos anteriormente. Consequentemente, as unidades autônomas com suas partes acessórias, isto é, aquelas partes, sem independência jurídica, que existem na pressuposição da principal. Maior será, ainda, a subordinação das partes integrantes, que são constitutivas da própria unidade. Ao condômino será, contudo, facultado alienar, a outro condômino, uma parte acessória. Não o pode fazer a um estranho ao condomínio, salvo se a alienação estiver prevista e autorizada na escritura de constituição do condomínio, e se a ela não se opuser a respectiva Assembleia Geral.

As partes e coisas de uso comum do edifício são insuscetíveis de alienação. Para que sejam convertidas para a propriedade exclusiva, deixarão de ser comuns, mediante transformação essencial na estrutura jurídica, inclusive remanejamento das frações ideais. É lícito, entretanto, ao condomínio, autorizar um ou mais proprietários para a utilização de uma parte comum, por deliberação em Assembleia Geral. Assim ocorrendo, compete a quem receber tal autorização, e se estiver servindo de uma parte comum, suportar-lhe as despesas.

Em geral, a realização de obras no condomínio depende de votação entre os condôminos. Sendo voluptuárias, dependem do voto de 2/3 (dois terços) dos condôminos; se úteis, de voto da maioria dos condôminos. As necessárias não dependem de prévia aprovação, a menos que importem em despesas excessivas e não sejam consideradas urgentes, caso em que deverão ser autorizadas por Assembleia especialmente convocada para este fim. A estimativa do vulto das despesas é relativa à natureza do edifício, sua qualificação, e o volume global do orçamento ânuo, das despesas gerais. O condômino que realizar, em favor do condomínio, obras e reparos necessários, será reembolsado das despesas que efetuar. Se as obras forem úteis ou voluptuárias, não fará jus a qualquer restituição, por expressa disposição legal (art. 1.341, § 4º, do Código Civil).

O art. 1.342 do Código Civil, em um casuísmo desnecessário, cogita em sua primeira parte de obras que se classificam como *úteis*, e que, na forma do art. 1.341, exigem a aprovação da maioria dos condôminos. Na segunda parte, prevê obras que embaracem a utilização, pelos condôminos, tanto das partes comuns quanto das exclusivas. Obviamente são proibidas, cabendo ao condômino prejudicado a via judicial do embargo ou do interdito possessório, conforme o caso.

Além da aprovação da unanimidade dos condôminos, a criação de mais unidades na edificação importa necessariamente em lhes ser atribuída fração ideal, pois que inexiste unidade autônoma sem que a ela se atribua uma fração ideal. Como o conjunto delas soma a unidade, é indispensável que se efetue o remanejamento, diminuindo-se a fração ideal de cada condômino, para que se componha a que venha a corresponder à unidade construída.

A cobertura do edifício é parte comum. O terraço é o teto da própria edificação. Quando, porém, a escritura de constituição do condomínio o atribui em propriedade a um condômino (art. 1.331, § 5º, do Código Civil), as despesas de conservação lhe competem. O mesmo deve ocorrer se, em vez de pertencer a um condômino, a este for permitida a sua utilização, mesmo que a título precário.

Os encargos condominiais caracterizam-se como obrigação que, sendo de caráter pessoal, insinua-se como acessória da coisa ou do direito real sobre ela – *obligatio propter rem* (San Tiago Dantas, Orosimbo Nonato, Serpa Lopes, Eduardo Espínola, Tito Fulgêncio, Sá Pereira, Philadelpho Azevedo, Lacerda de Almeida). O condômino tem o dever de suportar as despesas do condomínio, na proporção de sua fração ideal, salvo disposição em contrário na Convenção (art. 1.334, I). Defendendo o condomínio contra a eventualidade de uma indefinição de quem seja o sujeito passivo, em caso de alienação, o art. 1.345 estabelece que ao adquirente os débitos do alienante se transferem, inclusive multas e juros, bem como a correção monetária, se for aplicada.

Os condôminos são, outrossim, obrigados ao seguro do edifício contra incêndio ou destruição por outra causa. Este é o seguro compulsório. Nada impede que o condômino, a suas expensas, contrate, em reforço, o seguro de sua unidade, bem como de tudo que nela se contém. Em caso de sinistro, o seguro individual cabe ao segurado que o realizou, não podendo ser utilizado para cobertura do risco do edifício (Hernán Raciatti).

319-B. ADMINISTRAÇÃO DO CONDOMÍNIO EDILÍCIO

A Assembleia Geral é o órgão deliberativo e soberano do condomínio. Delibera, pelo *quorum* competente em relação à matéria que lhe é proposta, e, na órbita administrativa, nenhum órgão lhe é sobreposto. Somente a autoridade judiciária, em procedimento regular, tem poder jurisdicional para anular, desconstituir ou modificar suas decisões.

Cabe à Assembleia Geral escolher um síndico, podendo a designação recair em condômino ou pessoa estranha ao condomínio, salvo, neste último caso, se a Convenção dispuser diversamente.

Ao síndico compete administrar o condomínio, exercendo as diversas atribuições discriminadas no art. 1.348 do Código Civil.

O prazo para o exercício destas atribuições é de dois anos. Não terá validade a nomeação por tempo maior. A consequência de uma infração a esta norma é a redução do prazo. Sendo, como é, disposição de ordem pública, não terá eficácia qualquer deliberação da Assembleia em sentido contrário. Mesmo que a Convenção disponha diferentemente, ou que a escritura de constituição do condomínio estabeleça maior duração, como ainda na hipótese de ser estabelecido por testamento, a cláusula, item ou preceito, dispondo outramente, não prevalecerá contra a limitação temporal.

Nada impede que a Assembleia reeleja o mesmo síndico, ou mesmo que o nomeie por períodos sucessivos. O que a lei proíbe, como forma de segurança para os direitos dos comunheiros, é a fixação de tempo maior de dois anos (Edith Kischinewsky-Brocquisse). Apenas no caso de o mandato do síndico ter chegado ao fim durante o período de pandemia de Covid-19 – após o dia 20 de março de 2020 – o Regime jurídico emergencial e transitório das relações jurídicas de direito privado (Lei nº 14.010, de 2020) admitiu a extensão do mandato por mais de dois anos se não fosse possível a realização de assembleia condominial para efetivação de eleições. Nessa hipótese, o mandato restaria prolongado até o dia 30 de outubro de 2020.

Nada dispõe a lei sobre a gratuidade da função sindical, relegando a matéria para o contexto da Convenção de Condomínio. É lícito estabelecer uma remuneração ou uma vantagem no caso de o escolhido ser condômino (como seria ficar ele, por exemplo, dispensado de pagar a contribuição condominial). No caso de ser pessoa estranha, é óbvia a remuneração (Santiago Rosemberg, Herman Raciatti).

A função do síndico é um *munus* imposto aos condôminos, que, rotativamente, deverão a ela submeter-se, prestando a sua colaboração. É, contudo, lícita a recusa, ainda que a Convenção Condominial estipule a obrigatoriedade da aceitação. Uma cláusula desta sorte importa em constrangimento e atentado à liberdade do condômino, que bem poderá ter suas razões para declinar da designação.

A Convenção, bem como a escritura de constituição do condomínio, pode criar as funções de subsíndico e de conselheiro.

O síndico é o órgão executivo do condomínio (Peretti Griva), incumbindo-lhe a administração-geral da edificação, a polícia interna do condomínio, o cumprimento das disposições legais, convencionais ou regulamentares, cabendo-lhe a administração financeira da comunidade. O Código preferiu manter o critério analítico das funções do síndico, tal como estabelecidas na Lei nº 4.591, de 1964, desprezando a forma resumida que o Projeto de Código Civil de 1965 adotara. Este casuísmo não significa, todavia, que as atribuições do síndico restringem-se ao que vem arrolado nos diversos incisos do art. 1.348 do Código Civil. Podem ser estabelecidas incumbências diversas, desdobradas as legais, distribuídas entre síndico e subsíndico, ou tratadas diferentemente. Posto que explicativos em si mesmos, os incisos do artigo merecem alguns esclarecimentos.

Ao síndico compete convocar as Assembleias gerais, ordinárias e extraordinárias, obedecendo ao que consta da Convenção: mediante correspondência epistolar ou telegráfica, dirigida a cada condômino, ou mediante edital afixado em lugar visível do edifício e divulgação pela imprensa.

O síndico representa o condomínio ativa e passivamente, em juízo ou fora dele, nos limites da lei e da Convenção. Procede junto a autoridades administrativas e fiscais. Pode intentar procedimentos judiciais contra pessoas estranhas ou contra condôminos. Nas ações propostas contra o condomínio, o síndico é citado e tem poderes para representar e defender a comunidade e seus interesses. Cumpre, todavia, atentar em que na forma do que dispõe o inciso II do art. 1.348, a representação aí conferida ao síndico terá como limite os interesses comuns. Em tudo o mais que condiga com os direitos privados dos comunheiros, cessa o poder de representação, devendo cada qual proceder por iniciativa própria ou ser citado pessoalmente (Cunha Gonçalves, Campos Batalha, Carlos Maximiliano, Poitier, Herman Raciatti).

Do poder de representação do condomínio, em juízo, resulta que a decisão proferida faz coisa julgada contra ou a favor, sendo oponível aos condôminos individualmente, não obstante não tenham sido partes no feito, porém nos limites em que o objeto da ação esteja adstrito aos interesses comuns.

Iniciado qualquer procedimento judicial ou administrativo (inclusive fiscal) contra o condomínio, o síndico deverá convocar a Assembleia, para fazê-la ciente.

Cabe ao síndico cumprir e fazer cumprir as disposições da lei, da convenção, do regulamento e da escritura. A umas e outras são sujeitos os condôminos, os que suas vezes façam (locatários, comodatários, usuários em geral) bem como qualquer pessoa que ingresse no recinto, ainda que eventualmente. Com autorização da Assembleia, o síndico nomeia ou contrata empregados ou empresas de serviços, e demite os que não estejam a contento.

Exercendo a polícia interna do condomínio, superintende a conservação das partes comuns, a manutenção de equipamentos e aparelhos, adota medidas defensivas do edifício em todas as suas partes. Sua autoridade estende-se a todos os atos necessários a que os condôminos se mantenham nos limites de seus direitos, opondo-se a que qualquer deles, ou quem suas vezes faça, realize atos contrários às normas disciplinares da comunhão ou de qualquer modo molestem quaisquer consortes.

Ao síndico incumbe elaborar o orçamento da receita e despesa relativa a cada ano, submetendo-o à Assembleia Geral e cumprindo-o, de modo a executar a administração financeira nos limites do que a Assembleia aprovar.

É atribuição do síndico arrecadar os recursos, cobrar dos condôminos as contribuições nas épocas próprias, impor as multas previstas e cobrá-las. O síndico tem *legitimatio* para promover os procedimentos judiciais tendentes a tornar efetivos os deveres financeiros dos condôminos, e o seu poder de efetivar cobranças.

Cabe ao síndico, como gerente de valores alheios, dar contas de sua gestão aos condôminos. Normalmente, devem ser apresentadas na Assembleia ordinária, no início do exercício, simultaneamente à aprovação do orçamento. Independentemente da prestação anual de contas, o síndico tem o dever de oferecê-las a exame quando deixa o cargo, quando cessa o seu mandato, e, eventualmente, quando lhe sejam pedidas pelos condôminos. A este propósito, contudo, há que levar em consideração não se transforme o pedido em exigências constantes e injustificadas, que embaraçam a administração e oneram o condomínio.

Mantendo o Código Civil de 2002 a obrigatoriedade do seguro contra fogo e riscos comuns seguráveis, o síndico deve promovê-lo e renová-lo nas épocas próprias, incluindo o prêmio, *pro rata*, entre os encargos condominiais.

Ademais, o Código Civil instituiu duas inovações que exigem menção especial.

O parágrafo primeiro do art. 1.348 admite que a Assembleia desdobre os poderes do síndico, quanto à representação do condomínio, e neles invista outra pessoa. A medida não recolhe aplausos. É da tradição do condomínio especial em edifícios coletivos que o síndico seja o representante da comunidade, quer ativa, quer passivamente. No silêncio da Lei nº 5.481, de 1928, foi necessário que se votasse preceituação especial (Lei nº 2.757, de 1956) no tocante aos empregados e às reclamações trabalhistas. A Lei nº 4.591, de 1964, expressamente atribuiu o poder de representação ao síndico. A disposição deste parágrafo, autorizando a Assembleia a investir outra pessoa nos poderes de representação, somente pode ser entendida no sentido de que poderá constituir representante para determinado ato. Se se compreender como permitido retirar todos os poderes de representação do síndico, somente criará problemas e dificuldades, lançando a incerteza na vida condominial e nas relações com estranhos. E, como é velha a regra que manda evitar interpretação que conduza ao absurdo (*interpretatio illa summenda qua absurdum evitetur*), a hermenêutica do dispositivo há de ser restrita.

O parágrafo segundo, por seu turno, contém inovação ainda mais inconveniente e perigosa. Autoriza o síndico a transferir a outrem, total ou parcialmente, os seus poderes de representação ou as funções administrativas, mediante aprovação da Assembleia, salvo disposição em contrário da convenção. A Lei nº 4.591, de 1964, revelando bom-senso e espírito prático, permitia ao síndico delegar à pessoa de sua confiança suas funções administrativas, sob sua inteira responsabilidade, mediante aprovação da Assembleia de condôminos (art. 22, § 2º). Em tal caso, persistia no síndico a representação do condomínio. Com a inovação do Código, o síndico conserva o cargo, mas com a faculdade de transferir a outrem, a seu alvedrio, a mais importante de suas atribuições, que é a representação do condomínio. A efetivação da medida instilará insegurança, desconhecendo os estranhos a pessoa que representa a comunidade e gerando nos próprios condôminos a incerteza. A cláusula condicionante, inserta no parágrafo, vai certamente sugerir que a convenção vede a delegação, limitando-a às funções administrativas, que a aplicação da lei de 1964 consagrou com real proveito.

O síndico é um representante dos condôminos, e, como tal, designado pela Assembleia. Dentro na velha regra, segundo a qual aquele que nomeia guarda o poder de revogar – *cuius est condere eius est revocare* – o representado tem sempre a faculdade de extinguir a representação. Assim é com o mandante em relação ao mandatário, ou o diretor de sociedade em face da Assembleia que o elegeu. Tendo em vista que o síndico exerce função que requer certa estabilidade, e não convém seja destituído ao sabor de maioria eventual, a Lei nº 4.591, de 1964, exigia *quorum* especial de dois terços para a sua destituição (art. 22, § 5º).

O Código de 2002 observa o critério do *quorum* especial, que reduz para maioria absoluta, mas introduz modificação que anula o poder destitutório da Assembleia, convertendo uma faculdade livre em ato condicionado. Com efeito, credencia a Assembleia pelo voto da maioria absoluta de seus membros para destituir o síndico, subordinando a deliberação ao seguinte: 1º) há de ser convocada para este fim, e, como não é curial que o síndico a convoque para deliberar sua própria destituição, faz recair o caso no disposto no art. 1.350, § 1º (convocação por um quarto dos condôminos); 2º) a destituição do síndico deixa de ser deliberação livre da Assembleia, somente tendo cabida se praticar ele irregularidades no exercício do cargo, ou deixar de prestar contas, ou não administrar convenientemente o condomínio. Considerando, pois, a destituição ato causal, está sujeito à comprovação do motivo, ou anulação pela via judicial, se o destituído demonstrar que não ocorre qualquer dos fundamentos. Com estas exigências, os condôminos perdem parte de sua força.

Do art. 1.349 resultam, todavia, duas consequências. A primeira é que o síndico, por maior que seja a duração de suas funções, jamais adquire estabilidade. A segunda, que não lhe assiste direito a indenização, pelo fato de sofrer a revogação (*Zurfluh*).

Cabe ao síndico, como dito anteriormente, convocar as Assembleias, ordinárias e extraordinárias. Se não o fizer, porém, condôminos que representem um quarto do condomínio poderão fazê-lo.

A Assembleia ordinária reúne-se anualmente, na forma prevista na Convenção de Condomínio. São suas atribuições normais: a aprovação do orçamento, a fixação das contribuições dos condôminos, o julgamento das contas do síndico. Ao fim do mandato, cabe-lhe eleger o síndico, ou dar-lhe substituto se renunciar ou for destituído.

É, ainda, função da Assembleia aprovar ou modificar a Convenção de Condomínio e o Regulamento Interno do edifício, desde que preencha *quorum* regular (arts. 1.333 e 1.351). Cabe-lhe, igualmente, destituir o síndico nos termos do art. 1.349 e alterar, mediante aprovação de 2/3 (dois terços) dos votos dos condôminos, a destinação do edifício ou da unidade (Lei nº 14.405/2022).

Se, embora regularmente convocada, a Assembleia não se reunir, qualquer condômino poderá promover procedimento judicial, cabendo ao juiz suprir a vontade condominial, proferindo decisão a respeito dos assuntos que tenham sido objeto da convocação.

A Assembleia instala-se, em primeira convocação, com a presença de condôminos que representem, pelo menos, a metade das frações ideais. Em segunda convocação, a Assembleia pode deliberar por maioria dos votos dos presentes, salvo quando exigido *quorum* especial (art. 1.353 do Código Civil).

Instalada a Assembleia, as deliberações tomam-se por maioria de votos dos condôminos presentes, salvo aqueles para os quais é exigido *quorum* especial. Os votos são proporcionais às frações ideais, salvo se diversamente dispuser a convenção de constituição do condomínio.

Devido à orientação de distanciamento social preconizada pelas autoridades sanitárias em razão da pandemia de Covid-19, o art. 12 da Lei nº 14.010, de 2020 (Regime jurídico emergencial e transitório das relações jurídicas de direito privado no período da pandemia de Covid-19), autorizou que as assembleias condominiais e as respectivas votações, inclusive as destinadas à destituição do síndico (art. 1.349) e à prestação de contas (art. 1.350), fossem realizadas por meio virtual. O dispositivo previa que tal autorização se extinguiria com o fim da vigência da lei, no dia 30 de outubro de 2020. No entanto, mesmo após essa data, não parece haver óbice legal para que as reuniões permaneçam ocorrendo virtualmente, caso inexista estipulação em contrário na Convenção, à semelhança do que passou a admitir o Código Civil para deliberação dos sócios em sociedades empresárias com a inclusão do parágrafo único do art. 1.080-A, com o seguinte teor: "A reunião ou a assembleia poderá ser realizada de forma digital, respeitados os direitos legalmente previstos de participação e de manifestação dos sócios e os demais requisitos regulamentares".

319-C. EXTINÇÃO DO CONDOMÍNIO EDILÍCIO

Um dos aspectos diferenciais básicos entre o condomínio tradicional e o condomínio especial nos edifícios coletivos (condomínio edilício para o Código) é que, no primeiro, qualquer condômino pode, a todo tempo, promover a divisão da coisa comum, e, se não se realizar mediante consenso, através da ação divisória – *actio communi dividundo*. No condomínio especial o mesmo não ocorre, porque a copropriedade que incide sobre o solo e partes e coisas comuns do edifício está organicamente vinculada à propriedade exclusiva das respectivas unidades. O condomínio indivisível é da própria essência do instituto.

Não obstante a indivisibilidade essencial, o condomínio pode cessar por vários motivos, casuais ou jurídicos. Extingue-se por *confusão* se numa só pessoa concentrar-se a titularidade de todas as unidades imobiliárias, com a respectiva inscrição no Registro de Imóveis. Igualmente extingue-se se todos os coproprietários alienarem voluntariamente as suas unidades, ou forem elas objeto de arrematação ou adjudicação por uma só pessoa. Caso específico é a desapropriação, que constitui objeto do art. 1.358 do Código Civil.

O art. 1.357 do Código Civil de 2002 tem em vista uma causa extintiva excepcional, decorrente de sinistro que destrua a edificação na sua totalidade, ou de maneira considerável (incêndio, terremoto, inundação). O Código não define a hipótese de destruição parcial. A Lei nº 4.591, de 1964, oferecia como parâmetro a fração de dois terços. O Código, não estabelecendo critério matemático, deixa cada espécie à apreciação judicial, não sendo desprezível aquela fração da Lei nº 4.591. Equipara-se à destruição a ameaça de ruína, que deve ser cuidadosamente apurada.

Ocorrendo qualquer dessas hipóteses, os condôminos, pelo voto da maioria absoluta das frações ideais, deliberam sobre a reconstrução ou venda. Opinando por esta, promover-se-á o rateio do preço apurado, devendo observar-se o mesmo fator de distribuição, a saber: a proporcionalidade das frações ideais. O Código faz referência ao valor das unidades imobiliárias. É, sem dúvida, elemento de incerteza e gerador de litígio. Se o prédio está destruído, ou ameaça ruína, o único valor estável é a fração ideal. Adotá-la para decidir sobre a venda e rejeitá-la para a repartição do preço é utilizar duas medidas diferentes, além de instilar a insegurança e alimentar pretensões desarrazoadas.

Decidindo pela reconstrução, far-se-á esta às expensas de todos os condôminos, que contribuirão proporcionalmente às respectivas frações ideais. O condômino dissidente poderá eximir-se de participar das despesas, mediante alienação de sua parte. A venda pode dar-se em caráter privado, isto é, o retirante aliena a sua fração a um ou mais comunheiros, a preço de mercado ou de livre determinação. O art. 1.357, um tanto obscuramente, alude à hipótese em que o condômino dissidente recusa participar nos custos da reconstrução. Neste caso, a sua parte será adquirida pela maioria, mediante avaliação judicial.

Nos casos de venda, seja a que resulta de deliberação em Assembleia, seja a que se faça em caráter particular, terá o condômino preferência ao estranho, em igualdade de condições.

No silêncio do Código sobre o desenvolvimento da reconstrução, dever-se-á observar a igualdade das áreas primitivas, sendo lícito aos condôminos deliberar sobre a nova arquitetura, quer no tocante à forma externa, quer no que condiga com a divisão interna das unidades.

Dando nova redação ao art. 17 da Lei nº 4.591, de 1964, a Lei nº 6.709, de 31 de outubro de 1979, concedeu aos condôminos que representem dois terços do total das unidades e oitenta por cento do terreno e coisas comuns, deliberar sobre a demolição e reconstrução do prédio, ou sua alienação, por motivos urbanísticos ou arquitetônicos, ou, ainda, no caso de condenação pela autoridade pública, em razão de sua insegurança ou insalubridade. Trata-se de hipótese diversa da destruição total ou parcial, ou de ameaça de ruína, mas que reveste importância considerável, tendo em vista que não deve a maioria ponderável sujeitar-se ao capricho da minoria radical, ou até de um condômino isolado. Em se tratando de lei especial, sua vigência sustenta-se em face do art. 2º, § 2º, da Lei de Introdução às normas do Direito Brasileiro. Decidida a alienação, caso é de se proceder na forma do que dispõe o parágrafo segundo do art. 1.357 do Código Civil de 2002.

O art. 1.358 prevê a desapropriação da totalidade do edifício, uma vez que cogita do rateio do preço entre os condôminos.

Se o poder expropriante entender que consulta ao interesse público, e promover a desapropriação parcial do prédio, a indenização caberá somente aos proprietários das unidades expropriadas.

Não encontra fundamento jurídico o disposto no art. 8º da Lei nº 4.864, de 29 de novembro de 1965, que proibiu a desapropriação parcial. Não se justifica que a Administração seja obrigada a desapropriar todo o conjunto da edificação, se as suas necessidades são limitadas. A matéria deve ser deixada a critério do expropriante.

Uma consideração deve, contudo, fazer-se. Admitida que seja a desapropriação parcial, o expropriante ingressa no condomínio, e se sujeita aos mesmos encargos, restrições e demais disposições da Convenção de Condomínio. A hipótese é idêntica à que resulta de uma escritura de constituição de condomínio, em que a Administração, direta ou indireta, inscreve-se como titular de uma ou mais unidades autônomas.

319-D. CONDOMÍNIO DE LOTES

Introduziu-se no Código Civil, por meio da Lei nº 13.465, de 2017, a disciplina do condomínio de lotes (art. 1.358-A). Em aproximação à normativa do condomínio edilício, o instituto permite a designação, em terrenos, de lotes exclusivos de certo condômino ao lado de áreas comuns de todos os coproprietários. Juridicamente, essa espécie condominial não se confunde com os denominados loteamentos de acesso restrito, embora fisicamente sejam parecidos. O loteamento, regulado pela Lei nº 6.766, de 1979 (Lei de Loteamentos), consiste em forma de parcelamento do solo por meio do qual certa gleba é dividida em lotes menores com a construção de vias públicas de acesso entre eles. Por vezes esses loteamentos são murados, e ali se instalam cancelas para controle de entrada, surgindo os denominados loteamentos de acesso restrito, mas que não possuem natureza condominial diante da ausência de áreas comuns, pois as vias entre os lotes, não obstante o cercamento, permanecem sendo públicas e cada proprietário é dono apenas de seu lote, que não está associado a certa fração ideal.

Questão frequente nos tribunais consistia em saber se os habitantes de loteamentos de acesso restrito, beneficiários de serviços como segurança. coleta de lixo e outras comodidades prestadas por associação de moradores, estavam obrigados a contribuir para essa organização associativa mesmo que não tivessem se associado a ela. O problema se coloca, pois, como mencionado, diferentemente do que ocorre nos condomínios edilícios, nos loteamentos de acesso restrito não há propriedade comum e, por consequência, tampouco existe obrigação *propter rem* para manutenção dos serviços e benfeitorias que atendem à coletividade. Opunham-se, portanto, os que defendiam a obrigatoriedade do pagamento em homenagem ao princípio da vedação ao enriquecimento sem causa e os que professavam a impossibilidade de se compelir a contribuição sob pena de fazer letra morta o princípio da liberdade associativa.

O Supremo Tribunal Federal, então, finalmente pôs fim à celeuma em julgamento com repercussão geral. Estabeleceu a Corte que "É inconstitucional a cobrança por parte de associação de taxa de manutenção e conservação de loteamento imobiliário urbano de proprietário não associado até o advento da Lei nº 13.465/17 ou de anterior lei municipal que discipline a questão, a partir do qual se torna possível a cotização de proprietários de imóveis, titulares de direitos ou moradores em loteamentos de acesso controlado, desde que, i) já possuidores de lotes, tenham aderido ao ato constitutivo das entidades equiparadas a administradoras de imóveis ou, (ii) no caso de novos adquirentes de lotes, o ato constitutivo da obrigação tenha sido registrado no competente registro de imóveis" (STF, Tribunal Pleno, RE 695.911/SP, tema nº 492 da repercussão geral, Rel. Min. Dias Toffoli, julg. 15.12.2020).

O condomínio de lotes diferencia-se também do condomínio de casas, pois a unidade autônoma consubstancia-se em uma área sobre a qual o proprietário terá a liberdade de escolher o tipo de construção que deseja erguer – desde que compatível com a convenção condominial –, ou mesmo optar por nada construir, enquanto, no condomínio de casas, a unidade autônoma é uma edificação pronta ou a construir de acordo com um modelo preestabelecido pelo instituidor.

Em consonância com essa característica do condomínio de lotes, a fração ideal de cada condômino na propriedade comum, na dicção do § 1º do art. 1.358-A, levará em conta as particularidades do lote, e não da construção que, eventualmente, nele se erga. Assim, a fração poderá ser proporcional à área do solo de suas respectivas unidades autônomas, a seus respectivos potenciais construtivos ou, ainda, a outros critérios definidos no ato de instituição.

Outra norma relevante decorrente do fato de as unidades autônomas, nessa espécie de condomínio serem lotes diz respeito à responsabilidade do instituidor, que se restringe à construção da infraestrutura das áreas comuns, como as vias internas, áreas de lazer, iluminação e o que mais for de uso coletivo pelos condôminos (art. 1.358-A, § 3º). Por outro lado, a construção das edificações, ao contrário do que acontece nos condomínios de casas, será de responsabilidade dos proprietários dos lotes.

Como sistemática subsidiária, o legislador determinou que se aplicasse ao condomínio de lotes o disposto sobre o condomínio edilício. Trata-se de regra de reforço, pois, sendo o condomínio de lotes espécie do gênero condomínio edilício, assim como o condomínio de apartamentos, o condomínio de casas, o condomínio de vagas de garagem, entre outros, naturalmente as normas do regramento geral ser-lhe-ão aplicáveis.

319-E. CONDOMÍNIO EM MULTIPROPRIEDADE

A Lei nº 13.777/2018 inseriu no Código Civil o regime do condomínio em multipropriedade, também denominado *time-sharing* (arts. 1.358-B e seguintes). Essa modalidade de condomínio surgiu na Europa e nos Estados Unidos na década de 1960 com o objetivo de otimizar o aproveitamento do uso e fruição do imóvel, de maneira que o acesso ao bem seja fracionado temporalmente, em sistema em que cada coproprietário poderá usar e gozar exclusivamente da coisa comum em determinado intervalo de tempo, alternadamente.

Tal espécie condominial afigura-se bastante útil e proveitosa, em especial quando se trata de casas de veraneio e repouso de férias, usualmente utilizadas apenas em determinado período do ano. A fim, então, de facilitar o acesso à segunda casa e baratear custos, vários indivíduos podem se reunir em multipropriedade estabelecendo o período do ano em que cada um terá o direito de usar e gozar do bem comum, com exclusividade.

A Lei nº 13.777/2018, além de alterar o Código Civil, modificou a Lei nº 6.015/1973 (Lei de Registros Públicos) para admitir expressamente o registro imobiliário das respectivas frações temporais de cada condômino.

Mesmo antes da promulgação da nova lei, parte da doutrina já admitia a instituição da multipropriedade por meio de condomínio edilício cujas unidades autônomas de propriedade exclusiva se individualizariam espaço-temporalmente. A falta de previsão legal, porém, fazia pairar certa insegurança jurídica sobre o instituto, o que a nova lei pretendeu solucionar com a normatização exauriente.

No que se refere às alterações promovidas no Código Civil, foi incluído um novo capítulo, de cunho analítico, dedicado inteiramente ao condomínio em multipropriedade. Nesse passo, o regramento inicia-se com sua conceituação como o regime de condomínio pelo qual cada um dos proprietários de um mesmo imóvel é titular de uma fração de tempo, à qual corresponde a faculdade de uso e gozo, com exclusividade, da totalidade do imóvel, a ser exercida pelos proprietários de forma alternada (art. 1.358-C). Assim, enquanto no condomínio edilício tradicional a unidade autônoma de propriedade exclusiva constitui-se em um apartamento, uma casa etc., no condomínio em multipropriedade a unidade autônoma refere-se ao imóvel no período de tempo em que o condômino possui a propriedade exclusiva sobre a coisa, por isso se pode dizer que, nesse caso, o tempo constitui elemento de individuação da propriedade exclusiva.

Além da propriedade exclusiva sobre o bem durante o período que lhe cabe, o condômino multiproprietário possui uma fração ideal, proporcional ao seu módulo espaço-temporal, sobre os bens comuns. Portanto, mesmo durante o tempo que não corresponde à sua propriedade exclusiva, o condômino continua dono da fração ideal sobre a coisa comum, o que o faz possuidor indireto no período em que os outros condôminos exercem posse direta. Dessa maneira, compreende-se por que o multiproprietário pode fazer uso de ações possessórias para a proteção do bem comum mesmo fora do período referente à sua unidade autônoma.

O condomínio em multipropriedade, do mesmo modo que o condomínio edilício tradicional e ao contrário do condomínio voluntário, tende à perenidade. Por essa razão, estabelece o parágrafo único do art. 1.358-C que não haverá a extinção automática da multipropriedade se todas as frações de tempo forem do mesmo multiproprietário. Por igual motivo, o bem objeto da multipropriedade é indivisível, não se sujeitando a ação de divisão ou de extinção de condomínio (art. 1.358-D, I).

No tocante às frações de tempo, o ordenamento jurídico pátrio estabelece que são indivisíveis e que corresponderão a, no mínimo, sete dias ao ano (*caput* e § 1º do art. 1.358-E). Os dias que configuram a propriedade exclusiva de cada multiproprietário poderão ser *fixos*, ou seja, os mesmos dias todos os anos (art. 1.358-E, § 1º, I); *flutuantes*, caso em que a determinação do período será realizada de forma periódica, mediante procedimento objetivo que respeite, com relação a todos os multiproprietários, o princípio da isonomia (art. 1.358-E, § 1º, II); ou se pode adotar também um sistema misto, combinando os dois anteriores (art. 1.358-E, § 1º, III). Além disso, todos os multiproprietários terão direito a uma mesma quantidade mínima de dias seguidos durante o ano, podendo haver a aquisição de frações maiores que a mínima, com o correspondente direito ao uso por períodos também maiores (art. 1.358-E, § 2º). Entretanto, o instrumento de instituição da multipropriedade ou a convenção de condomínio em multipropriedade poderá estabelecer o limite máximo de frações de tempo no mesmo imóvel que poderão ser detidas pelo mesmo multiproprietário (art. 1.358-H).

A instituição do condomínio em multipropriedade pode se dar por ato entre vivos ou testamento, registrado no competente cartório de registro de imóveis, devendo constar do ato a duração dos períodos correspondentes a cada fração de tempo, uma vez que, naturalmente, as unidades autônomas devem estar especificadas (art. 1.358-F). Importante observar, também, a previsão do § 10 do art. 176 da Lei de Registros Públicos, acrescentado igualmente pela Lei nº 13.777/2018, segundo a qual deverá haver uma matrícula no Registro para cada fração de tempo, independentemente da matrícula do imóvel, na qual se averbarão os atos referentes à respectiva unidade autônoma espaço-temporal.

Constituem direitos básicos do condômino multiproprietário: (i) usar e gozar, durante o período correspondente à sua fração de tempo, do imóvel e de suas instalações, equipamentos e mobiliário; (ii) ceder a fração de tempo em locação ou comodato; (iii) alienar a fração de tempo, por ato entre vivos ou por causa de morte, a título oneroso ou gratuito, ou onerá-la, devendo a alienação e a qualificação do sucessor, ou a oneração, ser informadas ao administrador; e (iv) participar e votar, pessoalmente ou por intermédio de representante ou procurador, desde que esteja quite com as obrigações condominiais, nas assembleias gerais do condomínio em multipropriedade e nas assembleias gerais do condomínio edilício quando o imóvel em multipropriedade corresponder a uma unidade autônoma nesse tipo de condomínio. No primeiro caso, o voto do multiproprietário corresponderá à quota de sua fração de tempo no imóvel, ao passo que, no segundo, corresponderá à quota da sua fração de tempo em relação à quota referente à unidade autônoma objeto da multipropriedade (conforme a disciplina que estabelecem os arts. 1.358-I e seguintes do Código Civil).

A primeira das obrigações do multiproprietário consiste em pagar a contribuição condominial do condomínio em multipropriedade e, quando for o caso, do condomínio edilício. Na hipótese de renúncia ao uso e gozo, total ou parcial, do imóvel ou das áreas comuns não se desonera o condômino de contribuir para o custeio das despesas condominiais, afinal, mesmo renunciando a tais faculdades, continua proprietário e, por isso, tem obrigações com relação à coisa que lhe pertence.

Em caso de danos ao imóvel, às instalações, aos equipamentos e ao mobiliário causados pelo multiproprietário ou por qualquer de seus acompanhantes, convidados ou prepostos, será ele responsável por repará-los se decorrentes do uso anormal da coisa. Por outro lado, se a deterioração do imóvel decorrer de uso normal e do desgaste natural do bem, então as despesas serão compartilhadas por todos os condôminos.

São igualmente deveres do multiproprietário comunicar imediatamente ao administrador os defeitos, avarias e vícios no imóvel dos quais tiver ciência durante a utilização; permitir a realização de obras ou reparos urgentes; não modificar, alterar ou substituir o mobiliário, os equipamentos e as instalações do imóvel; manter o imóvel em estado de conservação e limpeza condizente com os fins a que se destina e com a natureza da respectiva construção; usar o imóvel, bem como suas instalações, equipamentos e mobiliário, conforme seu destino e vocação.

No que toca às obrigações tributárias, os §§ 3º, 4º e 5º do art. 1.358-J previam, respectivamente, que cada multiproprietário responderia pelo pagamento de tributos na proporção de sua fração de tempo; que as cobranças dessas obrigações seriam individualizadas, mediante documentos específicos, para cada multiproprietário; e que não haveria solidariedade entre os multiproprietários. Entretanto, esses três parágrafos foram objeto de veto presidencial sob o argumento de que substituiriam a regra sobre solidariedade tributária prevista no art. 124 do CTN, além de gerarem insegurança jurídica e de poderem afetar de forma negativa a arrecadação de impostos. Como se nota das razões do veto, ignorou-se por completo a existência de unidades autônomas distintas no condomínio em multipropriedade, a justificar o afastamento da solidariedade tributária entre os multiproprietários, da mesma forma que ocorre no condomínio edilício.

Tendo em vista a natureza do condomínio em multipropriedade, repita-se, o multiproprietário terá direito de usar o imóvel exclusivamente durante o período correspondente à sua fração de tempo. Como consequência, também é obrigação sua desocupar o imóvel, impreterivelmente, até o dia e hora fixados no instrumento de instituição ou na convenção de condomínio em multipropriedade, sob pena de multa diária, conforme convencionado no instrumento pertinente.

No que toca a eventual transferência do direito de multipropriedade, tal expediente não dependerá de anuência ou cientificação dos demais multiproprietários, assim como não haverá direito *ex lege* de preferência para a aquisição de fração de tempo, sendo possível, todavia, que tal direito seja estabelecido em favor dos demais multiproprietários ou do instituidor do condomínio, no instrumento de instituição ou na convenção do condomínio em multipropriedade (art. 1.358-L, *caput* e § 1º). A transferência da fração de tempo, entretanto, deverá ser comunicada ao administrador da multipropriedade, conforme mencionado.

A administração da multipropriedade incumbe a um administrador indicado ou no instrumento de instituição ou na convenção do condomínio. Na falta de tal indicação, o administrador será escolhido em assembleia geral de condôminos. A ele cabe a coordenação da utilização do imóvel pelos multiproprietários; a manutenção, conservação e limpeza do imóvel; a troca ou substituição de instalações, equipamentos ou mobiliário; a elaboração do orçamento anual, além da cobrança das quotas e pagamento das despesas comuns.

Para que seja realizada a manutenção do imóvel, o instrumento de instituição da multipropriedade poderá destinar determinada fração de tempo a esse fim. Essa fração de tempo poderá ser atribuída ao instituidor da multipropriedade ou aos multiproprietários, proporcionalmente às respectivas frações, como propriedade comum (art. 1.358-N). No entanto, em caso de emergência, o § 2º do art. 1.358-N admite que reparos sejam feitos em período correspondente à fração de tempo de um dos multiproprietários.

Por fim, a última seção do capítulo sobre condomínio em multipropriedade trata de disposições específicas referentes à instituição de tal espécie condominial em unidade autônoma componente de condomínio edilício. Para que seja instituída multipropriedade sobre unidades autônomas de condomínio edilício faz-se necessária a previsão de tal possibilidade no instrumento de instituição deste último ou que a assembleia condominial autorize por deliberação da maioria de seus membros, sendo viável que todas as unidades autônomas ou apenas algumas delas estejam autorizadas a ser objeto de condomínio em multipropriedade (art. 1.358-O).

Na hipótese de o condomínio edilício admitir a instituição de multipropriedade sobre suas unidades autônomas, a lei exige que a convenção contenha previsões específicas a respeito, como a identificação das unidades sujeitas ao regime de multipropriedade; a indicação da duração das frações de tempo de cada unidade; a forma de rateio, entre os multiproprietários, das contribuições condominiais relativas à unidade; entre outras (art. 1.358-P). No mesmo sentido, também o regulamento interno do edifício deverá conter regras a respeito do uso, pelos multiproprietários, das áreas comuns do condomínio, do acesso, pelo administrador, ao imóvel, assim como regras sobre o uso da unidade autônoma pelos multiproprietários (art. 1.358-Q).

O art. 1.358-R do Código Civil exige que o condomínio edilício no qual tenha sido instituído o regime de multipropriedade em parte ou na totalidade de suas unidades autônomas seja administrado por administrador profissional, que, de acordo com o § 2º do mesmo dispositivo, será também administrador de todos os condomínios em multipropriedade instituídos naquele condomínio edilício.

Em caso de inadimplência das contribuições condominiais por parte do multiproprietário, poderá sua fração de tempo ser adjudicada pelo condomínio edilício (art. 1.358-S, *caput*). Entretanto, o parágrafo único desse dispositivo admite, na hipótese de existência do denominado *pool* locativo, ou seja, sistema centralizado de locação das frações de tempo, que (i) a fração de tempo continue no patrimônio do devedor, mas que este fique proibido de utilizá-la até o adimplemento da dívida; (ii) que a fração de tempo, em vez de ser adjudicada pelo condomínio edilício, passe a compor o *pool* da administradora; ou (iii) que a fração de tempo permaneça no patrimônio do devedor, mas a administradora tenha poderes para utilizar os valores decorrentes de sua locação na amortização das dívidas condominiais, retirando, temporariamente, do multiproprietário a faculdade de fruir de sua fração de tempo.

O art. 1.358-T, *caput*, por sua vez, estabelece que "o multiproprietário somente poderá renunciar de forma translativa a seu direito de multipropriedade em favor do condomínio edilício". Esse dispositivo se explica em razão do desenvolvimento histórico da multipropriedade no direito brasileiro, especialmente por conta dos problemas práticos que surgiram quando se tentou regular empreendimentos em multipropriedade por meio de condomínio ordinário, vez que, na hipótese de renúncia da fração de tempo pelo multiproprietário, acabaria por ocorrer o acrescimento da fração ideal dos demais multiproprietários, a gerar aumento de suas despesas. Provavelmente com o fito de evitar esse inconveniente, o art. 1.358-T previu que a renúncia da fração de tempo deverá ser sempre em favor do condomínio edilício. Trata-se, porém, de redação tecnicamente criticável e de dispositivo ocioso diante da qualificação da multipropriedade como condomínio especial no qual as frações de tempo correspondem a unidades autônomas.

A atecnia verifica-se no termo utilizado pelo artigo em questão: "renúncia translativa", que equivale a cessão bilateral, semelhante à doação. Por certo o objetivo desse art. 1.358-T não foi limitar o direito de o multiproprietário ceder bilateralmente sua fração de tempo, de modo que a intenção do legislador era referir-se à renúncia abdicativa, prevista no art. 1.275, II, do CC, e que não se dá em favor de terceiro.

Contudo, mesmo ao se interpretar o art. 1.358-T como a se referir a renúncia abdicativa e não a renúncia translativa, ainda assim sua presença na lei mostra-se ociosa. Isso porque, sendo o condomínio em multipropriedade espécie de condomínio especial no qual as frações de tempo correspondem a unidades autônomas, por certo que, em caso de renúncia abdicativa, a fração de tempo renunciada não seria acrescida ao patrimônio dos demais multiproprietários, que, portanto, não sofreriam com o problema do aumento de despesas. O legislador, entretanto, achou por bem regular a questão e definiu que, havendo renúncia abdicativa da fração ideal, esta passará ao patrimônio do condomínio edilício, além de condicioná-la à quitação das contribuições condominiais, dos tributos imobiliários e, se houver, do foro ou da taxa de ocupação (art. 1.358-T, parágrafo único).

319-F. FUNDO DE INVESTIMENTO

A Lei da Liberdade Econômica (Lei nº 13.874/2019) promoveu diversas alterações no Código Civil com o fito de fortalecer a autonomia privada e reduzir interferências heterônomas nas relações jurídicas. Dentre as novidades introduzidas pela nova legislação encontra-se a inserção, no Código Civil, da normatização acerca dos fundos de investimento, especificamente entre os arts. 1.368-C e 1.368-F.

A sistematização do tema procurou colocar uma pá de cal em diversas dúvidas e inseguranças geradas pelo silêncio normativo anteriormente existente a respeito dos fundos de investimentos.

O inciso V do art. 2º da Lei nº 6.385/1976, que dispõe sobre o mercado de valores mobiliários, acrescentado pela Lei nº 10.303/01, estabeleceu que as cotas de fundos de investimento são valores mobiliários, mas ainda pairava doutrinariamente a discussão acerca da natureza jurídica dos fundos de investimentos em si. Em linhas gerais, havia defensores da natureza jurídica de condomínio, a suscitar a aplicação do regime geral de condomínio previsto no Código Civil, e defensores da natureza societária dos fundos, que admitiam o uso supletivo das regras de direito societário. A orientação administrativa da Comissão de Valores Mobiliários (CVM), que se expressa por meio de diferentes Instruções Normativas, posiciona-se pela primeira corrente.

Tendendo, igualmente, para o primeiro entendimento, o legislador de 2019 definiu os fundos de investimento como *comunhão de recursos* constituídos sob a forma de *condomínio de natureza especial* (art. 1.368-C). No entanto, justamente por terem natureza especial, os excluiu de maneira expressa da incidência das disposições relativas ao condomínio geral e ao condomínio edilício (art. 1.368-C, § 1º), ao tempo em que introduziu novo Capítulo no Código Civil para estabelecer regras gerais a respeito dos fundos de investimento. Ato contínuo, optou por delegar à CVM a disciplina suplementar dos fundos (art. 1.368-C, § 2º).[14]

Assim, após a promulgação da Lei nº 13.874/2019, a CVM expediu a Instrução Normativa 615/19, com intuito de promover as adaptações necessárias aos novos comandos legais. Uma das principais mudanças geradas pela nova lei diz respeito à constituição dos fundos.

Anteriormente, as resoluções da CVM previam que, além do registro do fundo na CVM, era preciso também registrá-lo em Cartório de Registro de Títulos e Documentos.[15] Por meio do art. 1.368-C, § 3º, o legislador definiu que o registro dos regulamentos dos fundos de investimentos na Comissão de Valores Mobiliários é

---

14 Em verdade, a CVM já possuía vasta produção normativa a respeito dos fundos de investimentos, tais como as Instruções Normativas 153/91 (sobre Fundos Mútuos de Ações Incentivadas), 186/92 (sobre Fundos de Investimento Cultural e Artístico), 227/94 (sobre fundos e conversão), 279/98 (sobre Fundos Mútuos de Privatização – FGTS destinados à aquisição de valores mobiliários, com recursos disponíveis da conta vinculada do Fundo de Garantia de Tempo de Serviço – FGTS), 356/2001 (sobre fundos de investimento em direitos creditórios e de fundos de investimento em cotas de fundos de investimento em direitos creditórios), 359/2002 (sobre Fundos de Índice, com cotas negociáveis em bolsa de valores ou mercado de balcão organizado), 398/03 (sobre Fundos de Financiamento da Indústria Cinematográfica Nacional – FUNCINE), 399/03 (sobre fundos de investimento em direitos creditórios no âmbito do Programa de Incentivo à Implementação de Projetos de Interesse Social – FIDC-PIPS), 462/07 (sobre Fundo de Investimento do Fundo de Garantia do Tempo de Serviço), 472/08 (sobre Fundos de Investimento Imobiliário – FII), 555/14 (sobre constituição, a administração, o funcionamento e a divulgação de informações dos fundos de investimento) e 578/16 (sobre Fundos de Investimento em Participações).

15 Por exemplo, art. 2º, parágrafo único, da Instrução Normativa 153/91; art. 2º, parágrafo único da Instrução Normativa 186/92; art. 4º, § 2º, I, da Instrução Normativa 227/94; art. 2º, parágrafo único, da Instrução Normativa 279/98; art. 8º, III, da Instrução Normativa 555/14. Todos esses dispositivos que previam o registro no cartório de títulos e documentos foram substituídos pela Instrução Normativa 615/19.

condição suficiente para garantir a sua publicidade e a oponibilidade de efeitos em relação a terceiros, caminhando no sentido da desburocratização da atividade privada. Tal previsão, em consonância com o objetivo da Lei da Liberdade Econômica de desburocratizar a atividade privada, diminui substancialmente os custos para regularização do empreendimento, na expectativa de fomentar maior desenvolvimento desse mercado.

Outra inovação normativa que parece estimular o aporte de recursos nos fundos de investimento consiste na possibilidade de limitação da responsabilidade dos investidores e dos prestadores de serviços pelo regulamento do fundo (art. 1.368-D), sendo o próprio fundo de investimento o responsável direto pelas obrigações legais e contratuais assumidas (art. 1.368-E).

O sistema anterior à Lei de Liberdade Econômica, preenchido pelas Instruções Normativas da CVM, previa que os cotistas respondiam por eventual patrimônio líquido negativo do fundo (Instrução CVM 555/14, art. 15), sem qualquer limitação. O novo art. 1.368-D, I, em sentido oposto, contempla a possibilidade de o regulamento do fundo prever expressamente a limitação da responsabilidade do investidor ao valor de suas cotas, buscando garantir, assim, investimento seguro nos fundos. Destaque-se, no entanto, que a limitação da responsabilidade apenas valerá para fatos ocorridos após a respectiva mudança do regulamento (art. 1.368-D, § 1º).

O inciso II do mesmo art. 1.368-D, por sua vez, propõe alterações no que tange à responsabilidade dos prestadores de serviços do fundo de investimentos. O art. 79, § 2º, da Instrução CVM 555/14 estipulava a responsabilidade solidária entre o administrador do fundo e os terceiros contratados pelo fundo por eventuais prejuízos causados aos cotistas em virtude de condutas contrárias à lei, ao regulamento ou aos atos normativos expedidos pela CVM. As novas disposições do Código Civil estabelecem a possibilidade de o regulamento do fundo de investimento limitar a responsabilidade dos prestadores de serviços do fundo de investimento perante o condomínio e entre si. Assim, cada prestador de serviço se responsabilizará apenas pelos deveres particulares que lhe competem, sem que haja solidariedade, e sempre levando-se em consideração os riscos inerentes às aplicações nos mercados de atuação do fundo de investimento e a natureza de obrigação de meio de seus serviços (art. 1.368-D, § 2º). Apesar da intenção de privilegiar determinadas estratégias de investimentos, a proposta pode gerar efeito colateral diverso, levando a crer que o investimento não é seguro, ante o paradoxo de ausência de indenização em caso de culpa dos prestadores de serviços.

Ainda no que se refere à responsabilidade dos prestadores de serviço, mas dessa vez em relação a obrigações legais e contratuais assumidas pelos fundos de investimento, o *caput* do art. 1.368-E passa a prever que os próprios fundos respondem diretamente, havendo a responsabilização dos prestadores de serviços apenas em caso de dolo ou má-fé (art. 1.368-E). Em caso de insuficiência de patrimônio do fundo para responder por suas dívidas, deverão ser aplicadas as regras de insolvência civil, que poderá ser requerida judicialmente por credores, por deliberação dos cotistas nos termos do regulamento ou pela CVM (art. 1.368-E, §§ 1º, 2º e 3º).

No mais, seguindo a *ratio* de limitação da responsabilidade para estimular os investimentos, o inciso III do art. 1.368-D admite a criação de diferentes classes de cotas com direitos e obrigações distintos. Para além disso, passou a admitir a possibilidade de constituição de patrimônio segregado para as diferentes classes. O modelo anterior já permitia a criação de classes distintas em hipóteses específicas (Instrução CVM 555/14, art. 119), mas vedava a criação de patrimônio segregado, de modo que, independentemente da classe, os cotistas respondiam solidariamente. O novo regime, por sua vez, prevê a possibilidade genérica de criação de diversas classes. Ainda, com o fim de trazer segurança à mudança introduzida, foi expressamente estabelecido que o patrimônio segregado apenas responderá pelas obrigações vinculadas à classe respectiva, nos termos do regulamento (art. 1.368-D, § 3º).

Pode-se afirmar, como visto, que, mercê das novas disposições do Código Civil, os fundos de investimento se constituem em universalidade patrimonial autônoma voltada à captação de recursos em benefício do desenvolvimento econômico do País. Como patrimônio separado (o Código fala em "comunhão de recursos"), são objeto de direito, e não sujeitos de direito (pessoas jurídicas), como pretendiam os que defendiam sua natureza societária.

Importante destacar que, em relação aos fundos de investimento imobiliário, os quais já contavam desde 1993 com disciplina jurídica própria, as regras gerais do Código associam-se às disposições específicas da Lei nº 8.668/1993. O mesmo ocorre em relação aos Fundos de Investimento nas Cadeias Produtivas Agroindustriais (Fiagro), regulamentados pela Lei nº 14.130, de 2021.

Por fim, para a hipótese especial de fundo constituído por lei específica e regulamentado pela CVM, o art. 1.368-F esclarece que deverão ser aplicadas, no que couber, as regras gerais sobre fundos de investimento previstas no Código Civil.

Capítulo LXXII
Direitos de Vizinhança

Bibliografia

San Tiago Dantas, *O Conflito de Vizinhança e sua Composição, passim*; Tito Fulgêncio, *Direitos de Vizinhança, passim*; Washington de Barros Monteiro, *Direito das Coisas*, pág. 128; Ruggiero e Maroi, *Istituzioni di Diritto Privato*, vol. I, § 108; Eduardo Espínola, *Posse, Propriedade, Condomínio, Direitos Autorais*, págs. 237 e segs.; Clóvis Beviláqua, *Direito das Coisas*, vol. I, § 41; Enneccerus, Kipp e Wolff, *Tratado, Derecho de Cosas*, vol. I, §§ 53 e segs.; Trabucchi, *Istituzioni di Diritto Civile*, nº 171, págs. 388 e segs.; Mazeaud e Mazeaud, *Leçons de Droit Civil*, vol. II, nos 1.341 e segs.; De Page, *Traité*, vol. V, nos 913 e segs.; Serpa Lopes, *Curso de Direito Civil*, vol. VI, nos 247 e segs.

320. RELAÇÕES DE VIZINHANÇA

Mesmo aqueles que sustentam o absolutismo do direito de propriedade costumam apontar as restrições que se lhes impõem no plano dos direitos de vizinhança como princípios amenizadores daquela concepção. Com efeito, todas as legislações, desde o Direito Romano, consideram a necessidade de conciliar o exercício das faculdades jurídicas por parte dos proprietários confinantes.

Em Direito Romano dizia-se, na palavra de Ulpiano, ser lícito a qualquer um proceder em relação à propriedade segundo lhe aprouvesse, uma vez que não interferisse na propriedade alheia (*Digesto*, Liv. 8, Tít. V, fr. 8, § 5º: *in suo enim alii hactemus facere licet, quatenus nihil in alienun immittat*). Não se pode ver aí o enunciado de uma liberdade de ação que refletisse poder absoluto, senão, ao revés, a fórmula limitativa, instituindo o condicionamento do exercício do direito dominial ao respeito pelos bens jurídicos alheios. E ao mesmo tempo, consagra o texto o vocábulo que no Direito Romano servia para positivar o conflito de vizinhança – *immittere, immissio* – com o sentido de designar a introdução de qualquer substância material no prédio alheio. Modernamente, substituiu-se a ideia de imissão pela de *interferência*, que é mais ampla, não se reduzindo à materialidade da introdução de uma coisa, porém abrangendo toda influência corpórea ou incorpórea, capaz de causar dano ou incômodo ao proprietário vizinho (Rudolf von Ihering).

Mais do que antes, o direito moderno, que concebe a noção jurídica da propriedade como essencialmente relativa (v. nº 298, *supra*), assegura ao *dominus* o exercício dos seus direitos em subordinação aos interesses coletivos. Em nosso ordenamento a Constituição Federal assegura o direito de propriedade, mas com as ressalvas que ela mesma institui (desapropriação, requisição, condicionamento ao bem-estar social etc.), e ao mesmo tempo reconhece as restrições legais, que vão trazer ao domínio as limitações necessárias à convivência social.

No dizer de Tito Fulgêncio, o comércio aproxima os homens, que entretanto se isolam dos que se lhes avizinham, reclamando que a ordem legal enuncie normas hábeis a conciliar as vizinhanças.[1]

Anteriormente aludimos às restrições criadas pelos preceitos de ordem pública, seja no campo dos direitos reais, seja no do direito administrativo.

Há que considerar, agora, e muito cautelosamente, as relações de vizinhança, ao se apreciarem os comportamentos de molde a evitar conflitos. E, quando os não possa impedir, traça o direito regras para a sua composição. O ponto de partida, segundo observam Ruggiero e Maroi, está em que, se é o próprio fato da vizinhança que origina os conflitos, entre confrontantes, cumpre à norma jurídica limitar as faculdades dominiais em favor da harmonia social,[2] e reduzir quanto possa a extensão da parêmia *vicintias est mater discordiarum*.

---

1   Tito Fulgêncio, *Direitos de Vizinhança*, nº 5.
2   Ruggiero e Maroi, *Istituzioni*, vol. I, § 108.

O princípio dominante, nesta matéria, há de ser a *conciliação dos interesses*, que muitas vezes se obtém impondo a um, a outro ou a ambos os confinantes, um sacrifício, a ser recebido e suportado em benefício da harmonia social.

As regras atinentes à definição das relações de vizinhança e destinadas à composição dos conflitos entre confrontantes ora se apresentam como "direitos de vizinhança", ora se apelidam "servidões legais". Não se contradizem estas expressões, nem se podem ter como enunciando noções diversas. É apenas uma questão de ângulo de visada, pois que os mesmos dispositivos, quando encarados pelo lado do proprietário que sofre a restrição, assemelham-se à ideia contida nas servidões prediais (v. nº 336, *infra*), e quando observadas da parte do vizinho que os afirma sob a proteção da ordem jurídica, desenham-se como formulação de autênticos direitos. São limitações que as propriedades contíguas reciprocamente se impõem, contendo a ação dos respectivos titulares para que o exercício das faculdades dominiais se contenha na medida do respeito à propriedade de cada um. Não há confusão possível com as *servidões prediais* (v. nº 336, *infra*), de que se estremam em razão de seu fundamento ético, como de sua forma.[3]

Certo é que independem de reconhecimento convencional. Dispensam a inscrição no registro imobiliário, ainda no caso de constarem de documento emanado dos interessados ou de pronunciamento judicial. Provêm da lei, e vigoram em nome e com fundamento no interesse da convivência social.[4] Consistem habitualmente num *facere* em oposição às servidões que consistem normalmente em suportar encargo em benefício de outro prédio.

É, contudo, necessário assinalar que as relações de vizinhança nem sempre se informam pelo conteúdo da liceidade da ação para qualificar o comportamento do agente. É óbvio que o ilícito é sempre coibido, e a ordem legal estatui sanções que vão da punição criminal ao ressarcimento do dano, como proíbe aqueles atos de mera emulação ou capricho do proprietário. Dentro, porém, das fronteiras do lícito acontece também que o proprietário de um fundo sofre restrições ao seu direito dominial em prol da harmonia que deve presidir às relações de vizinhança, admitindo um dos confrontantes, ou sendo compelido a reconhecer no proprietário vizinho faculdades ou atributos que se não alicerçam no procedimento do sujeito passivo, mas se exercitam em benefício da paz social.

No presente capítulo cogitaremos, pois, da composição dos conflitos de vizinhança, passando em revista os diversos casos previstos ou regulados em lei.

Recordemos, inicialmente, que a acepção do vocábulo "vizinhança" tem na terminologia jurídica uma acepção mais ampla do que na linguagem corrente: não revela apenas a aproximação ou propinquidade dos prédios, mais vai prender-se à ideia da propagação dos fatos ocorridos em prédios próximos ou que com estes tenham relações jurídicas.[5]

---

3   Ruggiero e Maroi, loc. cit.; Serpa Lopes, *Curso*, vol. VI, nº 247.
4   Clóvis Beviláqua, *Direito das Coisas*, vol. I, § 41.
5   Orlando Gomes, *Direitos Reais*, nº 150.

Havendo o Código de Processo Civil de 1973 suprimido a ação cominatória específica, no que foi acompanhado pelo CPC/2015, nem por isso fica o prejudicado sem o remédio da imposição, pelo juiz, da multa para o caso de descumprimento da sentença, na forma do art. 536, § 4º, do CPC/2015 (art. 644 do CPC/1973).

321. USO ANORMAL DA PROPRIEDADE

O primeiro deles é o chamado "uso anormal da propriedade", que bem espelha a relatividade deste direito.

Nos limites do que é seu, tem o *dominus* a faculdade de agir, extraindo da coisa todas as vantagens, benefícios, fruição e gozo. Cabe ao proprietário utilizar a coisa sua segundo o que lhe convenha, e conforme o seu agrado.

Mas a harmonia social não se compadece com a ideia de vir o proprietário a agir de tal modo que o exercício de seu direito se converta em sacrifício ou moléstia ao seu vizinho. Daí dizer a lei (Código Civil, art. 1.277) que o proprietário ou possuidor de um prédio tem o direito de fazer cessar as interferências prejudiciais à segurança, ao sossego e à saúde dos que o habitam, provocadas pela utilização da propriedade vizinha. Vê-se logo que não assenta o seu fundamento na ideia de *culpa*, nem a composição dos conflitos de vizinhança depende da apuração desta. É óbvio que se o proprietário procede com culpa, responde pelas consequências desta, na forma do direito comum, e sem que se torne necessário invocar os princípios específicos de composição dos conflitos de vizinhança. Tratando, porém, destes últimos, penetramos terreno peculiar, sujeito a uma conceituação que lhe é inteiramente própria. Não falta à sua noção básica a ideia de *responsabilidade objetiva* ou *aplicação da teoria da responsabilidade sem culpa*,[6] ou da determinação da responsabilidade alicerçada na noção do abuso de direito.[7]

O que sobreleva aqui a todas as considerações, e é básico para caracterizar a extensão do princípio, é a conceituação do que se deva entender por uso anormal da propriedade. O Código Civil de 2002, abandonando a terminologia "uso nocivo da propriedade", seguiu a orientação de bons autores, que definiam a linha demarcatória da regular utilização na sua *normalidade* ou *anormalidade*. Será regular, e não carece de repressão o *uso normal*, ao passo que a ação do proprietário receberá condenação se conceituada como *uso anormal*.

Não se resolve, entretanto, o problema com a simples menção deste critério, pois que a indagação prossegue, a saber quando se pode qualificar o exercício do direito como normal ou anormal. E a positivá-lo está o conceito adminicular de invocação corrente pela doutrina, com repercussão jurisprudencial. No primeiro plano

---

6   Orlando Gomes, ob. cit., nº 154.
7   Aguiar Dias, *Da Responsabilidade Civil*, vol. II, nº 186; Cunha Barreto "O Problema da Responsabilidade nas Relações de Vizinhança", *in Revista Forense*, vol. 82, pág. 31; De Page, *Traité*, vol. V, nº 918.

encontra-se a aferição do dano causado: se este se contém no limite do tolerável, à vista das circunstâncias do caso, não é de se impor ao proprietário uma restrição ao uso de seus bens, uma vez que a convivência social por si mesma cria a necessidade de cada um sofrer um pouco, e não seria razoável que o vizinho pudesse atingir o proprietário no exercício do seu direito para livrar-se de um incômodo não excedente do razoável. Nesse caso, somente comporta restrição o uso se o incômodo ultrapassa aquela fronteira.

Aliada à determinação da extensão do incômodo coloca-se a invocação dos usos e costumes locais refletindo a ambiência em que se desenvolvem as relações de vizinhança: claro é que não se pode apreciar com os mesmos padrões a normalidade do uso da propriedade num bairro industrial, numa cidade de veraneio, numa estação balneária, num burgo interiorano.[8] Vale dizer: na apreciação da normalidade ou anormalidade do uso levam-se em conta as circunstâncias de cada caso.

Invocam ainda os autores, para a solução dos conflitos surgidos neste particular, a chamada teoria da "pré-ocupação", imaginada por Demolombe, a dizer que aquele que se instala depois de estabelecido um certo uso pelo proprietário vizinho não tem o direito de alterar o estado de coisas preexistente, impondo modificação ao que o proprietário faça da coisa, com fundamento em sua nocividade. A teoria não pode, contudo, ser aceita com caráter absoluto, pois que a *anterioridade* da ocupação não paralisa toda propriedade nova, sujeitando o que chega depois a se conformar com o *statu quo ante*, caso em que se converteria em verdadeira servidão. Mas tem o mérito de influir sobre a tolerância em relação à utilização preexistente.[9]

O Código Civil de 2002 não minudencia os casos de uso anormal da propriedade, mas fornece alguns elementos balizadores para a sua aferição: a natureza da utilização, a localização do prédio, o atendimento às normas que distribuem as edificações em zonas, e os limites ordinários de tolerância dos moradores da vizinhança (art. 1.277, parágrafo único). A doutrina, por sua vez, contribui para o deslinde do que seja considerado *uso anormal,* exemplificando com a presença de ruídos excessivos, festas noturnas, emissão de fumaça ou fuligem, gases tóxicos, poluição de águas, criação de animais que exalem maus cheiros ou enxameiem moscas etc. (Beviláqua, Mazeaud e Mazeaud, De Page).

O princípio da relatividade na repressão ao uso anormal da propriedade encontra desenvolvimento no art. 1.278, que restringe o direito do proprietário ou possuidor lesado, quando as interferências forem justificadas por interesse público. Conciliando os dois interesses – o público e o do proprietário ou possuidor lesado – o dispositivo admite que persista a interferência, neste caso, sujeitando o causador a ressarcir ao vizinho o dano causado. Substitui-se, desta sorte, a ação de dano infecto (fazer cessar as interferências prejudiciais) pela ação indenizatória, que o preceito quer cabal ou plena.

---

8   Clóvis Beviláqua, loc. cit.*;* Ruggiero e Maroi, loc. cit.
9   De Page, *Traité,* vol. V, nº 925; Mazeaud e Mazeaud, *Leçons de Droit Civil*, vol. II, nº 1.344; Washington de Barros Monteiro, *Curso, Direito das Coisas*, pág. 131.

O art. 1.279 dispõe que, ainda que por decisão judicial devam ser toleradas as interferências, poderá o vizinho exigir a sua redução, ou eliminação, quando estas se tornarem possíveis. A redação do dispositivo é pouco feliz. Se a interferência pode ser "eliminada", não há que se falar em "tolerância". Se há sentença judicial impondo ao vizinho "tolerá-la", não tem mais cabida a sua redução. O que, em verdade, enuncia o artigo é que, ao decidir o conflito de vizinhança, quando não seja possível fazê-lo cessar, a sentença imporá medidas que reduzam os seus efeitos, seja mediante colocação de defesas técnicas (como filtro em chaminé), seja através do estabelecimento de horário de trabalho (proibição de funcionamento depois de determinada hora). Entre duas situações, do proprietário que sofre a interferência e do vizinho que não pode ser privado da utilização de seu prédio, o Código estabelece a adoção de medidas que reduzam a interferência, ou que, em certas horas, ou circunstâncias, a eliminem. Procura, assim, conciliar os interesses contrapostos, sempre que possível.

Caso específico vem na disposição que autoriza exigir do vizinho a demolição ou reparação de seu prédio quando este ameace ruína, ou que preste caução que garanta contra a possibilidade de dano iminente (art. 1.280 do Código Civil). O proprietário, ou possuidor, não necessita de aguardar se concretize o dano. Ante a ameaça de ruína, total ou parcial, tem ação para exigir que o dono do prédio vizinho promova os reparos necessários, ou mesmo a sua demolição, resguardando-se do dano ainda não ocorrido (dano infecto), bem como lhe preste caução (que pode ser real ou fidejussória) pelo dano iminente (*cautio damni infecti*). Outro aspecto da ameaça de danos regula o art. 1.281: o proprietário, ou possuidor, apesar de não ter o direito de impedir a realização de obras no prédio vizinho quando legalmente admissíveis, pode impor ao que as realizar as medidas hábeis a evitar prejuízo eventual, como sejam muros de arrimo, telas de proteção e escoramentos.

322. ÁRVORES LIMÍTROFES

As árvores que crescem na linha que estrema uma de outra propriedade objetivam três situações jurídicas.

De início, institui-se a presunção de condomínio em relação àquelas cujo tronco estiver na linha divisória, tal qual no Direito Romano, em que se enunciava princípio idêntico: *et ideo prope confinium arbor posita, se etiam in vicini fundum radices egerit communis fit* (*Institutas*, Liv. II, Tít. 1º, § 31). Trata-se de presunção *iuris tantum*, que cede à prova em sentido contrário, seja a que emane do título, seja a que decorra de evidência específica, seja a que resulte das circunstâncias do caso. E a solução do nosso direito é a que vem aceita em outros sistemas jurídicos (BGB, art. 923; Código Francês, art. 670; Italiano de 1865, art. 569; Italiano de 1942, art. 899; Português de 1967, art. 1.368).

Sendo comum a árvore, pertencem aos proprietários confrontantes os frutos como o tronco, devendo ser partilhados aqueles na época das safras, bem como a madeira se vier o tronco a ser abatido. Mas, servindo a árvore de marco divisório, não pode um dos confrontantes arrancá-la sem o consentimento do outro, solução que a lógica jurídica aponta e que o Código Civil Português converte em preceito (art. 1.369). Autorizado pela lei a cortar os ramos, não se estende seu direito ao tronco, mesmo se, pelo desenvolvimento natural ou pela inclinação acidental, transpõe a linha lindeira. Cabe, então, ação ao prejudicado.[10]

Outra questão diz respeito à árvore frutífera, que, não sendo comum mas pertencente a um dos confinantes, estende seus ramos por sobre a linha lindeira. Enquanto pendentes, os frutos são do dono da árvore, e somente ele pode colhê-las, seja por algum processo que lhe permita fazê-lo do seu próprio lado, seja franqueando-lhe o vizinho transpor a estrema para efetuar a colheita. Desprendendo-se, porém, ficam pertencendo ao proprietário do solo onde caírem, se este for de particular. Não era esta a solução romana (*Digesto*, Liv. 43, Tít. 28, fr. I), nem é unânime a sua aceitação nas legislações modernas. Mas inspira-se na conciliação do direito de vizinhança com o interesse público. O dono do solo adquire os frutos que *caírem*. Não lhe é, contudo, lícito provocar a queda, sacudindo os ramos, e muito menos colhê-los.[11]

A terceira hipótese que se apresenta é aquela da árvore cujos ramos ou raízes transponham a estrema do prédio, causando dano ou incômodo à propriedade vizinha. O nosso direito, à procura de solução prática, permite que sejam cortados até o plano vertical divisório, pelo proprietário do terreno invadido. É claro que não pode ser este compelido a aceitar uma invasão que lhe seja prejudicial ao cultivo a que se dedique, pelo enraizamento do subsolo ou pela sobra dos ramos invasores. Em apurado rigor, dever-se-lhe-ia simplesmente outorgar o direito de ação para compelir o dono da árvore a promover ele mesmo o corte das raízes e ramos, como fazem alguns sistemas jurídicos, ou permitir-lhe intimar o vizinho a aparar umas ou outros, sob a cominação de lhe ser devolvida esta faculdade em não atendendo à interpelação. Mas, à vista da morosidade de tal solução, como do pequeno interesse econômico em jogo, poderia surgir desestímulo ao exercício do direito, com prejuízo para a lavoura, ou então multiplicarem-se litígios que se instaurariam até por mero capricho ou espírito de emulação, instalando-se o desassossego na vida campesina. O Código de 2002, inspirando-se nestes motivos, deu preferência a uma solução mais prática e mais singela (art. 1.283): o dono do prédio invadido pode cortar os ramos na vertical do plano divisório; e, se o proprietário da planta quiser evitá-lo, realizará ele mesmo os cortes, mantendo a árvore dentro de suas divisas, assim pelos ramos como pelas raízes.

323. PASSAGEM FORÇADA

Quando tratarmos dos direitos reais sobre coisas alheias estudaremos, dentre as servidões, a de passagem ou de caminho (nº 336, *infra*). Agora cuidamos de um instituto que a elas muito se assemelha – a *passagem forçada*.

---

10   Enneccerus, Kipp e Wolff, *Derecho de Cosas*, vol. I, § 54.
11   Enneccerus, Kipp e Wolff, loc. cit.

Não há confundir, entretanto, uma e outras, pois que a passagem forçada, que alguns consideram uma servidão legal, não participa da natureza das servidões, porém inscreve-se entre as limitações ou restrições ao direito de propriedade no plano das relações de vizinhança (Martin Wolff), e com fundamento no princípio de solidariedade social que se não compadece com o fato de o proprietário de um imóvel ficar impedido de lhe dar utilização econômica em razão de um insulamento relativamente à via de comunicação ou ao abastecimento de água.

A origem histórica do instituto merece ser lembrada: o Direito Romano, que construiu o sistema da propriedade sobre bases religiosas, assentou que era lícito a qualquer, que não tivesse um caminho para atingir o sepulcro de seus penates, atingi-lo através da propriedade do vizinho, ainda contra a vontade deste (*Digesto*, Liv. XI, Título 7, fr. 12; *Si quis sepulchrum habeat, viam ad sepulchrum non habeat et a vicino ire prohibeatur, imperator Antonius cum patre rescripsit iter ad supulchrum peti precario et concedi solere ut, quotiens non debetur, impetretur ab eo, qui fundum adiunctum habeat*). Não registrando as fontes romanas outro caso de passagem forçada, os autores vão vinculá-la ao direito medieval,[12] de onde se incorporou ao direito moderno, como expressão do princípio de solidariedade social.

O preceito (Código Civil, art. 1.285) assegura ao dono de prédio que não tiver acesso à via pública, nascente ou porto, mediante pagamento de indenização cabal, constranger o vizinho a lhe dar passagem, cujo rumo será judicialmente fixado, se necessário.

Para ter direito à passagem forçada, exigível diretamente ou em Juízo, é requisito básico o *encravamento*. Somente o prédio sem saída para a via pública, nascente ou porto o tem. Não bastam razões de comodidade, nem o vizinho tem de suportar o encargo da passagem para melhoria das condições de acesso àquelas serventias. Assim, pois, se o prédio for dotado de saída, por muito má que seja, não se qualifica como "encravado".

Se vier a ser dotado da comunicação que lhe faltava, pela abertura de outra estrada, ou qualquer motivo diferente, cessa para o vizinho o dever de franquear a passagem.

Mas, reversamente, se se fechar a via de comunicação a que vai dar a passagem forçada, o vizinho tem de conceder outra, desencravando de novo o prédio. Não caberá, todavia, passagem forçada, se suprimida a anterior pelo proprietário. A doutrina entende o seu ato como *arbitrário* (Martin Wolff) qualificando-o como de *culpa contra si mesmo* (Zittelmann), quer resulte de uma omissão, quer de negócio jurídico.[13] A passagem forçada não constitui, todavia, um ônus gratuito: o proprietário do prédio por onde se estabelece tem direito a indenização cabal.

Não é sem motivo que os autores costumam qualificar a instituição da passagem forçada como uma espécie de *desapropriação*, que se não realiza por necessidade pública, mas cumpre-se por *interesse particular*, não lhe faltando a categoria

12 Ruggiero e Maroi, loc. cit.
13 Enneccerus, Kipp e Wolff, ob. cit., § 56.

de "utilidade pública indireta", como considerava Teixeira de Freitas, tendo em vista que, ao menos mediatamente, há um benefício para a coletividade.[14]

Se por mais de um prédio for possível o acesso, terá de admiti-lo o proprietário daquele que mais naturalmente e com maior facilidade for viável.

Impende gizar ainda que, se ocorrer alienação parcial do prédio beneficiado, de modo que uma das partes perca o acesso à via pública, nascente ou porto, o proprietário da outra parte deve tolerar-lhe a passagem. Tal solução é adotada ainda que, antes da alienação, existisse passagem através do imóvel vizinho, não estando constrangido o proprietário deste a dar uma outra passagem.

324. PASSAGEM DE CABOS E TUBULAÇÕES

Ao se referir à passagem, Teixeira de Freitas colocava-a como uma espécie de "desapropriação por utilidade pública indireta", tendo em vista que, ao menos indiretamente, há um benefício para a coletividade. Isto sem embargo de que ela se cumpre por "interesse particular".

A inovação introduzida pelos arts. 1.286 e 1.287 do Código de 2002 encontra paralelo no Código Civil Italiano de 1942, ao se referir este a "eletroduto coativo" e a "passagem coativa de linhas telefônicas" (arts. 1.056 e 1.057). Trata-se de modalidade de "servidão coativa" que se impõe à propriedade por um interesse privado (Ruggiero e Maroi). A passagem de cabos e tubulações opera-se em situação análoga às servidões voluntárias, posto que se estabeleça por via de provimento jurisdicional. Demonstrada a necessidade de se atravessar um imóvel com uns e outros, em proveito da propriedade vizinha, o juiz a determinará, tomando o cuidado para que a instalação se faça de modo menos gravoso à propriedade onerada.

À símile do que ocorre com a desapropriação, o proprietário do prédio serviente terá direito a indenização ampla, abrangendo o incômodo sofrido, o dano emergente no local atravessado, e a desvalorização da área remanescente.

Não é arbitrária a instituição da passagem forçada de cabos e tubulações. Ela somente será concedida quando não for possível realizá-la de outro modo, ou se apresentar demasiadamente onerosa.

Ao proprietário do imóvel é lícito obter sua ulterior remoção, para local mais convinhável. Neste caso, responderá ele pelas despesas respectivas.

Menciona o Código Civil (art. 1.286) a hipótese de se promover tão somente a passagem subterrânea. Inspirado no mesmo motivo, e tal como ocorre no direito italiano, justificar-se-ia a passagem a descoberto ou a céu aberto, de cabos e condutores de energia elétrica, quando de outra forma não se puder fazer. O mesmo conceito de "encravamento" em relação ao acesso à via pública, fonte ou porto analogicamente é extensível ao conduto energético, indispensável à utilização econômica da proprie-

---

14   Teixeira de Freitas, *Consolidação das Leis Civis*, art. 66.

dade encravada. Baseado nesses conceitos, poderá o juiz constranger o proprietário de imóvel a suportar o atravessamento de linhas de transmissão, acrescido da passagem de quem seja incumbido da respectiva manutenção. A par da indenização, que há de ser ampla, e cobrir também a desvalorização do imóvel, será imposta ao beneficiário a instituição de medidas de segurança, tais como redes de proteção, isolamento da via de passagem, e tudo o mais que se faça mister.

O art. 1.287 parte do princípio de que o proprietário do prédio onerado não pode ser exposto a riscos em razão de ser forçado a tolerar a passagem de tubulações e de cabos. Não é razoável que somente em caso de "grave" risco se aplique o preceito. É bastante que haja um risco, pois não se justifica que, para benefício de outro prédio, o proprietário do serviente e os que dele dependam fiquem expostos. Na hipótese de não serem tomadas as medidas de segurança, ou de virem a ser insuficientes, cabe ao prejudicado impor ao outro, judicialmente, a sua realização, sob cominação alternativa de efetuá-la às expensas daquele, ou ser autorizado a interromper a serventia.

325. ÁGUAS

O regime dos cursos de águas, assim públicas como privadas, é objeto de legislação especial. Cogita o Código Civil de 2002, reproduzindo a sistemática do Código de 1916, das águas que escapam às disposições do Código de Águas.

A colocação topográfica dos prédios estabelece a aplicação do princípio. O que é inferior recebe as águas que correm, naturalmente, do superior. Não aquelas que, em razão de obras, atividades ou outras causas não naturais determinem o escoamento. Reversamente, ao dono do prédio inferior é vedado impedir a passagem, realizar diques ou outras obras que possam agravar a situação do prédio superior, provocando represamento ou qualquer meio de contenção.

Se o dono do prédio superior promover a captação, extração ou colheita de águas artificialmente, e tiverem elas de correr para o inferior, tomará as medidas cabíveis, como desviá-las, ou adotar tubulação. Não sendo possível, indenizará o proprietário do prédio inferior. Se, no seu fluxo, beneficiarem a este último, o valor será deduzido da indenização, ou, tal seja o benefício, caber-lhe-á concorrer nas despesas. Este preceito não se aplica às águas servidas ou poluídas, que o dono do prédio inferior não é obrigado a receber.

O Código de 2002 no seu art. 1.290, seguindo a orientação do art. 565 do Código de 1916, estabelece que o proprietário de nascente, ou do solo onde caem águas pluviais, satisfeitas as necessidades de seu consumo, não pode impedir ou desviar o curso natural das águas remanescentes pelos prédios inferiores.

Inovando na disciplina codificada, o Código de 2002 dispõe ainda que o possuidor do imóvel superior não poderá poluir as águas indispensáveis às primeiras necessidades da vida dos possuidores dos imóveis inferiores; o que sobejar das águas, que o possuidor do imóvel superior vier a poluir, deverá recuperar, reparando os danos que os possuidores dos imóveis inferiores vierem a sofrer, se não for possível a recuperação ou o desvio do curso natural das águas (art. 1.291). Dispõe ainda o Código que o proprietário tem o direito de construir barragens, açudes, ou outras obras para represamento de água em seu prédio; bem como que, se as águas represadas invadirem prédio alheio, será o seu proprietário indenizado pelo dano suportado, deduzido o valor do benefício obtido (art. 1.292).

O art. 1.293 disciplina a construção de canais através de prédios alheios, na medida em que sejam indispensáveis às primeiras necessidades da vida, bem como para o escoamento de águas supérfluas ou acumuladas, ou a drenagem de terrenos. O direito de canalização ou aqueduto deve ser exercido com a mínima intervenção possível nas propriedades alheias. Cabe observar que este direito se assemelha ao de passagem de cabos e tubulações, o que levou o legislador a orientar o intérprete para a aplicação subsidiária da disciplina desta modalidade de direito de vizinhança (art. 1.294 do Código de 2002).

O fato de realizar canalização através de propriedade alheia não inibe o dono desta de erigir tapumes ou construções, dês que, assim procedendo, não lhe prejudiquem a conservação ou segurança. Para as necessidades humanas, os donos dos imóveis por onde correm as águas têm o direito de usá-las. Se pretenderem a sua utilização para outras finalidades agrícolas, pastoris ou industriais, deverão indenizar a quem construiu o aqueduto.

Por fim, dispõe o art. 1.296 que, havendo no aqueduto águas supérfluas, outros poderão canalizá-las, para atender às primeiras necessidades da vida, para a drenagem de terrenos ou simplesmente para seu escoamento, mediante pagamento de indenização aos proprietários prejudicados e ao dono do aqueduto, de importância equivalente às despesas que então seriam necessárias para a condução das águas até o ponto de derivação. E prevê o parágrafo único o direito de preferência dos proprietários dos imóveis por onde correm as águas.

326. LIMITES ENTRE PRÉDIOS E DIREITO DE TAPAGEM

Historicamente, como assinala Mestre Tito Fulgêncio, a demarcação nasceu com a propriedade, no sentido de que os marcos e cercas, além de trazerem estímulo aos interesses privados, eram garantia da paz pública.[15] Não comportando, porém, a natureza desta obra a investigação sociológica da matéria, temos de limitar-nos à fonte próxima, recuando a nossa pesquisa ao Direito Romano. Vem dos romanos o direito de ação que se reconhece ao dono de um imóvel, de estremá-lo da propriedade vizinha (*actio finium regundorum*) referida e disciplinada no *Digesto*, Liv. 10, Tít. I.

Nosso direito (art. 1.297 do Código Civil de 2002) assegura a todo proprietário, e por extensão ao usufrutuário e ao enfiteuta, a faculdade de obrigar o seu confinante

---

15   Tito Fulgêncio, *Direito de Vizinhança*, nº 11.

a proceder com ele à demarcação entre os dois prédios, estabelecendo por onde deve passar a linha lindeira. O pressuposto básico desse direito é a condição de confrontante em que se achem os dois prédios. Se não forem vizinhos imediatos, como no caso de correr via pública entre os dois imóveis, ou rio público, não cabe a *finium regundorum* (Beviláqua).

Não se restringe a ação demarcatória ao caso de não haver traça divisória determinada. Na hipótese de já ter existido, e estarem destruídos ou arruinados os marcos, cabe a sua renovação, e bem assim a *aviv*entação de rumos apagados.

Sendo, como em verdade é, comum o interesse dos confrontantes, na fixação ou restabelecimento da linha demarcatória, as despesas repartem-se entre os interessados, proporcionalmente. Não dizendo o Código Civil de 1916, tampouco o Código de 2002, em que termos se há de armar a proporção, *doctores certant*, ora sustentando que com base no valor ou na área dos prédios (Athos Magalhães e Plank), ora nas testadas (Afonso Fraga, Beviláqua).

Rateá-las proporcionalmente a estas é mais racional, pois o que se tem em vista é determinar a estrema, e esta corre ao longo das testadas.

Louvando-se no parecer técnico, com observância do rito processual próprio (arts. 574 a 587, CPC/2015, correspondentes aos arts. 950 a 966 do CPC/1973) e reportando-se aos títulos que remontam à origem dos direitos de cada um, o juiz define a linha de confrontação.

Não havendo meios de encontrá-la, por se terem apagado os vestígios ou ser impossível fixá-la, será determinada na conformidade das posses. E se não ficarem provadas estas, reparte-se a gleba contestada em partes iguais entre os prédios, ou, não sendo viável uma divisão cômoda, seja em razão das condições topográficas, seja porque o fracionamento da área litigiosa conduz a resultado antieconômico, será ela adjudicada a um dos contendores, anexando-a a seu prédio, mediante indenização ao prejudicado.

Deixava o Código de 1916 a desejar, nesta passagem, pois estabelecia divisão proporcional entre os prédios sem indicação do respectivo termo (testada, valor, área), gerando enorme controvérsia entre os doutos. Reportando-se às fontes do preceito ora revogado, que eram o Código Civil Português de 1867 (art. 2.342) e o BGB (art. 920, nº 1), mostra Tito Fulgêncio como a emenda do Senado, substituindo a divisão em partes iguais pela repartição proporcional, deixou o intérprete perplexo. Mas não aceitava o mestre mineiro a hermenêutica de Beviláqua, que defendia a equivalência da expressão à outra decisão, *divisão proporcional em partes iguais*. A discussão, contudo, resta superada pela redação da nova regra que estatui a divisão por partes iguais. Louvável a substituição do critério.

A orientação persiste, por outro lado, no caso de, inviável a divisão, proceder-se à adjudicação do terreno a um dos disputantes. Aqui, não é feliz a referência à adjudicação a um dos confinantes, sem estabelecer critério de orientação ao juiz, que ficará perplexo ante uma opção entre o de menor ou de maior área, entre o de terrenos mais ou menos aptos à finalidade econômica do prédio, etc. Eis outro tormento para o aplicador. Considerando o caso como de *transformação da propriedade possível em propriedade efetiva*, o direito alemão opta, na última hipótese, pela traça dos limites segundo a equidade, e tendo em vista as circunstâncias.[16] De fato, a solução será, neste caso (de adjudicação do contestado), aceitar o prudente arbítrio do juiz, que destarte procederá *ex bono et aequo*.[17]

Até prova em contrário, presumem-se comuns aos confrontantes as obras divisórias (cerca, valo, muro ou intervalo), as quais serão por uns e outros utilizadas, com observância dos preceitos reguladores da comunhão.

Completando a disciplina legal sobre este assunto, dispõem os parágrafos segundo e terceiro do art. 1.297 que as sebes vivas, as árvores ou plantas quaisquer, que servem de marco divisório, só podem ser cortadas ou arrancadas, de comum acordo entre proprietários e que a construção de tapumes especiais para impedir a passagem de animais de pequeno porte, ou para outro fim, pode ser exigida de quem provocou a necessidade deles, pelo proprietário, que não está obrigado a concorrer para as despesas.

326-A. DIREITO DE CONSTRUIR

O proprietário tem o direito de levantar em seu terreno as construções que lhe aprazam. É uma verdade tão comezinha que não haveria mister enunciar-se. No entanto, a lei o proclama mais com o propósito de lhe imprimir um condicionamento: a observância aos regulamentos administrativos que subordinam as edificações a exigências técnicas, sanitárias e estéticas; e o respeito ao direito dos vizinhos, que não deve ser violado pelas edificações.

Imediato corolário é a faculdade de embargar as construções que infringem as normas regulamentares, ditadas pela administração. De seu lado, pode o vizinho opor embargos também à obra que invada a área de seu prédio, ou sobre este deite goteiras. Caberá igualmente embargo também chamado *nunciação de obra nova*, para impedir que na edificação levantada em propriedade vizinha se abra janela, ou se faça eirado, terraço ou varanda, a menos de metro e meio da linha divisória. Em certas condições particulares de urbanização podem os regulamentos administrativos impor que as construções guardem maiores distâncias da linha de divisa, o que dilarga o espaço de metro e meio.

Exceção logicamente deduzida é a do direito alemão, erigindo uma *obrigação de tolerância* para aquele que assiste à construção extralimitada sem protestar, caso em que se reconhece como compensação do "dever de tolerância" uma indenização ao proprietário prejudicado.[18]

Exceção ainda à proibição compreende as frestas, seteiras ou óculos para luz, não maiores de 10 centímetros de largura sobre 20 de comprimento, construídas a

---

16 Enneccerus, Kipp e Wolff, ob. cit., § 57.
17 Tito Fulgêncio, ob. cit., n° 139.
18 Enneccerus, Kipp e Wolff, ob. cit., § 55.

mais de 2 metros de altura de cada piso (Código Civil, art. 1.301, § 2º), cuja abertura outros sistemas também condicionam a guardar determinada altura.[19] Não prescrevem umas e outras contra o vizinho, que a todo tempo conserva a faculdade de levantar a sua casa ou contramuro, ainda que tenha como consequência vedar-lhe a claridade (Código Civil, art. 1.302, parágrafo único). É preciso, entretanto, alertar contra o fato de se colocarem as pequenas aberturas tão contíguas que o seu conjunto se converta em vão de maiores proporções. Se forem burladas as dimensões previstas em lei, cabe ao prejudicado fazê-las fechar.

Nos edifícios, cuidará o proprietário de evitar que o beiral do telhado despeje sobre o prédio vizinho, provendo-o de calhas ou outro meio de defesa, ou deixando, quando de outro modo não possa impedi-lo, um intervalo suficiente para atingir esta finalidade (*stilicidio*).

Obviamente não têm cabida essas proibições, quando os prédios são separados por qualquer via pública. O Código de 1916 o mencionava (art. 574), por excesso de clareza, como explica Beviláqua; o atual se permitiu dispensar a assertiva.

Se o proprietário instituir servidão de luz em benefício do prédio vizinho, haverá que respeitar a obrigação. Mas, se anuir simplesmente na abertura de janela, sacada, terraço ou goteira, sobre o seu prédio, só até o lapso de ano e dia após a conclusão da obra poderá exigir que se desfaça. Não obstante Beviláqua aí enxergar uma prescrição, trata-se de decadência inequívoca, condicionado que é o exercício do direito ao prazo preclusivo. A prova de se achar concluída a obra, nas edificações urbanas, faz-se, em falta de outro meio mais convincente, com a expedição do "alvará de habite-se" ou outro documento equivalente, pela autoridade administrativa.

Aquele que primeiro construir, nas localidades onde as edificações são adstritas a alinhamento (cidades, vilas, povoados) o dono de um terreno vago pode edificá-lo madeirando na parede divisória do prédio contíguo, se ela aguentar a nova construção, obrigado todavia a indenizar ao vizinho meio valor da parede e do chão correspondente. O infrator do princípio está sujeito a perdas e danos, além da demolição da obra (Código Civil, arts. 1.304 e 1.312).

O confinante que primeiro constrói pode assentar a parede divisória até meia espessura no terreno contíguo, sem perder o seu direito a haver meio valor dela se o vizinho a utilizar para travejamento como acima se enuncia. Mas, por motivo de segurança, o primeiro fixará a largura e profundidade do alicerce, se o terreno não for de rocha. Pertencendo a um dos vizinhos a parede, não poderá o outro fazer-lhe alicerce ao pé sem que preste caução pelo risco gerado pela nova construção (art. 1.305), garantia esta que se admite fidejussória ou real.

O vizinho que é condômino da parede pode utilizá-la até meia espessura, devendo dar prévio aviso ao outro das obras que pretende realizar. E sobretudo cuidará de não pôr em risco a segurança e separação dos prédios. Esse direito não autoriza a construção de armário ou aproveitamento análogo correspondente ao que já exista da mesma natureza no lado oposto, salvo consentimento expresso do confinante.

---

19   Gianturco, *Diritti Reali*, pág. 180.

Não é lícito encostar na parede do vizinho, nem tampouco à parede-meio, for-nos de forja ou de fundição, aparelhos higiênicos, fossas, canos de esgoto, depósitos de sal ou qualquer substância corrosiva ou capaz de causar dano, salvo consentimen-to expresso do interessado.

O dono de um prédio que se ache ameaçado pela construção de chaminé, fogão ou forno, não contíguo, ainda que seja comum a parede, tem o direito de embargar a obra ou exigir-lhe seja dada caução contra os possíveis prejuízos (*caução de dano infecto*). Mas nenhum procedimento é cabível se se tratar de fogão ou forno de cozi-nha ou de chaminés ordinárias (art. 1.308).

Em prédio rústico não se poderão levantar novas construções ou acréscimos às já existentes, a menos de três metros da linha lindeira, sem licença do vizinho. As estrebarias, currais, pocilgas, estrumeiras ou construções igualmente gravosas guar-darão a distância fixada nas posturas municipais ou regulamentos de higiene.

Não pode o dono de um prédio fazer escavações que tirem ao poço ou fonte alheia a água necessária (art. 1.310).

Auxílio Mútuo. Todo proprietário ou ocupante de imóvel é obrigado a permitir que o vizinho, mediante prévio aviso, entre no seu prédio e dele temporariamente use, para os fins previstos no art. 1.313 do Código Civil (para apoderar-se de coisas suas, inclusive animais, que ali se encontrem casualmente e para promover a repara-ção, construção, reconstrução ou limpeza de sua casa ou do muro divisório).

O preceito, que vem do Código de 1916, sofreu considerável ampliação no novo diploma. Embora o propósito seja bom, e a finalidade seja proporcionar ao pro-prietário de um prédio facilidades com que evitar prejuízos, a extensão demasiada das restrições ao direito de propriedade, e as franquias muito dilargadas em relação a adentrar no prédio alheio, podem acabar por gerar mais conflitos do que obter sua composição. Permitir que alguém penetre no prédio alheio e o utilize durante toda a fase de construção é um exagero, que impõe a quem deva tolerá-lo incômodos exces-sivos. Tolerar a entrada do vizinho, ou de preposto seu, para apoderar-se de coisas, inclusive animais, é outra facilidade que pode gerar perturbações.

O dispositivo devia limitar-se a impor a tolerância tendo por medida evitar danos (Beviláqua) ou quando de outro modo não se possa obter o que se necessita (Coelho da Rocha). Embora contenha o artigo o requisito da indispensabilidade, é preciso dosar a sua aplicação com o sossego e a tranquilidade de quem deva to-lerar. Somente se admite a imissão em prédio alheio, conciliando-a com a escolha de horário, local e duração. Caso contrário, o preceito converte-se em fonte de litígio. De se destacar que o art. 1.313 utiliza a expressão "prévio aviso", que deve ser entendida em conjugação com a anuência, pois não é curial que alguém tenha o direito de entrar em prédio alheio, na hora em que bem entenda, simplesmente porque avisou. Demais disso, há ainda que se delimitar o tempo durante o qual ocorre a entrada, sob pena de transformar-se em perturbação da vida doméstica. Todas estas cautelas visam a evitar que o exercício do direito de vizinhança sirva de pretexto para a mera emulação. Em qualquer hipótese, no entanto, todo dano causado deverá ser ressarcido.

Capítulo LXXIII
Perda da Propriedade

Bibliografia

Clóvis Beviláqua, *Direito das Coisas*, vol. I, § 44; Lacerda de Almeida, *Direito das Coisas*, vol. I, §§ 50 e segs.; Washington de Barros Monteiro, *Direito das Coisas*, págs. 15 e segs.; Ruggiero e Maroi, *Istituzioni*, vol. I, § 117; Lafayette, *Direito das Coisas*, §§ 89 e segs.; Orlando Gomes, *Direitos Reais*, nos 145 e segs.; Enneccerus, Kipp e Wolff, *Tratado, Derecho de Cosas*, vol. I, §§ 60 e segs.; Serpa Lopes, *Curso de Direito Civil*, vol. VI, nº 368.

327. ALIENAÇÃO. RENÚNCIA. ABANDONO

A perda da propriedade, com poucas exceções, é correlata de sua aquisição. Sempre que ocorre a aquisição derivada (v. nº 302, *supra*) o mesmo fenômeno jurídico gerador da investidura do adquirente no direito dominial importa na demissão do antigo *dominus*. Se a *adquisitio* de um origina-se na transferência do direito de outro, o mesmo ato ou a mesma causa que lhe dá nascimento traduz a simultânea perda para o antigo titular. Simetricamente à aquisição originária – aquela pela qual o *dominus* assim se intitula em relação a coisas nunca antes apropriadas – admite-se a perda da propriedade na simples demissão de seu atual titular, sem que a outrem passe o complexo jurídico. São casos menos frequentes, porém existem.

Dando início ao estudo pelos primeiros, queremos deixar assinalado que o presente capítulo compreende a perda da propriedade tanto móvel quanto imóvel, não havendo motivação para que destaquemos uma de outra. E também que, sistematicamente, a perda da propriedade é considerada ora em razão de causa referente à pessoa do proprietário, ora em relação ao objeto, ora em relação ao próprio direito.[1]

Em primeiro lugar colocamos, pois, na esteira das normas legais (Código Civil, art. 1.275), a *alienação*. Pouco, em verdade, há que dizer, tendo em vista a explanação do problema sob aspecto aquisitivo. Alienação é modalidade abrangente assim dos móveis quanto dos imóveis. Aqui a perda se funda no negócio jurídico, na declaração de vontade geradora de direitos e obrigações, e tanto pode ser a título oneroso (e. g., compra e venda, permuta), como gratuita (doação); tanto por atos entre vivos como *causa mortis*, deixados estes para estudo detido ao tratarmos da sucessão testamentária, no volume VI.

A alienação consiste no ato pelo qual o titular do domínio o transfere ao adquirente, com as mesmas qualidades, defeitos e restrições com que o exercia. Se o direito não era escorreito, assim se transmite: *nemo plus iuris ad alium transferre potest quam ipse habet.*

Se o objeto de alienação for coisa móvel, completa-se com a *tradição* dela, ao adquirente, pois que sem esta não se dá aquisição. Se for imóvel, além de atender ao requisito formal nos casos em que a lei o prescreva, somente produz os seus efeitos a contar da *inscrição do título* no Registro, certo como é que não se dá aquisição sem ela. A observação é importante, não somente entre as partes, como em relação a terceiros. Se o dono alienar pela segunda vez o imóvel, e o segundo adquirente o inscrever antes do primeiro, a perda da propriedade não se operando antes da inscrição, é o segundo adquirente que se investe nos direitos sobre a coisa, e não o primeiro, que tem contra o alienante apenas ação de perdas e danos, mas não lhe assiste nenhuma faculdade de reclamar a própria coisa. Igualmente, se um terceiro penhorar a coisa após o ato alienatório, porém antes do registro, o adquirente sofre-lhe os efeitos, e, para livrar o bem da apreensão judicial há de respeitar o direito do exequente.

_____

1   Lacerda de Almeida, *Direito das Coisas*, vol. I, § 50.

Pela *renúncia*, o *dominus* efetua uma declaração de vontade *abdicativa*, pela qual demite de si o direito sobre a coisa. Em se tratando de bem móvel, basta que se efetive o seu abandono – *derelictio* – revestido do elemento anímico, ou seja, a intenção de se despir da titularidade dominial. Mas, sendo imóvel, não produz efeitos o ato renunciativo antes do seu registro no Registro Imobiliário (Código Civil, art. 1.275, parágrafo único). Os autores fazem ainda alusão à *renúncia translativa* que confina com a alienação; e à *renúncia preventiva*, que se realiza pela recusa à aquisição de direito ainda não integrado no patrimônio (Serpa Lopes).

O *abandono* é igualmente modalidade peculiar de perda da propriedade. Sendo móvel o seu objeto, confunde-se com a renúncia: é, mesmo, a sua manifestação externa. Quanto aos imóveis, embora se inscreva como causa de perda da propriedade, é mais difícil de precisar. Uma pessoa pode, na verdade, deixar de exercer qualquer ato em relação à coisa, sem perda do domínio. Temos dito e repetido que o não uso é uma forma de sua utilização. A casa pode permanecer fechada, o terreno inculto, e nem por isso o dono deixa de sê-lo. Para que se dê o *abandono* do imóvel, como causa da perda do direito, é mister se faça acompanhar da *intenção abdicativa*. Demais disso, como o nosso direito não se compadece com a ideia de imóvel sem dono, estatui que o imóvel urbano abandonado arrecadar-se-á como bem vago, e, passados três anos, incorpora-se ao domínio do Município ou do Distrito Federal, se se achar nas respectivas circunscrições. Sendo o imóvel situado na zona rural, atendidas as mesmas condições, passará ao domínio da União, onde quer que se localize. Presume-se de modo absoluto a intenção de abandonar o imóvel se, cessados os atos de posse, deixar o proprietário de satisfazer os ônus fiscais (Código Civil, art. 1.276). O abandono, como a renúncia, constitui negócio jurídico unilateral, e como tal deve ser tratado.[2]

Perde-se ainda a propriedade, forçadamente, por imposição penal, como nos casos de contrabando e contrafação de artigos de consumo.[3]

328. PERECIMENTO DO OBJETO

A esta altura já não cabe debater o problema do direito sem objeto. Sobre o assunto tomamos posição desenvolvendo o tema tanto quanto comporta a natureza desta obra (nº 6, *supra*, vol. I).

Fixando, pois, que não há direito sem objeto, consequência é que o perecimento deste o esvazia, extinguindo a relação jurídica. Se examinarmos a questão e a matéria com maior rigor lógico, vemos que se não deveria aqui falar em *perda* da propriedade senão na sua *extinção*, reservando o conceito de perda para quando o

---

2   Enneccerus, Kipp e Wolff, *Derecho de Cosas*, vol. I, § 63.
3   Orlando Gomes, *Direitos Reais*, nº 148.

direito dominial sobrevive, na pessoa de outrem. Mas, em atenção à similaridade de efeitos e sistematização legal, mantemos o perecimento na linha da perda.

Móvel a coisa, é mais frequente o acontecimento. Perece a coisa pela sua destruição por força da ação humana ou evento acidental, sendo contudo de observar que se pode sub-rogar o *ius dominii* no valor do seguro ou no direito às perdas e danos: a propriedade se extingue, mas o *dominus* assume a subjetividade de outra relação jurídica. Perecimento haverá na morte do animal, podendo contudo subsistir sobre suas partes aproveitáveis (carcaça óssea, pele etc.). Perecimento ocorre ainda quando a coisa, íntegra embora, sai totalmente do apropriamento do dono ou se encontre em lugar absolutamente inacessível (queda do objeto em pleno mar). Extingue-se o domínio quando a coisa passa à categoria de *res extra commercium*, equivalendo à perda, embora com substituição ou sub-rogação dos direitos dominiais em perdas e danos ou no valor dela, conforme o caso.

Também é admissível o perecimento do imóvel: incêndio do prédio, destruição da coisa. A *inundação* ou invasão da terra pelas águas, que Lafayette considerava perda da propriedade pelo fato de a coisa passar a nova condição que a retira do poder físico do *dominus*,[4] na verdade não importa na sua perda. Neste caso o direito de propriedade permanece em *quiescência* ou em estado potencial, na expectativa de refluxo da massa líquida, quando o *dominus*, independentemente de ato seu, retoma a coisa e vê restabelecido o direito.[5] Aí não ocorre a perda da propriedade senão na medida de sua irrecuperabilidade, em razão de mudança da espécie, quando se der um daqueles casos de acessão (v. nº 304, *supra*).

329. USUCAPIÃO

Conforme ficou acima assentado (nº 305, *supra*), adquire-se a propriedade por usucapião, sofrendo o antigo *dominus*, correlatamente, a sua *perda*. Por tal razão, costuma-se chamar à usucapião de "prescrição aquisitiva", operando a perda da propriedade pelo fato de em favor do usucapiente prescrever o direito. Afastada a ideia de identidade conceitual entre prescrição e usucapião (v. o que a respeito dissemos acima, nº 305, *supra*), resta uma observação que não é mal se repita: o proprietário não perde o seu direito pelo desuso, posto que prolongado; somente ocorre a perda da propriedade se o *dominus* se conservar inerte em face de uma situação contrária (posse do usucapiente), em conjugação com os outros requisitos legais.

É, então, que a usucapião fundamenta a perda da propriedade, em razão do comportamento negativo do dono contraposto ao positivo do possuidor, em relação à coisa.

---

4   Lafayette, *Direito das Coisas*, § 91.
5   Lafayette, *Direito das Coisas*, § 91.

330. DESAPROPRIAÇÃO

Além desses casos de perda da propriedade, tipicamente de direito civil, ainda é conhecida especial modalidade. Especial por ser de direito público, particularmente considerada na Constituição da República, minuciosamente regulada em direito administrativo, e objeto ainda do direito processual: a *desapropriação*. Sujeita embora a regime jurídico peculiar, pois que em sua forma prístina é figura de direito público,[6] não podemos deixar de mencioná-la nestas *Instituições*: o Código Civil de 2002 lhe faz referência (art. 1.275, V) e uma razão lógica aconselha, na menção dos casos legais de perda da propriedade, incluir-se mais este, pela sua importância e pela sua presença constante na vida jurídica. Bem sabemos que uma forte corrente, mais antiga, de juristas, em que se assinala a presença de civilistas como Ruggiero e Degni, e publicistas como Zanobini e Filomusi-Guelfi, propendia pela consideração de ser a desapropriação inscrita entre as limitações ao direito de propriedade. Preferimos, contudo, qualificá-la como caso especial de sua perda, porque a sua consequência jurídica é a cessação da relação jurídica dominial para o *dominus*, e integração da *res* no acervo estatal. Não constitui, pois, negócio jurídico, nem é compra e venda (posto que forçada), mas um ato de direito público gerando o efeito da transferência do domínio.[7]

Cabe à Administração Pública, ou a quem para este efeito se lhe equipara legalmente (autarquias, empresas concessionárias de serviços de utilidade pública) decretá-la, impondo desta sorte a *perda da propriedade*. Importa ela numa transferência da propriedade, com a peculiaridade entretanto, de se não originar em ato espontâneo do *dominus*, nem na declaração dupla de vontade, do alienante e do adquirente. Ao revés, a desapropriação ou expropriação realiza mutação dominial compulsória e, segundo o conceito vulgarizado pode definir-se assim: *ato pelo qual a autoridade pública competente, nos ca*sos previstos pela ordem jurídica, determina a transferência da propriedade privada, no interesse da coletividade.[8]

Por constituir exceção ao princípio de garantia da propriedade privada, que se justifica em face do conflito de interesses, armado entre o indivíduo e a comunidade, não tem a administração pública o arbítrio de transferir para o seu patrimônio os bens particulares. Somente pode fazê-lo sob a justificativa de uma razão de necessidade, de interesse ou de conveniência pública. O ato expropriatório, formalmente como intrinsecamente, é unilateral no sentido de que o expropriante por via dele declara a transladação do bem particular para o patrimônio coletivo, descabendo ao expropriado discutir suas razões justificativas.

---

6   Hedemann, *Derechos Reales*, pág. 272; Otto Mayer, *Le Droit Administratif Allemand*, vol. III, pág. 52.

7   Enneccerus, Kipp e Wolff, ob. cit., § 64.

8   F. Whitaker, *Desapropriação*, n° 3; Eurico Sodré, *A Desapropriação*, n°s 12 e segs.; G. Baudry, *L'Expropriation pour Cause d'Utilité Publique*, n° 4; Enneccerus, Kipp e Wolff, § 64; Washington de Barros Monteiro, *Direito das Coisas*, pág. 161; Seabra Fagundes, *Da Desapropriação no Direito Brasileiro*, n° 2.

Não traduz um confisco do bem particular. Decretada a desapropriação, o expropriante oferece pela coisa desapropriada um *preço*, que não é coercitivamente instituído, senão considerado como simples *oferta*. Aceita esta pelo interessado, conclui-se o expropriamento. Recusada, porém, será revisto em Juízo onde se trava então a batalha de sua fixação, como objeto de sentença a ser proferida no processo. O juiz vale-se do parecer técnico de perito por ele designado, sendo livre às partes (expropriante e expropriado) indicar seus assistentes técnicos. Determinado o valor do bem, o expropriante é obrigado a depositá-lo em Juízo, adquirindo assim a sua propriedade.

Nosso direito conhecia a desapropriação por necessidade ou utilidade pública, definida esta em razão de: *a*) segurança nacional; *b*) defesa do Estado; *c*) socorro público em caso de calamidade; *d*) salubridade pública; *e*) criação e melhoramento de centros de população, seu abastecimento regular de meios de subsistência; *f*) aproveitamento industrial das minas e das jazidas minerais, das águas e da energia elétrica; *g*) assistência pública, obras de higiene e decoração, casas de saúde, clínicas, estações de clima e fontes medicinais; *h*) exploração ou conservação dos serviços públicos; *i*) a abertura, conservação e melhoramento de vias ou logradouros públicos; a execução de planos de urbanização; o parcelamento do solo, com ou sem edificação, para sua melhor utilização econômica, higiênica ou estética; a construção ou ampliação de distritos industriais;[9] *j*) funcionamento dos meios de transporte coletivo; *l*) preservação e conservação dos monumentos históricos e artísticos, isolados ou integrados em conjuntos urbanos ou rurais, bem como as medidas necessárias a manter-lhes os aspectos mais valiosos ou característicos e, ainda, a proteção de paisagens e locais particularmente dotados pela natureza; *m*) preservação e conservação adequada de arquivos, documentos e outros bens móveis de valor histórico ou artístico; *n*) construção de edifícios públicos, monumentos comemorativos e cemitérios; *o*) criação de estádios, aeródromos ou campos de pouso para aeronaves; *p*) reedição ou divulgação de obras ou invento de natureza científica, artística ou literária; *q*) os demais casos previstos em leis especiais (Decreto-lei nº 3.365, de 21 de junho de 1941, art. 5º, com alterações promovidas pela Lei nº 14.273, de 23 de dezembro de 2021, e pela Lei nº 14.620, de 13 de julho de 2023).

Pela Constituição Federal foi criada nova espécie – a *desapropriação por interesse social*, tendo em vista a conveniência de trazer o bem para gozo, utilização, serventia da comunidade. Muitos anos passaram sem que se chegasse à regulamentação desta espécie expropriatória, não obstante numerosas tentativas.

Segundo os preceitos constitucionais em vigor (Constituição da República Federativa do Brasil, art. 5º, XXIV), dá-se a desapropriação: *a*) por necessidade ou utilidade pública ou por interesse social; *b*) para o fim de realizar a justiça social (arts. 182, § 4º, III, e 184), e, neste caso, ficará restrita às propriedades territoriais urbanas ou rurais que não estejam cumprindo sua função social, admitida aqui a indenização em títulos especiais da dívida pública. Por via, então, da desapropriação que assuma caráter específico e se subordine a preceituação própria a dar maior flexibilidade à

---

9   Alínea com a redação conferida pela Lei nº 9.785, de 1999.

ação governamental, leva-se a efeito a "reforma agrária", como técnica de luta contra a exploração egoísta das terras, ou para a conversão das improdutivas em valores econômicos aptos a disseminar o bem-estar e a gerar riqueza coletiva. A propósito da *reforma agrária*, dispõe o art. 184 ser da competência da União a desapropriação de imóvel rural não cumpridor de sua função social, "mediante prévia e justa indenização em títulos da dívida agrária, com cláusula de preservação de valor real, resgatáveis no prazo de até vinte anos, a partir do segundo ano de sua emissão, e cuja utilização será definida em lei".[10]

Nesse sentido, o texto constitucional, no art. 243, *caput*, com redação pela EC 81/2014, estabelece que "as propriedades rurais e urbanas de qualquer região do País onde forem localizadas culturas ilegais de plantas psicotrópicas ou a exploração de trabalho escravo na forma da lei serão expropriadas e destinadas à reforma agrária e a programas de habitação popular, sem qualquer indenização ao proprietário e sem prejuízo de outras sanções previstas em lei, observado, no que couber, o disposto no art. 5º".

A Emenda Constitucional alterou a redação anterior que previa o perdimento de bens para a União Federal apenas naqueles obtidos pela exploração de culturas ilegais de plantas psicotrópicas. A nova redação acrescenta o trabalho escravo. O perdimento de bens relacionado ao tráfico ilícito de entorpecentes já está disposto na lei que prevê o Sistema Nacional de Políticas Públicas sobre Drogas (Lei nº 11.343, de 23 de agosto de 2006, com redação, no ponto, modificada pela Lei nº 13.840, de 5 de junho de 2019), novo nome conferido à Lei Antidrogas, em seus arts. 60 a 64.

O que a metáfora permite ao legislador em optar pelos termos "perda ou perdimento de bens" nada mais é do que o antigo "confisco" que remonta a Roma Antiga e foi mantido em algumas constituições brasileiras e proibido em outras. A atual Constituição brasileira prevê em seu art. 5º, inciso XLV, que "nenhuma pena passará da pessoa do condenado, podendo a obrigação de reparar o dano e a decretação do perdimento de bens ser, nos termos da lei, estendidas aos sucessores e contra eles executadas, até o limite do valor do patrimônio transferido". Sendo ou não confisco, apesar de a legislação penal permitir transferências patrimoniais cautelares, sejam bens móveis ou imóveis, o confisco definitivo em nome da União Federal ou órgãos ou fundos que estejam sob o seu controle devem estar expressamente previstos na resolução final do Juiz sob o qual tramite o processo, de cunho penal ou cível.

O perdimento de bens em propriedades onde seja encontrado o trabalho escravo depende de regulamentação por meio de lei ordinária. No estágio atual, o que entendemos é que a Emenda Constitucional não é autoexecutável, embora o perdimento de bens possa ser decretado como pena acessória em ação penal movida contra o proprietário da terra que diretamente tenha explorado o trabalho escravo.

Excetuados os casos do cometimento de crimes como disposto acima, são insuscetíveis de desapropriação para fins de reforma agrária a pequena e média

---

10   A. Respeito da Reforma Agrária, não é demais transcrever o teor da Súmula 354 do Superior Tribunal de Justiça, segundo a qual "A invasão do imóvel é causa de suspensão do processo expropriatório para fins de reforma agrária."

propriedade rural, assim definida em lei, desde que seu proprietário não possua outra, bem como a propriedade produtiva (art. 185). A Lei Complementar 76, de 1993, alterada pela LC 88/1996, estabelece o processo expropriatório, enquanto as demais condições são objeto de legislação especial.

A indenização, que é elemento conceitualmente constitutivo da desapropriação, no dizer qualificado de Hedemann, em qualquer caso deverá compreender o *valor efetivo* do bem expropriado, tendo em vista, além de outras circunstâncias, o preço de aquisição e interesse auferido pelo proprietário; situação do imóvel e seu estado de conservação e segurança; valor venal dos da mesma espécie nos últimos cinco anos; valorização ou depreciação de área remanescente (Decreto-lei nº 3.365, de 1941, art. 27).

O expropriante tem o dever de empregar a coisa dentro na finalidade específica do expropriamento. Desviando-a da destinação declarada, admitia-se outrora a *retrocessão*, isto é, o retorno da coisa ao patrimônio do expropriado mediante a restituição do preço recebido (Código Civil de 1916, art. 1.150). A lei especial atingiu-o, cabendo ao ex-desapropriado, em tal caso, ação de indenização mais ampla, uma vez que o desvio de finalidade se configura como ilícito civil, sujeitando o agente ao princípio do ressarcimento pleno. A tese da subsistência do direito de retrocessão encontra, no entanto, amparo em monografista opinadíssimo (cf. Seabra Fagundes, *Da Desapropriação*, nº 477).

Requisição. As mesmas disposições constitucionais que asseguram o direito de propriedade, salvo desapropriação (Constituição de 1988, art. 5º, XXII, XXIII e XXIV), mencionam ainda a utilização da propriedade particular mediante *requisição* (art. 5º, XXV). Esta pode ser definitiva, quando tem por objeto bens de consumo, ou temporária, quando a administração pública se limita à utilização da coisa (veículos, prédios etc.) e sua restituição íntegra pode ser feita ao proprietário. Em qualquer caso, a requisição somente terá cabida em caso de perigo público iminente, como calamidade provinda de cataclismo ou evento natural, ou ainda invasão inimiga, ocupação por forças revolucionárias, movimentação ou abastecimento de tropas, defesa da população civil contra a carência de víveres ou remédios – enfim, motivos relevantes que justifiquem o procedimento extremo das autoridades.

Em todo caso assegura-se ao proprietário indenização ulterior, em face do caráter emergencial da utilização.

A multiplicidade de exigências das atividades públicas vem multiplicando os casos de requisição, tais como o de bens necessários às Forças Armadas e à defesa da população pelo Decreto-lei nº 4.812, de 1942. Cabe também requisição com fins eleitorais, para instalação das mesas receptoras, em dia de eleição. Em decorrência do estado de emergência provocado pela pandemia de Covid-19, a Lei nº 13.979, de 2020, que dispõe sobre as medidas para seu enfrentamento, autorizou às autoridades competentes, no art. 3º, inciso VII, requisitar bens e serviços de pessoas naturais e jurídicas, garantido o pagamento posterior de indenização justa.[11]

---

11   Sobre requisições, cf. Washington de Barros Monteiro, ob. cit., pág. 169.

Capítulo LXXIII-A
Direito de Superfície

Bibliografia

Brunati, *Gli effetti della costruzione parziale su suolo altrui*; F. Filomusi Guelfi, *in Enciclopedia Giuridica, V. "Della Superficie"*; E. Pacifici Mazzoni, "Delle Servitú Legali", *in Istituzioni di Diritto Civile*; L. Rossi, *Digesto Italiano, V. "Diritto di Superficie"*; Meaume *in* Dalloz, *Recueil de Jurisprudence*, v. II, pág. 1; Domenico Simoncelli, *in Nuovo Digesto Italiano*, V. *"Diritto di Superficie"*; Domenico Simoncelli, *in Digesto Italiano*, V. *"Superficie"*; Nicola Coviello, "Della superficie, considerata anche in rapporto al sottosuolo", *in Archivi Giuridici*, XLIX, pág. 3; Trabucchi, *Isituzioni di Diritto Civile*, págs. 431 e segs.; Ruggiero e Maroi, *Istituzioni di Diritto Privato*, v. I, § 122, págs. 623 e segs.; Pugliese, "Superficie" *in Commentarii del Codice Civile*, di A. Scialoja; Salis, "Superficie", *in Trattato di Diritto Civile*, de Vassali.

330-A. Origem. Posição nas legislações estrangeiras e no Direito pátrio

O"direito de superfície" é um desses institutos que os sistemas jurídicos modernos retiram das cinzas do passado, quando não encontram fórmulas novas para disciplinar relações jurídicas impostas pelas necessidades econômicas ou sociais. Partindo de que tudo aquilo que se edifica ou planta adere ao solo – *omne quod solo inaedificatur, vel implantatur, solo cedit* (Gaius), o Direito Romano por largo tempo desconheceu esta figura jurídica. O direito de superfície – *ius superficiei* –, de construção pretoriana, surgiu como relação de direito público. Originário da locação, entrou mais tarde no direito privado, como especial modalidade de direito real – *ius in re aliena*.

No direito moderno, a figura do direito superficiário encontrou sucedâneo na locação, na divisão da propriedade (*dominium utile*), na servidão.

O Código Civil Francês ignorou o instituto da superfície, o mesmo acontecendo com os que a ele se filiaram. O Código Civil Alemão (BGB de 1896), reforçando o princípio *superficies solo cedit*, assenta a regra da pertinência das construções e plantações, ao proprietário do solo. O mesmo ocorreu com o nosso Código Civil de 1916, que nenhuma disposição continha sobre o direito de superfície.

O novo Código Civil Italiano (de 1942) imprime disciplina ao "direito de superfície" (arts. 952 a 956). O mesmo acontece com o Código Civil Português de 1966 (arts. 1.524 a 1.542).

Movido por exigências advindas de certas práticas negociais, o Direito brasileiro o acolheu com a Lei de Parcelamento do Solo Urbano (Lei nº 6.766/1979), mas a consagração do instituto só se deu recentemente, com o Estatuto da Cidade (Lei nº 10.257, de 10 de julho de 2001). E, finalmente, o Código Civil de 2002 o inscreve no rol dos direitos reais (art. 1.225, II).

330-B. Conceito. Características

Segundo o disposto no art. 1.369, o direito de superfície caracteriza-se como um direito real sobre coisa alheia, e se apresenta como um desdobramento da propriedade.

Diversamente do direito italiano, em que a propriedade superficiária tem por objeto a construção de uma obra, o artigo do Código imprime-lhe extensão ao "direito de plantar", que é de todo inconveniente como gerador de litígios e conflitos, como substancialmente inseguro juridicamente (como, aliás, mostrei em minhas críticas ao Projeto, *in* "Reformulação da Ordem Jurídica e outros Temas", pág. 177), notadamente em função da faculdade de disposição *inter vivos* consagrada no art. 1.372 e do direito de preferência, do art. 1.373.

O direito de superfície constitui-se por instrumento escrito, que reveste obrigatoriamente a forma pública, com registro no Cartório do Registro de Imóveis.

Trata-se de concessão *temporária*, fixando o documento constitutivo o tempo de duração. Surge, em consequência, uma propriedade resolúvel (art. 1.359). No caso de efetuar o proprietário superficiário um negócio jurídico que tenha por objeto o direito de superfície, ou no de sucessão *mortis causa*, o adquirente recebe-o subordinado à condição resolutiva, importando portanto em extinção do direito à resolução da propriedade superficiária do antecessor – *resoluto iure dantis resolvitur ius accipientis.*

O *objeto* da superfície pode ser o direito de efetuar uma construção ou plantação (*ius ad aedificandum vel implantandum*), ou na alienação de construção ou plantação já existente, separadamente da propriedade do solo que permanece com o alienante.

No Direito Romano admitia-se o pleno gozo das construções contra o pagamento de uma prestação anual (*solarium*). O Código, no art. 1.370, considera a constituição da propriedade superficiária *gratuitamente* (*donationis causa*), quer por ato entre vivos, quer por disposição de última vontade. Ou permite a sua contratação *onerosa*. Neste último caso, pode consistir a remuneração em pagamento parcelado, ou periódico, ou mediante participação nos frutos (naturais ou civis) da coisa. Pode ainda ser estipulada a contraprestação em quantia certa, paga de uma só vez, antecipadamente ou não.

Na falta de outra convenção, incumbe ao superficiário o pagamento dos encargos e tributos que incidirem sobre o imóvel, bem como as despesas de conservação ou manutenção (art. 1.371). O descumprimento deste dever poderá ser sancionado com a resolução do direito de superfície, uma vez constituído o superficiário em mora.

330-C. Transferência do direito de superfície

A natureza jurídica da propriedade superficiária, em se tratando de construção já existente, assemelha-se a uma servidão (*servitus oneris ferendi*) a favor do edifício a construir (Ruggiero e Maroi); no caso de construção a ser feita é uma concessão *ad aedificandum*. No de plantações, como estas podem ser, por natureza, transitórias, maior será a dificuldade na qualificação.

Quanto à extensão do direito, a transmissão entre vivos do direito de superfície que tem por objeto construção implanta-se como transferência da propriedade resolúvel, e encontra paralelo no direito italiano, como no português. Mas a alienação da propriedade superficiária que tem por objeto plantações deve ser encarada com cautela, porque o direito ao plantio é sempre gerador de desavenças.

O Código proíbe ao proprietário do solo cobrar qualquer taxa ou retribuição pela transferência do direito de superfície.

O art. 1.373 confere o direito de preferência em caso de alienação, seja do imóvel ou da superfície, ao superficiário ou ao proprietário, respectivamente. O direito de preferência assegurado ao proprietário do solo, em caso de alienação da superfície, compreende-se, pois é razoável que deseje ele exonerar a sua propriedade, liberando o bem de uma situação jurídica que o onera. O que não encontra justificativa é a preferência dada ao superficiário, em caso de alienação do imóvel. A uma, porque cria uma restrição ao direito de propriedade, impondo-lhe notória depreciação. A duas, porque se inverte a situação, instituindo um poder maior ao que, por natureza, é acessório. E a três, porque o imóvel pode ter maior extensão do que a área ou parte que é objeto da superfície, criando-se um impasse, a saber, se o proprietário alienante é obrigado a dar preempção apenas da parte superficiária, no caso de venda de todo o imóvel, ou se será compelido a desmembrá-lo, para assegurar ao superficiário preferência apenas para compra desta, liberado o restante.

Em se tratando de direito patrimonial de caráter privado, a preferência na aquisição pode ser objeto de transação ou renúncia, sendo lícito consignar esta última no instrumento de constituição.

Ademais, nada impede que a propriedade superficiária seja objeto de hipoteca, hipótese explicitamente admitida pelo Código Civil (art. 1.473, X), com redação dada pela Lei n° 14.620, de 2023.

330-D. EXTINÇÃO DO DIREITO DE SUPERFÍCIE

O art. 1.374 prevê a mudança de destinação como causa extintiva da superfície, quer se trate de construção, quer de plantio. Neste último caso, a qualidade da plantação pode ser especificamente determinada, considerando-se a cultura da estação ou a de caráter permanente. No de construção, haverá mudança em se desviando o superficiário da especificação contratada.

Além desta hipótese, poderá resolver-se a superfície se o superficiário não concluir a construção ou plantação no prazo estabelecido, pelo decurso do prazo; pela inviabilidade da construção ou plantação, ou destruição de uma ou de outra; pela confusão, quando na mesma pessoa reúnem-se as condições de proprietário do solo e da superfície; pelo descumprimento dos encargos impostos ao superficiário; pela falta de pagamento das prestações periódicas, quando adotada esta modalidade de remuneração; pela desapropriação; por outra causa extintiva, expressamente avençada, ou, no caso de constituição por testamento, estabelecida pelo testador.

Têm os interessados a faculdade de ajustar o que melhor lhes convenha, para o caso de ficar extinta a superfície. Na falta de estipulação, a propriedade do solo fica liberada do direito concedido ao superficiário, sem que a este seja devida qualquer indenização (art. 1.375). A planta ou a construção incorporam-se ao solo em definitivo, retornando ao princípio *superficies solo cedit*. Presume-se que a utilização ou a exploração da propriedade superficiária já constituíram proveito bastante para o beneficiado pela concessão.

Tendo em vista que a superfície importa em desmembramento da propriedade, a extinção dela implica o remembramento.

No caso de desapropriação na pendência da superfície, é de se considerar o valor desta última, a par do valor do terreno. Ao propósito, prevê o art. 1.376 que, em caso de extinção da superfície em consequência de desapropriação, a indenização cabe ao proprietário e ao superficiário, no valor correspondente ao direito real de cada um.

330-E. DIREITO DE SUPERFÍCIE E PESSOA JURÍDICA DE DIREITO PÚBLICO

Por fim, prevê o art. 1.377 que o direito de superfície constituído por pessoa jurídica de direito público interno rege-se pelas disposições do Código Civil, no que não for diversamente disciplinado por lei especial. A disposição tem como fonte o art. 1.527 do Código Civil Português. O ordenamento, neste caso, subordina-se aos preceitos do Código naquilo em que não conflitar com a legislação especial.

330-F. DIREITO DE LAJE

O direito real de laje foi instituído pela Medida Provisória nº 759/2016, posteriormente convertida na Lei nº 13.465, de 11 de julho de 2017, que incluiu no Código Civil os arts. 1.510-A a 1510-E. Nos termos da disciplina legal, poderá o proprietário de construção-base ceder a sua superfície superior ou inferior a fim de que o titular da laje mantenha unidade distinta daquela originalmente construída sobre o solo. Cuida-se de unidade imobiliária autônoma, constituída com matrícula própria, em que o titular poderá livremente usar, gozar e dispor (art. 1.510-A, § 3º).

Tal prerrogativa contempla apenas o espaço aéreo ou o subsolo de terrenos públicos ou privados, tomados em projeção vertical, como unidade imobiliária autônoma (art. 1.510-A, § 1º), hipótese em que os encargos e tributos que incidam sobre a unidade correrão por conta do titular do direito de laje (art. 1.510-A, § 2º). Mostra-se possível, ainda, a constituição de direito real de laje - e também de superfície, diga-se - sobre ou sob via férrea ou metroviária, observado o Plano Diretor e o procedimento a ser delineado em ato do Poder Executivo Federal, conforme autorizado pela Medida Provisória nº 1.065, de 2021, que inseriu o art. 57-A na Lei nº 10.257, de 2001.

Interessante notar que o titular da laje poderá ceder a superfície de sua construção para a instituição de um sucessivo direito real de laje, desde que haja autorização expressa dos titulares da construção-base e das demais lajes, respeitadas as posturas edilícias e urbanísticas vigentes (art. 1.510-A, § 6º). Inicialmente, tal permissivo não foi autorizado na Medida Provisória nº 759, passando a integrar o texto legal apenas com a edição da Lei nº 13.465/2017.

Outra modificação realizada pela Lei nº 13.465/2017 em relação à MP foi a possibilidade de divisão das despesas comuns. Sem prejuízo da incidência das normas relativas ao condomínio edilício, as despesas necessárias à conservação e fruição das partes que sirvam a todo o edifício e ao pagamento de serviços de interesse comum serão partilhadas entre o proprietário da construção-base e o titular da laje, na proporção que venha a ser estipulada em contrato (art. 1.510-C). Observe-se, entretanto, que, embora seja possível a divisão das despesas comuns, a instituição do direito real de laje não implica a atribuição de fração ideal de terreno ao titular da laje ou a participação proporcional em áreas já edificadas (art. 1.510-A, § 4º), o que consubstancia critério diferenciador entre este novo direito real e o condomínio edilício.

A normativa também prevê o direito de preferência do titular da construção-base e da laje, nesta ordem, na hipótese de alienação de qualquer das unidades sobrepostas. Em igualdade de condições com terceiros, serão cientificados por escrito para que se manifestem no prazo de trinta dias, quando da iniciativa de alienação do imóvel, salvo se o contrato dispuser de modo diverso (art. 1.510-D). Em caso de desrespeito ao direito de preferência, o titular da construção-base ou da laje poderá, mediante depósito do preço no prazo decadencial de cento e oitenta dias contados desde a data da alienação, haver para si a parte alienada a terceiro (art. 1.510-D, § 1º).

Por último, o Código Civil disciplina expressamente a possibilidade de extinção do direito de laje em razão da ruína da construção-base, salvo se o direito de laje tiver sido instituído sobre o subsolo, e se a construção-base não for reconstruída no prazo de cinco anos (art. 1.510-E). A extinção do direito real de laje se dará, portanto, apenas em situações excepcionais, em que tiver havido a ruína da construção-base, de modo que esse novo direito real, ao contrário do ocorre no regime da superfície previsto no Código Civil, tende à perpetuidade.

PARTE TERCEIRA

DIREITOS REAIS LIMITADOS DE GOZO OU FRUIÇÃO

CAPÍTULO LXXIV
ENFITEUSE

Bibliografia

Lafayette, *Direito das Coisas*, §§ 137 e segs.; Lacerda de Almeida, *Direito das Coisas*, vol. I, §§ 77 e segs.; Eduardo Espínola, *Direitos Reais Limitados e Direitos Reais de Garantia*, §§ 1º e segs.; Clóvis Beviláqua, *Direito das Coisas*, vol. I, §§ 65 e segs.; Martinho Garcez, *Direito das Coisas*, §§ 197 e segs.; Coelho da Rocha, *Instituições*, vol. I, §§ 353 e segs.; Cunha Gonçalves, *Tratado de Direito Civil*, vol. IX, págs. 207 e segs.; De Page, *Traité*, vol. VI, nos 697 e segs.; Planiol e Ripert, *Traité Pratique*, vol. III, nos 1.000 e segs.; Nicola Stolfi, *Diritto Civile*, II, 2ª parte, nos 728 e segs.; Ruggiero e Maroi, *Istituzioni*, vol. I, § 122; Windscheid, *Pandette, Direitos Reais*, § 218; Enneccerus, Kipp e Wolff, *Tratado, Derecho de Cosas*, vol. II, § 104; Pepin Le Halleur, *Histoire de l'Emphythéose*, edição de 1843; Serpa Lopes, *A Enfiteuse*, tese; F. Ercole, *in Dizzionario di Diritto Privato di Scialoja*, v. Enfiteusi; Dernburg, *Pandette, Direitos Reais*; § 258; Teixeira de Freitas, *Consolidação*, arts. 609 e segs. e notas; Pietro Germani, *in Nuovo Digesto Italiano*, v. Enfiteusi; Trabucchi, *Istituzioni di Diritto Civile*, nº 190; Cariota Ferrara, "L'Enfiteusi", *in Trattato*, de Vassali.

331. CONCEITO E HISTÓRIA

A enfiteuse é um direito real que tem sofrido diversas vicissitudes, enfrenta oposições várias e tende a desaparecer. O Anteprojeto de 1972/73, ao enunciar os direitos reais, omite a enfiteuse (art. 1.405), como também o Projeto de 1975, na redação final dada ao Código de 2002, não inclui a enfiteuse no rol dos direitos reais (art. 1.225).

Pode a nova lei proibir a sua constituição, mas não pode desconhecer as já existentes, e são elas inequívocos direitos reais. De fato, o novo Código Civil, além de omitir o instituto dentre os direitos reais, estabelece em suas disposições finais e transitórias a proibição de se constituírem enfiteuses e subenfiteuses a partir do início de sua vigência, subordinando as já existentes, até sua extinção, às disposições do Código de 1916 (art. 2.038). Trata-se de rara hipótese de ultratividade da regra, situação em que uma lei revogada continua a produzir efeitos nada obstante sua revogação.

O nome é grego, mas a origem grega da instituição é discutida. Clóvis Beviláqua invoca historiadores do Direito para proclamar que nos documentos genuinamente helênicos não se depara a palavra *emphyteusis*, acrescentando que a entrada do vocábulo na terminologia jurídica romana proveio da intermediação das províncias gregas. O fato etimológico é todavia testemunho da presença da instituição no direito *grego*, pois não teria cabimento referisse o Direito Romano a um chamado *ius emphyteuticum*, usando tal designação no Código Justinianeu, sem que preexistisse no direito helênico. Nicola Stolfi alude não apenas à instituição enfitêutica, porém ao direito *emphyteuticon*, com este nome, no direito da Grécia.[1] Ludovic Beauchet, autorizado historiador do Direito Ateniense, reportando-se ao Direito Romano, depõe da existência de instituição análoga no Direito Grego, caracterizada pelo refletir situação intermediária entre a venda e a locação, e conclui que a sua origem devia provavelmente ter sido a mesma na Grécia e em Roma.[2] M. E. Pepin Le Halleur, em obra dedicada especial à história desta instituição, no Direito Romano, assenta que a expressão *ius emphyteuticum* apareceu pela primeira vez com sentido nitidamente determinado numa célebre Constituição do imperador Zenon, mas ressalva que a sua origem se não confunde com esta Constituição, a qual faz supor que a enfiteuse já existia anteriormente e que a sua natureza era discutida.[3]

Rastreia-se, em verdade, a sua origem na concessão do *ager vectigalis*, como direito peculiar, com que se fundiu depois o *ius emphyteuticum*, formando um só instituto.[4] Admite-se que era conhecido no Império do Ocidente, e, segundo De Page, apoiado em Cornil, os primeiros contratos enfitêuticos datam do século II de

---

1 N. Stolfi, *Diritto Civile*, nº 728.
2 Ludovic Beauchet, *Histoire du Droit Privé de la République Athénienne*, vol. III, pág. 309.
3 Pepin Le Halleur, *Histoire de l'Emphythéose*, nº 1.
4 Dernburg, *Pandette, Diritti Reali*, § 258.

nossa era.[5] Mas foram as condições econômicas do Baixo Império que propiciaram o seu desenvolvimento.

Quando se promoveu a codificação justinianeia, recebeu o instituto enfitêutico a sua unificação conceitual, reunindo-se o direito ao campo vectigal (*ius in fundo vectigali*) do Império do Ocidente, isto é, o uso das terras pertencentes ao Estado, aos Municípios ou aos *collegia*, dadas em locação perpétua (*Digesto*, Liv. VI, Tít. III, fr. I) e o *ius emphyteuticum* do Império do Oriente. Windscheid sustenta-o, acrescentando que na sua elaboração ocidental (*ius in fundo vectigali*) não constituía um direito real, porém modalidade locatícia, que, devido à sua longa duração a princípio, tornada mais tarde em perpetuidade, recebeu do pretor a proteção de uma *actio in rem*; de onde a jurisprudência acabou por extrair o caráter real do direito.[6] Segundo Windscheid, a enfiteuse no Direito Romano constituía um arrendamento perpétuo realizado pelos municípios e *collegia* (corporações sacerdotais) investido o arrendatário, chamado depois enfiteuta, na posse do imóvel, com a faculdade de utilizar todos os seus frutos e produtos. Mais tarde ainda, os glosadores passaram a ver na enfiteuse o desmembramento do direito de propriedade, com a denominação de *domínio útil*, que ainda hoje subsiste apenas como reminiscência histórica, em contraposição ao *domínio direto* do senhorio.

Do Direito Romano expandiu-se a instituição pelos diversos sistemas que a este se filiaram ou dele promanaram, muito embora em alguns códigos não sobreviva. Mas isto por motivos decorrentes de uma tendência moderna à sua eliminação.

No velho Direito Português, e desde os primeiros séculos da monarquia lusitana, segundo Mello Freire e seu constante opositor Lobão, foi usado um tipo de negócio jurídico denominado emprazamento ou prazo de aforamento, que consistia na concessão de terras a quem se encarregava de seu cultivo, mediante o pagamento de renda anual. Aí se pode ver a enfiteuse do Direito Romano, porém deformada pela prestação de serviços por parte do concessionário, numa influência feudal inteiramente estranha à origem romana. Com tais conotações entrou o instituto no direito compilado (Ordenações Afonsinas, publicadas em 1446, Liv. IV, Tít. 77 e segs.; Ordenações Manuelinas, Liv. IV, Tít. 60 e segs.; Ordenações Filipinas, Liv. IV, Títs. 36, 37, 38, 96). E assim chegou até o século XVIII como um complexo de privilégios aristocráticos, devendo contudo assinalar-se que os prazos temporários eram muito mais frequentes do que os perpétuos, por conveniência dos enfiteutas.[7] Sob o Marquês de Pombal começaram a ser restringidos os privilégios, quase logrando recuperar as linhas romanas da instituição.[8]

No Brasil vigorou sem as inconveniências e os abusos que a deformaram em Portugal, produzindo no século passado bons frutos e prestando bons servi-

---

5   Cornil, *Droit Romain*, pág. 620; De Page, *Traité*, vol. VI, nº 698.
6   Windscheid, *Pandette*, § 218, nota 5.
7   Cunha Gonçalves, *Tratado de Direito Civil*, vol. IX, 1ª parte, nº 1.301.
8   Lafayette, *Direito das Coisas*, § 138; Coelho da Rocha, *Instituições*, vol. II, nota X, ao § 533, pág. 703.

ços. Conheceu-se uma distinção, subsistente nas obras de Lafayette e Lacerda de Almeida, entre o aforamento perpétuo ou *fateusim* e o outorgado em caráter temporário, a dizer vitalício ou "de vidas", quando abrangia a duração de vida de pessoas que se sucediam, originariamente três.[9] Ainda neste século sua utilidade tem sido reconhecida, proporcionando o aproveitamento de terras incultas, a urbanização de áreas próximas aos grandes centros, e, no que tem sido mais prestadio, a instalação de núcleos industriais ou "cidades industriais" em vários pontos do território pátrio.

Ao ser elaborado o Código Civil de 1916, recebeu tratamento que eliminou todas as interferências estranhas, escoimando a instituição do que não fosse estritamente técnico.

Sem embargo disto, tem sofrido manifestações contrárias, especialmente em razão de conservar privilégios e benefícios como fonte enorme de vantagens a título de sua transferência *inter vivos* (cobrança de *laudêmio*, como adiante se verá). Três especialmente merecem ser salientadas.

Uma primeira em 1950, quando se cogitou de sua supressão total. O Governo ventilou a questão, encarregando a uma Comissão de juristas o seu estudo (Orosimbo Nonato, Philadelpho Azevedo, Sabóia de Medeiros, Agripino Veado, Hahnemann Guimarães). Elaborado o Projeto pela Comissão, e apresentado na Câmara dos Deputados por Hermes Lima, a Comissão de Constituição e Justiça acoimou-o de inconstitucional, e a Comissão de Finanças o deu como constitucional, mas contrário ao interesse social e à Fazenda Nacional. A opinião pública manifestou-se a respeito, debatendo a matéria pela Imprensa (Colombo de Souza, no *Jornal do Commercio*) ou em estudo monográfico.[10] Como tese de concurso.[11] Mobilizaram-se ainda as instituições profissionais (Instituto dos Advogados de Minas Gerais), bem como as pessoas e entidades interessadas. O Projeto transitou pelo Congresso em ritmo lento, não encontrou receptividade maior e o Governo mesmo, que o movimentara, desinteressou-se, e acabou por se frustrar a tentativa de supressão total.

Uma segunda vez a enfiteuse esteve na ordem do dia da polêmica, esta ligada à elaboração do Projeto de Código Civil de 1965. Reunida a Comissão (Orosimbo Nonato, Orlando Gomes, Caio Mário da Silva Pereira), a esta vieram ter as contribuições de entidades e pessoas interessadas, com exposições, pareceres de jurisconsultos e arrazoados – todos na linha defensiva da instituição tradicional. A Comissão, adotando uma posição intermédia, fez consignar no Projeto a "proibição de novos aforamentos" (Projeto, art. 503) e limitações aos aforamentos existentes, tais como a interdição de cobrar laudêmio sobre o valor das construções e plantações e de constituir subenfiteuse (art. 504). Apresentado o Projeto ao Governo e por este encaminhado

---

9 Lacerda de Almeida, *Direito das Coisas*, vol. I, § 81.
10 Serpa Lopes, *A Enfiteuse*.
11 Sobre esta fase da instituição da enfiteuse no Brasil, inclusive para conhecimento integral do *Projeto de Extinção*, ver Eduardo Espínola, *Direitos Reais*, nº 43.

ao Congresso Nacional, logo em seguida eclodiu movimento de opinião dirigido pela Sociedade de Defesa da Família, Tradição e Propriedade, que lhe assestou os seus ataques no plano do que chamou "defesa da família e luta contra o divórcio", mas a que não foi estranha, se bem que não ostensiva, a meta de conservação dos contratos enfitêuticos nos quadros vigentes. Vitoriosa a campanha, o Projeto foi retirado do Congresso.

Pela terceira vez, após a Reforma Constitucional de 1969, com elaboração de Projeto pelo Ministério da Justiça, visando à sua extinção, como se vê na alínea *g*, *infra*, cuidou-se de sua eliminação.

No Direito Francês, a enfiteuse vem sofrendo combate desde a era revolucionária, com a abolição da perpetuidade nas Leis de 9 Messidor do Ano II e 11 Brumário do Ano VIII. O Código Napoleão não a contemplou, o que levou a ser considerada como direito pessoal e não real.[12] Mas a jurisprudência opôs-se a esta concepção, conservando-lhe todos os antigos caracteres.[13]

No Direito Alemão, conhecida anteriormente ao BGB de 1896, neste não encontrou abrigo, como, aliás, a maioria das formas hereditárias e feudais do direito germânico.[14]

O conceito de enfiteuse vem muito bem assentado pelos nossos mais conspícuos civilistas (Lafayette, Teixeira de Freitas, Lacerda de Almeida, Melquíades Picanço, Almáquio Diniz, Clóvis Beviláqua, Eduardo Espínola, Serpa Lopes), aos quais nos reportamos, sem contudo repeti-los: *é um direito real e perpétuo de possuir, usar e gozar de coisa alheia e de empregá-la na sua destinação natural sem lhe destruir a substância, mediante o pagamento de um foro anual invariável.*

Diversamente de outros direitos reais, que são parciais e fragmentários (Lacerda de Almeida), a enfiteuse revela total amplitude, que retira ao proprietário quase todas as faculdades inerentes ao domínio, deixando-lhe somente alguns resquícios externos (Hedemann, Arndtz, Lafayette, Lacerda de Almeida). Não é sem razão que este contraste reponta nas designações com que a sinonímia jurídica identifica o complexo dos direitos enfitêuticos como "domínio útil", ao mesmo passo que chama de "nua propriedade" o que resta ao senhorio.

Constitui-se por testamento ou por contrato (mais frequentemente por contrato), observadas as exigências formais relativas a um ou a outro, com a liberdade de estipularem os interessados o que lhes pareça conveniente, uma vez respeitadas as exigências legais, e guardados os seus pressupostos básicos, sem o que o ato se desvirtua, passando a configuração diversa típica ou atípica, conforme assuma ou não as características individualizantes de outra entidade jurídica.

Mas, qualquer que seja a forma adotada, há de se inscrever no registro de imóveis, sem o que não se constitui como direito real.

---

12 Aubry e Rau, *Cours*, vol. II, § 224-bis; Guillouard, *Louage*, n° 10.
13 Planiol e Ripert, *Traité Pratique*, vol. III, n° 1.000.
14 Enneccerus, Kipp e Wolff, *Tratado, Derecho de Cosas*, vol. II, § 104, XIII.

Pelo fato de outorgar a enfiteuse a posse, uso e gozo do imóvel aforado, e de compor um complexo jurídico transmissível por sucessão hereditária ou transferível por ato entre vivos (embora a alienação subordinada a requisitos adiante examinados) o aforamento atribui ao beneficiário situação jurídica análoga à propriedade e em detrimento do dono do imóvel.

Da definição acima apresentada resulta a sua *perpetuidade* como elementar de caracterização, sem a qual não passa de um arrendamento, e como tal se rege (Código Civil de 1916, art. 679). Não cabe em nosso direito ajustar-se por prazo certo, ainda que longo, ou por vida ou vidas como o direito anterior admitia (Alvará de 3 de novembro de 1759), ou como o Direito Francês estatui, impondo necessariamente a temporariedade.[15] Sem embargo da perpetuidade, admite-se o seu resgate, como se verá entre os direitos de enfiteuta (n° 332, *infra*).

Além de perpétuo, o aforamento é *indivisível* em benefício do senhorio direto, no sentido de que o vínculo enfitêutico não se fraciona na hipótese da passagem a diversos foreiros, seja por efeito de transmissão hereditária, seja por qualquer outra causa. Em casos tais, os consortes deverão eleger um *cabecel* que os represente perante o senhorio, e na omissão deles devolve-se a este a faculdade de escolher um dentre os conforeiros. O cabecel, eleito ou nomeado com observância das prescrições processuais, tem a legitimação ativa e passiva para todas as relações ou questões (Código Civil de 1916, art. 690), cabendo-lhe, ainda, ação regressiva contra os demais foreiros, na proporção das respectivas cotas-partes. A indivisibilidade não é, todavia, um atributo da enfiteuse, o que Mello Freire enunciava nesta sentença: *Emphiteusis non natura sua, sed iure, individua est.*[16] Considera-se um direito do nu-proprietário. Se este anuir, renunciando ao benefício, cindir-se-á a relação enfitêutica em tantas quantos os interessados, formando cada gleba um prazo distinto (art. 690, § 2°, do Código Civil de 1916).

O aforamento somente pode incidir sobre terrenos incultos ou abandonados, a cuja utilização se destina, ou terrenos não edificados, mas destinados à construção, como um estímulo econômico a que se promova. Somente pode constituir enfiteuse o proprietário do imóvel – pessoa física ou jurídica – e, como modalidade de alienação, pressupõe a livre disposição dos bens, e exige outorga do outro cônjuge.[17]

Cumpre, todavia, não confundir, como salienta Lafayette, a enfiteuse e o imóvel sobre que incide: a primeira é um direito real incorpóreo tendo como objeto coisa alheia (*ius in re aliena*) e se distingue do bem ou coisa corpórea a que adere.[18] Tal distinção ajuda a compreender, como no desenvolvimento do assunto se verá, a estrutura do instituto, e principalmente o fenômeno da alienação, por parte do senhorio como por parte do foreiro.

---

15 Planiol e Ripert, ob. cit., n° 1.001.
16 Mello Freire, *Institutiones Iuris Civilis Lusitani*, Livro III, tít. XI.
17 Lafayette, *Direito das Coisas*, § 142.
18 Lafayette, ob. cit., § 139.

332. DIREITOS E DEVERES DO ENFITEUTA

Originariamente a enfiteuse era modalidade particular de locação, e somente depois foi que se converteu em direito real e perpétuo. No desenvolvimento dos direitos e deveres do enfiteuta, atende-se a estas circunstâncias, salientando-se a presença dos que lembram os do locatário, e outros que se convizinham do domínio. No seu conjunto, bem denotam a situação peculiar de refletirem o *domínio útil*, ou seja, a sua feição dinâmica, sem negar a propriedade nua do senhorio, a qual não é tão nua assim:

A) O foreiro ou enfiteuta tem a posse direta do imóvel aforado, do que lhe resulta a faculdade de aproveitá-lo segundo o seu interesse e nos limites legais, perceber os seus frutos e rendimentos, e usá-lo sem lhe destruir a substância. Esta última cláusula envolve a proibição de dividi-lo sem autorização do proprietário (Código Civil de 1916, art. 681). A sua condição jurídica, assemelhada à propriedade, lhe franqueia, conforme deduz De Page, aproveitar-se da acessão, alugar o imóvel, mudar-lhe a destinação desde que lhe não diminua o valor, exercer o direito de caça e pesca, plantar e construir.[19]

B) Pode o foreiro alienar o seu direito onerosa ou gratuitamente, sob condição de prévia comunicação ao senhorio (Código Civil de 1916, art. 683), para que exerça este o seu direito de *opção* ou à percepção do *laudêmio*, conforme se verá ao tratarmos dos direitos e deveres do senhorio.

C) Tem o enfiteuta direito à aquisição da substância do imóvel (nua propriedade), no caso do senhorio direto pretender aliená-lo onerosamente. Nesta hipótese, fará notificá-lo para que, no prazo de 30 dias, a exerça, tanto por tanto. Com tal providência, arma-se o enfiteuta de uma condição jurídica simétrica à do senhorio, abolindo-se a subordinação daquele a este (Clóvis Beviláqua), tão do gosto dos privilégios regalengos e feudais do direito anterior.

D) Os bens enfitêuticos transmitem-se *causa mortis* aos herdeiros do foreiro, segundo a ordem de vocação hereditária, mas não podem ser divididos sem consentimento do senhorio (Código Civil de 1916, art. 681). É proibida a sucessão de estrangeiro (Decreto-lei nº 3.438, de 17 de julho de 1941, art. 18, § 2º).

E) O foreiro pode instituir subenfiteuse, como negócio jurídico autônomo, regulando-se pelo que no respectivo título se dispuser, e sem interferência nas relações entre o enfiteuta e o senhorio, as quais se desenvolvem regularmente. Na subenfiteuse, o foreiro assume a condição de senhorio, independentemente de notificação do titular do domínio direto, salvo se no ato constitutivo originário tal providência vier expressa, pois que não assiste ao senhorio direito de opção (Clóvis Beviláqua), nem percebe laudêmio especial a esse título. O Projeto de Código Civil, a que acima aludimos, proíbe a subenfiteuse, na linha de restrições tendentes à sua abolição.

---

19 De Page, *Traité*, vol. VI, nº 703.

F) Pode o enfiteuta gravar a coisa aforada de servidões, usufrutos e hipotecas, subordinados sempre à condição de se extinguirem com a cessação do aforamento,[20] independentemente de cláusula expressa, e qualquer que seja a causa extintiva.

G) Tem o enfiteuta direito ao resgate do foro, após decorridos 10 anos, mediante o pagamento de importância correspondente a 10 pensões ânuas (Código Civil de 1916, art. 693, na redação que lhe deu a Lei n° 5.827, de 28 de setembro de 1972, reduzindo de 30 para 10 tanto o prazo decorrido quanto o número de foros anuais), extinguindo-se desta sorte o aforamento e consolidando-se no enfiteuta a plenitude da propriedade (v. n° 334, *infra*), mediante ainda um laudêmio de dois e meio por cento.

H) O foreiro está sujeito ao pagamento anual da importância fixada no documento constitutivo do aforamento, a título de *pensão* ou *foro*, sob pena de incidir em comisso, que se pode ajustar se processe automaticamente. Extinta a enfiteuse sob tal fundamento (v. n° 334, *infra*), cabe ao foreiro o ressarcimento de benfeitorias que aderem ao terreno (plantações e construções). Na falta de estipulação diversa, deve ser pago o foro no domicílio do senhorio, e ao fim de cada ano contratual, salvo quando consista em frutos, que serão devidos, de ordinário, ao tempo das colheitas.[21]

I) Responde ainda o enfiteuta pelo pagamento dos *tributos* e *ônus reais* que gravam o imóvel, sob cominação idêntica (Código Civil de 1916, art. 682).

J) Cabe ao enfiteuta o direito de *renunciar* ao aforamento, fazendo inscrever no registro imobiliário o seu ato abdicativo que é unilateral e independente de anuência do senhorio direto. Mas não lhe assiste a faculdade de remissão do foro por esterilidade ou destruição do prédio, nem pela perda total ou parcial dos frutos (Código Civil de 1916, art. 687). O abandono aqui assentado na linha dos direitos do foreiro não terá lugar em prejuízo dos credores, os quais poderão embargá-lo, prestando fiança pelas prestações futuras e até a liquidação de suas dívidas (Código Civil de 1916, art. 691).

333. DIREITOS E DEVERES DO SENHORIO DIRETO

O senhorio direto conserva, com a substância da coisa, direitos e faculdades que são a contrapartida dos deveres do enfiteuta, e em relação a este está sujeito à observância de deveres correlatos aos respectivos direitos. Uma boa e sistemática exposição não pode dispensar a sua referência por menor, com a dedução das consequências:

A) Tem o senhorio direito às *pensões* ânuas estipuladas no ato constitutivo, e invariáveis, não obstante a valorização futura da coisa ou o aumento da rentabilidade decorrente de sua exploração. São duas ordens de direitos totalmente distintas – a percepção do foro e a exploração do imóvel. Pela mesma razão, não se pode aliviar

---

20 Lafayette, ob. cit., § 147.
21 Lacerda de Almeida, ob. cit., § 89.

o enfiteuta do pagamento do foro, ou postular a redução deste, sob fundamento de malogro das colheitas, perda ou deterioração dos frutos, ou qualquer outra causa determinante da diminuição dos benefícios auferidos do domínio útil (Clóvis Beviláqua). Se ele baixar ao ponto de não convir o aforamento, o enfiteuta poderá abdicar do seu direito, conforme visto em o parágrafo anterior (nº 332, *supra*).

B) A lei reconhece ao senhorio a *opção*, em igualdade de preço, no caso de pretender o enfiteuta alienar o domínio útil. O fundamento desta faculdade (outrora denominada direito *protimeseos*) está, segundo os autores, na conveniência social de consolidação da propriedade num só titular (Clóvis Beviláqua). O exercício desse direito obedece a um certo mecanismo: o foreiro notifica o senhorio para que exerça o seu direito de prelação no prazo de 30 dias, declarando-o por escrito, datado e assinado (Código Civil de 1916, art. 683). Em o fazendo, adquire o direito. Abdicando por expresso da opção, ou deixando que se escoe *in albis* o prazo assinado, ao foreiro fica a liberdade de alienar.

A opção tem cabida nos casos de venda ou dação em pagamento. Não a tem se o foreiro pretende permutar a coisa por outra não fungível, bem como na hipótese de alienação gratuita (doação ou dote).

Alienando o domínio útil sem notificar o senhorio direto para que exerça a opção, poderá este promover a consolidação da propriedade, depositando o preço, a símile do que se procede com o exercício do direito preferencial do condômino no caso de um consorte alienar a estranho a sua parte na coisa comum sem lhe reconhecer o direito de preferência (Código Civil de 1916, art. 1.139). A solução, que já vinha expressa no Código Português de 1867, é preconizada por Clóvis Beviláqua no silêncio do nosso, a respeito.

C) Como compensação pelo não exercício da opção, que lhe compete, cabe ao senhorio a percepção de um *laudêmio*, que a lei fixa em dois e meio por cento sobre o preço da alienação, se outro não estiver determinado no título de aforamento (Código Civil de 1916, art. 686). Quando da elaboração do Projeto do Código Civil de 1965, a Comissão (Orosimbo Nonato, Orlando Gomes e Caio Mário da Silva Pereira) fez consignar que o percentual incidiria sobre o valor do terreno, proibindo o seu texto cobrar laudêmio ou prestação análoga, sobre o valor das construções ou plantações (Projeto, art. 504, nº I). Procurou atender, desta sorte, a um imperativo de justiça, contra o qual milita a tradição invocada pelos senhorios, que exploram o benefício da valorização auferida pelas benfeitorias realizadas pelo enfiteuta e a ele pertencentes. Os bons juristas, consideram não equânime venha a receber quota percentual a título de compensação pelo fato de transferir o enfiteuta a um terceiro aquilo que fora por ele próprio realizado. Demais disso, a percepção de laudêmio calculado sobre as benfeitorias do foreiro implica oneração do domínio útil, e, por isto, é antissocial.

A luta contra o laudêmio é antiga. Já o Código Civil português de 1867 estabelecia no art. 1.693 a sua conservação "nos emprazamentos de pretérito".[22] O novo

---

22   Cunha Gonçalves, *Tratado*, vol. cit., nº 1.308.

Código Civil português, de 1966, mas entrado em vigor em 1967, voltando ao assunto, converte os laudêmios relativos aos emprazamentos anteriores a 22 de março de 1868 em uma prestação anual em dinheiro correspondente à vigésima parte de seu valor na data da entrada em vigor do Código, a qual se integrará no foro, para todos os efeitos legais. Também no Direito Italiano, estatui o Código de 1942 que nenhuma prestação é devida pela alienação de direito do enfiteuta (art. 965).

Vê-se bem que o Projeto de Código Civil, tal como foi enviado ao Congresso Nacional em 1965 (embora retirado pelo mesmo Governo que o encaminhou), está na linha racional, moderna e justa. Sem chegar, como esses outros, ao ponto de o suprimir de todo, estabeleceu para o laudêmio uma limitação que mantenha o direito do senhorio em termos compatíveis com a transferência do terreno, ao mesmo passo que libera o foreiro do laudêmio incidente sobre a benfeitoria que pertence ao mesmo foreiro. O Projeto de 1975 é omisso.

Na linha de supressão do laudêmio o Decreto-lei nº 1.850, de 15 de janeiro de 1981, isenta de sua cobrança as transferências de domínio útil de terrenos de marinha, destinados à construção de conjuntos habitacionais de interesse social.

D) Penhorado o domínio útil por dívida do enfiteuta, deve ser citado o senhorio para assistir à praça e exercer (querendo) o direito de preferência no caso de arrematação ou adjudicação.[23]

334. Extinção de enfiteuse

Como toda relação jurídica, a enfiteuse expõe-se ao perecimento ou extinção em decorrência de variadas causas:

A) Pelo *perecimento* do objeto: se o imóvel for destruído totalmente desaparece a enfiteuse, seguindo a sorte de todo direito que cessa, por falta de objeto.

B) Em caso de *desapropriação* do imóvel, a relação jurídica do aforamento cessa. Contra o ato expropriatório não tem voz o enfiteuta, nem tem opção o senhorio. O problema é a indenização, que deve atender a que se o foreiro tem o domínio útil, o senhorio é titular da substância da propriedade que lhe assegura a pensão, perpetuamente, mas cujo fluxo é cortado pelo ato administrativo. Não nos parece haja lugar o laudêmio, pois que não se trata de uma alienação promovida pelo foreiro, porém coactivamente a ele também imposta. É certo que eminente publicista sustenta o direito de opção, com o argumento de ser o senhorio despojado de sua parcela de direito, tal qual se dá na venda.[24] Assim também decidiu o Supremo Tribunal Federal.[25] Não obstante tão respeitáveis pronunciamentos, não nos convencemos da legitimidade do laudêmio, parecendo-nos, antes, haja que avaliar a propriedade como plena, atribuindo

---

23 Espínola, ob. cit., nº 27.
24 Seabra Fagundes, *Da Desapropriação no Direito Brasileiro*, nº 523.
25 *Repertório de Jurisprudência do Código Civil*, de J. G. R. Alkimim, vol. II, nºs 1.557 e segs.

ao senhorio a parte correspondente ao seu direito à substância da coisa. Somente admitiríamos o laudêmio, neste caso, se incidisse, como estabelece o Projeto, sobre o valor do terreno, e não sobre as construções e plantações.

C) Também poderá cessar a enfiteuse por usucapião do imóvel aforado, hipótese pouco provável mas possível, em que aos requisitos da aquisição pela posse prolongada (v. nº 305, *supra*) se aliasse a dupla inércia do foreiro e do senhorio.

Não há, porém, cogitar de usucapião deste contra aquele ou vice-versa, porque: 1. o enfiteuta não tem condições de usucapir contra o senhorio, de vez que a sua posse é um efeito da própria relação jurídica que por si mesma exclui a *posse cum animo domini*; 2. da parte do senhorio direto não haverá usucapião porque já é ele titular da propriedade nua, com cessão do domínio útil ao foreiro em caráter perpétuo, ínsito na declaração de vontade constitutiva da enfiteuse, afastando a ideia de aquisição pela posse direta e prolongada, contra os termos do título.

D) Pode o enfiteuta *renunciar* ao seu direito, seja por lhe não mais convir a exploração da coisa, seja por qualquer outro motivo. Em qualquer caso há de ser *expressa*, não prevalecendo a renúncia tácita ainda quando as circunstâncias façam presumir a sua inequivocidade, e tanto mais que para prevalecer terá de ser levada ao Registro de Imóveis. Por sua própria natureza é ato *unilateral* independendo de anuência do senhorio para que produza os seus efeitos.

Aos credores, todavia, é lícito operem-se ao abandono, oferecendo garantia fidejussória do pagamento das prestações futuras, e até que sejam pagos (Código Civil de 1916, art. 691). Com tal providência a lei os resguarda de um possível conluio do senhorio e enfiteuta em seu detrimento.

E) Vindo o prédio a deteriorar-se a ponto de não valer o capital correspondente ao foro e mais um quinto deste, extingue-se a *enfiteuse* (Código Civil, art. 692, nº I), mas o foreiro responde por perdas e danos se tal se der por culpa sua.

F) Sendo dever precípuo do enfiteuta pagar o foro anual, cai em *comisso* se deixar de fazer por três anos consecutivos. Em se tratando de penalidade séria porque importa em extinção do domínio útil, há de ser pronunciada por sentença judicial. E ao foreiro assegura-se a indenização das benfeitorias necessárias.

G) Cessa, ainda, a enfiteuse pelo *falecimento* do enfiteuta, sem deixar herdeiros, salvo aos credores a continuação com o aforamento até liquidação dos débitos do *de cujus*. Altera-se, desta sorte, a regra da devolução da herança, que normalmente vai ter ao Estado, em falta de herdeiros. O legislador preferiu, contudo, a consolidação do domínio na pessoa do senhorio a manter a propriedade dicotomizada, o que é tanto mais inconveniente que o Poder Público não seria bom administrador do imóvel aforado.

H) Em caso de *venda ou dação em pagamento* do domínio útil, ao senhorio compete opção para adquirir, e, realizada esta, consolida-se na sua pessoa a plenitude da propriedade. Igual consolidação e com o mesmo feito dá-se em sentido reverso, se a relação vier a ser exercida pelo enfiteuta, em face da alienação onerosa do domínio direto.

I) Na hipótese de *confusão*, quando na mesma pessoa se reúnem as duas situações jurídicas de enfiteuta e senhorio direto, por ato *inter vivos* ou sucessão *causa mortis*, ocorre a extinção da relação enfitêutica.[26]

J) Finalmente pode ocorrer o resgate, depois de decorridos 10 anos de vigência da enfiteuse, mediante o pagamento ao senhorio de importância correspondente a 10 pensões ânuas (o Código Civil de 1916 mencionava 30, mas a Lei nº 5.827, de 29 de setembro de 1972, emendou para 10, dando nova redação ao art. 693).

Dúvida se levantou quanto à extensão do poder de resgate aos aforamentos constituídos anteriormente ao Código Civil de 1916, tendo em vista o fato de se haverem celebrado na vigência de uma legislação que o não comportava, mas, por outro lado, atendendo a que o Código o generalizava na referência a "todos os aforamentos" (art. 693). A matéria, muito debatida, mereceu a atenção de quantos civilistas cogitaram do problema. Sustentando a *inaplicabilidade*, vem em primeiro plano Epitácio Pessoa, em trabalho exaustivo, segundo o duplo testemunho de Paulo Madruga[27] e Clóvis Beviláqua, em Comentário ao art. 693. No mesmo sentido Paulo Lacerda,[28] como Sá Freire[29] Orosimbo Nonato, no julgamento do recurso extraordinário nº 7.560, de Pernambuco, mostrou à sociedade a doutrina dominante neste sentido, citando, além dos já mencionados, Gondim Filho, Bento de Faria, Hahnemann Guimarães, Philadelpho Azevedo, Agripino Veado e Sabóia de Medeiros. A todos esses acrescentamos, ainda, Washington de Barros Monteiro.[30]

Em divergência, por defenderem a *aplicação imediata* do Código Civil aos aforamentos pretéritos, abriu os debates João Luiz Alves,[31] argumentando com a conveniência social e econômica da integração do domínio útil e domínio eminente. Sustentaram a mesma tese Espínola e Espínola Filho,[32] com fundamento na doutrina de Roubier, do efeito imediato da lei, e de Gabba, de se reconhecer à lei a faculdade de regular de novo as enfiteuses perpétuas. Reportando-se a estes últimos autores, e depois de mostrar que ambas as correntes invocam a doutrina de Gabba, defende Orosimbo Nonato a aplicação do Código às enfiteuses constituídas antes de sua vigência, fundada em que as leis abolitivas têm inevitável projeção retro-operante.

A jurisprudência haveria de refletir esta vacilação. Mas o Supremo Tribunal Federal acabou por se fixar na doutrina da *inaplicabilidade*, inscrevendo-a na "Súmula".[33]

---

26 Lafayette, ob. cit., § 156; Ruggiero e Maroi, *Istituzioni*, vol. I, § 122; Cunha Gonçalves, ob. cit., nº 1.312.
27 Paulo Madruga, *Terrenos de Marinha*, pág. 369.
28 Paulo Lacerda, *Manual do Código Civil*, vol. I, Introdução, pág. 111, nota 35.
29 Sá Freire, *Emphyteuse – Estudo do art. 693 do Código Civil*, vol. III, pág. 239.
30 Washington de Barros Monteiro, *Curso, Direito das Coisas*, pág. 246.
31 João Luiz Alves, "O Resgate do Foro Enfitêutico", *in Revista de Direito*, vol. 47, pág. 484.
32 Eduardo Espínola e Eduardo Espínola Filho, *Tratado de Direito Civil Brasileiro*, vol. II, nº 343 e nota i.
33 *Súmula* da Jurisprudência Predominante no Supremo Tribunal Federal, nº 170.

Não obstante ser hoje jurisprudência assente, e defendida por tão opinados autores, inclinamo-nos pela extensão do direito de resgate aos contratos concluídos antes da vigência do Código de 1916, tendo em vista o propósito que anima o legislador moderno, assim pátrio quanto estrangeiro, de extinguir privilégios que marcavam a vida jurídica no passado. Se a lei encontrasse obstáculo no direito adquirido (Gabba) ou na situação jurídica constituída (Roubier), jamais se extinguiriam aqueles institutos que o legislador considera nocivos ao interesse social e contrários ao progresso do País, como a escravidão, a cátedra vitalícia e, no particular da enfiteuse, a cobrança do laudêmio, a irresgatabilidade do foro.

Na linha da doutrina que defendemos, a Lei nº 5.827, de 28 de setembro de 1972, alterando o art. 693 do Código Civil de 1916, estabeleceu que todos os aforamentos, inclusive os constituídos antes do Código Civil, são resgatáveis depois de dez anos, mediante o pagamento de um laudêmio de dois e meio por cento do valor atual da propriedade plena, e de dez pensões anuais pelo foreiro, que não poderá, no seu contrato, renunciar ao direito de resgate, nem contrariar disposições imperativas do respectivo capítulo do Código.

No Direito Italiano, o resgate (*affrancazione*) pode sempre ser exercido ainda quanto às enfiteuses constituídas antes do Código que o instituiu,[34] e independentemente de estipulação (Código de 1942, art. 971).

Sendo o resgate uma faculdade do enfiteuta, pode este deixar de usá-lo, e continuar pagamento o foro por tempo maior de vinte anos. O que se lhe veda, entretanto, é renunciar a este poder ou contrariar disposição imperativa legal (Código Civil de 1916, art. 693), que foi erigida em princípio de ordem pública, e por isto mesmo insuscetível de derrogação convencional.

335. Terras públicas

O regime jurídico de utilização dos bens da União obedece ao esquema traçado no Decreto-lei nº 9.760, de 5 de setembro de 1946, mediante aluguel, aforamento ou cessão.

No tocante à enfiteuse, poderá dar-se quando coexistirem a conveniência de radicar-se o indivíduo no solo e a de manter-se o vínculo da propriedade pública (art. 64, § 2º), dependendo sempre de autorização do Presidente da República, salvo se já permitida em expressa disposição legal, e reconhecido o direito preferencial segundo a escala do art. 105 (com os acréscimos da Lei nº 13.139/2015).

A aplicação do regime de aforamento compete à Secretaria do Patrimônio da União (SPU), sujeita, porém, à prévia audiência:

a) dos Ministérios do Exército, Marinha ou Aeronáutica, em obediência a razões de segurança, e em função da localização do imóvel;

---

34 Pietro Germani, *in Nuovo Digesto Italiano*, v. "Enfiteusi".

b) do Ministério da Agricultura, quanto aos terrenos suscetíveis de aproveitamento agrícola ou pastoril;

c) do Ministério da Viação e Obras Públicas, quando se tratar de terrenos situados na proximidade de obras portuárias, ferroviárias, rodoviárias, de saneamento ou de irrigação;

d) das Prefeituras Municipais, quando se tratar de terreno situado em zona que esteja sendo urbanizada.

Particularidade merecedora de atenção consiste em admitir-se como objeto de aforamento terreno beneficiado com construção constituída de unidades autônomas ou para tal fim comprovadamente destinado, caso em que incidirá nas funções ideais correspondentes às mesmas unidades (art. 99, parágrafo único).

Na enfiteuse de terrenos da União, o foro é fixado em 0,6% (seis décimos por cento) do valor do domínio pleno, e o não pagamento por três anos consecutivos ou quatro anos intercalados importará na sua caducidade (art. 101).

Não há obstáculo à transmissão *mortis causa*, mas a transferência entre vivos do domínio útil depende de prévia autorização da SPU, sob pena de nulidade de pleno direito. Dependerá do prévio recolhimento do laudêmio pelo vendedor, em quantia correspondente a 5% do valor atualizado do domínio pleno, excluídas as benfeitorias, a transferência onerosa, entre vivos, do domínio útil e da inscrição de ocupação de terreno da União ou cessão de direito a eles relativos (redação dada pela Lei nº 13.465/2017 ao art. 3º do DL nº 2.398, de 21 de dezembro de 1987, regulamentado pelo Decreto nº 95.760, de 1º de março de 1988, que revogou o art. 102 do DL nº 9.760/1946).

A enfiteuse de bens da União se extingue (art. 103):

a) por *inadimplemento* de cláusula contratual, facultado ao foreiro revigorar o aforamento mediante as condições especiais que lhe forem impostas, se consistir na falta de pagamento do foro por três anos consecutivos ou quatro intercalados. A revigoração poderá ser negada se a União necessitar do terreno (art. 120 do DL 9.760/46);

b) por *acordo* entre as partes, segundo seus termos;

c) a critério do Governo, pela *remissão*, que será feita pela importância correspondente a 17% (dezessete por cento) do valor do domínio pleno do terreno, excluídas as benfeitorias (art. 123 com a redação dada pela Lei nº 13.240, de 2015);

Efetuado o resgate, o órgão local do SPU expedirá certidão para fins de averbação do Registro de Imóveis.

d) pelo abandono do imóvel, caracterizado pela ocupação, por mais de 5 (cinco) anos, sem contestação, de assentamentos informais de baixa renda, retornando o domínio útil à União; (inciso IV do art. 103 do DL 9.760/46 incluído pela Lei nº 11.481, de 2007)

e) por interesse público, mediante prévia indenização (inciso V do art. 103 do DL 9.760/46 incluído pela Lei nº 11.481, de 2007).

Em se tratando de terrenos do Estado ou do Município, prevalecerá o disposto na respectiva legislação, respeitadas as normas essenciais da lei federal.

335-A. A Constituição de 1988

A Constituição de 1988 cogitou da enfiteuse no art. 49 das Disposições Transitórias, facultando aos foreiros, no caso de sua extinção, a aquisição do domínio direto. Manteve a enfiteuse dos terrenos de marinha situados na faixa de segurança.

Remido o foro, o antigo titular do domínio direto deverá, no prazo de noventa dias, sob pena de responsabilidade, confiar à guarda do Registro de Imóveis competente toda a documentação a ela relativa.

Os direitos dos atuais ocupantes inscritos ficam assegurados pela aplicação de outra modalidade de contrato.

Aos terrenos de marinha e seus acrescidos continuará aplicada a legislação concernente, o que, aliás, vem previsto no parágrafo segundo do art. 2.038 do Código Civil de 2002.

Bibliografia

Clóvis Beviláqua, *Direito das Coisas*, vol. I, §§ 73 e segs.; Lacerda de Almeida, *Direito das Coisas*, vol. I, §§ 62 e segs.; Washington de Barros Monteiro, *Direito das Coisas*, págs. 249 e segs.; Eduardo Espínola, *Direitos Reais*, págs. 57 e segs.; Ruggiero e Maroi, *Istituzioni di Diritto Privato*, vol. I, § 121; Lafayette, *Direito das Coisas*, §§ 114 e segs.; Mazeaud e Mazeaud, *Leçons de Droit Civil*, vol. II, n.ᵒˢ 1.702 e segs.; J. L. Ribeiro de Sousa, *Servidões, passim*; Orlando Gomes, *Direitos Reais*, n.ᵒˢ 205 e segs.; Hedemann, *Derechos Reales*, págs. 343 e segs.; Enneccerus, Kipp e Wolff, *Tratado, Derecho de Cosas*, vol. II, §§ 105 e segs.; De Page, *Traité*, vol. VI, n.ᵒˢ 489 e segs.; Trabucchi, *Istituzioni di Diritto Civile*, n.ᵒ 194, págs. 449 e segs.; Planiol, Ripert e Boulanger, *Traité Élémentaire*, vol. I, n.ᵒˢ 3.647 e segs.; Marty e Raynaud, *Droit Civil*, vol. II, n.ᵒˢ 139 e segs.

336. CONCEITO. CLASSIFICAÇÃO. CARACTERES

A teoria das servidões está bastante clara na sistemática legal, não chegando a ensombrá-la pequenas dúvidas levantadas em torno de alguns conceitos como de certos preceitos. O fundamento ontológico das servidões vem, com proficiência, resumido pelo clássico Lafayette e por De Page: nem sempre reunindo o prédio em si todas as condições de que o proprietário há mister, nasce a necessidade da constituição de direitos, por efeito dos quais uns prédios *servem* aos outros.[1] E se uma ampliação conceitual permite classificá-las como restrições aos direitos do proprietário, determinação mais rigorosa, aplicada às servidões propriamente ditas, proclama que elas resultam da necessidade ou da conveniência do comércio social.[2]

Segundo os civilistas, diz-se servidão: o encargo que suporta um prédio denominado serviente, em benefício de outro prédio chamado dominante, conferindo ao titular o uso e gozo do direito ou faculdade. Ou, para resumir o conceito de Gierke e Martin Wolff, é direito real de fruição e gozo da coisa alheia, limitado e imediato.

Com este conceito já eliminamos uma primeira dúvida nascida da distinção entre as *servidões prediais* (que são as servidões propriamente ditas) e as impropriamente denominadas *servidões pessoais*, que não passam de vantagens proporcionadas a alguém (Clóvis Beviláqua, Marty e Raynaud, Mazeaud e Mazeaud), e, como tais, constituem-se independentemente da indagação se o favorecido é ou não proprietário de um fundo vizinho, e se caracterizam mais como direitos de crédito e não como direitos reais.

Cumpre também, e desde logo, diversificar as servidões das *restrições legais* ao uso e gozo da propriedade (v. n° 320, *supra*), nascidas do direito de vizinhança. Estas últimas (inadequadamente apelidadas de "servidões legais") são criadas pelo legislador no propósito de instituir a harmonia entre vizinhos e compor os seus conflitos. Originam-se do imperativo da lei, ao passo que as servidões são encargos que um prédio sofre em favor de outro, de forma a melhorar o aproveitamento ou utilização do beneficiado. Como fator diferencial assinalam ainda Ruggiero e Maroi, a par do fenômeno da dependência e sujeição de um a outro prédio, a constituição de um direito real.[3]

Sob aspecto formal, as servidões se originam de um ato de vontade quase sempre, e só eventualmente vão se implantar na lei ou na decisão judicial. E têm por objeto coisa imóvel corpórea, ou seja, *prédios*, na terminologia adequada. Não há servidão sobre direitos, ainda que reais,[4] o que aliás já o Direito Romano assentara: *servitus servitutis usu non potest*.

Como elementos de caracterização, assentam-se algumas noções básicas.

---

1   Lafayette, *Direito das Coisas*, 114; De Page, *Traité*, vol. VI, n° 492.
2   Espínola, *Direitos Reais*, pág. 63.
3   Ruggiero e Maroi, *Istituzioni*, vol. I, § 121.
4   Lacerda de Almeida, *Direito das Coisas*, vol. I, § 62.

Os prédios hão de pertencer a *proprietários diversos*, como no Direito Romano já se dizia: *nemini res sua servit*; pois, se forem do mesmo dono, este simplesmente usa o que é seu, sem que se estabeleça uma servidão. Mesmo que se trate de proibição que o proprietário se imponha no tocante ao gozo da coisa sua, dar-se-á mutilação no seu direito, mas servidão não é.[5]

Os prédios devem ser vizinhos (*praedia debent esse vicina*), embora não haja necessidade de que sejam contíguos. Hão de guardar tal proximidade que a servidão se exerça em efetiva utilidade do prédio dominante,[6] mas não se exige, no conceito de vizinhança, para este efeito, a circunstância de serem confrontantes.

Como direito real que é, a servidão grava um dos prédios e o acompanha nas mutações por que venha a passar, até que se extinga por uma das causas adiante mencionadas (n° 339, *infra*). Mas não se pode daí concluir que o sujeito da relação jurídica seja o fundo imobiliário. Sujeito de direito é sempre o homem, como desde cedo assentamos ao repetir o fragmento de Hermogeniano: *hominum causa omne ius constitutum est* (v. n° 6, *supra*, vol. I).

O conteúdo da servidão não pode consistir numa ação humana, ou num *facere*, como já o Direito Romano se expressava, ao dizer: *servitus in faciendo consistere nequit*. Obviamente gera direitos e deveres (v. n° 338, *infra*), mas estes ou consistem numa abstenção (*non facere*), ou em suportar (*pati*) o exercício de algumas faculdades do dono do prédio beneficiado sobre o prédio subordinado ou serviente (Lafayette, Beviláqua, Lacerda de Almeida, Espínola, Martin Wolff, Hedemann).

Classificações. Costumavam-se classificar as servidões em *rústicas* ou *urbanas*, conforme tivessem em vista prédios rurais ou urbanos. Mas tal distinção perdeu o interesse, dada sua pouca importância prática.

Dizem-se *positivas* (ou *afirmativas*) e *negativas*, conforme consistam num poder ou faculdade de que goza o proprietário do prédio dominante (por exemplo, a passagem pelo prédio serviente) ou numa abstenção por parte do dono do prédio subordinado (como não construir em determinado lugar ou acima de certa altura).

Muito mais importantes são as classificações das servidões em *contínuas* e *descontínuas*, *aparentes e não aparentes*, porque influem ponderavelmente na sua constituição.

Contínua é a servidão que se exerce independentemente de uma ação humana, como a de aqueduto (*aquae ductus*) correndo as águas de um a outro prédio sem a necessidade de atuação pessoal; *descontínua* é a que, existindo embora em caráter permanente, tem o seu exercício condicionado ao fato do homem, como por exemplo a de tirar água em prédio alheio (*aquae haustus*), que se realiza pela circunstância material e intermitente de ir alguém à fonte, poço, rio ou lago, para trazê-la.

Aparente é a servidão que se manifesta por obras exteriores, e por isto mesmo visíveis e permanentes; *não aparente*, aquela que se não materializa desta forma,

---

5   Lafayette, loc. cit.; De Page, ob. cit., n° 495.
6   Espínola, ob. cit., pág. 69; Trabucchi, ob. cit., pág. 455; Planiol, Ripert e Boulanger, *Traité*, vol. I, n° 3.655; Lafayette, loc. cit.

como por exemplo a de caminho (*servitus itineris*), que consiste meramente no transitar por prédio alheio.

Ambas estas classificações podem combinar-se ou não, daí resultando as que são descontínuas e não aparentes; descontínuas e aparentes; contínuas e aparentes e, finalmente, contínuas e não aparentes.

O Direito conhece ainda uma categoria de servidões chamadas *coactivas* (Ruggiero e Maroi) que promanam do fato de autorizar a lei, em certos casos, ao proprietário de um prédio a sua constituição, outorgando-lhe a faculdade de obtê-la judicialmente se o dono do outro prédio não anuir em constituí-la por título. Podemos recordar como desta espécie as oriundas do Código de Águas (aqueduto, trânsito pelas margens do aqueduto) ou do Código de Minas (trânsito para escoamento de minério).

Também o Direito moderno disciplina certas situações que estão a meio-termo entre a servidão e as restrições ao direito de propriedade, como os casos dos serviços administrativos (assentamento de esgotos ou canalização de água), serviços de utilidade pública (eletroduto ou afixação de linhas elétricas ou telefônicas), implantação de oleoduto (lembrada por Washington de Barros Monteiro), para as quais reservamos a designação específica de *quase servidões*, pelo fato de lhes faltar a característica peculiar da sujeição de um prédio a outro prédio, mas de ter o prédio o ônus de suportar (*pati*) o exercício de uma faculdade que beneficia indiscriminadamente os prédios dos usuários.

Características. Qualquer quer seja o seu tipo, toda servidão é *indivisível* (*servitutes dividi non possunt*), tanto considerada ativa quanto passivamente, a saber: *a*) do lado ativo ou de quem dela se beneficia, somente pode ser reclamada como um todo, ainda que o prédio dominante venha a ser propriedade de diversas pessoas; *b*) e do lado passivo significa que se o prédio serviente passa a diversos donos, por efeito de alienação ou herança, a servidão é una, e grava cada uma das partes em que se fracione o prédio serviente, salvo se por sua natureza ou destino só se aplicar a certa parte de um ou de outro prédio (Código Civil, art. 1.386). A indivisibilidade resulta, ainda, em que a servidão não se adquire nem se perde por partes, independentemente da pluralidade dos sujeitos ativos ou passivos. Daí uma consequência imediata: o litígio que se fira, tendo por objeto a servidão, não comporta fracionamento, e a sentença proferida na ação respectiva é incindível objetiva e subjetivamente: abrange a servidão por inteiro, e aproveita ou prejudica aos donos dos prédios serviente e dominante, sejam eles quantos forem.[7] Igualmente a servidão se exerce ou perde por inteiro e, enquanto subsiste, vigora a favor ou a cargo de todos, em caso de divisão dos prédios dominante ou serviente.[8]

Costuma-se dizer que a servidão é perpétua (Lafayette, Marty e Raynaud). A expressão não é exata. Preferimos, com Clóvis Beviláqua e tantos mais, dizer que tem duração *indefinida*, querendo assim significar que se constitui sempre

---

7 Lafayette, ob. cit., § 117.
8 Trabucchi, ob. cit., pág. 456; Marty e Raynaud, *Droit Civil*, vol. II, nº 142.

por tempo *indeterminado* e nunca a prazo certo. É de tal relevância a observação, que se entende perder a característica de servidão quando estabelecida por tempo limitado. Se isto se der, passa a relação jurídica a qualificar-se como direito pessoal ou de crédito.[9] Nada impede se constitua a servidão *ad tempus*, subordinada assim a termo, como também a condição,[10] caso em que cessa automaticamente (v. nº 339, *infra*).

Devido ao condicionamento da servidão a uma necessidade do prédio dominante (Ruggiero e Maroi), é inconcebível a transferência da servidão a outro prédio, o que se exprime sustentando a sua *inalienabilidade*. Daí decorre, ainda, que o titular desse direito não pode associar outra pessoa ao seu exercício ou sobre ele constituir novo direito real, como a propósito de nova servidão em Direito Romano se dizia: *servitus servitutis esse non potest*; ou a propósito de outra oneração Lafayette exemplificava, lembrando que a servidão não pode ser hipotecada em separado.

Mas, se é insuscetível de alienar-se, passando a outra pessoa ou a outro prédio, transmite-se por sucessão *mortis causa*, ou *inter vivos*, acompanhando o prédio nas suas mutações subjetivas, por uma ou outra causa.[11]

337. Constituição das servidões

As servidões podem constituir-se *entre vivos* ou *causa mortis*. No primeiro caso, deve o ato revestir a forma pública se o valor exceder o limite legal, ou por instrumento particular em caso contrário (Código Civil, art. 108).

No segundo, a vontade criadora está condicionada à observância dos requisitos sem os quais o testamento não é válido.

Mas, num e noutro caso, toda servidão constituída por um ato de vontade pressupõe capacidade das partes: não apenas a capacidade genérica para os atos da vida civil, porém a específica para os *atos de disposição* do prédio serviente (Ruggiero e Maroi). Na linha do requisito da capacidade específica inscrevem-se, por exemplo, a condição do condômino do prédio indiviso, que não pode onerá-lo de servidão sem o consentimento dos demais, a do nu-proprietário que necessita de autorização do usufrutuário.[12]

O ato constitutivo deve ser levado a registro. Sendo *não aparente*, somente se adquire pelo registro do título (conforme enunciava o art. 697 do Código Civil de 1916), ou pela sua inscrição (Regulamento dos Registros Públicos, Lei nº 6.015, de 31 de dezembro de 1973, art. 167, nº I, alínea 6). Nesta diversidade pronunciam-

---

9   Clóvis Beviláqua, ob. cit. e loc. cit.
10   Trabucchi, ob. cit., pág. 455.
11   Enneccerus, Kipp e Wolff, ob. cit., § 108.
12   Espínola, *Direitos Reais*, pág. 130.

-se os civilistas e tratadistas do Registro Público, sustentando que a referência às servidões *não aparentes* na forma excludente do dispositivo legal revogado tem apenas o sentido de acentuar que estas não se adquirem por usucapião. Mas que, tanto à servidão não aparente quanto à aparente, aplicam-se as regras comuns do Registro de Imóveis, uma vez que a sua constituição é sempre uma alienação parcial do direito de propriedade[13] (v. Lei n° 6.015, de 31 de dezembro de 1973, art. 167, I, n° 6).

Se a servidão é aparente, pode ser adquirida por *usucapião*, em havendo posse contínua e incontestada, com justo título e boa-fé, após o transcurso de 10 (dez) anos ou, se o possuidor não tiver título, após 20 (vinte) anos (Código Civil, art. 1.379). Evidenciada a posse da servidão (que numa reminiscência histórica alguns ainda preferem designar como "quase posse") e observados os trâmites processuais, a sentença será inscrita no registro imobiliário.[14]

Dúvida levantou-se a propósito de caber aquisição por usucapião no caso das servidões de trânsito. Estas, por se limitarem ao direito de passar, seriam não aparentes e, como tais suscetíveis de se constituírem tão somente por título inscrito. Mas, segundo evidenciou Mendes Pimentel, em estudo que fez escola, sob a epígrafe "Servidão de Trânsito", e veio a ser aceito pela jurisprudência, como dá testemunho a "Súmula" do Supremo Tribunal Federal, cabe aquisição por usucapião se as servidões de trânsito se apresentarem ostensivas e materializadas em obras externas, tais como pontes, viadutos, trechos pavimentados e outros sinais visíveis.[15]

Podem as servidões ser instituídas *judicialmente* pela sentença que homologar a divisão, declarando-se na folha de pagamento, então expedida, as servidões que recaírem sobre o quinhão demarcado ou que a seu favor forem instituídas, designando-se o lugar, modo e condições de seu exercício; será igualmente permitido estabelecer servidão de caminho ligando o prédio dominante à mais próxima estação de estrada de ferro, posto fluvial, via pública ou fonte.

Finalmente, a servidão pode ser instituída por *destinação do pai de família ou destinação do proprietário*, no caso de a mesma pessoa ter dois prédios e, criada uma serventia visível de um em favor de outro, venham mais tarde a ser donos diversos por alienação ou herança. Cria-se desta sorte uma servidão sem a manifestação formal do instituidor, porém oriunda de um ato de vontade unilateral do proprietário. Contra a opinião de Clóvis Beviláqua, baseado em que a constituição da servidão pressupõe a existência de prédios pertencentes a proprietários diversos (expendida em Parecer *in Revista Forense*, vol. 43, pág. 331), a tese contrária no sentido de que

---

13 Serpa Lopes, *Tratado dos Registros Públicos*, vol. III, n° 437; Waldemar Loureiro, *Registro da Propriedade Imóvel*, vol. I, n° 176; João Luiz Alves, *Código Civil Anotado*, Comentário ao art. 697.

14 Sobre a constituição de servidões por prescrição aquisitiva, cf. De Page, *Traité*, vol. VI, n°s 620 e segs.; Planiol, Ripert e Boulanger, ob. cit., n° 3.728; Marty e Raynaud, ob. cit., n° 153.

15 F. Mendes Pimentel, *estudo in Revista Forense*, vol. 40, pág. 296; Washington de Barros Monteiro, *Curso, Direito das Coisas*, pág. 254; *Súmula da Jurisprudência* Predominante no Supremo Tribunal Federal, n° 415; Marty e Raynaud, ob. cit., n° 149.

tal modalidade aquisitiva sobrevive no Direito moderno e não contraria a sistemática do nosso vem defendida por boa parte de civilistas pátrios, além de se amparar na doutrina estrangeira.[16]

338. DIREITOS E DEVERES

O dono do prédio dominante tem direito a usar a servidão, dela tirando o benefício que deve proporcionar o bem a que serve. Daí lhe resulta a faculdade de fazer as obras necessárias à sua conservação e ao seu uso (Código Civil, art. 1.380), ainda que tais obras se devam realizar no prédio serviente. Normalmente as despesas correm por conta do beneficiado, pois que em princípio a servidão não consiste em fazer alguma coisa (*aliquid facere*), mas em abster-se de algo ou suportá-lo (*aliquid non facere vel pati*); e, se forem diversos os prédios dominantes, dividem-se *pro rata*. Somente na hipótese de convenção explícita é que o dono do prédio serviente tem de suportar esse encargo. Ficará, entretanto, exonerado de fazê-las abandonando, total ou parcialmente, o prédio em favor do proprietário do prédio dominante, mas se o proprietário do prédio dominante se recusar a receber a propriedade do serviente, ou parte dela, caber-lhe-á custear as obras (Código Civil, art. 1.382).

Correlato ao direito de uso e gozo da servidão pelo dono do prédio dominante, o do prédio serviente tem um dever negativo: nada fazer que o embarace. Lícito lhe será, contudo, *remover* de um local para outro a servidão, contanto que não diminua as vantagens do prédio favorecido, evidentemente, à sua custa. Por outro lado, o dono do prédio dominante pode também remover a servidão, se houver incremento da utilidade e não prejudicar o prédio serviente, arcando, por evidente, com os ônus da remoção (Código Civil, art. 1.384). A regra de contenção, de modo a não impedir o exercício dos direitos do dono do prédio serviente, ou seja, que a servidão deve exercer-se *civiliter*, acrescenta-se que o seu titular a exercerá pela maneira menos prejudicial ao prédio serviente.[17]

O exercício da servidão deve conter-se nos limites do que dispõe o título constitutivo, sem qualquer ampliação ou modificação. Instituída para certo fim não se pode estender a outro, salvo na de trânsito, em que a de maior ônus inclui a de menor (e.g.: quem pode transitar com veículo pode fazê-lo a pé). Mas a recíproca não é verdadeira: a servidão menor exclui a maior.

---

16 Lafayette, *Direito das Coisas*, vol. I, § 133, nº 3; Washington de Barros Monteiro, *Curso, Direito das Coisas*, pág. 253; Philadelpho Azevedo, *in Revista Forense*, vol. 98, pág. 623; Jair Lins, Parecer *in Revista Forense*, vol. 35, pág. 413; Ruggiero e Maroi, *Istituzioni*, vol. I, § 121; Alfredo Bernardes, *Parecer in Revista Forense*, vol. 44, pág. 40; Espínola, *Direitos Reais*, pág. 141; Enneccerus, Kipp e Wolff, ob. cit., § 108; De Page, ob. cit., nºˢ 628 e segs.; Mazeaud e Mazeaud, ob. cit., nº 1.721; Planiol, Ripert e Boulanger, nº 3.747; Marty e Raynaud, ob. cit., nº 156.

17 Lacerda de Almeida, *Direito das Coisas*, vol. I, § 63, fundado em Arndtz e Wãcheter.

Duas exceções se abrem, todavia: *a*) a primeira, fundada na anuência do prejudicado, pois é bem de ver que se concorda por expresso – ou por comportamentos reiterados, aptos a ensejar legítima expectativa do dono do prédio dominante – com o aumento do gravame, terá de suportá-lo; *b*) a segunda, decorrente de preceito legal (Código Civil, art. 1.385, § 3º) relativo às necessidades da cultura ou da indústria: o dono do prédio dominante poderá impor ao outro o seu alargamento, mas com indenização do prejuízo.

Outorgado um direito sobre o prédio serviente (e suas partes integrantes, quando for o caso), não comporta extensão às coisas nele existentes, nem se admite que o dono do prédio serviente seja obrigado às despesas de conservação das instalações.[18]

339. EXTINÇÃO DAS SERVIDÕES

Segundo os preceitos e o jogo dos princípios, cessa a servidão:

A) Pela *confusão*. Uma vez que a servidão pressupõe pluralidade de prédios pertencentes a mais de uma pessoa, desaparece quando passam a um só domínio, pois *nemini res sua servit*. Sendo, entretanto, temporária a reunião dos dois prédios na titularidade de um só dono, poderá restaurar-se a servidão se voltarem a pertencer a diversos.[19]

B) Pela *convenção*. Partindo de que se origina de um ato de vontade, cessará *ex vi* de manifestação volitiva contrária, isto é, se os interessados convencionarem a sua extinção, e cancelamento do registro. Em falta desta providência, o adquirente do prédio dominante, sem a ressalva da extinção, recebe-o com o direito real que o gravava. Nesta alínea cabe a extinção pelo *resgate* do proprietário do prédio serviente. Mas dela se destaca quando o resgate é *unilateral*, pois que neste caso dá-se contra a vontade do titular.[20]

C) Pela *renúncia*. Sendo a servidão um benefício instituído em favor do prédio dominante, extingue-se pelo ato abdicativo do seu dono, enunciado em termos explícitos. Admitem os autores que a renúncia pode ser *tácita*, inferida do comportamento do dono do prédio dominante deixando de impedir que o do serviente faça nele obra incompatível com o exercício da servidão.[21]

D) Pelo *não uso*. Decorridos 10 anos contínuos sem que a servidão seja usada, libera-se do ônus o prédio serviente. A caracterização do não uso depende da natureza da servidão: *a*) nas *negativas*, reside na circunstância de fazer o dono do prédio serviente aquilo de que se devia abster; *b*) nas *afirmativas* ou *positivas*, se deixa de fazer aquilo a que era obrigado. Importando em *prescrição extintiva*, equivale a uma

---

18 Enneccerus, Kipp e Wolff, ob. cit., § 106.
19 De Page, ob. cit., nº 678.
20 Didimo da Veiga, ob. cit., nº 289; Espínola, *Direitos Reais*, pág. 166.
21 Lafayette, ob. cit., § 134; Borges Carneiro, *Direito Civil de Portugal*, Liv. II, § 81, nºs 2 e 3; Espínola, ob. cit., pág. 163; De Page, ob. cit., nº 679.

renúncia tácita, e, como tal, decorrerá de não utilização pelo decurso ininterrupto dos 10 anos, ainda que motivada por força maior.[22]

Tal que se dá com a prescrição extintiva (nº 124, *supra*, vol. I), comporta suspensão e interrupção o fluxo do prazo de *não uso*, subordinando-se aos mesmos efeitos que em relação àquela.[23]

O prazo decenal conta-se, nas servidões positivas, a partir do momento em que cessa o seu exercício; e nas negativas, daquele em que o dono do prédio serviente passa a praticar aquilo que devia omitir (Clóvis Beviláqua). Para as servidões de utilização intermitente, o não uso deve contar-se do dia em que a servidão poderia exercer-se, e não se efetivou (Ruggiero e Maroi).

E) Pela *impossibilidade de exercício* em decorrência de mudança de estado dos lugares, alcançando os fundos dominante ou serviente.[24]

F) Pelo *perecimento*. Vindo a ser destruído qualquer dos prédios, a servidão desaparece. Extingue-se igualmente se o seu objeto específico deixa de existir, como, por exemplo, se vem a secar o manancial de onde a água era tirada.

G) Pela *resolução* do domínio de quem as constitui (Lafayette, Espínola). Guardando analogia com a resolução do domínio, está a extinção da servidão constituída pelo *enfiteuta*, no caso do seu direito vir a consolidar-se no do proprietário direto.[25]

H) Pode ainda a servidão cessar pelo decurso do prazo se é constituída a termo, pelo implemento de condição ou pela desapropriação.[26]

Extinguindo-se a servidão, cabe ao interessado promover o seu cancelamento no registro imobiliário, o que mais se enfatiza se a sua constituição se dera por um ato de vontade, pois que é ele que opera sua cessação.

Em se tratando de perecimento do objeto, dá-se a cessação *ex re ipsa*, e, sendo assim, independe de cancelamento do registro, porque desaparece com ou sem este. Nesse caso, o cancelamento poderá apenas ter o efeito de uma apuração documental.

Quando cessa por confusão, o interesse do cancelamento reside em não se restabelecer em caso de alienação.

E, finalmente, cessando por prescrição extintiva, cabe ao interessado fazer a prova judicial do não uso, cancelando o registro com a apresentação do ato liberatório.

---

22   Lafayette, § 134, nº 5, nota 11.
23   De Page, ob. cit., nº 664.
24   Marty e Raynaud, ob. cit., nº 169.
25   Espínola, ob. cit., pág. 130.
26   De Page, ob. cit., nº 679; Mazeaud e Mazeaud, ob. cit., nº 1.729.

CAPÍTULO LXXVI
Usufruto. Uso. Habitação

Sumário

340. Noções gerais. **341.** Direitos do usufrutuário. **342.** Deveres do usufrutuário. **343.** Extinção do usufruto. **344.** Uso e habitação.

Bibliografia

Lafayette, *Direito das Coisas*, §§ 93 e segs.; Lacerda de Almeida, *Direito das Coisas*, §§ 64 e segs.; Washington de Barros Monteiro, *Direito das Coisas*, págs. 262 e segs.; J. W. Hedemann, *Derechos Reales*, § 38; Clóvis Beviláqua, *Direito das Coisas*, vol. I, §§ 78 e segs., Eduardo Espínola, *Direito Reais Limitados e Direitos de Garantia*, págs. 173 e segs.; Trabucchi, *Istituzioni di Diritto Civile*, nº 201, pág. 464; Ruggiero e Maroi, *Istituzioni*, vol. I, § 120; Planiol, Rippert e Boulanger, *Traité Élémentaire*, vol. I, nos 3.507 e segs.; Orlando Gomes, *Direitos Reais*, nos 214 e segs.; Marty e Raynaud, *Droit Civil*, vol. II, nos 62 e segs.; Mazeaud e Mazeaud, *Leçons de Droit Civil*, vol. II, nos 1.646 e segs.; Enneccerus, Kipp e Wolff, *Tratado, Derecho de Cosas*, vol. II, §§ 114 e segs.; De Page, *Traité*, vol. VI, nos 187 e segs.; Giacomo Venezian, *Dell'Usufrutto, dell'Uso e dell'Abitazione*.

340. NOÇÕES GERAIS

Neste capítulo, reunimos três tipos de direitos reais de gozo ou fruição, que o Código Civil de 2002 destaca, segundo a conceituação romana: usufruto (*usus fructus*), uso (*usus*) e habitação (*habitatio*). Em verdade, não tem mais cabimento separá-los, senão por amor à tradição histórica, de vez que o uso não passa de modalidade mais restrita de usufruto, e a habitação reduz-se à especialização do uso em função do caráter limitado da utilização. Reconhecendo a desnecessidade de distingui-los, o Projeto de Código Civil de 1965 silenciou a referência aos dois últimos, o que a doutrina moderna não deixa de aprovar. No final do presente capítulo abrimos um parágrafo para a referência ao uso e habitação, no propósito de mostrar a sua sobrevivência no nosso direito positivo atual, como ainda de estruturar a sua construção, que dentro das linhas do usufruto poderá subsistir mesmo que o legislador deixe de considerá-los como figuras individuais de direitos reais. Amparando a sua supressão, milita ainda a prática dos negócios que os desconhece quase por completo. Sustentando a sua abolição guardamos fidelidade à nossa posição de membro da Comissão de que resultou o referido Projeto de Código Civil (Orosimbo Nonato, Orlando Gomes, Caio Mário da Silva Pereira). A sobrevivência mesma do usufruto como direito real é hoje discutida, e sua utilidade econômica posta em dúvida.[1] Não obstante isto, a ideia de usufruto é muito difundida por mais de uma província do Direito Civil: cultiva-se nas relações de família (usufruto do marido sobre os bens da mulher, usufruto dos bens do filho sob pátrio poder); no direito das sucessões, como expressão de vontade testamentária; no direito das obrigações em aliança com o contrato de doações; e no direito das coisas, como direito real de gozo ou fruição. É nesta categoria que o estudamos aqui, recordando, com Lafayette, que a sua noção básica reside em se destacarem da propriedade o direito de *usar* a coisa e *perceber* os frutos que ela é capaz de produzir, e de investir nestes predicados uma terceira pessoa.[2] Mas não se pode dizer que, se da plena propriedade de extrair o usufruto, resta a nua propriedade, pois a equação, no dizer de Marty e Raynaud, é apenas aproximativa.[3]

Os princípios que disciplinam o *direito real de usufruto* se vão filiar historicamente à dogmática romana desta instituição, com as adaptações que a evolução jurídica lhe impôs.

Constrói-se o seu conceito à vista da preceituação legal do Código Civil de 1916: *usufruto é o direito real de fruir as utilidades e frutos de uma coisa sem alterar-lhe a substância, enquanto temporariamente destacado da propriedade*. E tal noção, que se tornou implícita no Código de 2002, não destoa do conceito clássico, emergente das fontes romanas: *usus fructus est ius alienis rebus utendi fruendi salva rerum substantia*.

---

1   Marty e Raynaud, *Droit Civil*, vol. II, n° 63.
2   Lafayette, *Direito das Coisas*, § 93.
3   Marty e Raynaud, ob. cit., n° 62.

Pressupõe, então, a coexistência harmônica dos direitos do *usufrutuário*, cons-truídos em torno da ideia de utilização e fruição da coisa, e dos direitos do *proprie-tário*, que os perde em proveito daquele, conservando todavia a substância da coisa ou a condição jurídica de senhor dela.[4] O ponto de partida para a sua configuração, como assinala Hedemann, é a distinção dos dois elementos, *substância* e *proveito*, na propriedade: o proprietário pode tê-los ambos ou abandonar o proveito a outrem.[5]

Cabe neste passo assinalar que o *usufruto* se distingue do *fideicomisso*, o que se torna tanto mais necessário quanto mais frequentes têm sido as confusões a respeito, no plano doutrinário como no jurisprudencial (v. nº 472, vol. VI). Num e noutro – usufruto e fideicomisso – ocorre a utilização e fruição de um bem, em caráter tem-porário, e ao fim de certo tempo, sob certa condição, ou pela morte de uma pessoa, a propriedade se reintegra num destinatário. Não obstante as semelhanças, os pontos de diversificação repontam, permitindo estremar os dois institutos. Constituído o usufruto, dá-se um desmembramento da propriedade, permanecendo esta na titula-ridade de uma pessoa (nu-proprietário), enquanto uma outra tem o uso e fruição da coisa, como se fosse o seu proprietário. Instituído o *fideicomisso* – e somente pode sê-lo em doação ou testamento – o bem é transmitido ao *fiduciário* (*Vorerbe*), que o recebe na qualidade de dono, investido no seu uso e fruição. Mas com o encargo de por sua morte, a tempo certo, ou *sub conditione*, transmiti-lo ao *fideicomissário*. No *usufruto* e no *fideicomisso* há sempre dois sujeitos, mas com a notória diferença: usufrutuário e nu-proprietário são titulares *simultâneos* de direitos, embora este úl-timo não tenha presentemente o uso e fruição da coisa; fiduciário e fideicomissário são titulares *sucessivos* dos direitos, por tal arte que o fiduciário tem a propriedade, vestida com o seu uso e fruição, até o momento em que se dá o evento translatício, quando, então, passa o bem ao fideicomissário, com pleno uso e fruição. Daí acentu-arem os escritores: *o que caracteriza o fideicomisso é o aparecimento sucessivo dos sujeitos para exercê-lo.*[6]

Da sua conceituação extraem-se os caracteres jurídicos do usufruto, a saber:

A) *Direito real*. Por aí distingue-se desde logo de qualquer utilização pessoal de coisa alheia (locação, comodato). Como direito real grava o bem sobre que incide, acompanhando-o em poder de quem quer que o adquira. E constitui direito imediato sobre a coisa frugífera.[7] Gravando coisa imóvel, há de constar do registro onde se fará a sua transcrição. Nesta categoria de *ius in re*, distingue-se "do usufruto de direito de família" que, pela própria natureza, dispensa a formalidade do registro, como ainda das diversas modalidades de utilização de coisa alheia sem a constituição de ônus real, as quais permanecem no plano obrigacional, submetidas ao direito das obrigações.

---

4   Lafayette, loc. cit.
5   Hedemann, *Derechos Reales*, § 38.
6   Clóvis Beviláqua, *Comentários ao Cód. Civil*, vol. VI, pág. 211, ao art. 1.733; Orosimbo Nonato, *Aspectos da Sucessão Testamentária*, vol. III, nº 800; Carlos Maximiliano, *Direito das Sucessões*, vol. III, nº 1.257.
7   Marty e Raynaud, *Droit Civil*, vol. II, nº 62; Mazeaud e Mazeaud, *Leçons*, vol. II, nº 1.650.

B) *Objeto.* Pode ser objeto de usufruto toda espécie de bens frugíferos, sejam móveis ou imóveis individualmente considerados, sejam bens corpóreos ou incorpóreos, seja um patrimônio todo inteiro ou parte dele como uma universalidade composta de bens corpóreos ou incorpóreos abrangendo-lhe no todo ou em parte os frutos e utilidades.[8] Tendo, pois, em vista que é da sua essência proporcionar o uso e gozo da coisa respeitando no proprietário a sua substância, assenta-se que lhe podem ser objeto: *a)* os imóveis; *b)* os móveis que se não consomem ao primeiro uso; *c)* mas não existe proibição para que incida em bens consumíveis, a respeito dos quais nos referimos quando tratamos do *usufruto impróprio* (n° 341, *infra*). Mais frequente no passado que recaísse em coisa imóvel, urbana ou rural, ganha terreno a sua incidência em coisa móvel e mesmo em *títulos*, e especialmente em *ações de sociedades anônimas*, gozando o usufrutuário a percepção de dividendos. Neste particular, e na conformidade da legislação própria (Lei n° 6.404, de 15 de dezembro de 1976, art. 40), torna-se necessária a formalidade específica da averbação no livro de "Registro de Ações Nominativas". Embora não se proíba venha a recair em ações ao portador, o direito real de usufruto quando tenha por objeto ações de sociedade anônima, mais adequadamente compreenderá as nominativas.[9] Se tiver por objeto *ações ao portador*, o usufrutuário lhes adquire de pronto o domínio e procederá como se vê descrito no n° 341, *infra*. Sendo as *ações nominativas*, permanecem no domínio do nu-proprietário, cumprindo à companhia pagar ao usufrutuário os dividendos.

Questão relevante, no usufruto de ações, é a indagação de a quem pertencem os novos títulos, resultantes de desdobramentos ou aumentos de capital. Em boa argumentação, Miranda Valverde demonstra que cabem ao proprietário, uma vez que ao usufrutuário competem os frutos da coisa e estes se determinam pela periodicidade própria dos dividendos e não pela outorga dos desdobramentos que são eventuais, além de constituírem elevação do capital usufruído. A ação desdobrada considera-se acessório, e, acompanhando o principal pertencem ao usufrutuário,[10] como se vê da alínea *c* em seguida.

Modernamente admite-se a incidência do usufruto sobre todo direito transmissível (Enneccerus), determinado no proveito que dele se tira, e, em particular, pode-se falar no usufruto de créditos, como no de valores representados por títulos nominativos endossáveis.[11]

C) *Fruição.* Pela sua razão de ser, o usufruto implica a faculdade de fruir as utilidades da coisa, estendendo-se aos acessórios dela, e aos acrescidos, salvo cláusula expressa em contrário (Código Civil, art. 1.392).

O usufruto confere ao seu titular a serventia da coisa, e, por esta razão, costuma-se dizer que consiste ele numa *servidão pessoal*.

---

8 Hedemann, *Derechos Reales*, § 38; Enneccerus, Kipp e Wolff, *Derecho de Cosas*, vol. II, § 114.
9 Trajano de Miranda Valverde, *Sociedades por Ações*, vol. I, n° 167.
10 Trajano de Miranda Valverde, ob. cit., vol. III, n° 587.
11 Enneccerus, Kipp e Wolff, ob. cit., §§ 120 a 123.

D) *Posse.* A fim de proporcionar ao usufrutuário a utilização da coisa, o nosso direito atual lhe atribui a posse direta, reservando ao nu-proprietário a posse indireta (v. nº 287, *supra*), tal qual estabelece o Direito Alemão (BGB, art. 1.036), como o Código Suíço (art. 755).[12] Nisto difere do direito pré-codificado, em cuja vigência lhe era negada.[13]

E) *Temporariedade.* O usufruto pode ser constituído em caráter vitalício, como por prazo certo, ou ainda determinado em razão de atingir o beneficiado idade limite ou alcançar certa condição ou estado (graduação universitária, casamento). Nunca será perpétuo, caráter que é próprio do aforamento (v. nº 331, *supra*), e se ao usufruto for atribuída perpetuidade, desfigura-se. É o que alguns autores exprimem dizendo que o usufruto é sempre constituído sobre a cabeça de um titular determinado.[14] Confere-se normalmente a uma pessoa e desaparece com ela.[15] Daí a conclusão no sentido de que todo usufruto pressupõe a restituição da coisa, sem redução na substância ou sem comprometimento do capital.[16]

F) *Constituição.* Ainda no plano das noções gerais, cumpre assinalar as modalidades de sua constituição: *a)* por *convenção*, quando nasce de contrato específico para sua criação, ou da reserva feita pelo doador no ato da liberalidade, ou de qualquer acordo de vontades, de que se não exclui o casamento; *b)* por *testamento*, quando reveste a forma deste ato de última vontade, atribuindo a uma pessoa a fruição e utilização da coisa, destacada da nua propriedade atribuída ou legada a outra; *c)* por *usucapião*, quando adquirida pelo decurso de lapso prescricional em favor, e. g., de pessoa que o tenha adquirido de quem não seja proprietário. Mas no usufruto constituído *por efeito imediato da lei* (Lafayette, Trabucchi, Marty e Raynaud, Planiol, Ripert e Boulanger, Mazeaud e Mazeaud), não enxergamos o direito real de usufruto considerado neste capítulo, mas outras modalidades, como a que é inerente ao pátrio poder.

O ato de constituição está sujeito à inscrição no registro imobiliário, como ônus real que é, e para efeitos publicitários.

341. Direitos do Usufrutuário

Independentemente da dedução doutrinária, menciona a lei (Código Civil, art. 1.394) os direitos do usufrutuário, que passaremos em revista na ordem em que o dispositivo os menciona: posse, uso, administração, percepção dos frutos.

Mas é preciso salientar que, pelo fato de restarem no proprietário direitos residuais, explica-se a utilização do usufrutuário menos plena: se é certo que para o

---

12   Enneccerus, Kipp e Wolff, ob. cit., § 116; Hedemann, *loc. cit.*
13   Lafayette, ob. cit., § 102.
14   Planiol, Ripert e Boulanger, *Traité Élémentaire*, vol. I, § 3.518.
15   Mazeaud e Mazeaud, *Leçons*, vol. II, nº 1.649.
16   De Page, *Traité*, vol. VI, nº 196.

dominus a fruição não é incompatível com faculdades que vão desde alterações na coisa até a sua destruição mesma, para o *usufrutuário* o exercício das suas prerrogativas há de se conter no limite do respeito ao direito do proprietário à substância da coisa usufruída.[17] Dentro do direito à substância há de estar a faculdade de alienar a coisa frugífera (nua-propriedade),[18] obviamente sob reserva do usufruto.[19]

A) *Posse*. Conforme vimos no parágrafo anterior, tem o usufrutuário a posse direta da coisa frugífera, reservando-se ao nu-proprietário a posse indireta. Consequência imediata é reconhecer-lhe o uso dos interditos, além do desforço *in continenti*. Cabem-lhe, pois, as ações de manutenção ou de esbulho, nos termos da lei processual, contra quem quer que lhe perturbe a utilização da coisa, ou dela o prive. E nesta generalização inclui-se também o nu-proprietário, cujo procedimento injurídico será repelido.[20] A este propósito, cumpre salientar que ao nu-proprietário corre o dever negativo ou a obrigação de não obstar o uso pacífico da coisa usufruída nem lhe diminuir a utilidade, o que já o Direito Romano proclamava pela voz de Ulpiano: *ne deteriorem conditionem fructuarii faciat proprietarius* (*Digesto*, Liv. 7, Tít. I, fr. 17, § 1°). Por isto se faz ressaltar daí a coexistência inorgânica dos dois direitos reais – nua propriedade e usufruto – explicando a subsistência de um e o exercício do outro por pessoas diversas em torno da mesma coisa.[21]

B) *Uso*. Pela própria estrutura jurídica, o usufrutuário tem o uso e gozo da coisa, sem o que seria vão o seu direito. A extensão do poder de uso, compreendida no vocábulo toda espécie de fruição, deve ser fundamentalmente perquirida no título, que será respeitado, no que contiver de abrangente ou de restritivo. Mas no seu silêncio ou omissão, a faculdade de usar compreende o emprego da coisa em toda espécie de utilização que proporcione ao usufrutuário extrair dela os proveitos que possa assegurar, sem que se lhe desfalque a substância nem reduza os préstimos. Entre as faculdades de uso costumam os autores mencionar as servidões, aluviões, além dos objetos integrados na coisa, como máquinas, utensílios, animais.[22]

C) *Administração*. Cabendo ao usufrutuário extrair toda a utilização da coisa usufruída, compete-lhe, *ipso facto*, a administração dela. Pode exercer atos jurídicos tendo por objeto os bens submetidos ao usufruto, excluídos os que envolvam a sua disposição, pois que o usufrutuário tem o *ius utendi* e o *ius fruendi*, mas não tem o *ius abutendi*.[23]

D) *Percepção dos frutos*. Aí reside a essência do usufruto, que todo ele se constitui para proporcionar ao usufrutuário a fruição da coisa, dela extraindo frutos e

---

17 Lafayette, *Direito das Coisas*, § 94.
18 Trabucchi, *Istituzioni*, n° 94.
19 Planiol, Ripert e Boulanger, ob. cit., n° 3.525.
20 Clóvis Beviláqua, *Direito das Coisas*, § 79.
21 Marty e Raynaud, *Droit Civil*, vol. II, n° 70.
22 Lafayette, *Direito das Coisas*, § 28; M. I. Carvalho de Mendonça, *Do Usufruto*, n° 97; Clóvis Beviláqua, ob. cit., § 79.
23 Marty e Raynaud, ob. cit., n° 74; Enneccerus, Kipp e Wolff, § 116.

produtos, cuja propriedade adquire (Hedemann, Enneccerus). Mas ao usufrutuário não é lícito alterar a substância da coisa, nem lhe mudar o destino.[24]

Não temos necessidade de descer às noções básicas de frutos e produtos nem de os definirmos nas suas classificações de naturais e civis quanto à natureza, ou percebidos, percipiendos e estantes em relação à coisa frugífera, pois tudo isto já mereceu a nossa detida atenção nesta obra (v. nº 75, *supra*, vol. I). O que interessa é fixar agora a posição jurídica do usufrutuário em razão da percepção dos frutos, cabendo assentar de início que, salvo restrição contida no título, ao usufrutuário cabem os frutos naturais como civis. E acrescentar que a *percepção* dos frutos naturais pressupõe a sua *apreensão*, atendendo a que são eles parte integrante da coisa enquanto não separadas dela, e, como tais, pertencentes ao proprietário.[25] Vale dizer: usufrutuário tira da coisa toda espécie de proveito.[26]

As questões que se podem suscitar relativamente ao direito aos frutos surgem quase que exclusivamente em face do começo ou cessação do usufruto, cabendo os frutos civis vencidos na data inicial ao proprietário, e ao usufrutuário os vencidos na em que se extinguir (Código Civil, art. 1.398).

Para orientar a solução a doutrina oferece um critério genérico e seguro, equiparando a condição jurídica do usufrutuário à do proprietário, para daí concluir que lhe compete proceder em relação à coisa frutuária da mesma forma que o dono procede quanto aos seus bens frugíferos. Daí deduzir-se que lhe cabe a utilização das servidões ativas do prédio, a dos acessórios e acessões da coisa usufruída.[27]

A primeira questão atraindo a atenção do civilista diz respeito ao *exercício* do direito, no sentido da percepção efetiva ou material da utilização da coisa. Procede o usufrutuário normalmente em pessoa, realizando as colheitas, recebendo juros, dividendos e aluguéis etc. Nada impede, todavia, que o faça por outrem, a quem cede a percepção dos frutos, no todo ou em parte. Daí dizer-se que é lícito *ceder o exercício* do usufruto, o que o Direito Romano já autorizava, como se infere da passagem de Ulpiano, ao aludir à fruição pelo usufrutuário mesmo e à faculdade de alugar e vender: *usufructuarius vel ipse frui ea re, vel alii fruendum vel locare, vel vendere potest* (*Digesto*, Liv. 7, Tít. I, fr. 12, § 2º). O mesmo princípio vigora em nosso direito, permitindo-lhe usufruir em pessoa o prédio, com sua habitação ou instalação, bem como arrendá-lo, mas sem mudar-lhe a destinação econômica, a não ser mediante expressa autorização do proprietário (Código Civil, art. 1.399).

Não pode, entretanto, ceder o direito de usufruto, que é constituído em razão de sua pessoa. Diz-se, então, que o usufruto é um direito personalíssimo (Hedemann) ou inalienável, na acepção de que não pode o usufrutuário investir outra pessoa na sua titularidade. Do Direito Romano, o princípio (*Digesto*, Liv. 23, Tít. 3, § 66: *usufructum a fructuario cedi non potest*) veio ao nosso através das Ordenações como

---

24 Lafayette, ob. cit., § 97.
25 Lafayette, ob. cit., § 102.
26 Enneccerus, Kipp e Wolff, loc. cit.
27 Lafayette, ob. cit., § 98.

dão testemunho os nossos mais preclaros civilistas.[28] Igual orientação está presente nos sistemas jurídicos mais adiantados (Enneccerus).

Admitida, assim, a cessão do *exercício* do usufruto e não a sua transmissão, resulta que o terceiro favorecido não será titular de um direito real, senão de mero direito pessoal ou de crédito.[29] Sendo direito personalíssimo do usufrutuário e extinguindo-se com a sua morte, não pode igualmente ser *penhorado*[30] e consequentemente é nula a sua arrematação em hasta pública. Não impede, todavia, que o seu exercício, isto é, a percepção do rendimento possa sê-lo.[31]

Usufruto impróprio ou quase usufruto. Recaindo o usufruto em coisas que se consomem pelo uso – *primo usu consummuntur* – pode desde logo delas dispor o usufrutuário, obrigado entretanto, findo o usufruto, a restituir em gênero, qualidade e quantidade. Não sendo possível, a devolução se converte no valor respectivo, mas pelo preço corrente ao tempo da restituição, ou pelo da avaliação no caso de se terem estimado no título constitutivo.

Em verdade, e aprofundada a análise, conclui-se que não se trata de usufruto, pois que este consiste na utilização e fruição da coisa sem alteração na sua substância, o que é incompatível com o consumo ao primeiro uso. Outro ponto de diferenciação está em que, no usufruto regular ou próprio, ocorre a utilização e fruição de coisa alheia, e no impróprio, o usufrutuário adquire a sua propriedade, sem o que não poderia consumi-la ou aliená-la devolvendo coisa da mesma espécie.[32] Isto leva à sustentação de não ser verdadeiro usufruto, senão aquisição da coisa, com o encargo de realizar a sua restituição. Devido, entretanto, à proximidade de situação fática a analogia de normação jurídica justifica haver o legislador incluído a sua disciplina na dogmática do usufruto, que é então qualificado em doutrina como *impróprio* ou *quase usufruto*. Esta classe não abrange as coisas simplesmente *deterioráveis*, que são objeto do usufruto normal ou próprio, e a elas não se aplicam os princípios relativos ao outro.[33]

Dentre outros casos, menciona-se a hipótese de sua incidência em título de crédito, que, pela natureza, se destina a extinguir-se pelo pagamento, dizendo a lei (art. 1.395) que o usufrutuário tem direito a perceber os frutos e cobrar as respectivas dívidas, acrescentado que, sendo estas cobradas, o usufrutuário tem o dever de aplicar, de imediato, a importância em títulos da mesma natureza, ou em títulos da dívida pública federal, com cláusula de atualização monetária segundo índices oficiais regularmente estabelecidos. *Quid iuris* se o dono recusar? O Código de 1916, como o Projeto de 1965, permitia exigir o reembolso em dinheiro. Pelo disposto no referido dispositivo legal, ao dono somente resta receber os títulos apresentados pelo

28 Lafayette, § 101; Lacerda de Almeida, *Direito das Coisas*, § 68.
29 Lafayette, loc. cit.
30 Espínola, *Direitos Reais*, pág. 205; Hedemann, § 38, pág. 356.
31 De Page, ob. cit., nº 330.
32 Hedemann, ob. cit., § 38; Enneccerus, Kipp e Wolff, § 119.
33 Ruggiero e Maroi, *Istituzioni di Diritto Privato*, vol. I, § 120.

usufrutuário, a menos que o contrário tenha sido estipulado pelas partes. Cessando o usufruto, o proprietário poderá receber os novos títulos ou recusá-los, exigindo o dinheiro em espécie.

Recaindo em ações ao portador, o usufrutuário adquire-lhes a propriedade, procedendo *ut dominus*. Mas, se as alienar, aplica-se-lhe o disposto em relação ao caso acima examinado. Sendo nominativas, o usufruto é regular, tal como vimos acima (nº 340, *supra*).

Caso especial é o de incidir em florestas ou minas, que se destinam à exploração, com desfalque da substância. Em tal caso, pode o dono prefixar a extensão do gozo ou a maneira de sua exploração pelo usufrutuário. Mas na falta de acordo prévio, dever-se-á atentar para as circunstâncias do usufruto: recaindo em florestas ou minas destinadas a corte e extração, é óbvio que se não pode impedir um ou outra, pois que se fosse coarctada a ação do usufrutuário, inutilizava-se o próprio direito. Se, ao revés, o bem for suscetível de outra utilização, como no caso de prédio rural onde exista mata ou jazida mineral ainda não sujeita à exploração, esta não compete ao usufrutuário, por ser incompatível com a restituição da coisa. Cabe, então, em cada caso, atentar para as circunstâncias ao determinar os limites da fruição ou utilização da coisa frutuária.

Se o usufruto recair sobre universalidade ou quota-parte de bens, terá o usufrutuário o gozo ou fruição de cada uma das partes que a compõem. Ocorrendo a invenção do tesouro no prédio usufruído, cabe ao usufrutuário a parte dele, se achado por outrem (Código Civil, art. 1.392, § 3º). A solução não é feliz, porque tesouro não é fruto.

Devendo o vizinho do prédio usufruído pagar para obter a meação de parede, cerca, muro, vala ou valado, cabe ao usufrutuário a percepção do respectivo preço.

342. DEVERES DO USUFRUTUÁRIO

Não somente direitos, mas obrigações também tem o usufrutuário, especialmente definidas em lei, algumas inderrogáveis, outras dispensáveis pelo instituidor. A elas correspondem outros tantos direitos do proprietário.

A primeira diz respeito à *determinação* da coisa usufruída, tendo especialmente em vista que ao usufrutuário incumbe exercer sobre ela os seus direitos, para ao seu termo restituí-la na forma do que prescrever o título. Cumpre-lhe então, antes de assumir o usufruto, *inventariar* a suas expensas os bens que receber, determinando o seu estado, e estimando o seu valor, embora tal avaliação não tenha por objeto limitar o direito do nu-proprietário à cifra encontrada, uma vez que, em caso de se converter o seu direito no equivalente pecuniário, ter-se-á em conta o preço da coisa ao tempo da restituição.[34]

---

34   Mazeaud e Mazeaud, ob. cit., nº 1.663.

Em garantia da conservação e da entrega dará *caução* fidejussória ou real, se o dono a exigir. Trata-se de um dever sujeito à sanção da perda do usufruto para o caso de não poder ou não querer prestá-la. Em tal hipótese, caberá ao dono administrá-lo em proveito do usufrutuário, a quem será assegurado, mediante caução, o rendimento líquido, depois de deduzidas todas as despesas e mais uma percentagem fixada pelo juiz, a título de administração.

Quid iuris se o proprietário não der a caução? Antes de tudo, casos pode haver em que a própria lei a dispense, como o do doador que se reserva o usufruto dos bens, pois não se compadece a exigência com o caráter liberal do ato (Código Civil, art. 1.400, parágrafo único). Fora daí, se não puder o proprietário ou não quiser dar a caução, cria-se um impasse, cabendo ao juiz decidir pela administração dos bens por terceiros. Lícito será ao nu-proprietário opor-se a que o usufrutuário entre no gozo da coisa.[35] E não falta mesmo a sugestão de se proceder ao sequestro judicial, se houver risco de danificação inevitável por outro meio.[36]

Mesmo quando dispensada a caução pelo instituidor, é lícito ao proprietário exigi-la, para acautelar os bens ameaçados de deterioração ou perecimento, em consequência de má administração.[37]

O usufrutuário é obrigado a conservar os bens à sua custa (*salva rerum substantia*, da definição romana), mas não responde pelas deteriorações resultantes do seu exercício regular, nem pelas reparações extraordinárias ou que excederem o custo módico, as quais incumbem ao proprietário. Pagar-lhe-á o proprietário o juro do capital despendido com as despesas necessárias à conservação que realizar, ou aumentarem o rendimento da coisa usufruída. Mas ao usufrutuário competem as despesas de manutenção.[38] Para efeito da aplicação do princípio, não se consideram módicas as despesas que excederem de dois terços do rendimento líquido anual. Como critério definidor do seu comportamento em relação à coisa, entende-se que não seria razoável exigir do usufrutuário demasiados cuidados nem absolvê-lo de injustificável desleixo. Invocando o critério romano que lhe impunha tratar a coisa como um *bonus pater familias*, o direito moderno lhe reclama diligência média,[39] ou os zelos do padrão abstrato de homem de negócios leal e honesto. A conservação da coisa não se deve entender tão somente em sentido material, porém em referência a um critério econômico-social de sua "destinação" inalterável ao arbítrio do usufrutuário.[40]

Compete ao usufrutuário defender a coisa usufruída, repelir as usurpações e vias de fato de terceiros, impedir a constituição de situações jurídicas, adversas ao nu-proprietário, avisar o proprietário das pretensões de terceiros, exercer o que seja mister para que não pereçam as servidões ativas, obstar que se criem servidões

---

35 Marty e Raynaud, ob. cit., n° 69.
36 Enneccerus, Kipp e Wolff, ob. cit., § 117.
37 Clóvis Beviláqua, ob. cit., § 80.
38 Planiol, Ripert e Boulanger, *Traité Élémentaire*, vol. I, n° 3.575.
39 Lafayette, loc. cit.; Ruggiero e Maroi, loc. cit.; Marty e Raynaud, ob. cit., n° 76; De Page, n° 330; Planiol, Ripert e Boulanger, ob. cit., n° 3.567.
40 De Page, ob. cit., n° 352; Trabucchi, n° 201; Mazeaud, n° 1.680.

passivas, abster-se de tudo que possa danificar a coisa, diminuir-lhe o valor, ou restringir as faculdades residuais do proprietário.[41]

Ao usufrutuário cabe *pagar os encargos* que pesam sobre a coisa usufruída, tais como impostos, taxas, foros, pensões, despesas de condomínio, prêmios de seguro. O prêmio deste, durante o usufruto, incumbe ao usufrutuário, mas o direito contra o segurador cabe ao proprietário, ficando o valor da indenização sujeito ao ônus do usufruto. Ocorrendo o sinistro, sem culpa do proprietário, não será obrigado a reconstruir o prédio. O usufruto não se restabelece, caso o proprietário o reedifique à sua custa; restaura-se, porém, se for reconstruído com a indenização do seguro. Não pode, todavia, responder pelas dívidas, salvo no usufruto a título universal.[42]

Sub-rogação análoga à do valor segurado tem lugar com a desapropriação ou outro qualquer ressarcimento havido de terceiro, convencido de responsabilidade por perda ou deterioração da coisa.

343. EXTINÇÃO DO USUFRUTO

Seguindo a orientação legal (Código Civil, art. 1.410) e tendo em vista as considerações de ordem doutrinária, mencionamos aqui os diversos casos de extinção do usufruto:

A) *Pela morte do usufrutuário.* Destinando-se o usufruto a beneficiá-lo em caráter personalíssimo, conforme vimos no desenvolvimento anterior da matéria, cessa com o falecimento do seu titular. Esta causa extintiva aplica-se ao usufruto vitalício, cujo término é condicionado à sua ocorrência, como ainda usufruto temporário, deixando de vigorar com o desaparecimento da pessoa favorecida, de quem é uma servidão pessoal.

Sendo dois ou mais os usufrutuários, extingue-se em relação aos que faleceram, subsistindo *pro parte* em proporção aos sobreviventes (art. 1.411). Mas se o título estabelece a sua indivisibilidade, ou expressamente estipula o direito de acrescer entre os usufrutuários, subsiste íntegro a irredutível até que todos venham a falecer.

Se for o usufrutuário pessoa jurídica, não há falar em morte, mas na sua extinção. Perdurando, entretanto, indefinidamente, quer o legislador que o usufruto tenha um termo, para que se não desfigure como direito real perpétuo (*enfiteuse*). Então *institui* a cessação dele aos trinta anos da data em que teve começo o seu exercício (art. 1.410, III). Expira, todavia, com a extinção da pessoa jurídica usufrutuária, como no caso da supressão de um estabelecimento público[43] da dissolução da sociedade, cessação da fundação, ou mais precisamente com a sua liquidação.[44]

---

41   Lafayette, ob. cit., § 104.
42   Marty e Raynaud, ob. cit., nº 77.
43   Planiol, Ripert e Boulanger, ob. cit., nº 3.615.
44   Enneccerus, Kipp e Wolff, ob. cit., § 118.

B) *Pelo termo de sua duração.* Instituído a prazo certo, cessa com o seu escoamento, salvo falecendo o usufrutuário antes de vencido, pois termina então com a morte. Não há sucessão em usufruto, ainda que estabelecido por tempo determinado.

C) *Pelo implemento de condição resolutiva,* que lhe seja adjecta.

D) *Pela cessação do motivo.* Quando o usufruto é constituído em razão de um motivo determinado (pio, moral, científico, artístico, pedagógico) extingue-se uma vez se comprove a sua cessação. Não há cogitar da pessoa física ou jurídica, nem do tempo de duração. Vincula-se o direito real à sua motivação externa, e termina com esta. Mas para que ocorra, é mister resulte inequívoca.

E) *Pela destruição da coisa, não sendo fungível.* Perecendo o bem frutuário desaparece a sua utilização, e consequentemente a relação jurídica. Não sendo total a perda, poderá subsistir o usufruto, se a parte restante puder suportá-lo, ainda que reduzido. Mas a perda parcial implica a extinção, se lhe seguir a esterilidade da coisa, deixando de ser frugífera. Equiparável à destruição é a mudança que sofre a coisa, a tal ponto que se torne imprestável ao fim a que se destina.[45]

Ocorrendo a desapropriação da coisa usufruída, entendem alguns que o preço deve ser entregue ao usufrutuário para que frua os rendimentos pelo tempo do seu direito, sujeito todavia a dar ao nu-proprietário caução que lhe garanta a restituição.[46]

Em se tratando de bem segurado, já vimos que será a sub-rogação do direito no valor da indenização, como também se esta for paga por terceiro, responsável pelo perecimento (n° 342, *supra*).

Ocorrendo transformação da coisa frutuária em vez de perecimento, divergem as soluções legislativas. A doutrina a nosso ver mais exata é a que se aproxima do Direito Romano, onde a *mutatio rei* extinguia o usufruto: *Rei mutatione interire usufructum placet* (*Digesto*, Liv. 7, Tít. 4, fr. 5, § 2°). Transformada a coisa por caso fortuito ou de força maior, não mais subsiste com a sua individuação própria, e, assim, cessa o usufruto. Vindo a transformação de ato do proprietário, cabe-lhe repô-la no *statu quo ante*, ou, não sendo possível, indenizar o usufrutuário.

F) *Pela consolidação,* quando, na mesma pessoa, se reúnem as condições de usufrutuário e nu-proprietário, como no caso de adquirir ele a propriedade da coisa frutuária, por ato entre vivos ou *causa mortis*: *finitur usus fructus... si fructuaris proprietatem rei adquisierit, quae res consolidatio appelatur* (*Institutas*, Liv. III, Tít. IV, § 3°).

G) *Por culpa do usufrutuário,* quando aliena, deteriora ou deixa arruinar os bens, não lhes acudindo com os reparos de conservação, ou *abuso de fruição*, com a percepção imoderada de frutos. Falta, nestes casos, ao seu dever, e com isto legitima o nu-proprietário para a ação de extinção do usufruto (Código de Processo Civil de 2015, art. 725, VI). O princípio de direito civil se faz acompanhar da norma processual, pois que esta causa extintiva não opera *pleno iure*, mas ao revés

---

45 Lafayette, ob. cit., § 109.
46 Planiol, Ripert e Boulanger, ob. cit., n° 3.619.

requer declaração judicial.[47] Nesta linha, o Código Civil de 2002 explicitou que, no usufruto de títulos de crédito (impróprio), cobrado o título, o usufrutuário tem de converter o produto na forma prevista no parágrafo único do art. 1.395. Não o fazendo, extingue-se o usufruto.

H) *Pela renúncia.* O Código Civil de 2002 incluiu, no rol das causas extintivas, a renúncia, hipótese que a prática dos negócios, muitas vezes, suscita. Trata-se de um direito patrimonial de ordem privada, e, como tal, suscetível de renúncia, que muito frequentemente se dá no momento em que usufrutuário e nu-proprietário alienam o bem frugífero. A renúncia pode ser gratuita e extinguir simplesmente o usufruto; ou onerosa sob a forma de venda. Em qualquer caso seus pressupostos essenciais são a capacidade do usufrutuário e a disponibilidade do direito. Sendo gratuita, suporta como a doação o rigor da velha parêmia *nemo liberalis nisi liberatus*, o que significa venha a anular-se por fraude se com ela o renunciante prejudica os seus credores. Admite-se a *renúncia tácita*, se resulta inequívoca da conduta do usufrutuário. Mas não pode ser presumida.[48]

I) Pela resolução do domínio de quem o constituiu: o *resoluto iure concedentis, resolvitur ius concessum.*

A ideia de sua extinção está ligada à questão da *sucessividade* do usufruto que é proibida: não pode estar, pois, subordinado à cláusula que estabeleça a transmissão do usufruto a outro usufrutuário, seja por morte, a termo ou sob condição. Nada impede, entretanto, que sejam no mesmo título instituídos diversos usufrutuários (*usufruto simultâneo*) e estabelecido entre eles *direito de acrescer*, por tal arte que somente se extingue com a morte de todos.[49] Em alguns autores encontra-se a defesa do usufruto sucessivo, mas com a ressalva de não ser admissível que por morte do usufrutuário passe aos sucessores.[50] O que admitem sob a denominação de sucessivo é o *simultâneo*, mas que na sua execução se apresenta como *progressivo*: este é lícito, *sub conditione* da existência atual dos favorecidos, e de que sejam instituídos na qualidade de usufrutuários, cabendo a todos os direitos, cujo *exercício* todavia se atribuirá a um depois de outro.[51] O que não se aceita é o *usufruto sucessivo* em sentido exato, porque, sendo um direito limitado à duração da vida do usufrutuário, renasceria após a sua morte na pessoa de um outro usufrutuário; e isto é injurídico.[52]

Extinguindo-se o usufruto, cessam as prerrogativas da administração; devolve-se ao nu-proprietário o uso e fruição da coisa; restitui-se-lhe a posse do bem frugífero com a consequente atribuição de frutos pendentes; ao nu-proprietário

---

47   Trabucchi, *Istituzioni*, nº 205; M. I. Carvalho de Mendonça, *Do Usufruto*, nº 131; Espínola, *Direitos Reais*, pág. 267; Planiol e Ripert, *Traité Pratique*, vol. III, nº 869; Marty e Raynaud, *Droit Civil*, vol. II, nº 81; Planiol, Ripert e Boulanger, *Traité Élémentaire*, vol. I, nº 3.630.

48   Marty e Raynaud, ob. cit., nº 81.

49   Washington de Barros Monteiro, *Direito das Coisas*, pág. 283.

50   Espínola, *Direitos Reais*, pág. 193; Trabucchi, ob. cit., nº 201.

51   Planiol e Ripert, *Traité Pratique*, vol. III, nº 767.

52   De Page, ob. cit., nº 226.

cabe ação reivindicatória da coisa; e contas devem ser prestadas, a ver a quem compete o saldo apurado.[53]

344. USO E HABITAÇÃO

Mais acentuado ainda do que no usufruto é o caráter personalíssimo dos direitos reais de uso e habitação, que se constituem para assegurar ao favorecido a utilização imediata da própria coisa (uso) ou a sua destinação específica à moradia dele (habitação). Por isso acentua-se a incessibilidade assim do direito quanto do seu exercício.[54] É sob tal inspiração que se desenvolvem os princípios respectivos, com remissão da dogmática do usufruto, no que lhe não contrarie a natureza especial. A mesma distinção feita por Hedemann entre *substância* e *proveito* (v. nº 340, *supra*) autoriza conceituar os direitos de uso e habitação: o proprietário conserva a substância, transferindo a outrem o proveito ou utilização da coisa.

Uso. O usuário usará da coisa e perceberá os seus frutos, quando o exigirem as necessidades pessoais suas e de sua família (art. 1.412). No que diz respeito às necessidades pessoais, deve-se ter em consideração a condição social do usuário, bem como o lugar onde vive. Em verdade, o direito real de uso não se diferencia substancialmente do usufruto, distinguindo-se dele pela intensidade ou profundidade do direito: enquanto o usufrutuário aufere toda a fruição da coisa, ao usuário não é concedida senão a utilização reduzida aos limites das necessidades.[55] Isto leva os autores a dizer que o uso e a habitação constituem um *usufruto limitado*[56] ou *diminutivos do usufruto*,[57] ou ainda que são um usufruto em miniatura.[58]

Para efeito desse direito, as necessidades da família do usuário compreendem as de cônjuge ou companheiro, dos filhos solteiros, incluídos obviamente os adotivos, e das pessoas de seu serviço doméstico.

A Medida Provisória nº 2.220/2001 previa algumas hipóteses de uso especial para fins de *moradia individual, coletiva* e até mesmo *comercial*. Embora semelhante ao regime dispensado pelo Código Civil e pelo Estatuto da Cidade à usucapião especial, e, ainda, previsto no § 1º do art. 183, a aquisição desse uso com ela não se confundia, pois se tratava de direito real autônomo. Ademais, alguns critérios de aquisição o diferenciavam, inclusive do direito real de uso e do de uso especial para moradia previstos na Lei nº 10.257/2001, art. 4º, V, "g" e "h", e § 2º c/c art. 48. O principal era o prazo, que, conforme os arts. 1º, 2º e 9º da MP, limitava-se ao exer-

---

53 Planiol, Ripert e Boulanger, ob. cit., nº 3.642; Mazeaud e Mazeaud, ob. cit., nº 1.683; De Page, ob. cit., nº 453.
54 Ruggiero e Maroi, *Istituzioni*, vol. I, § 120.
55 Lafayette, ob. cit., § 112.
56 Trabucchi, *Istituzioni*, nº 206.
57 Marty e Raynaud, ob. cit., nº 92.
58 De Page, ob. cit., nº 481.

cício da posse ininterrupta por cinco anos até o dia 30 de junho de 2001. O outro diferencial era a possibilidade de se constituir esse direito com finalidade comercial, que não se confundia com o uso industrial previsto no Decreto-lei nº 271/1967, art. 7º, com sua redação conferida pela Lei nº 11.481/2007. Com a entrada em vigor da Lei nº 13.465/2017, os referidos arts. 1º, 2º e 9º da MP nº 2.220/2001 tiveram sua redação alterada para tão somente abrir nova oportunidade de obtenção da concessão até 22 de dezembro de 2016.

Habitação. O titular desse direito pode usar a casa para si, residindo nela, mas não alugá-la nem emprestá-la. E se for conferido a mais de uma pessoa, qualquer delas que a ocupar estará no exercício de direito próprio, nada devendo às demais a título de aluguel. Como são iguais os direitos, a nenhum será lícito impedir o exercício do outro ou dos outros.

A situação especial do direito de habitação, que, como direito real, se não confunde com a utilização pessoal da coisa (locação, comodato), sugere a formulação de certas questões, que se respondem à luz dos princípios. A primeira, atinente à conservação do prédio, que incumbe obviamente ao titular do direito de habitação, desdobra-se em outra, a saber, se tem o devedor de reedificá-lo em caso de perecimento inculpado. E a resposta será negativa.[59] A destruição fortuita da coisa será motivo de resolver-se o direito, mas não gera o dever de reconstruir, por parte de quem tem a sua utilização. Se o título lhe impuser a realização de seguro, esta contribuição é obrigatória, devendo o valor segurado empregar-se na reedificação.

A Lei nº 4.121, de 27 de agosto de 1962, criou o direito de habitação em favor do cônjuge sobrevivente, enquanto permanecer em estado de viuvez, desde que o imóvel da família seja o único residencial a inventariar (cf. nº 395, *infra*, vol. V).

A Lei nº 9.278, de 10.05.96, dispondo sobre a união estável, diz que a sua dissolução, por morte de um dos conviventes, dá ao sobrevivente o direito real de habitação (art. 7º, parágrafo único).

Cessando a habitação pelo advento do termo ou implemento da condição, far-se-á restituição do prédio ao proprietário ou seus herdeiros, no estado de conservação convencionado, ou, em falta de estipulação, naquele em que foi recebido, salvo deterioração derivada do uso regular.

Os direitos de uso e habitação que entraram em desuso não foram disciplinados com autonomia no Projeto de Código Civil de 1965, mas foram restabelecidos no novo Código, com as características do de 1916, cujas disposições substancialmente reproduziu.

---

59   Hedemann, *Derechos Reales*, § 39.

Capítulo LXXVII
RENDA CONSTITUÍDA SOBRE IMÓVEL

Bibliografia

Clóvis Beviláqua, *Direito das Coisas*, vol. I, §§ 86 e segs.; Ruggiero e Maroi, *Istituzioni*, vol. II, 196 e segs.; Washington de Barros Monteiro, *Direito das Coisas*, pág. 289; Eduardo Espínola, *Direitos Reais Limitados e Direitos Reais de Garantia*, págs. 289 e segs.; Trabucchi, *Istituzioni*, nº 348; Orlando Gomes, *Direitos Reais*, nos 248 e segs.; J. W. Hedemann, *Derechos Reales*, págs. 465; Enneccerus, Kipp e Wolff, *Tratado, Derecho de Cosas*, vol. II, § 127.

345. Renda vinculada a imóvel

O Direito Civil cogitava duas vezes da constituição de renda. Como contrato, e neste caso tinha em vista qualquer renda. E como direito real, quando vinculada a um imóvel. Hoje, somente cogita do contrato de constituição de renda, regulado pelo Código de 2002 entre os arts. 803 e 813, que já foi objeto de estudo no lugar próprio, entre figuras contratuais típicas, e ocupou a nossa atenção nas suas generalidades, como nos seus efeitos e extinção (v. nos 267 e 268, *supra*, vol. III). Agora ao assunto retornamos, cuidando tão somente do *direito real de renda constituída sobre imóvel*, oportunidade em que nos reportamos ao estudo anterior, sem nos determos sobre o que já antes expusemos. Por ter caído em desuso, o Anteprojeto de 1972/73 já não cogitou da constituição de renda como direito real (art. 1.405), ainda quando vinculada a imóvel. A supressão subsistiu no Código Civil de 2002. Optamos, porém, por manter o capítulo relativo ao instituto por razões doutrinárias e em atenção ao fato de que os direitos reais de rendas constituídas sobre imóvel sob a égide do Código Civil de 1916 continuam por este disciplinadas, em situação análoga à da enfiteuse.

Pela constituição de renda como direito real, *uma pessoa entrega um imóvel a outra, com o encargo de lhe fornecer ou a terceiro uma renda periódica*. O que caracteriza a natureza real do direito é a vinculação ao imóvel. Se outro for o bem entregue (dinheiro, títulos de crédito, efeitos móveis de qualquer espécie) a renda se constitui validamente, e a relação jurídica será pessoal e não real, isto é, o direito daí oriundo é de crédito. Mas, constituído o *direito real*, reveste-se do atributo da sequela. Conseguintemente, o adquirente do imóvel está sujeito ao pagamento da renda independentemente de a isto comprometer-se.[1] Estará obrigado, mesmo que o título aquisitivo o dispense, enquanto não cancelado o registro.

Não influi na caracterização do direito a modalidade do instrumento gerador da tradição do imóvel: pode ser um contrato especificamente a isto destinado (contrato de constituição de renda) ou cláusula adjecta a outro contrato (e.g., doação com encargo) ou disposição de última vontade (cláusula testamentária). O que se determina, como elemento essencial, é a vinculação a imóvel. Daí a necessidade de inscrição no registro respectivo, mesmo quando instituída por testamento, pois neste caso produz os seus efeitos desde a morte do testador, mas não vale contra terceiros adquirentes enquanto não houver a inscrição (Código Civil de 1916, art. 753).

Embora se estipule a renda normalmente em dinheiro, nada impede o seja em espécie.[2]

Integra-se, como todo ônus real, do direito de *sequela*. Assim, em caso de alienação do prédio, ainda que a diversos sucessores, acompanha-o onde quer que se encontre, gravando-o em todas as suas partes (Código Civil de 1916, art. 754). E sendo

1 Espínola, *Direitos Reais*, pág. 292.
2 Enneccerus, Kipp e Wolff, *Tratado, Derecho de Cosas*, § 127.

indivisível o direito do credor da renda, cada um dos adquirentes estará sujeito a prestá-la por inteiro, sem benefício da divisão.[3]

É lícito aos interessados modificar o encargo por um novo negócio jurídico,[4] com as formalidades do primeiro, procedendo-se à averbação no registro imobiliário.

A constituição de renda pode ser gratuita ou onerosa: o imóvel pode ser, pois, entregue *donationis causa* e neste caso a renda é um encargo imposto ao donatário; ou *venditionis causa*, e então a renda periódica erige-se em contraprestação a que o adquirente se obriga. A distinção tem importância para o caso de inadimplemento: revogação por descumprimento do encargo ou simples exigência de seu implemento no primeiro caso, como consequência do descumprimento por parte do donatário (v. nº 235, *supra*, vol. III) ou *resolução* com perdas e danos no segundo (v. nº 214, *supra*, vol. III).

A renda não pode ser constituída perpetuamente. Sua *temporariedade*, porém, não significa que somente valha por prazo determinado. Este é um aspecto apenas, e quando o assume, cessa no termo estipulado. Pode ser constituída pela vida do favorecido, e se extinguirá com ela. Mas, se vier a falecer dentro nos trinta dias subsequentes à celebração do contrato, de moléstia de que fosse portador anteriormente, é nula. Constituída a termo, subsiste a obrigação para com seus herdeiros, por todo o tempo do contrato, se o beneficiário vem a falecer no decurso do prazo ajustado, salvo cláusula em contrário.

Na relação jurídica da constituição de renda, sujeito ativo ou beneficiário pode ser o próprio instituidor ou um terceiro, por ele designado. Mas não passa aos sucessores por causa da morte, quando constituída pela vida do credor. Sujeito passivo ou devedor da renda é o adquirente do imóvel, e, eventualmente qualquer pessoa que o receba, pois, enquanto não cessar, o ônus real é um gravame que o acompanha. Esta obrigação estende-se às rendas vencidas antes da alienação, sem direito regressivo do adquirente contra o alienante (Código Civil de 1916, art. 750).

O ônus real da renda transfere-se para o valor da indenização por desapropriação ou seguro, a qual se destinará à constituição de outra renda (sub-rogação).

Ao devedor da renda é lícito resgatar o imóvel gravado (remissão de renda), pagando ao beneficiário um capital em espécie, que lhe assegure um rendimento equivalente à taxa dos juros legais de 6% ao ano (Código Civil de 1916, art. 751). Mas o direito de resgate, não sendo de ordem pública, pode ser derrogado no ato constitutivo da renda (contrato ou testamento), e, nesse caso, o credor pode recusá--lo. Pode igualmente ser renunciado. Como pode, ainda, pactuar-se não ocorra a remissão antes de certo tempo.[5]

O crédito pela renda é preferencial no caso de falência ou execução do prédio gravado, assistindo ao titular privilégio em relação a outros credores para haver o capital gerador do equivalente da renda, aos juros legais (Código Civil de 1916, art. 752).

---

3   Clóvis Beviláqua, *Direito das Coisas*, vol. I, § 87.
4   Enneccerus, Kipp e Wolff, loc. cit.
5   Hedemann, *Derechos Reales*, pág. 466.

Problema que se apresenta, e de grande relevância em época de inflação, é assentar que a renda não será obrigatoriamente determinada em cifra numérica. Pode ser estipulada em termos de indexação (renda fixada, por exemplo, em relação ao salário mínimo), e sujeita a reajustamento periódico. É lícita a estipulação, especialmente tendo em vista que o prédio gravado, como valor estável que é, recebe permanente atualização de preço em confronto com o aviltamento da moeda.

Se o devedor não pagar a renda, pode o beneficiário executar o imóvel gravado: do preço da arrematação fará deduzir quantia que, aos juros de 6% ao ano, lhe assegure rendimento equivalente, devendo atribuir-se o remanescente ao devedor da renda, ou sofrer concurso de preferência instaurado pelos seus credores.[6]

O direito real de renda pode extinguir-se, além da hipótese de remissão acima examinada, pela prescrição extintiva, se a inércia do credor se prolongar pelo tempo em que prescrevem as ações reais.

---

6   Clóvis Beviláqua, *loc. cit.*

CAPÍTULO LXXVIII
DIREITOS REAIS DE GARANTIA EM GERAL

Sumário

346. Noções gerais: garantia pessoal e real. Requisitos. **347.** Efeitos: Privilégio. Excussão. Indivisibilidade. **348.** Cláusula comissória. **349.** Vencimento: normal e antecipado.

Bibliografia

Lacerda de Almeida, *Direitos das Coisas*, § 108; Eduardo Espínola, *Direitos Reais Limitados e Direitos Reais de Garantia*, págs. 299 e segs.; Enneccerus, Kipp e Wolff, *Tratado, Derecho de Cosas*, vol. II, §§ 129 e segs.; Clóvis Beviláqua, *Direito das Coisas*, vol. II, §§ 89 e segs.; Lafayette, *Direito das Coisas*, §§ 159 e segs.; Washington de Barros Monteiro, *Direito das Coisas*, págs. 297 e segs.; Trabucchi, *Istituzioni*, nº 269; Ruggiero e Maroi, *Istituzioni*, vol. II, § 197; Orlando Gomes, *Direitos Reais*, nᵒˢ 269 e segs.; De Page, *Traité*, vol. VI, nᵒˢ 1.003 e segs.; Mazeaud e Mazeaud, *Leçons de Droit Civil*, vol. III, nº 54; Carlos Edison do Rêgo Monteiro Filho, *Pacto comissório e pacto marciano no sistema brasileiro de garantias*.

346. Noções gerais: garantia pessoal e real. Requisitos

L igada à ideia de *patrimônio* (desenvolvida no n° 67, *supra*, volume I) está a noção de *garantia*. O patrimônio da pessoa responde pelas suas obrigações. A noção é singela e exata. Pelos débitos, assumidos voluntariamente ou decorrentes da força da lei, respondem os bens do devedor, tomado o vocábulo "bens" em sentido genérico, abrangentes de todos os valores ativos de que seja titular.

Este princípio é, contudo, uma conquista da civilização. Nas sociedades primitivas, respondia o devedor com a sua pessoa.[1] Não somente nos povos primitivos. Mesmo aqueles que atingiram grau maior de cultura jurídica assim entendiam. Mesmo em Roma, ao tempo em que pela primeira vez codificou o seu direito, fixando-o na Lei das XII Tábuas, assim se dispunha na Tábua III: *Tertiis nundinis partis secanto. Si plus minuesve secuerunti, se fraude esto.*[2] Vale dizer que o devedor respondia com o próprio corpo, sobre o que incidia o poder do credor. E tão longe se levava o princípio, que sobre o devedor insolvente se instaurava uma espécie de concurso creditório macabro, transportando-o além do Tibre, onde se lhe tirava a vida repartindo-se o cadáver. Se na verdade tal espostejamento se efetivava, não sabemos. Mas é certo que se podia fazer. Foi somente no ano 326 a.C., com a *Lex Poetelia Papiria*, que se aboliu a execução contra a pessoa do devedor, instituindo-se a responsabilidade sobre seus bens (*pecuniae creditae bona debitoris, non corpus obnoxium esse*) se a dívida não procedia de delito.[3]

A execução sobre os bens do devedor constitui, pois, *garantia* para o credor. Diz-se que é a *garantia geral* ou *garantia comum*, que se efetiva mediante os meios técnicos (penhora, sequestro, arresto), pelos quais, em face da inexecução da obrigação, se vende um bem do devedor, e com o preço obtido encontra o *reus credendi* a satisfação que espontaneamente lhe faltara. Em caso de insolvência, rateia-se o produto da alienação na proporção dos créditos.

Atendendo à natureza especial de certas obrigações, a lei confere *privilégio ao credor*, com a faculdade de receber prioritariamente. E distribui os créditos assim favorecidos segundo critérios que estabelecer, com privilégio especial e geral (custas judiciais, impostos e taxas devidos à Fazenda Pública, salários e indenizações trabalhistas, indenizações por acidentes no trabalho etc.).

A par dos privilégios nascidos do mandamento legal, admite-se, por força de convenção, que a dívida se revista de segurança especial. A esta segurança dá-se o nome de *garantia*, no sentido de que proporciona ao credor condições privilegiadas de recebimento.

A garantia pode ser de duas espécies: *a) pessoal* ou *fidejussória*, consistindo em que uma pessoa estranha à relação obrigatória principal se responsabilize pela

---

1   Dareste, *Nouvelles Études d'Histoire du Droit*, vol. II, pág. 14.
2   Cf., o texto em Girard, *Textes de Droit Romain*, pág. 13.
3   Arangio Ruiz, *Historia del Derecho Romano*, pág. 165; Emilio Betti, *Diritto Romano*, pág. 482; Lepointe e Monier, *Les Obligations en Droit Romain*, pág. 79.

solução da dívida, caso o devedor deixe de cumprir a obrigação. Desta espécie é a *fiança* ou o *aval* (v. nº 271, *supra*, vol. III); *b) real,* mais eficaz do que as garantias pessoais, quando se vincula ao pagamento um determinado bem do devedor, o que se concretiza com a afetação de um ou vários bens ao pagamento do credor.[4] É a este assunto que nos dedicamos agora, assentando desde logo que o nosso direito positivo atual identifica três figuras de garantia real: o *penhor, a hipoteca* e a *anticrese.* Notamos, contudo, certa tendência à supressão desta última, pela pouca utilização na vida negocial, como fez o Código Italiano de 1942, seguindo-lhe o exemplo o Projeto de Código Civil Brasileiro de 1965 (Orosimbo Nonato, Orlando Gomes e Caio Mário). Em contrapartida, desenvolveu-se modernamente entre nós a *alienação fiduciária,* a que já nos referimos no nº 257-A, *supra* (vol. III), e que no nosso direito, como em outros sistemas,[5] retoma a sua função romana de garantia real. Em Capítulo seguinte ao da anticrese (nºs 364-A e segs.) tratamos em especial da *alienação fiduciária em garantia.* O Projeto de 1975, convertido no Código Civil de 2002, mantém a anticrese.

No presente Capítulo, daremos as noções gerais da garantia real, atinentes às figuras todas, e nos seguintes cogitaremos em particular de cada uma delas. Abrangemo-las num conjunto, tendo em vista a existência de normas que são comuns a todos os direitos de garantia. Uma razão histórica, ainda, aconselha essa aproximação. Foi a origem comum e consequente comunidade dogmática, em torno da noção primária do *penhor*, o que levou Lafayette e Lacerda de Almeida a designá-los sob a epígrafe genérica de *direitos pignoratícios.*[6]

Na verdade, historicamente o conceito de garantia real era uno, e ao lado do *pignus* e da *hypotheca* inscrevia-se a *fiducia*, que a ambas precedeu, consistindo na alienação da coisa ao credor, como o pacto de remancipação, isto é, recompra pela restituição ao devedor com a extinção da obrigação.[7] Aliás, *in principio*, a garantia real somente se compreendia com a alienação do objeto, somente vindo a nascer o conceito técnico de *direito real de garantia* quando se passou a admitir sem transmissão do domínio.[8]

A noção básica dos *direitos reais de garantia* ainda é mais simples do que a dos de gozo ou fruição, pois tão somente revela a vinculação de certo bem do devedor ao pagamento da dívida, sem conferir ao credor a fruição da coisa em si; e se em alguns casos retém o credor o objeto em seu poder, apura-se todavia que ou não tem a faculdade de usar a coisa e auferir a sua renda (penhor), ou o rendimento dela é destinado especificamente à liquidação da obrigação garantida (anticrese). Diferem ainda os direitos reais de garantia dos outros de gozo ou fruição, em que estes últimos têm existência autônoma, enquanto que os de garantia são sempre *acessórios* do

---

4   Mazeaud e Mazeaud, *Leçons*, vol. III, nº 54.
5   Hedemann, *Derechos Reales*, pág. 525.
6   Lafayette, *Direito das Coisas*, § 61, nota 12; Lacerda de Almeida, *Direito das Coisas*, § 108.
7   Dernburg, *Pandette*, vol. I, parte 2ª, § 263.
8   Enneccerus, Kipp e Wolff, *Tratado, Derecho de Cosas*, § 129.

direito a que visam assegurar.[9] Sob outro aspecto, diz-se que a diferenciação reside no conteúdo (Orlando Gomes): enquanto nos direitos reais de gozo, o titular tem o poder de usar e fruir a coisa diretamente, nos de garantia não ocorrem restrições à sua utilização pelo proprietário, que apenas adquire a faculdade de obter a satisfação da obrigação assegurada, através do preço dela ou de sua renda. Os primeiros oferecem ao titular o uso contínuo da coisa, os segundos a eventual disposição dela para pagamento da dívida.[10]

Assegurada a dívida por uma garantia real, o credor tem a faculdade de receber prioritariamente, ou se acha munido de um *privilégio*, o que desenvolveremos ao tratar deste (v. nº 347, *infra*). Não exerce direito sobre a coisa alheia, mas tem preferência sobre o preço apurado na sua venda judicial.[11] Daí dizer-se que, na essência, a garantia real consiste na *realização do valor da coisa*, isto é, em obter certa soma de dinheiro, mediante sua alienação.[12]

Requisitos: A validade da garantia real está subordinada a requisitos de natureza subjetiva, objetiva e formal, que em seguida deduziremos.

A) *Requisito subjetivo*

Importando a constituição da garantia real em começo de disposição, pois que o bem já é destacado do patrimônio do devedor para assegurar a *solutio*, a lei requer, afora a capacidade genérica para os atos da vida civil, a especial para alienar. Particularizando, diz-se então que somente o proprietário pode dar bens em garantia real. Cumpre, entretanto, ressalvar que não basta ser proprietário, mas é mister que, além do domínio, tenha ainda a livre disposição da coisa.[13] Nesta ordem de ideias, salienta-se que os bens de menor sob poder familiar exigem prévia autorização judicial para serem dados em garantia real (Código Civil, art. 1.691); que os imóveis pertencentes a menor sob tutela jamais poderão ser hipotecados, pois é *conditio legis* de sua alienação a hasta pública e esta é incompatível com a hipoteca (Clóvis Beviláqua); que os bens pertencentes a curatelados não podem ser hipotecados (salvo o caso dos pródigos, art. 1.782 do Código Civil). Não obstante opiniões em contrário,[14] a jurisprudência assentou-se no sentido da opinião aqui esposada, que se ampara aliás em boas autoridades.[15]

Exceto no regime da separação absoluta, a outorga do outro cônjuge é indispensável à constituição de qualquer ônus real sobre imóvel, e, pois, à instituição das garantias de hipoteca e anticrese.

Condomínio. Encontra aqui lugar o debate a respeito da garantia real sobre imóvel em estado de indivisão. O princípio fundamental vem expresso no Código

---

9   Ruggiero e Maroi, *Istituzioni di Diritto Privato*, vol. II, § 197; Lafayette, *Direito das Coisas*, § 175.
10 Orlando Gomes, *Direitos Reais*, nº 271.
11 Cunha Gonçalves, *Princípios de Direito Civil*, vol. I, pág. 293; Orlando Gomes, *Direitos Reais*, nº 271.
12 Enneccerus, Kipp e Wolff, ob. cit., § 131.
13 Lafayette, ob. cit., § 162.
14 Azevedo Marques, *Hipotecas*, nº 11; Affonso Fraga, *Direitos Reais de Garantia*, nº 35.
15 Clóvis Beviláqua, ob. cit., § 91.

Civil (art. 1.420, § 2º), que a autoriza sobre a sua totalidade desde que traga o assentimento de todos os condôminos; mas, quanto à parte de cada um, pode este gravá-la se a coisa é divisível. Se a coisa for indivisível, descabe a garantia real *pro parte*. A razão está em que os direitos dos comunheiros traduzem uma quota ideal e não uma parte real da coisa, e, desta sorte, torna-se inviável a especialização da hipoteca sobre quinhão indeterminado.[16]

Em referência ao condomínio especial dos edifícios coletivos ou propriedade horizontal, já o Decreto nº 5.481, de 25 de junho de 1928, expressamente admitia a constituição de hipoteca e anticrese, sem as restrições advindas do art. 4º, § 8º, do Decreto nº 169, de 19 de janeiro de 1980, o que nos levou a afirmar a liceidade da garantia real sobre o apartamento e respectiva fração ideal, independentemente da anuência dos demais consortes, por exceção à regra proibitiva do art. 757 do Código Civil de 1916 (reproduzida, em essência, pelo art. 1.420, § 2º, do Código Civil).[17] Com o advento do regime do condomínio em norma específica, explicitamente a Lei nº 4.591, de 16 de dezembro de 1964, alude à matéria (art. 4º) para autorizar a alienação, a transferência de direitos pertinentes à sua aquisição, como a constituição de direitos reais, sem a necessidade do assentimento dos demais comproprietários. E a razão está em que na propriedade horizontal cada unidade é tratada como se fosse um prédio autônomo e francamente alienável. Embora a lei especial se lhe não refira por expresso, entendemos ainda que é possível a hipoteca sobre o apartamento a construir, gravando desde logo a fração ideal do terreno, e abrangendo a construção na medida em que emerge da fase de mera expectativa e se converte em realidade material.[18] A argumentação fundada na necessidade de especialização da hipoteca não tem procedência, porque a descrição da unidade opera como uma especialização antecipada.

No tocante às *pessoas jurídicas*, a constituição de garantia real sobre seus bens realiza-se por ato da diretoria, mas com aprovação do órgão deliberativo, salvo se os respectivos estatutos dispuserem diversamente. Tais atos, embora possam nivelar-se à administração ordinária, como técnica de assegurar orçamento de custeio, implicam começo de alienação, e assim devem ser tratados. A aprovação ulterior supre, entretanto, a ausência da prévia formalidade.

A constituição de hipoteca sobre bens da pessoa jurídica de direito público não vale sem autorização legislativa.

B) *Requisito objetivo*

O princípio cardeal a respeito exprime-se por dizer que só as coisas suscetíveis de alienação podem ser dadas em penhor, anticrese ou hipoteca (Código Civil, art. 1.420, *caput*). Assim preceituando, estabelece a lei que o pressuposto fático da garantia real é a disponibilidade do objeto.

---

16   Clóvis Beviláqua, loc. cit.
17   Caio Mário da Silva Pereira, *Propriedade Horizontal*, nº 67.
18   Caio Mário da Silva Pereira, *Condomínio e Incorporações*, nº 88.

A teoria da inalienabilidade já foi por nós desenvolvida (n° 77, *supra*, vol. I). Dispensando-nos de retomar o assunto, recordamos apenas as linhas estruturais por amor à harmonia da exposição. Segundo o que então dissemos, há três categorias de bens inalienáveis: por natureza, por disposição de lei e pela vontade humana. Nenhum deles pode ser dado em garantia real. Alguns não se compadecem mesmo com a ideia do gravame. Outros, especialmente os que são *extra commercium*, por ato de vontade induzem a nulidade do ato que os onerar, se contra a proibição legal forem dados em hipoteca, penhor ou anticrese.

Na linha das incompatibilidades, vem a constituição da garantia real sobre coisa alheia. Não se trata de bens que não possam ser alienados em si mesmos, mas de que não o podem ser pelo agente em razão de não lhe pertencerem como, por exemplo, o que adquiriu a *non domino*. A matéria que é velha encontrou tratamento especial em nosso direito, onde o art. 1.420, § 1°, do Código Civil dispõe que a propriedade superveniente torna eficaz as garantias reais estabelecidas por quem não era dono. Constituída, assim, por quem não é dono, mas possui a título de dono, a aquisição ulterior convalesce a garantia real ineficaz, e com efeito retro-operante à data do registro. A garantia que era *ab initio* ineficaz revigora-se, como se nunca tivesse padecido do defeito.

C) *Requisito formal*

Tendo em vista a circunstância de promover a garantia real um começo de alienação, e levada em conta a sua repercussão social, pois que destaca do patrimônio um bem que era garantia comum a todos os credores, para tornar-se em segurança de um só, a lei não se contenta em que as partes livremente convencionem a sua constituição, mas impõe a observância de dadas formalidades, sem as quais os contratos de penhor, de anticrese e de hipoteca são inválidos em relação a terceiros. Deverão mencionar:

I. O total da dívida garantida, mas, se não for determinado o *quantum*, figurará no instrumento a sua estimativa.

II. O prazo fixado para o pagamento.

III. A taxa de juros, se houver.

IV. O bem dado em garantia, com suas especificações.

A falta de individuação do objeto descaracteriza a garantia, não podendo prevalecer o privilégio se faltar a individualização precisa do bem sobre o qual incide.

Dispõe a lei que a ausência desses requisitos importa na ineficácia da garantia em atenção ao fato de que a importância econômica da garantia, como a sua caracterização jurídica, reside na sua oponibilidade *erga omnes*. Se lhe falta esta, sua eficácia restringe-se *inter partes*, o que é a negação mesma de sua natureza real, e, ao mesmo tempo, a sua inutilidade para o credor, que não poderá excluir do rateio outro concorrente, nem com ele disputar a preferência, se não comparecer com o instrumento formalizado.[19]

---

19 V., a respeito, Clóvis Beviláqua, ob. cit., § 95, contraditando com vantagem a doutrina de Affonso Fraga.

347. Efeitos: privilégio. Excussão. Indivisibilidade

Em princípio, o efeito básico das garantias reais reside, como se tem assentado, em separar do patrimônio um bem que era ali a segurança comum a todos os credores, e afetá-lo ao pagamento prioritário de determinada obrigação, constituindo sobre ele o atributo de sequela. No seu desdobramento deduzimos os efeitos considerados pelo legislador, destacadamente.

I. O primeiro é a criação de um privilégio em benefício do credor garantido, no sentido de que lhe confere um direito de *prelação* ou *preferência* no recebimento.[20] Esta noção desponta no fato de pagar-se o credor mediante a venda do bem sobre que incide, independentemente da garantia geral ou comum, e prioritariamente em relação a ela. Para que tal se dê, o credor promove a excussão da coisa, e se paga com o seu praceamento. Se houver excesso, restitui-se ao devedor, ou destina-se ao pagamento dos demais credores *pro rata*. Se ao revés for insuficiente, tem o credor o direito de buscar no patrimônio do devedor recursos para se pagar, mas sem privilégio quanto ao remanescente do crédito, pois que o devedor, até a extinção da obrigação, continua pessoalmente obrigado (Código Civil, art. 1.430). Embora pareça a alguns não equânime o princípio,[21] é o que oferece a melhor orientação prática, dispensando o credor, no ato de constituição da garantia, de levar as suas cautelas ao extremo de se munir de seguranças demasiado valiosas, asfixiando as possibilidades econômicas do devedor.[22]

Onde mais nitidamente se desenha o perfil da garantia real é na insolvência do devedor: alienados em hasta pública os seus bens, que se apura serem insuficientes para solver todas as obrigações, instaura-se concurso de credores, que receberão do acervo comum na proporção dos seus créditos. Mas neste mesmo ensejo, receberá preferencialmente o credor privilegiado, com o produto da venda do bem dado em garantia, gozando assim da faculdade de receber sem se sujeitar ao rateio.

É bem de ver que o privilégio ligado à garantia real, como qualquer outro, há de emanar da lei.[23] Se é certo que o contrato o assegura ao credor pignoratício, anticrético ou hipotecário, não menos certo é que assim se dá porque a lei atribui esse efeito à convenção.

II. O segundo é a *sequela*, que consiste, como já temos visto (nº 347, *supra*), numa característica dos direitos reais, que seguem a coisa em poder de quem quer se encontre. Transmitido o bem gravado (*inter vivos* ou *causa mortis*) continua afetado ao cumprimento da obrigação garantida. Vale dizer: incorporada a coisa ao patrimônio do adquirente, permanece objeto de garantia do débito do alienante, até a sua *solutio*.

---

20   Ruggiero e Maroi, *Istituzioni*, vol. II, § 196.
21   Affonso Fraga, ob. cit., § 57.
22   Clóvis Beviláqua, ob. cit., § 100.
23   Ruggiero e Maroi, ob. cit., loc. cit.

Estes dois atributos – preferência e sequela – têm inspirado aos processualistas, na esteira de Carnelutti, a caracterização dos direitos reais de garantia, como *institutos de direito processual*.

Não obstante a enorme autoridade do seu criador, e da boa defesa dos seguidores, continuamos sustentando que o penhor, a hipoteca e a anticrese são garantias civis, ou *institutos de direito civil*; o direito processual toma-se no momento de se efetivarem as garantias, como aliás ocorre com todo *direito de ação*, que aparece como tutela do direito civil, ao ensejo de se tornar necessário invocar o poder estatal para impor ao devedor o seu reconhecimento coativo.

III. *Excussão*. Vencida e não paga a obrigação, ao credor assiste o poder de excutir o bem dado em garantia, isto é, promover pela via judicial a sua venda em público pregão, para com o preço pagar-se preferencialmente aos outros credores. O seu primeiro requisito é, pois, o vencimento da obrigação (ver n° 349, *infra*), e vedada a *lex commissoria* (v. n° 348, *infra*) a venda se realizará em juízo.[24] Modernamente, contudo, passa-se a admitir a modalidade de excussão extrajudicial, tendência reconhecida pelo Supremo Tribunal Federal no âmbito do julgamento do RE 860.631. Mas, se o mesmo prédio for objeto de garantia real a mais de um credor, observa-se quanto às hipotecas a prioridade na inscrição. Vale dizer: o credor da segunda hipoteca tem a garantia do bem hipotecado mas goza do privilégio em segundo plano, em relação à primeira. O seu direito preferencial tem início depois de satisfeito o credor da hipoteca inscrita em primeiro lugar, embora privilegiadamente em face dos quirografários. Note-se que a lei atende à ordem das inscrições, e não à data do contrato. Considera-se prevalente a garantia que primeiro se inscreve e não a que primeiro se convenciona.

Em especial cogitamos adiante da *excussão do penhor* (n° 351) e da *execução hipotecária* (art. 359, *infra*).

IV. *Indivisibilidade*. É um dos efeitos da garantia real. Em dois sentidos se compreende.

Num primeiro, significa sua adesão ao bem por inteiro e em cada uma de suas partes: *totum in toto et qualibet parte*. Enquanto vigora, não se pode eximir a coisa do ônus, sob fundamento de excesso de garantia, nem se admite que a alienação parcial dela, sem a anuência do credor garantido, conceda exoneração ao adquirente. Em virtude ainda do mesmo princípio, os acessórios da coisa sofrem o gravame, salvo se se tratar de benfeitoria suscetível de retirada sem atentado à substância do objeto. A garantia, inseparavelmente, instaura-se na coisa, *sicut anima in corpore*, diziam os antigos: tal qual a alma no corpo.

Num segundo sentido, a indivisibilidade se manifesta na sobrevivência integral da garantia, em caso de pagamento parcial da obrigação assegurada, ainda que compreenda vários bens (art. 1.421). Duas exceções aqui se assinalam:

A) *Disposição expressa* em contrário no próprio título, que muitas vezes contém estipulação referente à liberação proporcional dos bens gravados, na medida da redução do débito. Neste caso, prevalece a exoneração por partes, independentemen-

---

24   Hedemann, *Derechos Reales*, pág. 497.

te de especificação no recibo; problema será, tão somente, esclarecer qual a parte liberada dos bens gravados, em face de obscuridade da estipulação.

B) *Quitação* parcial concedida pelo credor, liberando parte do objeto gravado; torna-se necessário esclarecer a que bens a exoneração se refere.

A indivisibilidade da garantia real, como se vê, não é da sua essência. Prevalece como uma qualidade natural,[25] e vigora por força da lei quando não afastada pela convenção em contrário. Mas somente por declaração expressa tem lugar.

Falecendo o devedor, aos sucessores não é lícito remir parcialmente o penhor ou a hipoteca na proporção dos quinhões; qualquer deles, porém, pode fazê-lo no todo, liberando o objeto, desde que integralmente satisfeito o credor.

A partir do advento da Lei nº 14.711/2023, notabilizada como Marco Legal das Garantias, inseriu-se o art. 1.487-A no Código Civil, para prever a extensividade da hipoteca à garantia de novas obrigações com o mesmo credor, desde que seja mantido o prazo final para pagamento e o valor máximo garantido. Esse recarregamento, com pequenas modificações, passou a ser viável também na alienação fiduciária em garantia (arts. 9º-A a 9º-D da Lei nº 13.476/2017).

Outra inovação da Lei nº 14.711/2023, referente à disciplina das garantias reais, diz respeito à inclusão do art. 853-A no Código Civil, passando a prever em nosso ordenamento, de modo expresso, a atuação do agente de garantia. Trata-se de novo negócio jurídico típico intitulado contrato de administração fiduciária de garantias, no âmbito do qual o agente, designado pelos credores da obrigação garantida para atuação em nome próprio e em benefício dos credores, poderá constituir garantia, levá-la a registro, geri-la e pleitear sua execução, inclusive em ações judiciais.

Pelo regramento concebido, o produto da realização da garantia constitui patrimônio separado, e não responde pelas demais dívidas e obrigações do agente (§ 5º), podendo ele também ser contratado à parte para outras finalidades específicas, tais como pesquisa de ofertas de crédito mais vantajosas entre os diversos fornecedores; auxílio nos procedimentos necessários à formalização de contratos de operações de crédito e de garantias reais; intermediação na resolução de questões relativas aos contratos de operações de crédito ou às garantias reais; dentre outros (§ 7º).

348. CLÁUSULA COMISSÓRIA

A outorga de garantia real, que apresenta seu aspecto positivo de contribuir para a abertura de crédito sobre o valor de coisa móvel ou imóvel, não oculta o seu lado negativo de propiciar maquinações usurárias contra o devedor carente de numerário, e, tal seja o comportamento do credor, asfixiá-lo. Se outras não podem ser eliminadas, uma todavia vem sendo há quase dois milênios combatida e proibida. É a chamada cláusula comissória que consiste em pactuar, no ato constitutivo da

---

25   Clóvis Beviláqua, ob. cit., § 93.

garantia real, a faculdade de apropriar-se o credor do seu objeto em caso de não ser cumprida a obrigação garantida.[26] É uma técnica opressiva do economicamente mais fraco, que no Direito Romano já encontrou a repulsa do imperador Constantino, no século IV, e que mereceu expressa condenação ao tempo da compilação do século VI, eis que pelo menos quatro passagens do Código Justiniano se lhe referem, para repelir: Código, Liv. VIII, Tít. 28, Leis 4, 7 e 14; Liv. VIII, Tít. 35, Lei 3.

Daí expandiu-se a repulsa por toda a legislação ocidental. Em nosso direito assim era vigente (Lafayette, ob. cit., § 163), como vigorou a proibição no Código Civil de 1916, e que ainda vigora no art. 1.428 do Código Civil de 2002, ao cominar a nulidade para a cláusula que autoriza o credor pignoratício, anticrético ou hipotecário a ficar com o objeto da garantia, se a dívida não for paga no vencimento. Quer dizer: o pacto comissório é proibido em todas as garantias reais. E ainda atinge a *propriedade fiduciária* (Código Civil, 1.365).

Expressas estão, pois, a proibição ao pacto comissório e, simultaneamente, a sanção da sua infringência: nulidade, insuscetível de ser sanada. Como bem se lê do preceito legal, a ineficácia atinge a cláusula mas não contamina o contrato, que prevalece nas suas demais estipulações, operando então como se a avença comissória inexistisse. Pelo fato de se não referir a disposição proibitiva apenas à inserção de cláusula comissória no próprio contrato, tem-se entendido sempre, e com razão, que fulmina igualmente a convenção ulterior, pelo mesmo fundamento moral, ou de proteção contra as imposições do mais forte.[27] É o que se diz, também, assim: é proibida a cláusula *in continenti* (no próprio instrumento), como também *ex intervallo* (em apartado).[28] A cláusula comissória é ineficaz, ainda que mascarada sob a forma de compra e venda com pacto de resgate,29 bem como de outros negócios jurídicos indiretos, como a procuração em causa própria e o *lease-back*.

Historicamente, diversos foram os fundamentos a justificar a vedação ao pacto comissório, como a inderrogabilidade do procedimento judicial de execução, a repressão à usura e a manutenção da igualdade entre credores. Deve-se reconhecer, no entanto, como fundamentação contemporânea da vedação a *violação à função de garantia*. Ou seja, a nulidade do pacto comissório decorre da síntese conclusiva entre tutela da vulnerabilidade, vedação ao enriquecimento sem causa e interesse social na não difusão da cláusula comissória.[30]

O pacto comissório, em rigor, atribui função especulativa à cautela, na medida em que o credor, por vezes, preferirá o inadimplemento da obrigação acautelada – e, por consequência, a adjudicação do bem dado em garantia – ao cumprimento da obrigação principal. Trata-se, portanto, de um desvirtuamento da função das garantias que não pode ser tolerado pelo ordenamento jurídico.

---

26 Trabucchi, *Istituzioni*, pág. 604.
27 Clóvis Beviláqua, ob. cit., § 98.
28 Trabucchi, ob. cit., n° 269.
29 Washington de Barros Monteiro, ob. cit., pág. 313.
30 Carlos Edison do Rêgo Monteiro Filho, *Pacto comissório e pacto marciano no sistema brasileiro de garantias*, Rio de Janeiro: Processo, 2017, pág. 67.

De notar-se é, contudo, não participar da natureza antissocial da cláusula comissória a *dação em pagamento* do objeto da garantia. Se é proibido e nulo o pacto que autoriza o credor a ficar com a coisa se a dívida não for paga no vencimento (cláusula comissória) é lícita a convenção pela qual o devedor, após o vencimento da obrigação, entregar em pagamento da dívida a mesma coisa ao credor que a aceita liberando-o (*datio in solutum*), pelo fato de aí a dívida extinguir-se no momento em que o credor aceita a coisa no lugar da obrigação, não mais existindo o risco de *debitoris suffocatio*. Por isso, oportuna a ressalva posta no parágrafo único do art. 1.428, ao estabelecer que "após o vencimento, poderá o devedor dar a coisa em pagamento da dívida". Evidente que sua licitude não afasta a necessidade do juízo de merecimento de tutela de cada dação em pagamento em concreto.

Nada impede, ainda, que se reconheça a validade do acordo pelo qual o credor se apropria do bem dado em garantia mediante a devolução do montante que sobejar a quantia devida. Cuida-se de estipulação que permite ao beneficiário adquirir a coisa oferecida, desde que haja a restituição ao devedor do *superfluum* existente entre o valor da dívida e o do bem. Denomina-se tal expediente como pacto marciano, que rende homenagem à solidariedade social ao afastar o risco do uso da cautela para fins especulativos e proteger o sistema de garantias de eventuais desvirtuamentos.[31]

Assim, age o pacto marciano como barreira de contenção aos abusos do credor, tutelando a vulnerabilidade do devedor. Impede, outrossim, que o credor fixe unilateralmente o valor da coisa dada em garantia, bem como que se aproprie de valor superior ao da obrigação principal. Ao prever mecanismo de apreciação do justo valor, a cláusula marciana pretende afastar a possibilidade de enriquecimento sem causa do credor, que não lucrará com o ajuste. Previnem-se, em última análise, os danos causados pelo pacto comissório, que justificam o fundamento de interesse social de não difusão desta cláusula.

349. VENCIMENTO: NORMAL E ANTECIPADO

A obrigação pela qual se constitui garantia real é acessória. Sempre acessória. Vive, assim, na dependência da obrigação principal, a que adere, seguindo-lhe a sorte: *accessorium seguitur principale*. Obviamente, corre-lhe as vicissitudes. Não subsistirá, se a outra se anula. Prorrogar-se-á com a principal. E também vence com ela, uma vez alcance seu termo a dívida garantida. Chama-se a isto vencimento *normal*.

Haverá, ainda, o que se denomina perda do benefício do termo,[32] isto é, o vencimento *antecipado* da garantia real, quando se verifica uma qualquer hipótese prevista na convenção ou na lei; e com ela vence também a obrigação.

---

31 Carlos Edison do Rêgo Monteiro Filho, *Pacto comissório e pacto marciano no sistema brasileiro de garantias*, Rio de Janeiro: Processo, 2017, pág. 118.
32 Trabucchi, loc. cit.

Com efeito, ao estipularem a garantia, as partes podem estabelecer que na ocorrência de determinado fato por elas previsto torne-se logo exigível.

Independentemente de estipulação, dar-se-á ainda o vencimento (Código Civil, art. 1.425) nos casos legais ora examinados, convindo de pronto ressalvar que não se dá os dos juros correspondentes ao prazo convencional por decorrer (Código Civil, art. 1.426). São eles:

1. Pela *deterioração ou depreciação do objeto*, desfalcando a garantia, se o devedor, intimado, não a reforçar ou substituir. O devedor tem obrigação de manter a segurança na sua integridade, e, se esta se reduz, a ela corre o dever de colocar outra coisa no lugar da deteriorada ou depreciada. Não o fazendo, tem o credor a faculdade de excutir a garantia, sem que ao devedor socorra o prazo convencionado.

Mas se a garantia real tiver sido constituída por terceiro, não fica obrigado este a substituí-la ou reforçá-la, salvo se tiver procedido culposamente ou a isto se obrigou por cláusula expressa.

2. Pela *falência do devedor* ou *sua insolvência*, provada esta pela notória cessação de pagamento, ou quando pendem ações executivas sobre seus bens, notadamente em caso de penhora do objeto da garantia.

3. Pela *falta de pontualidade* no pagamento das prestações, se deste modo se achar estipulado.

Recebendo o credor a prestação atrasada, renuncia ao direito de promover imediata execução da dívida (Código Civil, art. 1.425, III). Mas se o devedor deixar descoberta outra prestação, reabre-se para o credor a faculdade de excutir a garantia fundado na impontualidade.

Prevalece o estipulado no título se favorecer o devedor com a cláusula de vencimento antecipado apenas na hipótese de faltar com certo número de prestações.

4. Pelo *perecimento do objeto* dado em garantia, que não for substituído. Mas a indenização acaso devida sub-roga-se na coisa destruída ou deteriorada, assistindo ao credor preferência até completo reembolso.

5. Pela *desapropriação* total da coisa, depositando-se a parte do preço que for necessária para pagamento integral do credor. Sendo parcial a desapropriação do objeto da garantia e pago em parte o credor, continuam gravados os bens subsistentes, pelo remanescente do débito.

Bibliografia

Ruggiero e Maroi, *Istituzioni*, vol. II, § 198; Lafayette, *Direito das Coisas*, §§ 160 e segs.; Lacerda de Almeida, *Direito das Coisas*, §§ 109 e segs.; Washington de Barros Monteiro, *Direito das Coisas*, pág. 315; Trabucchi, *Istituzioni di Diritto Civile*, nº 270; Clóvis Beviláqua, *Direito das Coisas*, vol. II, §§ 101 e segs.; Orlando Gomes, *Direitos Reais*, nºs 277 e segs.; Hedemann, *Derechos Reales*, págs. 476 e segs.; Enneccerus, Kipp e Wolff, *Tratado, Derecho de Cosas*, vol. II, §§ 159 e segs.; Mazeaud e Mazeaud, *Leçons de Droit Civil*, vol. III, nºs 60 e segs.; Planiol, Ripert e Boulanger, *Traité Élémentaire*, vol. II, nº 3.443; De Page, *Traité*, vol. VI, nºs 1.008 e segs.; Pietro Perlingieri, *Perfis do Direito Civil*, págs. 201 e segs.

350. Noções gerais. Elementos do penhor

Depois de termos estudado as garantias reais como gênero, descemos no presente capítulo ao exame do penhor, esclarecendo que aqui, mais do que em outras passagens destas *Instituições*, temos presente o nosso direito positivo. A ressalva é tanto mais necessária quanto diversificada a sua construção dogmática nos vários sistemas, em razão da peculiaridade e das exigências do tráfico jurídico interno, notadamente da mobilização do crédito montado na vinculação a bens móveis. Não podemos omitir que aqui e em toda parte o crédito mobiliário é mais amplo, e o imobiliário mais restrito, embora este último fosse considerado mais importante.[1] Hoje, no entanto, as maiores riquezas encontram-se relacionadas a bens móveis.[2]

Não podemos omitir de início uma pequena referência histórica que nos enseje a perspectiva deste instituto nas suas mais amplas projeções.

Em Direito Romano a noção básica aliada no vocábulo *pignus* era a de garantia constituída sobre um bem qualquer, móvel ou imóvel, pois que abraçava a ideia genérica de garantia com vinculação da coisa. É que, na origem, o penhor teve causa na penhora (*pignoris capio*) tanto extrajudicial quanto judicial.[3] Somente mais tarde, com o contrato de *fiducia* (v. n° 257-A, *supra*, vol. III) foi que se desenvolveu a prática e com ela a ideia de entregar o devedor uma coisa sua ao credor, que a retinha até a *solutio* da obrigação.[4]

Com o progresso da vida e da sociedade romana, marcada fundamentalmente pela sua tendência comercial, o instituto do penhor recebeu sensível incremento, registrando as fontes numerosas passagens que revelam nitidamente a sua construção. O devedor entregava ao credor uma coisa em garantia do pagamento, assegurando-se-lhe a proteção possessória enquanto durava a relação pignoratícia, mas com a obrigação de restituí-la ao devedor proprietário, que a seu turno era munido de ação para obter a sua recuperação coactiva.[5]

A mesma confusão originária com a hipoteca é revelada pelo historiador do direito ateniense,[6] onde a noção essencial do *enekyron* (penhor) não se distancia da hipoteca.

O direito moderno distingue com precisão as duas figuras de garantia real.[7] Podemos, assim, oferecer a definição de penhor, construída sobre a norma legal (Código Civil, art. 1.431): *é o direito real que consiste na tradição de uma coisa móvel, suscetível de alienação, realizada pelo devedor ou por terceiro ao credor, em garantia do débito.*

---

1   Hedemann, *Derechos Reales*, pág. 477.
2   Perlingieri, *Perfis do Direito Civil*, pág. 210.
3   Clóvis Beviláqua, *Direito das Coisas*, vol. II, § 101.
4   Arangio Ruiz, *Istituzioni di Diritto Romano*, pág. 262; Frédéric Girard, *Droit Romain*, págs. 809 e segs.; Mazeaud e Mazeaud, *Leçons*, vol. III, n° 61.
5   Maynz, *Droit Romain*, §§ 153 e segs.
6   Ludovic Beauchet, Histoire du Droit Privé de la République Athénienne, vol. III, págs. 177 e segs.
7   Lacerda de Almeida, *Direito das Coisas*, § 109.

Aí encontramos os seus elementos, a saber:

I. *Capacidade do devedor*; não apenas a capacidade genérica para a vida civil, mas ainda a que envolve a *disponibilidade* da coisa, porque o penhor neutraliza o domínio temporariamente e pode conduzir à alienação dela.[8]

II. *Direito real*, com a vinculação da coisa ao pagamento da dívida (v. nº 346, *supra*). Neste sentido se diz que é *ius pignoris*, em contraposição à convenção pignoratícia, ou contrato de penhor (também denominado simplesmente penhor), erigido em fonte ou fato gerador do direito real que sujeita a coisa ao pagamento da dívida.[9]

III. *Tradição*. O penhor se completa pela efetiva entrega da coisa, e não por uma tradição simbólica ou meramente convencional. Perfaz-se com a posse do objeto pelo credor (art. 1.431). Não prevalece o penhor celebrado pelo *constituto possessorio* (*clausula constituti*) que se traduziria no pacto adjecto ao instrumento gerador, pelo qual o devedor passaria a possuir em nome do credor. Se faltar a entrega real da coisa não subsiste o penhor, e será ineficaz a garantia.[10]

Cumpre todavia ressaltar que esta exigência não é absoluta. Impostergável no penhor comum, seja civil seja mercantil, é por exceção dispensada em alguns casos de penhores especiais aos quais aludiremos por menor no nº 353, *infra*. Nos casos de penhor rural, industrial, mercantil e de veículos, as coisas empenhadas continuam em poder do devedor, que as deve conservar e guardar (art. 1.431, parágrafo único). Mas é bem de ver que, onde a lei não dispensar explicitamente, a *traditio* da coisa é formalidade essencial.

IV. *Coisa móvel*. Traço distintivo do penhor é a sua incidência em coisa móvel, singular ou coletiva, corpórea ou incorpórea, de existência atual ou futura – enquanto nos outros direitos reais de garantia o que se vincula ao pagamento da obrigação é o imóvel (hipoteca) ou a renda imobiliária (anticrese). Quando o penhor recai em *diversas coisas* singulares, em garantia de um mesmo crédito, com cláusula de sujeitar cada uma delas à *solutio integral*, toma o nome de "penhor solidário"[11]

Mas, se em geral só a coisa móvel pode ser empenhada, nem toda ela o é, pois que em alguns casos torna-se objeto de hipoteca, conforme se verá adiante (nº 357, *infra*), ao tratarmos das hipotecas especiais de ferrovias, navios, aeronaves.

Objeto de penhor (que por metonímia se denomina igualmente como penhor) é pois o bem móvel ou suscetível de mobilização. Mas, em qualquer hipótese, cumpre se discrimine de seus congêneres individuando-se com precisão. Constituído penhor sobre uma coisa, nele estão compreendidos todos os seus acessórios não expressamente excluídos, como ainda as suas partes integrantes essenciais.[12]

---

8   Mazeaud e *Mazeaud, Leçons*, vol. III, nº 63; De Page, *Traité*, vol. VI, nº 1.025; Planiol, Ripert e Boulanger, *Traité Élémentaire*, vol. II, nº 3.458.
9   Lafayette, *Direito das Coisas*, § 160; Mazeaud e Mazeaud, ob. cit., nº 60; Trabucchi, ob. cit., nº 270.
10 Enneccerus, Kipp e Wolff, ob. cit., § 163.
11 Enneccerus, Kipp e Wolff, ob. cit., § 160.
12 Espínola, *Direitos Reais*, pág. 336.

Em se tratando de *coisas fungíveis*, a caracterização poderá fazer-se com a menção do gênero e da quantidade, como no exemplo de Lacerda de Almeida, das moedas raras em saco (*pecunia obsinata*). Incidindo, todavia, o penhor em coisa fungível sem individuação, inclusive dinheiro (*penhor irregular*), o credor não fica adstrito à conservação e restituição da coisa recebida, mas de coisa do mesmo gênero e qualidade – *tatumdem eiusdem generis et qualitatis* – e costuma ter lugar sob o nome de *caução ou depósito em caução,* para garantia de débitos futuros ou eventuais.[13]

V. *Alienabilidade do objeto.* Destinando-se o penhor a assegurar a solução de uma dívida, é pressuposto seu a circunstância de ser alienável a coisa empenhada, pois do contrário em nada aproveitaria ao credor. Na verdade, o que lhe oferece segurança de pagamento é a excussão da coisa e sua venda, na falta de cumprimento do obrigado. E isto se não obteria se fosse ela indisponível.

A alienabilidade do objeto não revela, entretanto, uma qualidade abstrata, senão que se afere também *ex ratione personae*: é preciso que seja alienável em tese, como ainda suscetível de *disposição por parte de quem o constitui*. Daí se infere ser ineficaz o penhor de coisa fora do comércio, como de coisa alheia, salvo, quanto a esta, a autorização ou ratificação do dono; como lícito será o penhor de coisa própria para garantir dívida alheia.[14]

Constituído, entretanto, penhor por quem possui a coisa a título de dono, sem o ser, revalida-se pela aquisição superveniente da propriedade (Código Civil, art. 1.420, § 1º).

VI. *Entrega ao credor.* Como vimos acima, neste mesmo parágrafo, a tradição é essencial à garantia penhoratícia. E realiza-se em benefício do credor. A este em pessoa é efetuada. E já vimos, igualmente, ser inidôneo o constituto possessório, como a *traditio ficta*. Agora completamos que o destinatário da entrega é o próprio credor. Eis por que o penhor representa uma convenção translativa e de tradição.[15]

Não tem cabimento, portanto, o penhor de coisa de existência futura. E cumpre, ainda, distingui-lo da *promessa de penhor*, que se dá quando as duas partes convencionam que em momento futuro se venha constituir, com a obrigação de se efetuar a *traditio* da coisa ao credor, na oportunidade de se celebrar o contrato definitivo.[16]

Quem faz a entrega é o devedor, não essencialmente, pois que prevalece com o mesmo caráter de direito real quando constituído por terceiro, caso em que este, sem se tornar sujeito passivo da relação obrigacional, destaca um bem seu e o vincula à solução de dívida alheia, até que o devedor a resgate.

Mas há casos, repetimos, em que a lei dispensa a tradição, efetuando-se penhores especiais, com a retenção da coisa na posse do devedor (nº 353, *supra*).

VII. *Garantia.* Para que o penhor tenha lugar é necessário que a coisa se submeta ao cumprimento da obrigação. Esta subordinação é de sua essência. Se o credor

---

13 Navarrini, "Sul Tema del Pegno Irregolare", *in Rivista di Diritto Commerciale*, 1913, 2ª parte.
14 Clóvis Beviláqua, ob. cit., § 103.
15 Hedemann, ob. cit., pág. 486.
16 Mazeaud e Mazeaud, ob. cit., nº 81; De Page, ob. cit., nº 1.013.

tem a sua posse a qualquer outro título, não há penhor. Este emana da declaração de se vincular ao pagamento, com a consequência imediata de se excutir o objeto no caso de inadimplemento.

VIII. *Débito*. Sendo um direito de garantia, pressupõe necessariamente a existência de um crédito a ser garantido, e pois de um *débito*.[17] Destinando-se a assegurar a solução de uma obrigação, o instrumento do penhor determinará precisamente o *valor do débito*, ou, se este não vier previamente acertado, a sua estimativa. Não é somente à obrigação pecuniária que o penhor serve de garantia. Qualquer outra (de gênero ou de espécie, de dar ou de fazer, principal ou acessória, etc.) pode receber garantia pignoratícia.[18] Mas em qualquer caso o credor por via dele adquire um direito ao "valor da coisa" (um *Wertrecht*, como exprime Kohler), diversamente de outros direitos reais sobre a substância dela.

IX. *Acessoriedade*. Como relação de garantia, o penhor é acessório da obrigação, embora possa constituir-se juntamente com esta ou em instrumento apartado, na mesma data ou ulteriormente, e pode assegurar obrigação simples ou condicional, representada por título nominativo ou ao portador.[19]

Formalidades. Reunidos os elementos, constitui-se o penhor por escrito público ou particular e se completa com o registro de seu instrumento. O penhor comum será registrado em Cartório de Títulos e Documentos (Código Civil, art. 1.432) e os especiais na conformidade de sua natureza e espécie. Na hipótese de instrumento particular, será o mesmo assinado pelas partes em tantas vias quantas necessárias a que fique um exemplar com cada um dos contraentes e uma arquivada no cartório do registro.

Sem embargo de que o maior interessado na sua transcrição seja o credor, qualquer das partes pode promovê-la.

351. EFEITOS DO PENHOR

Direitos do credor. Destinando-se o penhor a assegurar o cumprimento da obrigação, pode o credor *retê-lo* até o seu implemento, bem como se reembolsado das despesas com sua conservação e outras justificadamente feitas, desde que não ocasionadas por culpa sua. O *direito de retenção* do penhor originariamente ligado ao pagamento da dívida principal garantida costuma estender-se a outros débitos, ainda que posteriores.[20]

Posse. Este poder de retenção da coisa, que é da própria natureza do penhor, importa na imissão do credor na sua *posse*. Posse direta, resguardada por todos os remédios de defesa regulares: ação de manutenção, ação de reintegração, interdito

---

17   Mazeaud e Mazeaud, ob. cit., nº 64.
18   Lacerda de Almeida, ob. cit., § 112.
19   De Page, ob. cit., nº 1.015; Hedemann, ob. cit., pág. 482.
20   De Page, ob. cit., nº 1.062.

proibitório e mesmo desforço em continente, seja contra qualquer terceiro que lhe traga moléstia, seja contra o devedor mesmo, no caso de embaraçar o exercício daquela faculdade. Numa palavra: o credor penhoratício pode defender a posse do penhor por via dos interditos.[21]

Segundo os conceitos assentados (v. nº 287, *supra*) não anula a posse direta do credor pignoratício a indireta do proprietário da coisa empenhada, nem a faculdade de defendê-la contra quem a perturbe ou esbulhe.

Venda da coisa. Vencida a dívida, e não paga, cabe ao credor *excutir* o *penhor*, promovendo a sua penhora e venda segundo o rito prescrito nas normas processuais. É o *ius distrahendi*, hoje essencial ao penhor, mas que no princípio nele não se integrava, e era estipulado à parte.[22] Em caso de ser prevista no contrato, ou autorizada em instrumento em separado, como uma procuração com poderes expressos, poderá o credor promover a venda extrajudicial da coisa empenhada, pagando-se com o que apurar, e dando contas ao empenhante, com a restituição do saldo, se houver.

Como a garantia real submete a própria coisa à solução da obrigação, seu efeito imediato será a classificação do crédito com privilégio especial sobre o preço da arrematação.

Não caberá, porém, ao credor, em nenhuma hipótese, apropriar-se do penhor em pagamento do débito, uma vez que nenhuma validade pode ter a estipulação de cláusula comissória (v. nº 348, *supra*). Cumpre, entretanto, salientar, que, na hipótese de ser o credor autorizado a vender a coisa amigavelmente, não pode comprá-la para si mesmo, pois que uma tal operação envolveria o pacto comissório, vedado por lei. Promovendo, todavia, a excussão do penhor, nada impede a adjudicação na forma e nos termos do que prescreve a lei processual.

Além desses direitos, que são os principais efeitos do penhor, outros se lhes seguem.

Correndo a coisa empenhada o risco de perecer ou deteriorar-se, pode o credor, justificando-o devidamente, requerer ao juiz autorização para vendê-la antecipadamente ao vencimento da dívida. Promovida a venda, o credor depositará o produto em estabelecimento que a autoridade judiciária designar, e nas condições impostas. Cientificado o devedor do pedido do credor, poderá impedir a venda apresentando coisa análoga em substituição à empenhada, ou oferecendo coisa diversa em garantia real. Caso o credor não aceite uma ou outra, decidirá o juiz, *cum arbitrio boni viri*.

Como lhe cabe, ainda, ressarcir-se de qualquer prejuízo advindo do vício da coisa empenhada, como seria, e. g., o caso de contagiar-se o rebanho do credor de enfermidade portada pelo gado empenhado, com conhecimento do devedor, responde este pelo ressarcimento do dono, estendendo-se até aí o poder de retenção do penhor.

Ao credor penhoratício abonam-se as despesas necessárias à conservação da coisa,[23] salvo convenção em contrário.

---

21 Trabucchi, ob. cit., nº 270; Hedemann, pág. 489.
22 Mazeaud e Mazeaud, ob. cit., nº 77.
23 Hedemann, ob. cit., pág. 494.

Finalmente, ao credor pignoratício cabem os frutos da coisa empenhada, produzidos enquanto estiver em seu poder.

Obrigações do credor. Não somente direitos tem o credor, mas deveres também, a que correspondem correlatos direitos do devedor, os quais alcançam todas as espécies de penhor, por se não originarem da convenção mas da lei,[24] o que não impede que o contrato de penhor os especifique mais numerosos que os legais.

Além do primeiro, que consiste em *conservar* a coisa, com diligência e cuidado (dever de custódia), cabe-lhe *restituí-la*, uma vez satisfeito o crédito, com os acessórios convencionais e legais. Sua retenção tem uma causa. Cessando esta, extingue-se aquela, e *ipso facto* converte-se em procedimento injurídico a recusa de devolver. A obrigação de restituir é sancionada pela ação recuperatória reconhecida ao devedor, que, constituindo em mora o credor, deste haverá todas as consequências dela. A mesma ação recuperatória tem cabimento em se extinguindo o penhor por outro dos motivos adiante enumerados (v. nº 355, *infra*).

Corolário da obrigação de restituir é a de *indenizar* o valor da coisa empenhada, se perece por culpa do credor,[25] podendo ser compensada na dívida, até a concorrente quantia, a importância da responsabilidade (art. 1.435, I). E corolário do dever de custódia é comunicar ao dono da coisa os riscos de perecimento.[26] Nessa direção, o Superior Tribunal de Justiça editou o Enunciado nº 638 de sua Súmula com o seguinte teor: "é abusiva a cláusula contratual que restringe a responsabilidade de instituição financeira pelos danos decorrentes de roubo, furto ou extravio de bem entregue em garantia no âmbito de contrato de penhor civil".

Sendo frugífera a coisa empenhada, a restituição será acompanhada dos seus frutos naturais e civis, que não tiverem sido ainda percebidos pelo devedor na pendência do contrato. Objeto da garantia é a coisa, cabendo os frutos ao seu proprietário.

Ainda a propósito dos frutos, compete ao credor imputar o valor dos que vier a perceber enquanto a coisa estiver em seu poder nas despesas de guarda e conservação, nos juros e no capital da obrigação garantida, sucessivamente (art. 1.435, III). O fundamento desse dever é que, embora entregue a coisa ao credor, para garantia da obrigação, ela continua a pertencer ao dono.

É da natureza do penhor ficar a coisa empenhada na posse do credor, até a *solutio* integral. Mesmo no caso de pluralidade de bens empenhados (penhor solidário), a garantia é indivisível. Mas o art. 1.434 do Código Civil abre ao proprietário a possibilidade de requerer ao juiz que determine a venda apenas de uma das coisas, ou de parte da coisa empenhada, suficiente para o pagamento do credor. O juiz, verificando a eventual procedência da pretensão, deferirá o pedido, inspirando-se na equidade.

Excutido o penhor com o praceamento da coisa, ou vendida esta amigavelmente, o direito do credor vai até a concorrência do seu crédito pelo principal,

---

24   Lacerda de Almeida, ob. cit., § 114.
25   Lafayette, ob. cit., § 164.
26   Hedemann, ob. cit., pág. 493.

juros contratuais e moratórios, reembolso das despesas devidamente justificadas e indenização de prejuízos. O remanescente será entregue ao dono da coisa (devedor ou terceiro).

Possuidor titulado de coisa alheia com vinculação a uma causa determinada (pagamento da dívida) o credor tem de empregar na sua *conservação* os cuidados e diligências normais de um dono em relação ao que é seu. Para o Direito Romano, como em outras passagens e em outras situações recomendava, tal cuidado foi equiparado na sentença de Paulo ao de um diligente pai de família, assim se enunciando a regra traduzida em dever do credor:

Ea igitur quae diligens pater familias in suis rebus praestare solet a creditore exiguntur (*Digesto*, Liv. 13, Tít. VII, fr. 14).

E se o credor deixar de prestar diligência?

A consequência é a sua responsabilidade, positivada no dever de ressarcimento na proporção do dano causado.

Sendo a indenização fixada em termos do princípio que comanda a reparação de prejuízos na forma do direito comum, somente o dano culposamente determinado é ressarcível, vigorando a escusativa da força maior ou caso fortuito, pelos quais não pode responder, como já de antes se dizia: *casus a nullo praestantur*.

Neste passo cumpre indagar o que acontece se a coisa vem a *perecer*. Segundo o princípio legal adiante referido (v. nº 355, *infra*), o penhor extingue-se: *a)* se em razão de caso fortuito, a obrigação subsiste embora sem a garantia real;[27] *b)* mas se por culpa do credor, responde este por perdas e danos.

352. Penhor legal

Até aqui temos tratado do penhor convencional. Além dele conhece a lei outro tipo, sob a denominação de *penhor legal*, que existe como mera faculdade conferida ao credor de determinadas obrigações, mas que se converte em garantia real uma vez constituído. Sua sistemática é muito simples e o mecanismo singelo.

Casos de penhor legal. Como situação jurídica excepcional somente tem cabimento nos casos previstos em lei (Código Civil, art. 1.467):

A) Ao dono de estabelecimento onde se hospede por dinheiro (hotel, pensão, estalagem, motel) é reconhecido crédito pignoratício, pelas despesas ou consumo ali feitos, sobre as bagagens, móveis, joias ou dinheiro que seus consumidores ou fregueses tiverem consigo.

B) Igual direito tem o dono de prédio rústico ou urbano sobre os bens móveis que o rendeiro ou inquilino tiver guarnecendo o mesmo prédio, pelos alugueres ou rendas.

27 Clóvis Beviláqua, ob. cit., § 106.

Não pago o débito, o credor fará a apreensão pessoal de um ou mais objetos em garantia e até o valor da dívida, sendo lícito tornar efetivo o penhor antes de recorrer à autoridade judiciária sempre que haja perigo na demora, dando aos devedores comprovante dos bens de que se apossar (art. 1.470).

Tomado o penhor, requererá o credor a sua imediata homologação em Juízo (art. 1.471). A falta de conta extraída na conformidade de tabela impressa e ostensivamente afixada induz a nulidade do penhor.

Uma vez homologado segundo o que prescreve a lei processual (CPC/2015, arts. 703 e segs.), os autos respectivos serão entregues ao requerente como documento seu, e instrumento da garantia real, assistindo-lhe até a liquidação do débito os direitos do credor pignoratício.

O advento do Código de Processo Civil de 2015 possibilitou ao credor interessado requerer a homologação do penhor pela via extrajudicial (CPC/2015, art. 703, § 2º), hipótese antes restrita à seara judicial.

O penhor legal que se inicia como providência de caráter privado e se completa *in iudicio*, tem fundamento ético e interesse econômico embora conserve um resquício de justiça feita pelas próprias mãos do interessado. O primeiro está na proteção assegurada ao credor que recebe o hóspede ou locatário, e a que frequentemente faltam outros meios de garantir o recebimento de seu crédito. O segundo reside em que esta garantia facilita admitir o inquilino ou freguês sem a exigência de segurança maior. Especialmente nos casos de ocupante transitório, os deslocamentos constantes aconselham medidas cautelosas de efetivação imediata.

Hoje em dia, com a elevação das tarifas e o hábito de viajar com pequena bagagem, procuram as casas de gênero acautelar-se por outros meios, dado que o penhor legal se torna pouco satisfatório.

Por fim, conforme o art. 1.472 do Código Civil, pode o locatário impedir a constituição do penhor mediante caução idônea. Esta pode ser real ou fidejussória.

353. Penhor rural

Não há mais lugar, na atualidade do direito pátrio, para a resistência, que antes se levantava, contra os penhores especiais, sob fundamento de que desvirtuavam a natureza essencial dessa garantia ao abrangerem bens imóveis por acessão, ou transigirem com o conceito clássico da imissão do credor na posse do objeto, ou ainda de que em muitos casos faltaria a individuação precisa da coisa empenhada. As necessidades crescentes do tráfico jurídico e as imposições do desenvolvimento econômico superaram estes pré-juízos, e os penhores especiais ganharam corpo e se expandiram.

O primeiro a merecer acolhida no Código é o *penhor rural*, que compreende as duas espécies já conhecidas de *penhor agrícola* e *penhor pecuário*. Unificadas em um só instituto, podem revestir a forma pública ou particular.

Justifica-se, de plano, a dispensa da entrega efetiva do objeto ao credor, com o argumento de que ao agricultor ou ao pecuarista seria vão utilizar o crédito se na garantia pignoratícia houvesse um ou outro de desprover a lavoura ou o plantio dos elementos geradores de recursos próprios à exploração de suas atividades. Contrariamente, pois, ao penhor tradicional, tem eficácia o *constituto possessório*, conservando o empenhante a posse direta da coisa empenhada.

No penhor rural o registro ocupa lugar preponderante, não só porque guarnece a relação penhoratícia da segurança da publicidade, permitindo a terceiros conhecer a verdadeira situação jurídica dos bens que, embora em poder do dono, acham-se destacados do seu patrimônio como objeto de garantia real, como ainda porque é no registro que tem origem a emissão da *cédula rural*, emprestando mobilidade à operação e franqueando operações de crédito, nela baseadas. O penhor rural será, então, levado ao Registro de Imóveis da circunscrição em que estiverem situados os bens empenhados.

A grande inovação advinda do penhor rural é a denominada *cédula rural pignoratícia*. Nasceu com a Lei nº 492, de 30 de agosto de 1937. Por via deste instrumento, permite a mobilização do crédito rural. O requisito objetivo da cédula é o compromisso do devedor efetuar o pagamento em dinheiro. A sua filosofia assenta na emissão de um documento versátil, facilmente negociável, porque comporta transferência por simples endosso, até a liquidação do débito, anotado na própria cédula. Não se funda a cédula no crédito pessoal do devedor, porém subordinado ao penhor de bens rurais, o que lhe empresta sustentação real, tanto mais eficientemente quanto mais vivas as providências recuperatórias do penhor, em caso de desvio ou de simples tentativa de alienação. A figura cartular da primitiva cédula rural veio mais tarde a multiplicar-se, suscitando a criação de quatro instrumentos: cédula rural pignoratícia, cédula rural hipotecária, cédula rural pignoratícia e hipotecária e nota de crédito rural, todas criadas pela Lei nº 3.253, de 27 de agosto de 1957 e mantidas pelo Decreto-lei nº 167/67, que revogou o diploma anterior.

A cédula é título formal, líquido, certo e exigível pela soma nela inscrita, que dispensa outorga conjugal e é oponível a terceiros. Facilmente negociável, comporta redesconto no Banco Central, e constitui título executório extrajudicial. Pode ser endossada em preto ou em branco.

Emitida a cédula rural pignoratícia pelo Oficial do Registro, os direitos do credor são reconhecidos à pessoa em cujo poder se encontre, devendo o título ser restituído contra pagamento. Expedida que seja, os bens empenhados não poderão ser objeto de penhora, arresto, sequestro ou outra medida judicial.

Resgatável a todo tempo, antes ou depois do vencimento da obrigação, mediante pagamento da dívida e seus acessórios, deve ser apresentada ao Oficial de Registro, para cancelamento do penhor em que se fundou. Feitas as devidas anotações, é devolvida ao devedor.

Além da peculiaridade de somente os penhores especiais admitirem a expedição de cédula pignoratícia, ocorre ainda que o penhor rural somente pode incidir na discriminação objetiva correlata à particularidade da respectiva espécie, na forma de dispositivo especial a cada uma.

Em princípio, o penhor tradicional não é subordinado à limitação de tempo. O mesmo não se dá com o penhor rural, a fim de não embaraçar as atividades do devedor e não perpetuar as obrigações assumidas. No sistema original do Código Civil de 2002, o penhor agrícola tinha o prazo máximo de três anos e o penhor pecuário de quatro anos. Todavia, com a nova redação do art. 1.439, dada pela Lei 12.873, de 2013, tanto o penhor agrícola quanto o penhor pecuário não podem ser convencionados por prazos superiores aos das obrigações garantidas. A modificação normativa manteve a exigência da estipulação a termo do penhor rural, mas a força do requisito temporal restou em grande parte atenuada.

Vencidos os prazos e não liquidado o débito garantido, subsiste o penhor enquanto existirem os bens que o constituem, reduzindo-se, obviamente, no caso de perda parcial.

Consoante dispõe o art. 1.440 do Código Civil, a constituição de penhor rural independe da garantia hipotecária que penda sobre o prédio. Dispensa, portanto, anuência do credor hipotecário, sem prejuízo, entretanto, de seus direitos. Conserva ele, portanto, a preferência que lhe assegura a hipoteca, e não impede que promova a respectiva execução.

Finalmente, nos termos do art. 1.441, é da própria natureza do penhor rural a especificação precisa do objeto. Como permanece este em poder do empenhante, cabe ao credor o direito de verificar o estado das coisas empenhadas, onde quer que se encontrem, por si ou por preposto seu. Se o devedor, ou a pessoa que as custodiar, se opuser à inspeção, o interessado requererá ao juiz, que expedirá ordem franqueando o ingresso.

354. PENHOR INDUSTRIAL E MERCANTIL

O Código Civil de 2002 reuniu em uma só disposição diversos penhores especiais, que constituem objeto de legislação especial, sem, entretanto, descer às minúcias peculiares a cada um. Desta sorte, naquilo em que as normas aqui contidas não revogarem as especiais, ou não regularem o negócio jurídico respectivo, prevalecem subsidiariamente as que compõem a legislação própria.

O penhor industrial compreende toda sorte de equipamentos instalados e em funcionamento, com acessórios ou sem eles. Pode abranger uma indústria inteira ou não, sendo certo que a anuência do proprietário do imóvel onde se encontram os bens empenhados é necessária. Não se define nesta categoria o penhor de máquinas, aparelhos ou congêneres, isolados, se não integrarem uma indústria.

Historicamente a disciplina do penhor industrial iniciou-se com o Decreto-lei nº 1.271, de 16 de maio de 1939, e suas ulteriores modificações. Por sua vez, o penhor de sal e bens destinados às instalações das salinas era objeto do Decreto-lei nº 3.169, de 2 de abril de 1941.

O penhor de produtos destinados à suinocultura e animais adquiridos pelos estabelecimentos a esta dedicados foram regulados pelo Decreto-lei nº 1.697, de 23 de outubro de 1939, e pelo Decreto-lei nº 2.064, de 7 de março de 1940.

Já o de animais destinados à industrialização de carnes mereceu atenção do Decreto-lei nº 4.312, de 20 de maio de 1942.

Os referidos diplomas legais, todavia, foram revogados expressamente pelo art. 66 do Decreto-lei nº 413, de 9 de janeiro de 1969.

Outros diplomas desenvolvem estas especialidades e aludem a outros tipos de penhores especiais, aos quais o art. 1.447 do Código Civil alude genericamente.

As mercadorias depositadas em Armazéns Gerais podem ser objeto de penhor mediante o endosso do título emitido, no qual se declare a importância do crédito garantido, as condições da operação e a data de vencimento. O parágrafo único do art. 1.447 reporta-se à legislação especial reguladora dos Armazéns Gerais, no tocante ao penhor, seus efeitos e mecanismos (Decreto nº 1.102, de 21 de novembro de 1903, e legislação subsequente).

É indiferente que o penhor industrial ou mercantil revista forma pública ou particular. É necessário instrumento escrito e seu registro no Cartório de Registro de Imóveis da circunscrição em que se achem situados os bens empenhados.

Poderá ser emitido título industrial ou mercantil pignoratício, com caráter de título transferível por endosso, em analogia com a cédula rural pignoratícia, e com observância da forma e para os fins previstos em lei especial (Decreto-lei nº 413, de 9 de janeiro de 1969, e Lei nº 6.840, de 3 de novembro de 1980).

As coisas empenhadas permanecem, até a liquidação do débito garantido, vinculadas ao penhor, não sendo lícito ao devedor dispor delas, alterá-las ou mudar-lhes a situação, sob pena de vencimento antecipado da obrigação, além das cominações penais a que está sujeito. Anuindo o credor em que as aliene, no todo ou em parte, terá o devedor de sub-rogar outras, da mesma espécie. Não sendo, entretanto, matéria de ordem pública, pode a convenção estipular diversamente.

Independentemente de cláusula expressa neste sentido, o credor tem a faculdade de verificar o estado das coisas empenhadas, no lugar onde se acharem, por si ou por pessoa para este fim credenciada por ele. Impedindo o devedor o ingresso, cabe decisão judicial determinando-lhe autorizar a inspeção.

354-A. PENHOR DE VEÍCULOS

Podem ser objeto de penhor os veículos empregados em qualquer espécie de transporte ou condução (art. 1.461). Aqui o Código tem em vista o penhor de veículos, como negócio jurídico específico. Ao cogitar do penhor rural, já mencionara o penhor de veículos utilizados na agricultura e na pecuária, como integrantes do conjunto de bens ligados a uma ou outra atividade. Agora, considera suscetível de penhor o veículo empregado no transporte de pessoas ou coisas. O penhor pode ter por objeto veículo isolado ou em frota. Compreende o automotorizado, como o de tração animal, como ainda o que não é dotado de autopropulsão.

Excluem-se do penhor os navios e aeronaves, porque, sendo embora coisas móveis, são objeto de hipoteca, por disposição especial de lei.

Para ser objeto de penhor, o veículo deve ter características de individuação precisas, como tipo, marca, destinação, cor, número de série e inscrição no registro próprio, quando for o caso.

O empenhante terá a posse direta do veículo, na condição de seu depositário, e sujeito às cominações por infidelidade. E, tendo sua posse e guarda, é responsável por sua conservação e pelas despesas de manutenção.

O penhor de veículos apresenta características que lhe são próprias, distinguindo-o de coisas em geral. Guardando similitude com o penhor comum, constitui-se por instrumento público ou particular, registrado no Cartório de Títulos e Documentos do domicílio do devedor. Completa-se, todavia, a sua realização por ser anotado no certificado de propriedade (art. 1.462, *caput*). Desta forma, em qualquer circunstância, terceiros terão sempre meios de saber que se encontra empenhado ao adquirir o veículo, ou efetuar qualquer negócio que o tenha por objeto, à simples inspeção ocular do documento, sem necessidade de recorrer à certidão passada pelos cartórios.

A outra particularidade do penhor de veículo é a emissão de cédula de crédito, na forma e para os fins previstos em lei especial, quando a dívida garantida for promessa de pagamento em dinheiro. Se se destinar a garantia de outra espécie não cabe emissão de cédula pignoratícia.

Sendo o veículo sujeito a injunções que podem atingir o direito do credor pignoratício, o art. 1.463 do Código Civil exigia que fosse previamente segurado contra furto, avaria, perecimento e danos causados a terceiros. No entanto, a Lei nº 14.179, de 2021, revogou referido dispositivo, não havendo mais necessidade de contratação dos seguros mencionados. No entanto, tratando-se de veículo que está sujeito a seguro obrigatório, não pode ser objeto de penhor sem a apresentação do respectivo bilhete em ordem. Além disso, o credor pignoratício exigirá certidão de quitação com tributos e multas, que sobre o veículo possam incidir.

Estendendo-se o penhor por prazo superior ao da vigência do seguro, deverá constar do instrumento a obrigação de renová-lo.

Ocorrendo sinistro, a indenização sub-rogar-se-á no veículo, se este for destruído, furtado ou roubado, bem como no caso de ser parcialmente danificado até que o proprietário promova a sua reparação.

Tem o credor pignoratício interesse em ser mantida a incolumidade do veículo empenhado, facultando-se-lhe inspecioná-lo a qualquer tempo, onde se achar, por si ou por pessoa credenciada. Em caso de recusa, tem o direito de obter medida cautelar de apresentação, para o fim de se verificar o seu estado.

Além dos casos legais ou convencionais de vencimento antecipado da obrigação garantida, prevê o art. 1.465 do Código Civil a alienação ou mudança do veículo empenhado, sem prévia comunicação ao credor. Poder-se-á, ainda, acrescentar a sua deterioração, causadora de redução da garantia.

Por fim, limita o art. 1.466 o prazo do penhor de veículo a dois anos. Se for estipulado a maior, reduz-se a esse termo. É lícita uma só prorrogação, por igual tempo, sendo nula qualquer outra. Estipulada a prorrogação, será averbada à margem do registro respectivo. Se do certificado de propriedade constar o prazo do penhor inicial, também neste será feita a anotação.

354-B. PENHOR DE DIREITOS E TÍTULOS DE CRÉDITO

O penhor de direitos e títulos de crédito já recebia no Código Civil de 1916 o nome de "caução", que as práticas mercantis e bancárias conservam. A denominação adotada no Código de 2002, para manter a harmonia com a designação genérica (penhor), não impede a sinonímia. Seu enorme interesse para o tráfico jurídico e sua utilização constante na vida negocial atraem a atenção do legislador, fazendo dele uma atividade comercial e bancária frequente, que dinamiza a vida mercantil em todas as praças.

O Código de 2002 menciona, genericamente, como passíveis de penhor, quaisquer direitos suscetíveis de cessão, incidentes sobre coisas imóveis. Analiticamente, o penhor ou caução de direitos e títulos de crédito compreende: os títulos nominativos da dívida pública, ainda que não entregues ao credor, desde que registrados; os títulos de crédito pessoal, qualquer que seja a sua natureza; as ações de sociedades anônimas; os créditos garantidos por hipoteca ou penhor, na forma da legislação especial; o "warrant" emitido por companhia de Armazéns Gerais; os conhecimentos de embarque de mercadorias transportadas por terra, mar ou ar; quaisquer documentos representativos de um direito de crédito, desde que passíveis de cessão.

O art. 1.452, como os seguintes, faz referência ao penhor de créditos, não representados por títulos de crédito (Wertpapier). Celebra-se por instrumento público ou particular, mas, em qualquer dos casos, completa-se com a inscrição no Registro de Títulos e Documentos, que lhe perpetua a data e assegura a oponibilidade a terceiros.

Em princípio, o documento comprobatório do crédito empenhado deve ser entregue ao credor. Não se trata, porém, de requisito essencial, pois que pode conservá--lo o devedor em seu poder, desde que se comprove interesse legítimo.

Efetuado o penhor na forma peculiar ao título, assegura-se ao credor a conservação de sua posse, mesmo contra o devedor caucionante.

O penhor incidente sobre ações de sociedade anônima obedece ao disposto no art. 39 da Lei nº 6.404/1976.

O Código de 2002 transpõe para o penhor de créditos os princípios relativos à cessão dos mesmos, tendo em vista que o penhor já, por si só, representa um começo de disposição. Assim é que, para assegurar o seu direito, o credor pignoratício fará intimar o devedor para que o não pague ao credor primitivo, ainda que registrado esteja o penhor. Equivalerá, todavia, à notificação a prova de que o devedor está ciente da existência do penhor, qualquer que seja a modalidade do documento, e qualquer que tenha sido a finalidade de sua emissão ou de seu destinatário.

A caução de crédito investe o credor pignoratício numa condição de representante do credor empenhante, autorizando-o a usar das ações, recursos e exceções assecuratórias de seu direito, bem como da faculdade para receber os juros e demais acessórios, e mais prestações compreendidas na garantia.

Recebendo o objeto concretizado no título caucionado, no respectivo vencimento, o credor penhoratício o depositará, de acordo com o devedor, na forma do que tiver sido convencionado, ou onde o juiz determinar, até o vencimento da obrigação garantida.

Vencida esta, o credor imputará, no seu pagamento, o que receber, restituindo o restante ao devedor.

Sendo coisa diferente de dinheiro, o penhor sub-roga-se nela, e, vencida a obrigação, excute-a.

O art. 1.456 do Código Civil contém dois princípios diversos. O primeiro consiste na alusão à preferência, que o devedor tem de observar, no caso de ser o mesmo crédito objeto de vários penhores. O devedor não pode escolher, arbitrariamente, a quem pagar; deve fazê-lo àquele cujo direito prefira aos demais. Na dúvida, consignará a quantia, para que o juiz decida a quem compete receber. O segundo traduz o dever imposto ao credor preferente que, notificado por qualquer dos outros, deixa de promover, oportunamente, a cobrança do crédito empenhado, indo tal responsabilidade até a totalidade, se com sua desídia deixar que prescreva a obrigação, ou pereça o objeto.

Uma vez empenhado o crédito, o credor empenhante não o pode receber, salvo anuência por escrito do credor pignoratício. Dada a autorização, extingue-se o penhor.

Se o credor caucionante quitar o devedor, sem anuência do pignoratício, deverá saldar diretamente a dívida, por ela respondendo. Se o devedor, depois de notificado do penhor, pagar ao credor primitivo, sem anuência do credor pignoratício, com aquele responde pela liquidação da obrigação.

Recaindo o penhor sobre título de crédito, constitui-se mediante instrumento público ou particular.

O endosso pignoratício, ou endosso-caução, é modalidade usual de constituição de penhor sobre títulos transferíveis por endosso. Opera-se com a tradição, ficando o credor pignoratício com a faculdade de receber o crédito cedido.

O contrato de financiamento ou de mútuo, garantido por caução de títulos, é modalidade corrente no comércio bancário, adquirindo o estabelecimento direito ao recebimento deles. À medida que se vão liquidando, o banco leva o valor recebido a crédito do caucionante, com entrega dos instrumentos aos respectivos obrigados, até final pagamento do débito garantido. Neste ensejo, restituem-se ao caucionante os títulos remanescentes, bem como o saldo em dinheiro. Se, no curso da dívida, ficarem sem resgate títulos dados em caução, o empenhante tem a obrigação de substituí-los por outros, mantendo viva a massa de títulos caucionados.

Apresenta o art. 1.459 o elenco das faculdades reconhecidas ao credor que recebe, em penhor, título de crédito, começando pela sua posse. Constituindo-se a garantia com a *traditio* do título, tem o credor a sua posse. Compete-lhe conservá-lo e recuperá-lo de quem quer que o detenha, não somente no seu próprio interesse, porque é o instrumento da garantia, como ainda na do empenhante, pois que este é o seu dono, e a ele deve o credor pignoratício devolvê-lo, quando findo o penhor, salvo nos casos em que se liquida junto ao devedor e a ele se restitui.

Cabe ao credor usar de todos os meios para assegurar seus direitos e os do titular do título empenhado, instaurando as medidas cautelares ou as ações adequadas.

Sendo interessado em que se não extinga, pelo pagamento, o direito consubstanciado no título, fará o credor pignoratício intimar, judicial ou extrajudicialmente, ao devedor, para que o não pague ao credor originário, na pendência da garantia, quer por antecipação ao vencimento, quer no seu termo, sob pena de responder pelo débito junto ao notificante. Quando o penhor tem por objeto título transferível por simples endosso, cuja liquidação se opera contra a respectiva restituição, como no caso de notas promissórias, duplicatas e congêneres, o devedor é intimado para que pague diretamente ao endossatário, que pelo penhor adquire direito ao recebimento. Contrariando-o, o devedor do título sujeita-se a pagar de novo ao credor endossatário, respondendo na forma do art. 1.460 do Código Civil.

Com o título em seu poder, e investido na titularidade do crédito por ele representado, o credor caucionário recebe a importância consubstanciada no título, com todos os seus acessórios, restitui-o ao devedor e, na forma do contrato, dá à importância recebida o destino regular, liquidando a obrigação garantida, creditando o valor na conta do caucionante e, se for o caso, restituindo a este o que sobeje do resgate do título.

Operada a intimação por qualquer via (judicial, cartorária, epistolar, telegráfica etc.), ou comprovada a ciência do penhor, o devedor do título não mais poderá pagar ao seu credor. Deve fazê-lo ao caucionário, sob pena de responder solidariamente pela *solutio* e sujeitar-se a perdas e danos perante o credor pignoratício.

Se por qualquer meio o credor der quitação ao devedor do título empenhado, deverá saldar imediatamente a dívida, em cuja garantia se constituiu o penhor. Com o penhor do título, o credor deste perde a *legitimatio* para reclamar de seu devedor o pagamento. Se o fizer, tem o devedor do título exceção a ele oponível, recusando-lhe o pagamento, que só terá valor liberatório se efetuado ao credor pignoratício.

355. EXTINÇÃO DO PENHOR

Não podia faltar ao penhor a extinguibilidade que é própria a toda relação jurídica. Efetivamente cessa ele por diversas causas, que o atingem em si mesmo, ou que o alcançam por via travessa, dada a sua acessoriedade em relação à obrigação garantida. Ao passarmos em revista as hipóteses várias, não perdemos de vista as disposições legais respectivas (Código Civil, arts. 1.436 e 1.437), com as achegas doutrinárias indispensáveis:

I. *Extinção da dívida.* Sendo o penhor uma relação acessória pela sua própria contingência de assegurar a *solutio*, resolve-se em vindo a cessar a obrigação principal.

Não importa se pagamento direto, pagamento especial, ou mesmo extinção, sem pagamento (novação, compensação, confusão, transação).

Quando o débito é extinto sem satisfação do credor, poderá subsistir a relação pignoratícia, mas é preciso que interfira a vontade neste sentido, como ocorre com a novação: se outra obrigação se contrair extinguindo a primeira, resolve-se com esta o penhor que a assegurava; mas subsistirá se, ao novar-se, o penhor é transferido explicitamente para a nova *obligatio*.

Havendo pagamento com sub-rogação, o *solvens* assume a posição do antigo credor, munido das garantias que o beneficiavam (Código Civil, art. 349), tal como vimos acima (v. nº 159, *supra*, vol. II).

Equipara-se à extinção da dívida a sua nulidade, não obstante a flagrante diversidade causal. Mas nos efeitos as duas situações se aproximam, acentuando-se que, se a relação obrigacional deixa de subsistir, libera a garantia, tal qual ocorre se vem a cessar.

Diverge a doutrina quanto à prescrição. Embora alguns como Clóvis Beviláqua, seguido de outros, neguem o paralelismo das situações, entendemos que o efeito paralisante da prescrição sobre a pretensão do credor (*Anspruch*) estende-se à garantia, que não pode ser exigida. Não colhe argumentar com o pagamento espontâneo, pelo devedor, porque neste caso a *solutio* efetua-se *a latere* do penhor, e sem que se apele para este.

II. *Perecimento do objeto.* Cessa o penhor com o perecimento da coisa empenhada. Dá-se, então, resolução da garantia sem extinção da obrigação, que passa a ser pura e simples, e sem privilégio, porque, o penhor fica sem objeto entrando o crédito em concurso com os demais quirografários.

Não se confunde o perecimento com a deterioração, ou com a destruição parcial, hipóteses estas em que a relação pignoratícia sobrevive na remanescente da coisa, propiciando ao credor exigir reforço da garantia sob pena de vencimento antecipado da obrigação, como temos visto acima.

Se o perecimento da coisa ocorrer pelo fortuito, o penhor se resolve. Se se dever à culpa do credor, responde este na forma do direito comum.

Mas se for acompanhado de indenização, seja por culpa de terceiro, seja em razão de seguro, sub-roga-se a garantia no valor recebido, e em relação a este subsiste o penhor.

Igualmente se dá com a desapropriação, sobre cujo preço incidirá o direito do credor penhoratício.[28]

III. *Renúncia.* Sendo a renúncia modalidade extintiva da obrigação, alcança obviamente o penhor. Cumpre, todavia, apreciar duas situações distintas:

A) a renúncia às garantias deixa íntegro o crédito, que perdura embora desvestido da natureza privilegiada. É neste caso que o Código se refere à renúncia presumida do credor pignoratício:

---

28   Clóvis Beviláqua, ob. cit., § 120.

a) autorização para a venda da coisa empenhada sem ressalva de sua transposição para o preço;

b) restituição do objeto da garantia, uma vez que é da essência do penhor a sua posse pelo credor; mas naqueles penhores especiais, em que o devedor conserva a posse do bem empenhado, não há falar em devolução do objeto como uma espécie de renúncia tácita. Para que produza este efeito há que ser voluntária a restituição, presumindo-se tal se houver dúvida fundada, entre restituição voluntária e desapossamento injusto;[29]

c) *substituição* do penhor por outra garantia real ou fidejussória, caso em que a novação tem efeito extintivo da relação pignoratícia; se não houver o *animus* de resolvê-la, dever-se-á entender que a nova garantia simplesmente adere à obrigação, reforçando-se sem efeito extintivo da preexistente.

B) Quando, porém, a renúncia tem por objeto a relação obrigatória principal, opera a sua extinção, e, neste caso, a hipótese recai no previsto no item I, *supra*: extinta a dívida garantida (pela renúncia que é causa resolutiva da obrigação) cessa o penhor.

IV. *Confusão*. Vindo na mesma pessoa a reunir-se a dupla condição de credor e proprietário da coisa empenhada (por aquisição *inter vivos* ou *causa mortis*) desaparece a garantia por total inanidade, uma vez que não tem o credor interesse jurídico ou econômico em intentar a excussão do penhor sobre coisa sua.

Mas se a causa motivadora da confusão vem a desaparecer, como na hipótese de se anular o testamento que a gerou, restabelece-se a garantia.

V. *Adjudicação judicial, remissão* ou *venda amigável do penhor*. As duas primeiras hipóteses envolvem precisamente a excussão pignoratícia com o praceamento da coisa, que pode ser adjudicada ao credor ou remida pelos parentes do devedor, segundo prescrevem as disposições processuais. Em tais casos, cessa a garantia, ao mesmo passo que se liberam os bens empenhados, que vão ter ao que arremata, adjudica ou redime – inteiramente livres do ônus que os gravava.

Se a adjudicação se der por preço superior ao débito garantido, o credor adjudicatário restituirá o saldo do devedor, ou depositará a importância à disposição do Juízo, em havendo protesto por concurso de credores.

A venda amigável da coisa empenhada pode dar-se com anuência do credor, ou segundo permissão expressa no contrato.

VI. *Pelo escoamento do prazo*. Se a garantia for dada a termo certo, resolve-se com o advento do *dies a quem*, independentemente da solução da obrigação. A determinação do prazo pode ser convencional ou legal (penhor rural), mas prevalece uma vez estipulada a prorrogação.

VII. Pela *resolução* do direito do empenhante, como no caso de revogação da doação.[30]

---

29 Enneccerus, Kipp e Wolff, *Derecho de Cosas*, ob. cit., § 171.
30 Lacerda de Almeida, ob. cit., § 115.

Extinto o penhor por qualquer das causas jurídicas acima deduzidas, cumpre ao credor *restituir a coisa empenhada*. E isto se dá, ainda que a cessação advenha da nulidade da obrigação garantida, em razão de sua contrariedade aos princípios de ordem pública. E a razão da ressalva é que na decorrência da velha parêmia *in pari causa turpitudinis cessat repetitio* – poderia parecer que o credor penhoratício se eximiria da restituição sob a alegação da causa ilícita da dívida garantida (dívida de jogo, e.g.). O argumento, todavia, não colhe, e cabe a restituição.[31]

Por fim, o art. 1.437, em redação não muito feliz, pretende estabelecer que, na ocorrência de um fato extintivo do penhor, pode o interessado promover o cancelamento do registro. Se por ato emanado do credor, o instrumento será levado ao Registro. Se provier de causa diversa, cabe ao interessado fazer a prova, pelos meios regulares, inclusive justificação judicial.

---

31   De Page, ob. cit., nº 1.094.

Capítulo LXXX
Hipoteca e Anticrese

Bibliografia

Tito Fulgêncio, *Direito Real da Hipoteca, passim*; Jourdan, *L'Hypothèque, passim*; Martou, *Des Privilèges et Hypothèques, passim*; Eduardo Espínola, *Direitos Reais*, págs. 383 e segs.; Lafayette, *Direito das Coisas*, §§ 168 e segs.; Lacerda de Almeida, *Direito das Coisas*, §§ 124 e segs.; Clóvis Beviláqua, *Direito das Coisas*, vol. II, §§ 130 e segs.; Azevedo Marques, *A Hipoteca, passim*; Afonso Dionísio Gama, *Da Hipoteca, passim*; Orlando Gomes, *Direitos Reais*, nos 290 e segs.; Ruggiero e Maroi, *Istituzioni*, vol. II, § 199; Washington de Barros Monteiro, *Direito das Coisas*, págs. 349 e segs.; Trabucchi, *Istituzioni di Diritto Civile*, no 271, pág. 608; J. W. Hedemann, *Derechos Reales*, págs. 384 e segs.; Enneccerus, Kipp e Wolff, *Tratado, Derecho de Cosas*, vol. II, §§ 132 e segs.; De Page, *Traité*, vol. VII, nos 428 e segs.; Planiol, Ripert e Boulanger, *Traité Élémentaire*, vol. II, nos 3.629 e segs.; Mazeaud e Mazeaud, *Leçons de Droit Civil*, vol. III, nos 225 e segs.

356. NOÇÕES GERAIS. CARACTERES JURÍDICOS DA HIPOTECA

Já aludimos anteriormente (n° 346, *supra*) à origem histórica dos direitos reais de garantia, rastreando a sua ocorrência em sistemas mais remotos e mostrando que o Direito Romano não destacava o *pignus* da *hypotheca* que incidiam em coisa móveis e imóveis. Relembramos agora que a hipoteca foi conhecida na Grécia, em Roma, como no Egito.[1]

Palavra de étimo grego, a hipoteca como instituição jurídica não seria, contudo, evolução de instituto análogo no direito ático, como não foi, também, do instituto hipotecário egípcio. Embora não falte quem coloque a sua autoridade no evidenciar suas semelhanças marcantes nos dois sistemas,[2] tem-se como certo que a garantia hipotecária passou por desenvolvimento próprio em Roma, constituindo um passo evolutivo do contrato de fidúcia, a qual perdera a sua importância como negócio puro, e sem acusar a procedência grega.[3]

Não obstante a comunidade de objeto (incidência em coisa móvel ou imóvel) e de objetivos (constituição de garantia real); não obstante mesmo o pronunciamento de jurisconsultos romanos no sentido de sua aproximação – não se pode negar que naquele sistema já se esboçava diferenciação a princípio tênue porém mais tarde bastante nítida: enquanto o penhor se perfazia com a imissão do credor na posse da coisa, a hipoteca se constituía conservando-a o próprio devedor. Para documentá-lo, além da palavra dos romanistas modernos está o depoimento de Ulpiano: *Proprie pignus dicimus quod ad creditorem transit; hypothecam, cum non transit, nec possessio ad creditorem* (*Digesto*, Liv. 13, Tít. VII, fr. 9, § 2°).

Não podemos, dada a natureza desta obra, acompanhar toda a evolução histórica deste instituto. Limitamo-nos a uma pequena referência aos pontos essenciais, seja no Direito Romano, seja em nosso antigo direito.

No primeiro, constituída para garantia de qualquer débito assegurava ao credor a aquisição de posse da coisa no vencimento da obrigação,[4] ao mesmo passo que lhe outorgava a faculdade de alienar livremente o bem hipotecado. Este último poder, que com o tempo degenerou em abuso, estimulando contratações opressivas e asfixiantes, acabou sendo suprimido de todo, como se documenta por expresso no Código de Justiniano, Liv. VIII, Tít. 34, Leis 1 e 3.

Ao passar para o direito das Ordenações perdeu a hipoteca todo sentido de sistema, estabelecendo-se a maior confusão de princípios em torno desta garantia, como da preferência que se lhe ligava. O depoimento do sempre lúcido Coelho da Rocha é bastante elucidativo.[5] É que o antigo direito português limitou-se a adotar,

---

1 De Page, *Traité*, vol. VII, n° 430.
2 Ludovic Beaucher, *Histoire du Droit Privé de la République Athénienne*, vol. III, pág. 176.
3 Frédéric Girard, *Droit Romain*, pág. 812; Arangio Ruiz, *Istituzioni di Diritto Romano*, pág. 262 e segs.; Jourdan, *L'Hypothèque*, pág. 83.
4 Clóvis Beviláqua, *Direito das Coisas*, vol. II, § 130.
5 Coelho da Rocha, *Instituições de Direito Civil Português*, vol. II, §§ 633 e segs.

com ligeiras modificações, o direito hipotecário romano com suas falhas e defeitos.[6] E é certo que não conseguiram os Romanos imprimir os rigores de sua lógica às garantias reais.

O direito brasileiro imprimiu ordem a esse caos e, com a disciplina da hipoteca, cuja segurança assenta sobre dois pilares, publicidade e especialidade (Lafayette), lançou o germe do sistema de registro imobiliário que se vem aperfeiçoando com o tempo, e produzindo frutos valiosos dentro da organização da propriedade no Brasil. A Lei nº 317, de 21 de outubro de 1843, seguida de seu regulamento baixado com o Decreto nº 842, de 14 de novembro de 1846, iniciou a reforma de nosso sistema hipotecário. Imperfeito, todavia, como o reputava Lafayette, substituiu-se pela Lei nº 1.237, de 24 de setembro de 1864, regulamentada pelo Decreto nº 3.453, de 26 de abril de 1865, que vigorou até a República, em cujos primórdios procedeu-se a uma restruturação dos Registros Públicos com o Decreto nº 169-A, de 19 de janeiro de 1890, seguido do Regulamento baixado com o Decreto nº 370, de 2 de maio de 1890.[7] Não obstante a revogação tácita desses dois últimos decretos pela Lei nº 6.015/1973, ambos foram excluídos expressamente do ordenamento jurídico pátrio pelo Decreto nº 11, de 21.11.1991.

O Código Civil de 1916, com a experiência legislativa do passado, e atentando na sua aplicabilidade prática, sistematizou o instituto da hipoteca, que poucas mutações teve de sofrer naquele período da vida civil brasileira.

Está atualmente em vigor a Lei nº 6.015, de 31 de dezembro de 1973, contendo a regulamentação do Registro Imobiliário.

O Código Civil de 2002, por seu turno, procurou conferir tratamento em que mescla modificações pontuais em certos setores da disciplina anterior com a incorporação de vários artigos de conteúdo absolutamente inovador, visando ao aperfeiçoamento da sistematização do instituto.

Não nos detemos na discussão das conveniências ou inconveniências da hipoteca, tão profligada por Affonso Fraga e José de Alencar, este fazendo uma pausa na sua atividade literária para anatematizar a garantia real (José de Alencar, *A Propriedade*) e aquela (Affonso Fraga, *Direitos Reais de Garantia*). Hoje, ninguém mais duvida das excelências do instituto, depois que a sua utilização veio proporcionar a abertura de créditos para desenvolvimento econômico, e principalmente oportunidades aos milhares para a execução dos planos habitacionais, desde o período que antecedeu a 2ª Guerra Mundial e o surto inflacionário que nos atingiu, até o Sistema Habitacional com o Banco Nacional da Habitação e demais órgãos autorizados a operar neste setor pelo Conselho Monetário Nacional. A título de ilustração, e comprovando que o incremento da hipoteca acompanha o desenvolvimento, recordamos

---

6   Lafayette, *Direito das Coisas*, § 173; Lacerda de Almeida, *Direito das Coisas*, § 125; Dionísio Gama, *Da Hipoteca*, pág. 13.

7   Os Decretos nºˢ 169-A e 370, ambos de 1890, não obstante a revogação tácita pela Lei nº 6.015/1973, foram excluídos expressamente do Ordenamento Jurídico pátrio pelo Decreto nº 11, de 21.11.1991.

que nos Estados Unidos o total dos débitos hipotecários ascendeu de 37 bilhões de dólares em 1945 a 130 bilhões em 1955,[8] e que na Alemanha é elemento propulsor da construção de habitações.[9]

Para o direito pátrio atual a hipoteca é um sistema de garantia real que tem em vista as disposições de fundo (Código Civil, arts. 1.473 a 1.505) e as de natureza regulamentar, contidas no Regulamento dos Registros Públicos (Lei nº 6.015, de 31 de dezembro de 1973). Por sua vez, o procedimento de execução extrajudicial dos créditos garantidos por hipoteca consta da Lei nº 14.711, de 30 de outubro de 2023 (art. 9º).

No desenvolvimento de sua dogmática não podemos perder de vista estas duas orientações que nos parecem fundamentais: a parte substantiva, com as normas estruturais, e a parte adjetiva, com a inscrição no registro. Não podemos olvidar, também, que pelo fato de destacar do patrimônio um bem, para torná-lo garantia específica de uma obrigação, subtraindo-o ao princípio geral da garantia já examinado nesta obra (ver nº 346, *supra*), a hipoteca é considerada direito excepcional, somente admissível nos termos da lei que expressamente a reconhece e disciplina vigorando quanto às normas respectivas a regra da interpretação restritiva.[10] De *acrescer* será ainda que hipoteca é um *direito sobre o valor da coisa*, e não à sua substância.[11]

Partindo de uma noção que não perde de vista o direito positivo, e tendo presentes os conceitos emitidos pelos nossos melhores jurisconsultos e monografistas da matéria (Lafayette, Coelho da Rocha, Clóvis Beviláqua, Affonso Fraga, Azevedo Marques, Lacerda de Almeida, Tito Fulgêncio, Serpa Lopes, Eduardo Espínola, Washington de Barros Monteiro), mas sem os rigores de uma definição estrita, podemos assentar que: a *hipoteca é o direito real de garantia de natureza civil, incidente em coisa imóvel do devedor ou de terceiro, sem transmissão da posse ao credor.*

A imperfeição do conceito à sua análise, com a apuração dos *caracteres jurídicos da hipoteca.*

A) *Natureza civil.* A ideia dominante em nosso direito, com que o Código de 1916 inaugurava a disciplina da hipoteca, é a de sua *natureza civil*, tendo em vista que constitui vinculação de imóvel ao pagamento de dívida. Não importa, pois, a qualificação das pessoas do devedor ou do credor, nem a natureza (civil ou mercantil) do débito garantido. A hipoteca é um negócio jurídico civil – ainda que a dívida seja comercial e comerciantes as partes –, como civil a sua lei e civil a sua jurisdição (Código Civil de 1916, art. 809 – o que o novo Código dispensou-se de declarar, tendo em vista que o princípio é absolutamente tranquilo em nosso Direito). Esta última observação (quanto à jurisdição civil) tem hoje pouca importância, pois que se não cogita mais dos "tribunais de comércio". Mas, se vierem a criar-

---

8   Willis R. Bryant, *Mortgage Landing*, pág. 1.
9   Hedemann, *Derechos Reales*, pág. 388.
10 Lafayette, ob. cit., § 186.
11 Hedemann, ob. cit., pág. 384.

-se Varas especializadas para aplicação da lei comercial, prevalecerá o princípio, qualificando a jurisdição civil para as questões atinentes à excussão hipotecária, à anulação do contrato de hipoteca, ao cancelamento da respectiva inscrição, à especialização da hipoteca legal, como a todo outro problema referente a essa garantia real.

B) *Direito real.* Conforme ficou esclarecido e explanado, a hipoteca alinha-se ao lado penhor na categoria das garantias que submetem uma coisa ao pagamento de dívida. Com exclusividade, acrescenta Lafayette. E sem desapossamento completo, acrescentam De Page e os irmãos Mazeaud.[12] Objeto da hipoteca é a coisa imóvel, conforme trataremos no desdobramento das características e no estudo dos seus requisitos. Constituída pela convenção ou instituída por lei, promover-se-á a sua inscrição (n° 358, *infra*), e, em consequência, erige-se em *direito real*, oponível *erga omnes*, dotada de sequela, e gerando para o credor o poder de excutir o bem hipotecado, para se pagar preferencialmente com a sua venda em hasta pública. Como direito real imobiliário, a hipoteca em si mesma tem sido classificada e considerada como bem imóvel (Lafayette, De Page).

C) *Coisa do devedor ou de terceiro.* Embora na maioria dos casos o devedor é quem dá imóvel seu em garantia da obrigação, nada impede seja ela oferecida por um terceiro, sendo então o hipotecante pessoa diversa do devedor.[13]

D) *Posse da coisa.* Salienta-se, como fator relevante na constituição da hipoteca, a manutenção do imóvel, na *posse do devedor*. Vinculado embora ao pagamento da dívida e oferecendo ao credor privilégio na sua solução, não sai o imóvel do poder do devedor hipotecário, que sobre ele exerce todos os seus direitos, usa-o segundo a sua destinação, percebe-lhe os frutos. Somente vem a ser desapossado dele por via judicial da excussão hipotecária se deixar de cumprir a obrigação de pagar na oportunidade própria. Inválido será, pois, o *pacto comissório* pelo qual se estipula a atribuição do imóvel ao credor, em falta de cumprimento da obrigação (Código Civil, art. 1.428, *caput*). Nada impede, todavia, que se reconheça a validade de acordo em que, diante do incumprimento do devedor, a entrega do bem dado em garantia não se revele abusiva quando em cotejo com a obrigação principal descumprida, a evidenciar o enriquecimento sem causa do credor. Trata-se do chamado *pacto marciano*. Demonstra-se possível, também, a *datio in solutum*, concertada entre hipotecante e credor hipotecário, tendo por objeto o imóvel hipotecado, desde que a dívida esteja vencida (art. 1.428, parágrafo único).[14]

E) *Indivisibilidade.* Enquanto não liquidada, a hipoteca subsiste por inteiro sobre a totalidade dos bens gravados, ainda que ocorra pagamento parcial: *Hypotheca est tota in toto et tota in qualibet parte* (Código de Justiniano, Liv. 8, T. 27, § 6°). Este caráter da hipoteca, que não é da sua essência mas uma criação da lei, pode ser

---

12   De Page, ob. cit., n° 433; Mazeaud e Mazeaud, *Leçons*, vol. III, n° 233.
13   Enneccerus, Kipp e Wolff, *Tratado, Derecho de Cosas*, vol. II, § 134.
14   Tito Fulgêncio, *Direito Real de Hipoteca*, vol. I, pág. 111.

afastado convencionalmente,[15] quando se estipula que a *solutio* parcial libera alguns dos bens hipotecados, notadamente se forem diversos e autônomos como unidades econômicas. A indivisibilidade é da hipoteca em si. Não depende da indivisibilidade da coisa hipotecada nem tem o poder de gerá-la. Permanece o bem tal que era, suscetível ou não de fracionamento. A indivisibilidade reside, desta sorte, no vínculo que liga a coisa à obrigação.[16]

Em razão da indivisibilidade ainda, e se forem diversos os devedores, o ônus hipotecário não se levanta sem o pagamento integral do débito garantido, ainda que a obrigação não seja solidária. E manifesta-se sobre cada uma das partes do bem gravado, ainda que seja este divisível. Instituída esta qualidade, como é, no interesse do credor, a divisão ativa da obrigação gera para cada herdeiro credor a faculdade de receber sua quota, desaparecendo no que lhe concerne a inscrição hipotecária.[17]

A Lei nº 14.711/2023, visando aprimorar o regime jurídico das garantias, efetuou diversas modificações na hipoteca. Dentre as inovações essenciais, destaca-se a inserção do art. 1.487-A no Código Civil, para prever a extensividade ou o recarregamento dessa garantia real. Em sendo, pois, a dívida com o mesmo credor, mantido o prazo para pagamento e o valor máximo garantido, por requerimento do proprietário, a hipoteca poderá ser estendida para garantir novas obrigações contraídas, mantidos o registro e a publicidade originais. Deve-se respeitar, em relação à extensão, a prioridade de direitos. É despiciendo para tal mecanismo, portanto, o cancelamento do registro existente, devendo ser realizada simples averbação.

Segundo o regramento constante dos parágrafos incluídos pela mencionada Lei no bojo do Código Civil, o refil da hipoteca não poderá exceder ao prazo e ao valor máximo garantido, em conformidade com a especialização da garantia original (§ 1º), e será assegurada a preferência creditória em favor da obrigação inicial, em relação às obrigações alcançadas pela extensão da hipoteca e da obrigação mais antiga, considerando-se o tempo da averbação, no caso de mais de uma extensão de hipoteca (§ 2º).

Na hipótese de superveniente multiplicidade de credores garantidos pela mesma hipoteca estendida, apenas o credor titular do crédito prioritário, conforme estabelecido no § 2º deste artigo, poderá promover a execução judicial ou extrajudicial da garantia, exceto se convencionado de modo diverso por todos os credores (§ 3º).

F) *Acessoriedade*. A hipoteca, como relação de garantia, não pode nascer nem subsistir sem um crédito; se falta este ou se se invalida, inexiste aquela;[18] se se extingue, anula ou resolve o crédito, desaparece a garantia hipotecária.[19]

---

15 Lacerda de Almeida, ob. cit., § 1.301; De Page, ob. cit., nº 442. Observe-se que o caráter da indivisibilidade não existe no direito alemão, como salientam Enneccerus, Kipp e Wolff, ob. cit., § 136.
16 Lafayette, ob. cit., § 176; Dionísio Gama, ob. cit., pág. 23.
17 De Page, ob. cit., nº 442.
18 Enneccerus, Kipp e Wolff, ob. cit., § 132.
19 De Page, ob. cit., nº 441; Mazeaud e Mazeaud, ob. cit., nº 236.

357. REQUISITOS OBJETIVO E SUBJETIVO DA HIPOTECA

A validade da hipoteca pressupõe a apuração de determinados requisitos de natureza objetiva, subjetiva e formal.

Aqui deduzimos tão somente os dois primeiros, transferindo a matéria da forma para o parágrafo seguinte, como deixamos também de estender uma referência à "existência de uma dívida", que alguns civilistas apontam como requisito desta,[20] porque já temos assinalado ser qualquer garantia uma relação jurídica acessória. Não é, pois, um elemento da hipoteca a sua vinculação a um débito, mas a condição natural de seu caráter de direito real de garantia. Acrescente-se, entretanto, que qualquer dívida – atual ou futura, condicional, a termo ou pura e simples – é suscetível de garantia por hipoteca.[21] O Código Civil de 2002 dispõe que, dando o proprietário bens em hipoteca de dívida futura ou condicional, há que ser determinado o valor máximo da obrigação garantida. Acordando o devedor na fixação do montante, ou no implemento da condição, pode o credor promover-lhe a execução. Divergindo os interessados, a execução depende de provar o credor o *quantum* devido, ou a verificação da *conditio*. Acertado um ou outro, o devedor, além de pagar o devido, estará sujeito a perdas e danos, pelo retardamento que sua discordância causou (art. 1.487 e parágrafos).

I. *Objetivo*. Explicitamente arrola a lei o que pode ser objeto de *hipoteca*. Poderíamos resumi-lo numa só fórmula, dizendo que incide sobre coisa imóvel. Não seria contudo satisfatória a referência, não somente pelo fato de lhe faltar a discriminação dos bens imóveis a que o legislador se refere, como ainda porque as injunções econômicas determinam a inclusão de alguns bens móveis, passíveis de serem hipotecados sem perderem a sua mobilidade natural.

É mister estejam eles, ainda, *in commercio*, o que será desenvolvido ao tratarmos de alienabilidade como requisito subjetivo.

Passemos aos bens que podem ser objeto de hipoteca:

A) Os *imóveis*, compreendidos nesta expressão os que o são por natureza. Dada a sua condição, abrangem, além do solo, as casas, edifícios ou construções de qualquer natureza.

E, como já vimos anteriormente (n° 346, *supra*), as unidades em edifícios coletivos (apartamentos, salas, conjuntos comerciais e profissionais, lojas) podem ser dadas em hipoteca pelos respectivos proprietários, conjunta ou separadamente, e independentemente da anuência dos demais comunheiros.

Não tem cabimento a hipoteca de bens futuros.[22]

Posto que, em fase de construção, é lícito dar em hipoteca a fração ideal do terreno, caso em que o ônus hipotecário compreenderá com ela a edificação na medida ou na proporção em que se desenvolva.[23]

---

20   Lacerda de Almeida, ob. cit., § 133.
21   Lacerda de Almeida, loc. cit.
22   Planiol, Ripert e Boulanger, *Traité Élémentaire*, vol. II, n° 3.660.
23   Caio Mário da Silva Pereira, *Condomínio e Incorporações*, n° 88; De Page, *Traité*, vol. VII, n° 488.

Os bens em estado de indivisão (condomínio tradicional) podem ser hipotecados, guardadas as seguintes regras: com o acordo de todos, o imóvel em conjunto; mas não pode um condômino hipotecar além das forças do seu quinhão. Efetuada a divisão, cada condômino tem o direito de dar em hipoteca a sua parte (Código Civil, art. 1.420, § 2°).

Por seu turno, o art. 1.488 do Código de 2002 abre uma exceção ao princípio da indivisibilidade da hipoteca. Antevendo a hipótese de parcelamento do terreno em lotes ou em frações ideais atribuídas a unidades autônomas de edifício coletivo, permite que os interessados requeiram ao juiz a divisão do ônus, proporcionalmente ao valor de cada uma das partes. Requerido por um deles, serão ouvidos os outros. Mas o credor não se pode opor ao desmembramento, se não houver diminuição de sua garantia. O desmembramento do ônus hipotecário não produz efeitos *ex tunc*, nem exonera o devedor originário da obrigação de responder com os seus bens pelo restante do débito, se o produto da execução da hipoteca for insuficiente para a solução da dívida, e mais despesas judiciais.

Não poderá ser gravado de hipoteca o *bem de família*, dada a impenhorabilidade que é essencial.[24]

B) Os *acessórios dos imóveis, conjuntamente com eles*. Aqui se encontram abrangidas todas as espécies de acessórios: naturais (árvores, frutos pendentes, fontes), como o que estiver permanentemente incorporado ao solo (sementes, plantas, safras), como ainda tudo que o homem intencionalmente empregar na comodidade, aformoseamento, ou exploração industrial do imóvel (máquinas, utensílios, animais). Uma vez separados, os acessórios assumem o caráter de coisas móveis, e, pois, não comportam hipoteca.[25] Se, entretanto, promover o proprietário, de má-fé, o desligamento do acessório em relação à coisa, e com isto reduzir a garantia porque não pode o credor exercer a sequela sobre o bem móvel, caso será de se lhe franquear o pedido de reforço da hipoteca (v. n° 356, *infra*), e em caso de recusa promover a execução hipotecária.[26]

A rigor as construções de caráter permanente (casas, edifícios) deveriam ser mencionadas aqui, e não na alínea *a*, pois que são acessórios (Código Civil, art. 79). Mas a sua importância econômica e social aconselha sejam mencionadas na referência genérica (imóveis) tanto mais que chegam às vezes a preponderar sobre o solo.

C) *Domínio direto*. Ao estudarmos a enfiteuse (v. n° 333, *supra*), vimos que esta promove o desmembramento da propriedade, deixando o domínio direto nas mãos do senhorio e pondo o domínio útil nas do foreiro. E, como o Direito deste não anula o daquele, admite-se a hipoteca do domínio direto independentemente do domínio útil, bem como da anuência do enfiteuta.

---

24 Planiol, Ripert e Boulanger, ob. cit., n° 3.634.
25 Enneccerus, Kipp e Wolff, ob. cit., § 135.
26 Lafayette, ob. cit., § 180.

D) *Domínio útil*. Como desmembramento da propriedade é igualmente hipote-cável o domínio útil, sujeitando-se contudo o adquirente ao pagamento do laudêmio, em caso de excussão hipotecária.

E) *Estradas de ferro*. A ferrovia é suscetível de hipoteca, como complexo abran-gente do material fixo (trilhos assentados, oficinas, estações, linhas telegráficas) e material rodante (locomotiva, carros). A característica predominante na hipoteca das vias férreas reside na continuidade do seu funcionamento. Para tanto, quer a lei que o credor respeite a administração e suas deliberações, assim no tocante à exploração da linha como nas modificações deliberadas no leito da estrada, em suas dependências e no seu material.

Para efeito de constituição de ônus real, a inscrição hipotecária se fará no mu-nicípio sede da estação inicial. E quanto à extensão, poderá abranger toda a estrada ou uma determinada linha, caso em que os credores hipotecários têm o direito de impedir operações que possam romper a unidade da exploração comercial, tais como a venda da estrada ou de suas linhas, ou ainda a fusão com outra empresa, sempre que a garantia lhes parecer com isto enfraquecida.

Outra peculiaridade da hipoteca de ferrovia é que, no caso de execução, não se passará carta ao maior licitante antes de intimação ao representante da União ou do Estado, a que tocar a preferência, para utilizá-la no prazo de 15 dias, pagando o preço da arrematação ou adjudicação (a propósito da matéria, ver a legislação geral e especial: Código Civil, arts. 1.502 a 1.505 e Lei nº 6.015, de 31 de dezembro de 1973, art. 171, com a redação dada pela Lei nº 13.465, de 2017).

F) *Jazidas, minas e demais recursos minerais*. Faz o Código Civil expressa referência a estas riquezas naturais.

Com a legislação minerária, a matéria passou por nova orientação em razão de se ter cambiado a filosofia política a seu respeito. Nos termos do art. 176 da Constituição de 1988, que dispõe sobre as jazidas e demais recursos minerais e potenciais de energia elétrica, as jazidas minerais são hoje propriedade distinta do solo, e pertencentes à União, com reconhecimento de direito preferencial para a sua exploração garantindo-se ao concessionário a propriedade do produto da lavra, e reconhecendo-se ao *dominus soli* a participação nos resultados da lavra, na forma e no valor dispostos na Lei nº 8.901/1994.

As pedreiras, que pela sua natureza não dependem de concessão, podem ser hipotecadas. As minas, convertido o seu direito de exploração a uma concessão do Governo, podem ser dadas em garantia, hipotecando-se as instalações fixas. Mas a autorização governamental não pode ser objeto de gravame sem a averbação no Livro de Registro de Concessão da Lavra.

G) *Navios*. Não obstante as embarcações serem bens móveis, reconhece-se em nosso direito como em outros sistemas jurídicos, a conveniência econômica de ad-mitir a sua hipoteca, tendo em vista a necessidade de oferecer segurança a quem financie o seu construtor ou o seu proprietário.

Diversas objeções baseadas no risco marítimo, como no deslocamento constan-te da embarcação, foram respondidas. E, de fato, a segurança da navegação (marítima, fluvial ou lacustre) aumentou muito com a apuração técnica das construções, aperfeiçoamento das previsões meteorológicas, serviço de salvamento regularmente instituído em todos os países, rede de telecomunicações em constante atividade, etc. De outro lado, a matrícula obrigatória do navio em determinado porto neutraliza a consequência da instabilidade local.

Não há, pois, obstáculo para a hipoteca, que passa ao plano do *modus faciendi*. E mesmo este é uma questão apenas de formalidade: escritura pública obrigatória passada em ofícios privativos, constituição da garantia pelo proprietário, ou proprietários, se forem mais de um, menção da dívida garantida, inscrição no porto de matrícula.[27]

H) *Aviões*. Com o desenvolvimento da aviação comercial, surgiu a necessidade de estender às aeronaves a faculdade de serem dadas em hipoteca. O paralelismo de situações é marcante; a simetria de disposições, o corolário. E foi o que aconteceu. Apesar de ser o avião coisa móvel em constante deslocamento e para locais remotos, duas circunstâncias concorrem para permitir a sua hipoteca: a marca e o prefixo, subordinados a critérios preestabelecidos, e a matrícula. Jogando-se com uma e outro, chegou-se à hipoteca das aeronaves, regulada por tratados e disciplinada pela lei, produzindo os efeitos de garantia real.

I) *Uso especial para fins de moradia, direito real de uso, direito de superfície e os direitos oriundos da imissão provisória na posse dos entes federativos.* Em modificação legislativa superveniente (Lei nº 11.481/2007 e Lei nº 14.620, de 2023), acresceram-se três novos incisos ao rol do art. 1.473 do Código Civil. Pelo regramento novo, passaram a consistir objeto de hipoteca o direito de uso especial para fins de moradia, o direito real de uso e a propriedade superficiária, sendo certo que a hipoteca sobre estes dois últimos direitos fica limitada à duração da concessão ou direito de superfície, caso tenham sido transferidos por período determinado.

J) Finalmente, no plano do requisito objetivo, completa-se a construção jurídica com a menção dos bens que não podem ser hipotecados, e são, em linha de princípio, as coisas que não podem ser alienadas: 1. os bens públicos de uso comum e especial. Quanto aos de natureza patrimonial, que são alienáveis mediante autorização legislativa, serão igualmente hipotecáveis. Referindo-se-lhes, Beviláqua diz não ser costume hipotecá-los. Sob aspecto científico, a questão não é esta, mas saber se podem ser gravados. E entendemos que sim, uma vez precedendo autorização do Poder Legislativo, contendo já a franquia de sua alienação para pagamento da dívida garantida, porque não cabe ação executiva contra a União, o Estado ou o Município; 2. os bens inapropriáveis; 3. os que por lei são inalienáveis, como o bem de família; 4. os bens de órfãos; 5. os de menores sob poder familiar serão hipotecados precedendo autorização judiciária, uma vez demonstrada a conveniência da operação. O caso mais frequente é a hipoteca destinada a financiamento da própria aquisição.

---

27   A Associação Brasileira de Direito Marítimo e o Sindicato dos Bancos do Estado da Guanabara promoveram na época elaboração de Projeto de Lei referente à hipoteca naval.

Mas nada impede se deem em garantia real por outra fundamentação, como seria a obtenção de numerário para prover à sua conservação mesma; 6. os bens gravados com cláusula de inalienabilidade, advinda de doação ou testamento, somente seriam hipotecáveis nos casos e na forma como a sua alienação pode ser permitida; 7. os direitos reais, ainda que constituídos sobre imóveis, tais como: o usufruto, uso, habitação; as servidões; outra hipoteca.[28]

II. *Subjetivo*. O princípio geral que disciplina a capacidade jurídica recebe aqui uma especificidade, em razão de que a hipoteca já é um começo de alienação, mediante destaque de um bem do patrimônio, para submetê-lo ao pagamento de uma obrigação. Daí estabelecer a lei: só aquele que pode alienar poderá hipotecar (Código Civil, art. 1.420). A regra aplica-se, qualquer que seja o objeto. *Somente quem é dono pode hipotecar*. E, reversamente, se for constituída hipoteca por quem não seja proprietário, anula-se, salvo em se tratando de possuidor de boa-fé, que revalidará a garantia pela aquisição ulterior de domínio (Código Civil, art. 1.420, § 1º), com efeito retro-operante à data da inscrição (ver nº 346, *supra*). A revalidação resulta, pois, de ao tempo da constituição da hipoteca estar o devedor na posse do imóvel, com justo título e boa-fé.[29]

Sem embargo da regra aqui estabelecida, convém recordar algumas hipóteses que, não envolvendo proibição para hipotecar, implicam todavia restrições à liberdade de fazê-lo:

A) O marido necessita de outorga uxória, salvo recusa injustificada da mulher, ou impossibilidade de lhe dar esta a anuência, casos em que o juiz poderá supri-la, desde que o gravame não vá atingir os bens próprios da mulher.

B) A mulher necessita de outorga marital, salvo quando assume a direção do casal nos casos do marido ausente, interdito ou encarcerado, mediante suprimento judicial. Note-se que nenhuma restrição haverá para a hipoteca dos bens de cada um após a homologação da separação judicial, e, obviamente, do divórcio.

C) Aos condôminos em coisa indivisa somente será lícito hipotecar a coisa comum, na sua totalidade, com o consentimento de todos; mas cada um pode individualmente dar em garantia real a parte que tiver (Código Civil, art. 1.420, § 2º).

D) O condômino em edifício coletivo (regime de propriedade horizontal) pode hipotecar a sua unidade e respectiva fração ideal, independentemente da anuência dos demais.

E) Os menores sob poder familiar não podem hipotecar. Seus pais poderão fazê-lo precedendo autorização judicial, e demonstrada a necessidade ou conveniência da operação.

F) Os menores sob tutela e os interditos não poderão hipotecar seus bens, nem diretamente, nem por via de seus representantes. A Azevedo Marques pareceu lícito que esses incapazes hipotequem seus bens, desde que haja manifesta vantagem e

---

28   Lafayette, ob. cit., § 181. De Page, todavia, admite a hipoteca do *usufruto*, sujeita à cláusula de resolução subordinada à cessação *pleno iure* desse direito (*Traité*, vol. VII, nº 468).

29   Lafayette, *Direito das Coisas*, § 216.

preceda autorização judicial.[30] Fundamenta seu parecer em que pode ser permitida a venda. Sem embargo de sua autoridade, entendemos não caiba a hipoteca, pelo fato de a alienação somente se efetivar em hasta pública, além de que eventualmente acarrete maiores riscos do que a venda mesma. Neste último sentido a opinião de Clóvis Beviláqua, em *Comentário ao art. 308 do Código Civil de 1916*.

G) Os que são *emancipados* podem hipotecar livremente, diferindo o direito atual do pré-codificado, que dava aos emancipados a capacidade para se obrigarem, não, porém, para a alienação.[31]

H) Os falidos não podem hipotecar, por falta da administração e disposição dos bens.

I) Os concordatários somente poderão hipotecar com autorização judicial, até o cumprimento da concordata.

J) Embora em caráter especial, é válida a convenção, tendo por objeto a obrigação de obter a hipoteca por outrem (*convention de portefort*), isto é: válido o compromisso tomado por uma pessoa que se obriga pelo fato de terceiro (v. nº 206, *supra*, vol. III). Nesse caso, o obrigado não está hipotecando os bens de terceiro, diretamente, mas comprometendo-se a obter que o terceiro dê os seus bens em garantia do débito da outra parte; se o terceiro vem a constituir a hipoteca, considera-se cumprida a obrigação do estipulante.[32]

K) Representado o hipotecante por procurador, é exigido o mandato com poderes especiais, recomendada ainda a forma pública da procuração,[33] o que não é da essência, mas, entre nós, criação jurisprudencial.

358. REQUISITO FORMAL. TÍTULO. ESPECIALIZAÇÃO. INSCRIÇÃO

Além da observância dos requisitos objetivo e subjetivo que foram estudados no parágrafo anterior, a validade da hipoteca na sua função específica de direito real de garantia está na dependência da apuração de condições de forma, que dizem respeito a três momentos significativos na sua vida: o título ou instrumento gerador; especialização; inscrição no registro. Reunindo-os num só parágrafo, sob a epígrafe única das formalidades necessárias a esta garantia, estudamos o assunto com mais acurado espírito de sistema, porque enfeixamos um ao lado do outro os fatores componentes de sua concretização externa. E é nesta ordem que os desenvolveremos: *título, especialização, inscrição*.

I. *Título*. Constitui-se a hipoteca por força de contrato (hipoteca convencional) ou decorre do mandamento da lei (hipoteca legal ou judicial, a que destinamos

---

30 Azevedo Marques, *A hipoteca*, nº 12, pág. 29.
31 Lafayette, ob. cit., § 211.
32 Martou, *Des Priviléges et Hypothèques*, vol. III, nº 956; De Page, ob. cit., nº 679.
33 Planiol, Ripert e Boulanger, ob. cit., nº 3.687; De Page, nº 695.

o nº 361, *infra*). Em qualquer dos casos haverá um documento, ou instrumento, que perpetua a declaração de vontade das partes ou que materializa a incidência do ônus em determinado objeto.

É bem de ver que o direito real surge com o registro, e a este o Oficial competente somente pode proceder à vista de um instrumento escrito. Conforme se trate de hipoteca convencional ou legal o título variará. Mas há de existir forçosamente.

Em primeiro plano, colocamos, então, o *título constitutivo da hipoteca convencional*, por ser a grande massa das garantias hipotecárias. O confronto estatístico com as outras é da ordem de centenas para uma. E é aqui que o requisito formal avulta. Não basta, como se tem salientado, a observância dos requisitos materiais (subjetivo e objetivo); é necessário o da forma, que faz da hipoteca, antes de tudo, um *contrato solene*.[34]

A hipoteca se integra com aquele que recebe a garantia real (credor hipotecário) e com quem a outorga (devedor principal ou terceiro hipotecante), além das testemunhas instrumentárias. Exige um acordo de vontade, vale dizer, a declaração específica e a aceitação do credor.[35] E em qualquer caso é indispensável a anuência do outro cônjuge (*outorga uxória ou marital*).

Em se tratando de imóvel de pequeno valor, é lícita a adoção da forma particular, ficando uma via arquivada no cartório do registro. Se exceder da taxa legal, é obrigatória a escritura pública, como o é para qualquer ato constitutivo ou translativo de direito real. Na sua feitura observar-se-ão os requisitos próprios do escrito notarial (v. nº 104, *supra*, vol. I).

Para a *hipoteca legal*, nos casos em que se institui, o título é a sentença de especialização. Se for caso de *hipoteca judicial*, o título será a carta de sentença ou mandado judicial, contendo a indicação dos bens gravados e a dívida garantida.

Inovação em nosso Direito, o art. 1.486 do Código de 2002 permite, às partes, no ato constitutivo da hipoteca, autorizarem a emissão da correspondente cédula hipotecária. A Lei 6.015, de 31 de dezembro de 1973, estabelece no art. 167, nº II, item 7, a averbação da cédula hipotecária. Sua emissão, autorizada por lei especial, é gerada em função de financiamento que a autoriza.

II. *Especialização*. A hipoteca, como temos inúmeras vezes dito e repetido, é um ônus real incidente sobre coisa imóvel, para segurança de solução de determinada dívida. Cumpre, então, se caracterizem uma e outra. Eis o que se designa pelo vocábulo especialização. Ao contrário de nosso antigo direito que admitia as "hipotecas gerais",[36] toda hipoteca tem de ser especializada, para que se determine o bem separado do patrimônio, e o débito que se destina a garantir; para que se identifique o patrimônio de que foi destacado e em favor de quem o foi. No *contrato* especializa-se a hipoteca em benefício do credor; na *inscrição* especializa-se

---

34   De Page, ob. cit., nº 690; Mazeaud e Mazeaud, ob. cit., nº 249.
35   De Page, ob. cit., nº 691.
36   O direito moderno não conhece mais as hipotecas gerais. Trabucchi, *Istituzioni*, nº 271.

no interesse de terceiros, como fato de publicização, podendo suprir-se a falta, mediante nova escritura.[37]

Sendo convencional a hipoteca, a especialização contém-se no próprio instrumento constitutivo, pois que dele constam os nomes das partes, a dívida garantida e a descrição dos bens onerados.

Não se conhecendo o quantitativo do débito far-se-á uma estimativa, ou se obterá a sua caracterização pela causa e outros fatores hábeis a precisá-lo, de modo a ter-se dívida líquida e certa ao tempo do vencimento.

A descrição dos bens deve conter os elementos de identificação necessários a que se individuem. Não cabe a hipoteca de *bens futuros*, salvo no caso de prédio em construção ou apartamento em edifício coletivo (v. nº 357, *supra*), quando a referência ao memorial descritivo, plantas e projetos constituem os dados especializadores, de sorte a permitir que a evolução da construção, nas suas diversas fases, vá objetivando o gravame gradativamente, e sem necessidade de qualquer outra providência no registro.

Permite ainda a lei (Código Civil, art. 1.484) que as partes avaliem desde logo o imóvel, o que dispensa a sua realização para efeito de arrematação ou adjudicação no processo executivo. Se a escritura não contiver a declaração do valor, ou se as partes o desejarem, os bens serão avaliados no curso da execução, para efeitos da venda judicial.

No caso de *hipoteca legal*, a especialização constará de sentença, sem a qual não haverá inscrição, não se chegando a formalizar a garantia real. Enquanto não se especializa, a hipoteca legal instituída em favor da mulher pelos bens excluídos da comunhão, ou dos filhos, dos tutelados, dos interditos (v. nº 361, *infra*) permanece como simples faculdade ou mera expectativa de se converter em direito real. Somente com a especialização é que se habilita o interessado para promover a inscrição geradora do ônus real.

Na *hipoteca judicial* a especialização se fará na sentença e constará de mandado presente a oficial do registro.[38]

III. *Inscrição*. Antes da inscrição, o nosso direito anterior exigia a *prenotação* da hipoteca, para o fim de: *a*) determinar a ordem cronológica de entrada dos títulos e sua propriedade; *b*) conceder tempo ao oficial e às partes para as diligências que se tornem necessárias; *c*) permitir ao cartório atender ao serviço num ritmo razoável de trabalho. Funcionava a prenotação como uma espécie de "inscrição provisória",[39] para tal arte que, efetuada em caráter definitivo, retroagiam os efeitos à data em que foi prenotado o instrumento apresentado. No sistema atual dos Registros Públicos, todos os títulos apresentados ao oficial são diariamente anotados no Protocolo (Livro nº 1), que é o livro-chave do registro geral,[40] na ordem cronológica da entrada. Desta

---

37   Tito Fulgêncio, *Direito Real de Hipoteca*, vol. I, pág. 84.
38   Sobre especialização ver: De Page, ob. cit., nºs 547 e segs. e 627 e segs.
39   Lafayette, ob. cit., § 227; Lacerda de Almeida, ob. cit., § 175.
40   Tito Fulgêncio, ob. cit., nº 351.

sorte, não ocorrerá a inversão da ordem de inscrição hipotecária. Apresentados dois títulos versando sobre um mesmo imóvel, ou decidida dúvida pelo juiz, a inscrição retroage ao momento da prenotação, assegurando a prioridade do que primeiro se apresentou a registro: *prior in tempore, melior in iure* (Código Civil, arts. 1.493 e segs., e Lei nº 6.015, de 31 de dezembro de 1973).

O *registro é o momento culminante da hipoteca*. O título e a especialização, os elementos preparatórios ou causais. A inscrição é a operação geradora do direito real. O elemento constitutivo do direito de hipoteca,[41] propriamente dito. Enquanto não inscrita, a hipoteca não passa de crédito pessoal, porque subsistente apenas *inter partes*. Depois de inscrita, vale *erga omnes*: direito real. O Código Civil de 1916 o dizia (art. 848), em termos que mereceram a censura dos doutos,[42] ao proclamar que as hipotecas "somente valem contra terceiros" desde a data da inscrição; então não existe hipoteca (direito real de garantia) antes da inscrição, pois que a sua utilidade econômica e jurídica está na oponibilidade aos credores (terceiros). Esta, aliás, a proclamação enfática de Lacerda de Almeida: *hipoteca não registrada é hipoteca não existente.*[43] Por tal razão, o dispositivo não encontra correspondente no Código de 2002.

Direito real que é opõe-se aos credores quirografários do devedor, como aos terceiros adquirentes; opõe-se, ainda, a outro credor, dito hipotecário, que não haja registrado o título, e bem assim a quem tenha adquirido sobre o bem gravado um outro direito real.[44]

Não será, todavia, arbitrária a escolha do local do registro. Todas as hipotecas deverão ser registradas no lugar do imóvel, ou de cada um deles se o mesmo título mencionar mais de um. Procede-se ao registro no livro próprio (Livro nº 2), em obediência à ordem de apresentação segundo a seriação numérica no livro de Protocolo (Livro nº 1). E desta sorte assegura-se simultaneamente a sua *publicidade*.

O número de ordem determina a prioridade. E, se forem instituídas duas ou mais hipotecas sobre o mesmo bem, em favor de credores diversos, não se inscreverão no mesmo dia para que se positive qual delas é prioritária, a não ser que se mencione a hora da constituição.

Não é o caso de *segunda hipoteca*, a cujo respeito a lei estatui tratamento especial. Em princípio, é lícito ao devedor constituir sobre os mesmos bens uma segunda hipoteca, desde que o seu valor o comporte, prevalecendo nesse caso a segurança de pagamento após a liquidação da primeira. Mas, se ao oficial for apresentada "segunda hipoteca" antes de inscrita a "primeira", fará ele a prenotação, mas sobrestará o seu registro pelo prazo de 30 dias, até a inscrição da primeira hipoteca.

Em caso de dúvida sobre a legalidade da inscrição hipotecária pretendida, deduzirá o oficial as suas razões por escrito, obedecendo ao que prescreve o Regula-

---

41   Trabucchi, ob. cit., nº 273.
42   Clóvis Beviláqua, *Direito das Coisas*, vol. II, § 134.
43   Lacerda de Almeida, ob. cit., § 132.
44   De Page, *Traité*, vol. VII, nº 764.

mento dos Registros Públicos (Lei nº 6.015, de 31 de dezembro de 1973, art. 167, I, nº 2). Julgada improcedente a dúvida pelo juiz, a inscrição far-se-á com o mesmo número que teria na data prenotada. Em caso contrário, e sanada a irregularidade, a inscrição se promoverá na data da nova apresentação.

Cuida a lei de esclarecer quem tem qualidade para requerer o registro:

1. qualquer interessado, mediante apresentação do instrumento constitutivo, se convencional a hipoteca;

2. ao marido ou ao pai incumbe a especialização e inscrição da hipoteca legal da mulher;

3. ao pai, mãe, tutor ou curador, a hipoteca legal dos incapazes, antes de assumir a administração dos bens;

4. ao inventariante ou testamenteiro a hipoteca legal dos incapazes antes de entregar a herança ou o legado;

5. assinado o termo de tutela ou de curatela o escrivão remeterá cópia ao oficial do registro, considerando-se habilitado a requerer a inscrição qualquer parente sucessível do incapaz;

6. a hipoteca legal do ofendido poderá ser requerida por ele próprio, pelo seu representante legal, se incapaz, ou pelo Ministério Público para efeito do pagamento das custas e penas pecuniárias.

As pessoas interessadas na inscrição da hipoteca legal podem requerê-la pessoalmente ou solicitar ao Ministério Público que a promova. Mas respondem por perdas e danos os que tiverem tal incumbência e forem omissos.

Com a inscrição começa a hipoteca a produzir seus efeitos, que somente vêm a cessar com seu cancelamento.[45]

Uma vez realizada a inscrição, produz logo os seus efeitos, gerando o ônus real; e torna público o vínculo, no sentido de fazê-lo conhecido, ensejando a quem tenha interesse no imóvel ou na situação econômica do proprietário tomar ciência do gravame que o atinge, e bem assim da obrigação a que está submetido. E, como o registro se realiza no município sede do bem hipotecado, tudo isto se obtém a uma simples inspeção ocular, independentemente de investigações complexas ou demoradas.

Os credores quirografários e aqueles por hipoteca não inscrita em primeiro lugar e sem concorrência, somente por ação própria poderão invalidá-la. Feito o registro, que prova o direito real, ainda que por outro modo se demonstre que o título está desfeito, anulado, extinto ou rescindido (Decreto nº 4.857, de 9 de novembro de 1939, art. 293, com as alterações introduzidas pelo Decreto nº 5.318, de 29 de fevereiro de 1940, e Decreto nº 5.553, de 6 de maio de 1940; Lei nº 6.015, de 31 de dezembro de 1973).

Embora seja a inscrição na sistemática de nosso direito dotada de todo valor probante, não se deixa entretanto que prevaleça a exterioridade formal sobre o conteúdo ideológico. E, então, ressalva-se aos terceiros prejudicados fazer em Juízo a prova da extinção da hipoteca e promover a efetivação do cancelamento. Nula a

---

45 Dionísio Gama, *Da Hipoteca*, nº 100, pág. 120.

hipoteca, promover-se-á o cancelamento da inscrição Mas, enquanto esta subsistir, vige a presunção da existência do direito real gravando o imóvel.

Não somente aos terceiros se deve ensanchar tal prova, pois que ao devedor hipotecário ou seus herdeiros se há de reconhecer a mesma faculdade. Não seria lógico, nem jurídico, que por amor a materialidade externa da inscrição se deixasse prevalecer um ônus hipotecário resultante de uma inscrição fundada em título inválido intrínseca ou extrinsecamente.

Apurado engano na inscrição hipotecária, pode sanar-se com a sua retificação,[46] seja para corrigir o erro contido no ato de constituição, seja para emendar a desconformidade entre este e o seu registro.

359. Efeitos da hipoteca

Confundindo-se com a sua finalidade mesma, o principal efeito da hipoteca é vincular um bem imóvel ao cumprimento de uma obrigação. Assim dizendo, enfeixamos toda a matéria numa fórmula sucinta.

Mas não pretendemos com este enunciado descurar a dedução de suas consequências, imediatas como indiretas, o que passamos a fazer, tendo em vista a *pessoa do devedor, a do credor, a relação jurídica em si mesma e os terceiros*, bem como os efeitos quanto aos bens gravados. O desenvolvimento da matéria obedecerá a estas epígrafes.

1. *Efeitos em relação ao devedor*. Constituída a hipoteca, e até a sua extinção, sofre o devedor restrições no seu direito em relação ao bem gravado. Não pode sobre ele constituir outro direito real em desrespeito ao vínculo hipotecário, como seria o caso de anticrese por prazo mais longo que a hipoteca.

Não está inibido de alienar o imóvel hipotecado, porque não perde o seu *ius disponendi*. Ao adquirente, porém, transfere-se o ônus que o grava, não lhe valendo de escusa a alegação de ignorância, que não prevalece contra o registro, nem lhe socorrendo para libertá-lo qualquer cláusula de sua escritura, ou compromisso assumido pelo devedor hipotecário. A alienação transfere o domínio do imóvel; mas este passa ao adquirente com o ônus hipotecário – *transit cum onere suo*.[47] Mas se for efetuada a alienação do bem, antes da inscrição hipotecária, o adquirente não lhe sofre os efeitos, embora o devedor alienante possa incorrer nas penas do estelionato, caso haja ocultado a circunstância (Lafayette).

Uma deformação conceitual sem fundamento doutrinário ou legal tem, menos que outra vez, levado a considerar, com repercussão na jurisprudência, a proposição de que a hipoteca torna inalienável o imóvel gravado. O Código de 2002, dando

---

46 De Page, ob. cit., nº 774.
47 Lacerda de Almeida, ob. cit., § 194; Azevedo Marques, *A Hipoteca*, pág. 27; Lafayette, *Direito das Coisas*, § 256; Planiol, Ripert e Boulanger, ob. cit., nº 3.838.

ênfase à boa doutrina, afasta esta ideia. Nem por convenção se admite a tese. Se, no instrumento, for convencionado que o proprietário do bem gravado não o puder alienar, a hipoteca não se anula, porém anula-se a cláusula que assim dispuser. É lícita, contudo, a cláusula que, sem prejuízo de outras causas de vencimento antecipado, estabeleça que o crédito hipotecário se torna exigível se o imóvel for alienado (art. 1.475 e parágrafo único).

Não perde o devedor, igualmente, a *posse* do bem gravado, o que é uma característica da hipoteca (v. nº 356, *supra*). E, assim, cabe-lhe usar dos interditos para defendê-la contra o credor ou terceiros que a molestem.

É lícito ainda ao devedor constituir *segunda hipoteca*, conforme visto acima, em favor do mesmo ou de outro credor, sobre o mesmo bem, desde que o valor deste cubra a *solutio* da primeira. Em tal caso, pagar-se-á o segundo credor hipotecário com as sobras da excussão da primeira hipoteca, a ele reconhecido privilégio em relação aos credores quirografários.

Posto que vencida, não poderá o credor da segunda hipoteca executá-la antes de vencida a primeira, salvo no caso de insolvência do devedor. Mas não se presume tal no devedor hipotecário por falta do pagamento das obrigações garantidas por hipotecas posteriores à primeira (CC, art. 1.477, § 1º). No entanto, na hipótese inversa, vencendo-se a primeira hipoteca antes da segunda, autoriza-se ao titular da primeira a promover a excussão da coisa hipotecada se a dívida não lhe for paga, ensejando, em consequência, o vencimento antecipado do crédito da segunda hipoteca, tudo em conformidade com novel redação dada pela Lei nº 14.711/2023 (CC, art. 1.477, § 2º).

Se é certo que o pagamento incumbe ao devedor, não é menos certo que lhe cabe também direito à libertação do bem gravado, mediante o cumprimento da obrigação. Assim sendo, cabe-lhe compelir o credor, que injustamente a recuse, a receber o débito, uma vez concorram os requisitos da ação de consignação (v. nº 158, *supra*, vol. II).

Além desse direito, concede-se-lhe ainda a faculdade de antecipar o pagamento, ainda que parceladamente. A matéria, que não passava do plano doutrinário, veio a ser direito expresso (Decreto nº 22.626, de 7 de abril de 1933, art. 7º e seus §§): o devedor hipotecário ou pignoratício pode liquidar ou amortizar a dívida antes do vencimento, sem sofrer qualquer cominação ou encargo, sendo lícito ao credor exigir que a amortização não seja inferior a 25% do valor inicial da dívida (salvo se o título mencionar percentagem menor). Acresce que, em caso de amortização, os juros somente serão devidos sobre o saldo devedor.

2. Efeitos em relação ao credor. Desde o momento em que entra a viger até que se opere a sua extinção, a hipoteca mantém o bem gravado em segurança especial ao credor, que tem interesse na sua conservação, e pode exigi-la.[48]

Vencida e não paga a dívida, ou deixando o devedor de cumprir a obrigação, pode o credor promover a *excussão da hipoteca* mediante procedimento executório também denominado *ação hipotecária*, nome já consagrado desde a codificação de

---

48 Enneccerus, Kipp e Wolff, ob. cit., § 138.

Justiniano: *Item serviana et quasi serviana, quae etiam hipotecaria vocatur (Institu-tas*, Liv. IV, Tít. 6, § 7º).

Como procedimento de rito executório, referido no Código de Processo Civil (arts. 824 e segs. do CPC/2015, correspondentes aos arts. 646 e segs. do CPC/1973), obedece ao rito neste prescrito, iniciando-se com a citação para pagar, e imediata penhora do bem hipotecado. Percorridos os trâmites processuais, o imóvel é levado à hasta pública. Arrematado, o credor hipotecário paga-se pelo preço obtido, ou mediante adjudicação do próprio imóvel. Excedendo este ao valor da dívida, o remanescente pertence ao devedor hipotecário, ou destina-se a solver a segunda hipoteca, ou sobre ele instaura-se concurso de credores.

Intenta-se a ação hipotecária contra o proprietário do imóvel, assim considerado o que como tal constar do registro.[49]

Se o bem hipotecado for penhorado por outro credor, além deste fato implicar o vencimento antecipado da hipoteca, estabelece ainda a lei (Código Civil, art. 1.501) que não pode ser validamente praceado sem a citação do credor hipotecário.

Vindo a reduzir-se a garantia hipotecária, cabe ao credor a faculdade de pedir o seu reforço, sob pena de vencimento antecipado.

Alterando fundamentalmente o direito tradicional criou o Decreto-Lei nº 70, de 21 de novembro de 1966, *modalidade especial de excussão hipotecária*, atribuindo-se a um "agente fiduciário" a venda extrajudicial e sumária do bem gravado, quando o credor é instituição financeira (arts. 29 a 31). O Capítulo III de tal Decreto restou revogado pela Lei nº 14.711, de 30 de outubro de 2023, que passou a regular inteiramente a execução extrajudicial dos créditos garantidos por hipoteca.

Pela nova lei, a execução extrajudicial de créditos garantidos por hipoteca poderá ser realizada junto ao Oficial do Registro de Imóveis do local em que se situa o bem hipotecado. Para tanto, exige-se o vencimento da dívida hipotecária e que o credor ou seu cessionário solicitem a intimação pessoal do devedor e de eventual terceiro hipotecante, seus representantes legais ou procuradores para efetuarem o pagamento do débito em até 15 dias (§ 1º).

A não purgação da mora resultará no início do procedimento de excussão extrajudicial do bem dado em hipoteca, com a prévia averbação na matrícula do imóvel. O leilão público, que poderá ser efetivado eletronicamente, será realizado em até 60 dias, com a intimação do devedor e do terceiro hipotecante das datas, horários e locais de sua ocorrência, facultando-se a remição da execução até a alienação, desde que ocorra a quitação da integralidade do débito, das despesas de cobrança e do leilão (§§ 2º, 3º, 4º e 7º).

Se o lance para arrematação do imóvel superar o valor da totalidade da dívida, acrescida das despesas previstas no § 7º deste artigo, a quantia excedente será entregue ao hipotecante no prazo de 15 dias, contado da data da efetivação do pagamento do preço da arrematação (art. 9º, § 8º, da Lei nº 14.711/2023).

49   Enneccerus, Kipp e Wolff, ob. cit., § 139.

Na hipótese de o lance oferecido no primeiro leilão público não ser igual ou superior ao valor do imóvel estabelecido no contrato para fins de excussão ou ao valor de avaliação realizada pelo órgão público competente para cálculo do imposto sobre transmissão *inter vivos*, o que for maior, o segundo leilão será realizado nos 15 dias seguintes (§ 5º). No segundo leilão, será aceito o maior lance oferecido, desde que seja igual ou superior ao valor integral da dívida garantida pela hipoteca, das despesas, inclusive emolumentos cartorários, dos prêmios de seguro, dos encargos legais, inclusive tributos, e das contribuições condominiais, podendo, caso não haja lance que alcance referido valor, ser aceito pelo credor hipotecário, a seu exclusivo critério, lance que corresponda a, pelo menos, metade do valor de avaliação do bem (§ 6º).

Na hipótese de o lance oferecido no segundo leilão não ser igual ou superior ao referencial mínimo estabelecido no § 6º deste artigo para arrematação, o credor terá a faculdade de apropriar-se do imóvel em pagamento da dívida, a qualquer tempo, pelo valor correspondente ao referencial mínimo devidamente atualizado, mediante requerimento ao oficial do registro de imóveis competente, que registrará os autos dos leilões negativos com a anotação da transmissão dominial em ato registral único; ou realizar, no prazo de até 180 dias, contado do último leilão, a venda direta do imóvel a terceiro, por valor não inferior ao referencial mínimo, dispensado novo leilão, hipótese em que o credor hipotecário ficará investido, por força desta Lei, de mandato irrevogável para representar o garantidor hipotecário, com poderes para transmitir domínio, direito, posse e ação, manifestar a responsabilidade do alienante pela evicção e imitir o adquirente na posse (§ 9º).

O Tabelião de Notas com circunscrição delegada que abranja o local do imóvel deve lavrar a ata notarial de arrematação, contendo as informações relativas à intimação do devedor e do terceiro hipotecante e dos autos do leilão, que consistirá em título hábil à transferência da propriedade junto ao Registro de Imóveis competente (§ 11).

Com a implementação da excussão extrajudicial por meio da nova legislação, intenta-se procedimento célere e eficaz, que poderá ser finalizado em até 60 dias, contados da averbação no registro imobiliário. As comunicações serão feitas nos endereços indicados nos contratos ou nos que restarem posteriormente aludidos, podendo, inclusive, serem concretizadas por e-mail, sendo certo que a segurança jurídica atinente aos direitos do devedor e de eventual terceiro hipotecante resta assegurada pelas respectivas intimações das fases do procedimento e a viabilidade de intervenção oportuna enquanto perdurar a venda em leilão.

3. *Efeitos quanto à relação jurídica em si mesma*. A hipoteca pode ser estipulada por qualquer prazo, observados os princípios abaixo, e mesmo a termo incerto se constituída em garantia de dívida a prazo indeterminado.

Estabelecido tempo de duração, as partes são, todavia, livres de *prorrogar o vencimento* sem necessidade de nova escritura. Basta que o requeiram, averbando-a à margem da inscrição. Mas, não convindo à estabilidade dos negócios e ao interesse social se estabeleça garantia real perpétua, ou demasiado prolongada, o legislador limita a sua duração a trinta anos (Código Civil, art. 1.485).[50] Atingido esse limite, não caberão novas prorrogações. Em caso de pretenderem as partes dilargar o prazo para além da barra dos 30 anos, somente subsiste a hipoteca convencional se se reconstituir por novo título e nova inscrição, porém conservados o mesmo número e a mesma precedência. (Veja-se no plano doutrinário a lição de Clóvis Beviláqua, e, no legal, o disposto na Lei nº 6.015, de 31 de dezembro de 1973.)

Dos efeitos da hipoteca no que diz respeito à relação jurídica em si mesma, dois merecem ser especialmente salientados: a *preferência* e a *sequela*.

A *preferência* é o direito reconhecido ao credor de se pagar prioritariamente, sem se sujeitar a concursos ou rateio. É tão acentuado este atributo, que se aplica o preço do imóvel, obtido na excussão hipotecária, ao pagamento da hipoteca, prioritariamente em relação a outros créditos privilegiados, que somente podem concorrer sobre o remanescente,[51] salvo, obviamente, as despesas judiciais e impostos devidos pelo próprio imóvel.

A *sequela*, como o próprio vocábulo indica, é a particularidade de seguir a coisa onde quer que se encontre, própria dos direitos reais em geral. Se o imóvel é transferido, *inter vivos* ou *causa mortis*, pode o credor persegui-lo em poder do adquirente, e sem dependência de ressalva especial. Incumbe ao credor promover a execução do imóvel onerado e sua venda, mesmo que não seja mais propriedade do devedor hipotecário. Por isto mesmo se poderá dizer que a venda do bem gravado, não extinguindo a hipoteca, é um ato indiferente para o credor, no sentido de que sempre lhe será lícito exercer seu direito contra o adquirente.[52]

A efetividade do direito de sequela revela-se no momento em que o credor tem de excutir a coisa nas mãos de terceiro. Mas, se se patenteia nesse instante, certo é que já existia como decorrência da hipoteca, o que levou Clóvis Beviláqua a dizer que se conserva latente enquanto o imóvel se encontra em poder do devedor, revelando-se ostensivo com a sua transmissão.[53] A alguns pareceu que o direito de sequela pressupõe estar vencida a obrigação.[54] A outro[55] que não. Parece mais razoável que não possa ser molestado o terceiro adquirente antes de vencida a hipoteca, pois que até o advento do termo é lícito ao devedor pagar, salvo quando a alienação é erigida em condição resolutiva. O que importa é a sua existência, como um efeito inarredável da hipoteca. Desde que, vencida a dívida normalmente, ou provocado o vencimento antecipado pela alienação, erigida em cláusula resolutiva, esteja o bem hipotecado em poder de terceiro (alienatário ou sucessor *causa mortis*) poderá o credor excuti-lo, para se pagar preferencialmente.

---

50   O art. 1.485 teve sua redação alterada pela Lei nº 10.931/2004, que aumentou o prazo máximo para a prorrogação da hipoteca de 20 (vinte) para 30 (trinta) anos.

51   Lacerda de Almeida, § 131; Trabucchi, ob. cit., nº 273.

52   De Page, ob. cit., nº 842.

53   Clóvis Beviláqua, *Direito das Coisas*, vol. II, § 188.

54   Clóvis Beviláqua, ob. cit.; Affonso Fraga, *Direitos Reais de Garantia*, nº 285; Planiol, Ripert e Boulanger, ob. cit., nº 3.850.

55   Dídimo da Veiga, *Direito Hipotecário*, nº 297.

O adquirente do imóvel hipotecado poderá, no entanto, exonerar-se da hipoteca, abandonando aos credores o imóvel gravado – segundo a regra do art. 1.479, que constitui inovação do Código de 2002. Assim procedendo, forra-se de suportar os inconvenientes da execução que lhe possa intentar o credor. O requisito, ou *conditio legis*, desta liberação reside no fato de não estar o adquirente, pessoalmente, obrigado pelos débitos aos credores hipotecários, na qualidade, por exemplo, de fiador das obrigações. O mecanismo desta operação está no art. 1.480.

4. *Efeitos em relação a terceiros*. A hipoteca produz efeitos em relação a terceiros, na sua condição de direito real. Uma vez inscrita é oponível *erga omnes*. Não poderá um outro credor promover validamente a venda judicial do imóvel sem citação do credor hipotecário, nem disputar o rateio do seu produto, senão quanto às sobras, depois de pago preferencialmente o credor garantido.

No campo dos efeitos da hipoteca em relação a terceiro pode ainda inscrever-se a indagação *se é lícita a alienação de imóvel hipotecado*. E a resposta, como vimos acima, ao tratarmos dos efeitos em relação ao devedor, é *positiva*.

A *cessão do crédito hipotecário* pode fazer-se sem a anuência do devedor e até contra a sua vontade (*invito debitore*). O que se deve aqui salientar, embora não constitua princípio ligado à hipoteca, porém à cessão de crédito, é que ela investe o cessionário nas mesmas garantias e preferências que acompanham o crédito cedido, mesmo em relação aos credores anteriores à cessão. A cessão do crédito hipotecário distingue-se da *sub-rogação*, que ocorre pela substituição do credor satisfeito por aquele que paga a dívida ou fornece o numerário para a *solutio*. Em um ou outro caso, pode o interessado, sem a isto ser obrigado, como ensina Dionísio Gama,[56] fazer inscrever a cessão ou sub-rogação à margem da inscrição hipotecária (v. n° 159, *supra*, vol. II). Mas os dois fenômenos distinguem-se: a sub-rogação é modalidade de pagamento, e tem efeito extintivo da obrigação; ao passo que a mutação subjetiva com integridade do vínculo (v. n° 179, *supra*, vol. II) é essencial à cessão.

Obedecerá esta à forma pública ou particular da hipoteca, sendo lícito ao cessionário fazer inscrevê-la à margem da inscrição hipotecária, conforme dispõe o art. 288 do Código Civil (e já vimos no n° 159, *supra*, vol. II). Esta averbação é tanto mais necessária que se houver pluralidade de cessões da mesma hipoteca, o conflito se resolverá pela prioridade do registro.[57]

Temos aqui tratado da transmissão da hipoteca em função da transferência do crédito assegurado. A doutrina cogita, entretanto, da que se opera independentemente dela.[58] Não cremos se deva pôr a questão em termos da sua liceidade, que nos parece induvidosa: a hipoteca é um direito, e, como tal, pode licitamente sofrer a mutação subjetiva, tendo como causa a estipulação dos interessados.

Originariamente a transmissão do direito real de hipoteca, sem a cessão do crédito garantido, ocorreu na França, ao tempo em que a hipoteca legal não era

---

56   Dionísio Gama, ob. cit., n° 113, pág. 127.
57   De Page, ob. cit., n° 898.
58   De Page, ob. cit., n° 895.

dotada de publicidade: para não ser surpreendido pela mulher do devedor, o credor de uma hipoteca convencional fazia inscrever no ato constitutivo a cláusula pela qual a mulher do devedor fazia àquele a transferência de sua hipoteca legal. Destarte foi construído, pela prática dos negócios, o *princípio da transferência da hipoteca* sem a do crédito hipotecário, conhecida pelo nome de "sub-rogação de hipoteca". Admitida a princípio como fórmula empírica, acabou por integrar o sistema hipotecário francês, da Lei de 1855.

No plano puramente doutrinário, lavra controvérsia a respeito. De um lado estão os que não a admitem, sob a alegação central de ser a hipoteca um direito acessório indestacável do principal, além de se tornar necessário à validade da cessão o consentimento do devedor.[59] De outro lado os que aprovam a cessibilidade, sob fundamento de ser a hipoteca um valor econômico compatível com a transferência, independentemente da do crédito assegurado.[60]

Discutindo a questão, De Page pondera nos argumentos de uma e outra parte, para concluir pela negativa, com uma série de argumentos: como acessório de um crédito, o direito de hipoteca se não separa dele; exigindo-se para a transferência a anuência do devedor, não se caracteriza como cessão propriamente dita, uma vez que esta opera sem aquele acordo; e esta transmissão, sobre não trazer conveniências, é totalmente inusitada no direito belga.[61]

Em relação ao direito brasileiro, cuja tradição a desconhece, não parece aconselhável adotar esta espécie de cessão, que iria introduzir um fato de instabilidade e insegurança em nosso regime hipotecário, e sem vantagens reais. E ensejaria a prática de artifícios fraudulentos, com o deslocamento do privilégio para um crédito ulterior em detrimento dos anteriores.

5. *Efeitos quanto aos bens gravados*. Uma vez regularmente constituída, a hipoteca adere ao imóvel. Acompanha-o nas suas mutações subjetivas, até que se extinga.

Destruída a coisa hipotecada, cessa a relação hipotecária (v. nº 362, *infra*). Mas, se por uma razão jurídica restar ao proprietário direito ao valor dela (indenização devida pelo causador do dano, seguro em caso de sinistro, ou outra eventualmente ocorrente), dá-se a sub-rogação, protraindo os efeitos da hipoteca sobre esse valor.[62]

É óbvio que o preço não passa a ser "objeto da hipoteca", pois que esta incide sempre em imóvel. Mas a consequência é que o credor hipotecário exerce o seu direito preferencial sobre o valor sub-rogado, sem concorrência com os quirografários.

Ocorrendo a reconstrução do prédio, pelo segurador ou responsável, não pode o credor exigir o preço, porque a restauração do bem gravado abrange a reedificação *pleno iure*, isto é, independentemente de novo ato ou nova declaração de vontade (Lafayette).

---

59   Laurent, *Principes de Droit Civil*, vol. XXXI, nos 324 e segs.
60   Martou, *Des Privilèges et Hypothèques*, vol. I, nº 175.
61   De Page, ob. cit., nº 903.
62   Lafayette, *Direito das Coisas*, § 182.

Efeito ainda da hipoteca em relação ao bem gravado é sua extensão a benfeitorias, acréscimos ou acessões trazidas ao bem hipotecado, seja em virtude da obra humana, seja por ação dos fatos naturais (aluvião, avulsão etc.).

6. *Efeitos quanto aos acessórios do crédito*. Destinando-se a garantir o pagamento da dívida, até sua liquidação, entendemos, não obstante pareceres autorizados em contrário, que a hipoteca assegura o cumprimento das obrigações acessórias (juros, multa, custas judiciais, despesas de fiscalização).[63]

360. REMIÇÃO HIPOTECÁRIA

Na dogmática jurídica da hipoteca, a *remição* (que em outros sistemas se denomina *"purga da hipoteca"*) é uma faculdade reconhecida a certas pessoas, de liberar o bem gravado, mediante o pagamento da importância devida e acessórios. Sua origem vai prender-se a uma Constituição de Diocleciano, que se vê no Código, Liv. VIII, Tít. 26, Lei 6.

Cabe a remição hipotecária: ao credor da segunda hipoteca, ao adquirente do imóvel hipotecado, ao devedor quando executado, bem como a sua mulher, ascendente ou descendente. A remição hipotecária realiza a conciliação entre dois princípios: segurança para o credor e livre circulação dos bens.[64]

Todas as hipóteses se ligam ao pensamento comum da liberação do imóvel hipotecado, independentemente da anuência do credor ou mesmo contra a sua vontade. Não se cogita aqui do acordo liberatório, que se dá *volente creditore*, com ou sem sub-rogação da garantia real no *solvens*. Havendo composição ou entendimento, recebe o credor o que lhe cabe e dá quitação. É pagamento. Não é remição. Desta haverá cogitar quando se obtém a desvinculação do imóvel através de um procedimento técnico que compele o credor a aceitar o pagamento, e redime a hipoteca. Vamos examinar, um a um, os casos de remição, dadas as minúcias que os assinalam.

1. *Remição pelo credor da segunda hipoteca*. O credor por segunda hipoteca tem a faculdade (art. 1.478) de remir a primeira. Anteriormente, o pressuposto fático desta remição era estar vencida a primeira hipoteca. Oferecendo judicialmente a importância devida (capital e juros) e mais as despesas judiciais se já houver executivo intentado, o segundo credor faria intimar o primeiro para levantá-la e o devedor para, a seu turno, remi-la se quiser.

Contudo, de acordo com a nova redação dada pela Lei nº 14.711/2023 ao art. 1.478 do Código, e nos arts. 270 a 273 da Lei de Registros Públicos, a qualquer tempo faculta-se ao credor da segunda hipoteca consignar o montante em pagamento, sem depender de prévia oferta ao credor da primeira hipoteca.

---

63 Ver a respeito dos acessórios do crédito: De Page, ob. cit., nº 502.
64 De Page, ob. cit., nº 843.

Se, no momento da consignação, o primeiro credor já estiver promovendo a excussão judicial da coisa hipotecada, o depósito deve abranger o valor das despesas judiciais (CC, art. 1.478, parágrafo único).

Obtida a remição, o segundo credor sub-roga-se nas garantias e direitos do primeiro, sem prejuízo dos que lhe competirem contra o devedor comum, por direito seu.

Quando, pois, o segundo credor redime a primeira hipoteca, não libera o bem gravado para o devedor ou em benefício do devedor. Apenas *afasta de concorrência* o primeiro credor, e ao mesmo tempo assume em relação ao bem a condição privilegiada daquele, em confronto com os demais credores. Sub-rogando-se nos direitos do credor da primeira hipoteca, sem perder os próprios, adquire vantajosa situação porque a remição, operando uma *fictio iuris*, oferece ao que a realiza posição de anterioridade em relação aos credores posteriores à primeira hipoteca.

A remição não tem, neste primeiro caso, efeito extintivo da obrigação, porém meramente satisfatório do primeiro credor (ver sobre a dualidade de efeitos – extintivo e satisfatório – o que escrevemos no nº 159, *supra*, vol. II).

2. *Remição pelo adquirente do imóvel hipotecado*. Um dos efeitos da hipoteca, conforme visto acima (nº 359, *supra*), é o direito de *sequela*, pelo qual o gravame adere ao imóvel e segue a sua sorte, em poder de quem quer que se encontre. Assim sendo, o adquirente do imóvel hipotecado responde com este pela *solutio* da obrigação garantida, venha o seu direito aquisitivo diretamente do devedor hipotecário, ou mediatamente, numa cadeia de transmissões.

Não lhe convindo obviamente esta situação, pode remir a hipoteca e liberar do vínculo o bem adquirido. Aqui, a remição tem o efeito satisfatório do credor, e livra a coisa do ônus que a ela aderia. Consiste, assim, na afetação do preço aquisitivo ao pagamento do encargo.[65]

Mas, também aqui, não produz a remição o efeito extintivo do débito, porque o devedor não é quitado. Ao revés, continua sujeito a pagar, não mais ao antigo credor hipotecário, porém ao adquirente do imóvel, que se sub-roga nos direitos dele. É óbvio que perde a garantia real, pois que esta não tem consistência quando constituída sobre coisa pertencente ao credor. E o adquirente é credor sub-rogado contra o antigo devedor hipotecário, e simultaneamente dono da coisa que fora antes objeto da garantia. Nem por isto, contudo, deixa de ser credor, com poder sobre o patrimônio do alienante devedor (v. o que dissemos sobre o pagamento com sub-rogação no nº 159, *supra*, vol. II). Daí dizer-se que neste caso a remição extingue a hipoteca, mas não faz desaparecer o crédito.[66]

Esta hipótese de remição hipotecária, que sobrevive a todas as fases do direito hipotecário brasileiro, desde a Lei nº 1.237, de 24 de setembro de 1864, passou pelo Decreto nº 169-A, de 19 de janeiro de 1890, e pelo Decreto nº 370, de 2 de maio de 1890. Permaneceu no Código Civil de 1916 e subsistiu no Projeto de

---

65   De Page, ob. cit., nº 843.
66   De Page, ob. cit., nº 850-*bis*.

Código Civil enviado ao Congresso Nacional em 1965 (Orosimbo Nonato, Orlando Gomes e Caio Mário da Silva Pereira), bem como no de 1975, ora convertido no Código de 2002.

Pelo fato de poder o adquirente remir o imóvel, e desta sorte alterar a condição do credor impondo-lhe o recebimento antecipado, não tem faltado a crítica dos especialistas, como Azevedo Marques, Philadelpho Azevedo e Clóvis Beviláqua, que a omitiu no seu Projeto. Mas tem a seu favor proporcionar a liberação de um imóvel, retirando-o da condição de garantia real e privilégio de uma só pessoa, integrando-o na situação de garantia genérica, embora no patrimônio de pessoa diversa.

Para que obtenha a remição, o adquirente, nos trinta dias contados da data do seu contrato aquisitivo, notificá-lo-á ao credor hipotecário, ou aos credores hipotecários se for o caso, propondo-lhes para a liberação do bem gravado, no mínimo, o preço da aquisição. Aceita a oferta, efetiva-se a remição, e o imóvel passa a livre. Em caso contrário, dar-se-á *licitação*, como meio técnico de apurar o verdadeiro valor, pelo qual o credor hipotecário será compelido a aceitar a sua liberação.

A citação faculta assim ao credor receber ou requerer a licitação do imóvel, a que poderão comparecer os credores hipotecários, os fiadores e o adquirente, e o haverá quem oferecer o melhor lance.

Não sendo requerida a licitação, prevalece o preço proposto pelo adquirente. Depositado, considera-se extinto o ônus.

Se não promover a notificação, responde o adquirente por perdas e danos, além das custas do processo, bem como pela diferença entre a avaliação e a adjudicação, caso esta se realize. Para haver o ressarcimento, terá o credor de ajuizar a ação própria, em que o adquirente tenha a mais ampla liberdade de defesa, e oportunidade de convencer da ausência de culpa.

Para assegurá-lo, o imóvel será penhorado e vendido por conta do adquirente. Ressalva-se, contudo, ação regressiva contra o vendedor, em proveito: *a*) daquele que sofre a expropriação do imóvel por licitação ou penhora; *b*) ou do que pagar a hipoteca; *c*) ou do que, por causa da adjudicação ou licitação, desembolsar com o pagamento da hipoteca importância excedente à da compra; e, ainda, *d*) do que suportar as custas e despesas judiciais.

A condição jurídica do adquirente do imóvel hipotecado é análoga à do evicto, pelo que se lhe aplicam os princípios desta como um dos "casos assemelhados" de que já tratamos (v. nº 209, *supra*, vol. III).

Os *efeitos centrais da licitação* resumem-se a dois: *a*) proporcionar ao credor hipotecário a segurança de que o bem gravado se liberte com o pagamento do valor real, uma vez que, sendo ele parte concorrente nela, não o deixaria sair por preço inferior; *b*) e de outro lado consolidar a aquisição do adquirente, que se expõe a uma competição, embora dentro de um círculo fechado de licitantes.

Os *efeitos secundários* dir-se-iam no plano formal. Se o imóvel for adjudicado ao adquirente, consolida-se o seu direito, forro do ônus, sem a necessidade de averbação ou nova transcrição, pois que para ele o título aquisitivo é o anterior, e não o que lhe advém da adjudicação, de alcance meramente confirmatório.[67] Se o for ao credor hipotecário ou ao fiador, cancela-se a transcrição em nome do adquirente, vencido na licitação, e abre-se outra transcrição em nome do adjudicatário, com a apresentação da carta adjudicatória ao oficial do registro.[68]

3. *Remição pelo executado ou membros de sua família.* Conhecia o direito uma terceira modalidade de remição, sob inspiração diversa das duas primeiras, e obedecendo a requisitos que se não confundem com os de ambas, o que levou Clóvis Beviláqua,[69] a reclamar que o vocabulário jurídico se enriquecesse com a utilização de expressões designativas diferentes.

Inexistindo tal diversificação semântica, cumpre deduzir as regras desta última espécie, sob o apelido mesmo de remição, que se não é perfeito, trazia contudo a consagração do uso. Mas cumpre, igualmente, salientar que essa terceira modalidade afigurava-se mais de direito processual que de direito civil, pois que se aplicava em qualquer processo de arrematação, e não apenas no executivo hipotecário. Embora se pautasse pelas regras processuais, refletia no direito civil, pela franca percussão no direito hipotecário.

Sem uma alusão aberta à faculdade de remir, atribuída ao devedor ou sua família, mas numa referência indireta à sua devolução à massa em caso de falência ou aos credores em concurso no de insolvência, o Código Civil (art. 1.483) aprovava a já revogada remição processual de bens, o que nos leva a cogitar do assunto, reportando-nos ao que dispunha o art. 787 do Código de Processo Civil de 1973, revogado pela Lei nº 11.382, de 2006. Com efeito, adiante-se desde logo, com a reforma da legislação processual realizada pela Lei nº 11.382/2006, que o instituto da remição de bens foi excluído da ordem jurídica vigente, restando ao devedor apenas a faculdade de remir globalmente a execução, como se verá mais adiante. Nesta esteira, o CPC/2015 revogou os arts. 1.482 e 1.483 do Código Civil, extirpando do ordenamento jurídico o instituto da remição processual de bens.

De fato, anteriormente à alteração mencionada, intentando o executivo hipotecário, o credor promovia o praceamento do bem gravado, ocasião em que podia, então, o próprio executado, seu cônjuge, seus descendentes ou ascendentes, oferecendo preço igual ao da arrematação ou ao da avaliação se não tiver havido licitantes, remir o imóvel livrando-o da penhora e do ônus. Esta era a chamada remição de bens.

A motivação aqui era a de salvar para a família o bem levado à pública arrematação, e por um preço que presumidamente não seria prejudicial ao credor, porque, de um lado, a falta de licitantes era o demonstrativo da ausência de interesse na sua aquisição, e, de outro, o depósito do preço alcançado em nada afetava a condição do credor, que alcançava apenas aquilo que efetivamente rendia a venda judicial.

A oportunidade dessa remição era a fase processual intercorrente entre o momento em que o porteiro ou leiloeiro portava por fé que a arrematação estava en-

---

67   Lafayette, ob. cit., § 265; Dionísio Gama, ob. cit., nº 190.
68   Clóvis Beviláqua, ob. cit., § 144.
69   Clóvis Beviláqua, loc. cit.

cerrada (por falta de licitantes ou pela proclamação da maior oferta) e o anterior à assinatura do auto de arrematação em cartório. Assinado que fosse este, perimido estava o direito de remir os bens.

Usado ele, o imóvel estava livre, e ao credor somente assistia direito ao depósito efetuado pelo remitente.

Surgia, então, uma pergunta: se o exequente não recebesse a totalidade de seu crédito, podia prosseguir na execução penhorando o mesmo imóvel em poder do devedor remitente?

A matéria era controvertida em nosso direito. Superadas contudo as vacilações, atingiu-se a uma conclusão favorável ao devedor, sob tríplice fundamento: *a*) se fosse possível ao exequente perseguir o bem hipotecado após a remição, seria esta uma inutilidade; *b*) se o devedor continuasse a responder com o imóvel pelo remanescente da dívida, a remição que fora criada para favorecer ao devedor e sua família acabaria por converter-se em sistema protetor do credor, proporcionando-lhe desde logo um pagamento parcial com a operação remissiva, e recolocaria o bem ao alcance da execução pelo saldo da dívida; *c*) se fosse possível ao credor prosseguir contra o executado, fácil seria a este remir por interposta pessoa (cônjuge, descendente, ascendente) e, então, consagraria a própria lei a burla aos seus princípios, permitindo que se fizesse por via travessa, o que pela direta não lograria o devedor. Seguindo a melhor doutrina,[70] entendemos que o credor não plenamente satisfeito na execução hipotecária, encerrada, com a remição do bem pelo próprio devedor ou pelos membros de sua família (cônjuge, ascendente, descendente), continuava titular de direito contra o executado, pelo saldo, mas lhe não assistia o de penhorar o bem remido.

Ocorre que, com a edição da Lei nº 11.382/2006, que deu continuidade à reforma do processo de execução, revogaram-se todas as disposições do Título V do Livro II do Código de Processo Civil de 1973 (arts. 787 a 790). Extinta estava a remição de bens.

Atualmente, subsiste apenas a remição da execução, prevista no art. 651 do Código de Processo Civil, com a redação que lhe foi conferida pela Lei nº 11.382/2006, segundo a qual "antes de adjudicados ou alienados os bens, pode o executado, a todo tempo, remir a execução, pagando ou consignando a importância atualizada da dívida, mais juros, custas e honorários advocatícios" (art. 826, CPC/2015).

Como se depreende das modificações levadas a cabo nas normas processuais, o direito do devedor executado sofreu grandes limitações, não se lhe permitindo mais a faculdade de remição dos bens submetidos à arrematação.

Resta ao executado, e apenas a ele, a faculdade de remir a execução em seu todo, efetuando o pagamento da integralidade da dívida executada, acrescida de juros, custas e honorários advocatícios. O intuito de preservar para a família o bem levado à hasta pública, existente no regramento anterior, não mais permanece após a reforma executiva que, deliberadamente, priorizou a satisfação do crédito exequendo, conferindo maior e mais ampla proteção ao credor.

---

70 Affonso Fraga, *Direitos de Garantia*, pág. 641; Clóvis Beviláqua, *Direito das Coisas*, § 145.

361. HIPOTECA LEGAL E HIPOTECA JUDICIAL

A par da hipoteca convencional, conhece o direito outras modalidades de ônus hipotecário, em que ocorre também uma sujeição do imóvel diretamente à *solutio* de obrigação, sem que o proprietário o haja destacado por ato de vontade. São as hipotecas legais que se vinculam historicamente às denominadas hipotecas tácitas que o Direito Romano conheceu e o nosso, anterior à lei hipotecária de 1864, praticava (*Digesto*, Liv. 20, Tít. II: *In quibus causis pignus vel hypotheca tacite contrahitur*). A peculiaridade das hipotecas tácitas era a indeterminação, recaindo ora sobre certos bens (hipotecas especiais) ora sobre o patrimônio (hipotecas gerais).

Desapareceram de nosso direito as hipotecas tácitas, substituídas pelas *hipotecas legais* cujo fundamento ético é a segurança instituída *ex vi legis* para determinadas pessoas, cujos haveres são confiados à administração alheia.

Como faz notar a doutrina, há dois momentos a considerar na hipoteca legal:

A) Um primeiro – *momento inicial* – em que se dá o fato constitutivo ou gerador do vínculo, que contudo não se objetiva na submissão de uma coisa à obrigação, senão que se mantém em estado potencial ou de mera possibilidade. Nesta fase, o interessado tem o "poder" de converter o imóvel em garantia real de uma obrigação. Mas, nada tendo ainda promovido neste propósito, não se verifica ainda a criação de um direito real.

B) No segundo – *momento definitivo* – o beneficiário obtém a individuação dos bens que se tornem objeto da garantia real, concretizando-se esta no imóvel especificado, e produzindo as consequências da sujeição deste ao cumprimento do obrigado, tal qual se dá com a hipoteca convencional. Este segundo momento é alcançado pela *especialização e inscrição*.

Ao tratarmos da hipoteca em geral dissemos que a especialização na convencional decorre do próprio título, com a menção da dívida e do imóvel destacado do patrimônio. Na hipoteca legal, a especialização se faz em Juízo, com observância da preceituação específica (CPC/1973, art. 1.205; sem correspondente no CPC/2015), e culmina com a *decisão discriminativa* dos bens gravados. Presente esta ao oficial de registro, procede-se à *inscrição hipotecária*, no livro próprio, com observância da ordem numérica. Sem o registro, não há ônus real e, pois, não vale a hipoteca legal contra terceiros. A partir dele, o bem ali mencionado recebe o ônus. É a inscrição que conserva a hipoteca legal e garante com os bens o pagamento.[71]

Lícito será, contudo, substituir a hipoteca legal pela caução de títulos da dívida pública federal ou estadual, recebidos pelo valor de sua cotação mínima no ano corrente, ou por outra garantia, a critério do juiz, a requerimento do devedor (Código Civil, art. 1.491).

---

71   De Page, ob. cit., nº 650.

Como se trata de relação jurídica oriunda do mandamento da lei, coube a esta especificar-lhe os casos (art. 1.489), que acompanharemos em seguida:

1. Às pessoas de direito público interno, sobre os imóveis pertencentes aos encarregados da cobrança, guarda ou administração dos respectivos fundos e rendas.

2. Aos filhos, sobre os imóveis do pai ou da mãe que passar a outras núpcias, antes de fazer o inventário do casal anterior. O Código inscreve o caso na categoria de impedimento impediente, cuja consequência não é a anulação do casamento, mas a penalidade civil consistente na separação obrigatória e perda do usufruto dos bens dos filhos do primeiro leito. Pressupostos desta hipoteca legal são: a celebração de novo casamento pelo pai ou mãe, sem ter feito inventário do extinto casal, e dado partilha aos herdeiros, e a existência de bens do filho, assim como de bens do genitor suscetíveis de hipoteca.

3. Ao *ofendido* dá-se hipoteca legal sobre os bens do *delinquente*, para satisfação do dano causado pelo delito e pagamento das custas. Já vimos, na dogmática do ato ilícito (nº 115, *supra*, vol. I), que a responsabilidade criminal tem como consequência a repressão como meio de restabelecer o equilíbrio rompido pelo ato delituoso, enquanto a responsabilidade civil gera o ressarcimento do prejuízo. Para assegurar este último, a vítima tem hipoteca sobre os bens do agente, qualquer que seja a natureza do ilícito: contra a pessoa, contra o patrimônio, contra a honra, seja o ofendido pessoa física ou jurídica. Os pressupostos da hipoteca legal são a ocorrência do delito com repercussão econômica e a existência de bens do ofensor suscetível de hipoteca.

Não cabe, neste local, discutir o problema da *responsabilidade civil*, já tantas vezes enfrentado nestas Instituições (nº 115, vol. I; nº 175, vol. II; nº 280, vol. III). Basta-nos mencionar que o ofendido tem direito ao ressarcimento do dano. O que é preciso deixar bem claro é que não cabe hipoteca legal todas as vezes que se configurar a responsabilidade pelo ato danoso, mas tão somente quando este se capitular como crime. Pelos danos respondem os bens do seu causador. Sendo, porém, a hipoteca legal matéria de direito estrito – *stricti iuris* – e mencionando a lei a sua filiação a um delito e em alusão ao delinquente, não tem cabida senão nos casos de reparação do dano causado em consequência de crime.[72]

4. Também o *coerdeiro* tem hipoteca legal para garantia de seu quinhão ou torna de partilha, sobre o imóvel adjudicado ao herdeiro reponente. Basta a homologação da partilha com adjudicação do imóvel, que por insuscetibilidade de dividir-se é atribuído ao coerdeiro, com o encargo de uma reposição pecuniária pela diferença que recebe. Aquele imóvel, adjudicado a maior, é então objeto de hipoteca legal, até que se efetive o pagamento pelo adjudicatário. Como nota Beviláqua, o mais comum é a torna compondo as diferenças dos quinhões; mas na adjudicação, a um herdeiro, de imóvel de difícil divisão, com assentimento de outro ou outros, que devam ser por isso indenizados, cabe hipoteca legal.

---

72 Lacerda de Almeida, ob. cit., § 158; Clóvis Beviláqua, ob. cit., § 158; Lafayette, ob. cit., § 205.

5. Ao credor sobre imóvel arrematado, para garantia do pagamento do restante do preço da arrematação.

Uma vez inscrita, a hipoteca legal estende a sua validade por todo o tempo que perdura a obrigação. Como a lei não quer que se eternize a garantia real, manda o art. 1.498 seja renovada a especialização em se completando 20 anos.

Hipoteca judicial. Outro caso específico é a chamada *hipoteca judicial* ou *judiciária* (art. 495, CPC/2015), que é modalidade de hipoteca legal,[73] e não se acha bem estruturada em nosso direito, nem encontra, para seu esclarecimento, salvo a sua criação no direito francês, um passado histórico bem definido. Em alguns sistemas, como no direito belga, foi suprimida faz muito tempo.[74]

Quando a sentença condena o réu a entregar quantia ou coisa, a fazer ou não fazer, ou a satisfazer perdas e danos, estabelece para o vencedor o direito de agir sobre o patrimônio daquele e à custa de seus bens obter a satisfação da obrigação.

Aí é que se situa a hipoteca judiciária, pois a disposição da lei atribui direito de *sequela*, que já vimos ser um dos efeitos fundamentais da garantia real hipotecária. Ainda, o art. 495, § 4º, do CPC/2015 estabelece a preferência do credor hipotecário em detrimento dos demais credores da parte vencida.

A hipoteca judicial depende da existência de uma *sentença* que condene o réu ao pagamento de prestação consistente em *dinheiro* ou que determine a conversão em *prestação pecuniária* de obrigação de fazer, de não fazer ou de dar coisa. A aludir à sentença, teve o legislador em mira o pronunciamento jurisdicional, ou seja, a condenação pelo Poder Judiciário. Obviamente inclui-se a Justiça do Trabalho, que o integra (Constituição de 1988, art. 92, nº IV). Mas não se qualifica como tal a provisão das autoridades administrativas ou fiscais, ainda que vazadas em forma de sentença. E, não obstante a opinião contrária de Lacerda de Almeida, Clóvis Beviláqua e Dídimo da Veiga, entendemos que as decisões dos Tribunais de Contas não geram hipoteca judicial, por não serem órgãos do Poder Judiciário.

C) Naturalmente, em se tratando de hipoteca, deverá haver referência precisa ao imóvel gravado e à dívida garantida (especialização) e inscrição no registro de imóveis, nos termos na lei processual. Sem a inscrição, a hipoteca não tem validade contra terceiros, é, pois, destituída de sequela, não constituindo, portanto, direito real.

Preenchidos todos os requisitos, está criada a hipoteca judicial, que autoriza o vencedor a perseguir o imóvel gravado em poder de qualquer terceiro adquirente, penhorando-o e promovendo a sua venda em hasta pública.

Não se deve confundir a *hipoteca judicial* sobre os bens do condenado com a *nulidade em fraude à execução*. Oportunamente já apresentamos a distinção entre esta e a anulação por fraude contra credores. Agora estremamo-la da hipoteca judicial. Esta é um ônus que grava determinado bem imóvel, e, constando de registro público, constitui um meio preventivo de resguardo dos interesses do vencedor. O adquirente não pode alegar ignorância, em face da inscrição, que estabelece a pre-

---

73   Mazeaud e Mazeaud, *Leçons de Droit Civil*, vol. III, nº 309.
74   De Page, *Traité*, vol. VII, nº 431-*bis*.

sunção *iuris et de iure* de conhecimento. Ao passo que a fraude à execução, como técnica de repressão à alienação fraudulenta, baseia-se na prova e não na presunção de conhecimento, e opera mediante a penhora dos bens do devedor, alienados em fraude à execução.

Embora nos efeitos os dois institutos muito se assemelhem, porque num e noutro caso o vencedor na ação tem o direito de perseguir o bem em poder do terceiro adquirente, estrutural e etiologicamente se distinguem, como acabamos de ver.[75]

Um ponto de diferenciação fundamental reside em que o direito de penhorar os bens alienados em fraude à execução não depende de *inscrição* no registro imobiliário, ao passo que à perfeição da hipoteca legal ela é *conditio legis*.[76]

362. EXTINÇÃO DA HIPOTECA

Do estudo da cessação da garantia hipotecária emergem algumas causas que são extintivas tão somente do ônus que grava o imóvel, como outras que o destroem por via de consequência. Desenvolvendo o tema, acompanhamos o que dispõe o art. 1.499 do Código Civil, onde se encontram expostas em seriação legal as diversas hipóteses previstas pelo legislador.

E são elas:

1. *Extinção da obrigação principal*. Como já temos visto e repetido neste Capítulo, a garantia hipotecária é uma relação jurídica acessória, e como tal atende à regra que nos legaram as fontes: *acessorium sequitur principale*. Correndo a sorte do principal, cessa a garantia com o desaparecimento da dívida assegurada. E nem seria, mesmo, racional subsistisse aquela depois que deixou esta de existir. Falando pela via ordinária, o desaparecimento da obrigação garantida extingue a hipoteca. A quitação do credor tem este efeito, como deve tê-lo a sentença proferida na ação de consignação com força de pagamento. Enquanto subsistir a obrigação garantida, vige a hipoteca. Se o débito é em conta corrente, subsiste até o máximo estipulado, enquanto não ocorre o seu encerramento.[77]

A regra não tem, contudo, caráter absoluto. E a razão é que a obrigação se extingue muitas vezes por motivos técnicos que permitem a sobrevivência ou a transferência da obrigação acessória, ou o seu restabelecimento. Caso típico da primeira hipótese é a do *pagamento com sub-rogação*, que sem perder a qualificação de modalidade extintiva da obrigação transfere ao *solvens* todos os direitos, ações, privilégios e garantias do primitivo, em solução da dívida contra o devedor principal e os fiadores (Código Civil, art. 349). No pagamento com sub-rogação, de que já tratamos em minúcia (n° 159, *supra*, vol. II), a hipoteca subsiste.

---

75 Sobre a distinção, ver ainda Clóvis Beviláqua, ob. cit., § 163; Lafayette, ob. cit., § 208; Lacerda de Almeida, ob. cit., § 163; Dionísio Gama, ob. cit., n° 204.
76 Lafayette, ob. cit., § 208.
77 Azevedo Marques, *A Hipoteca*, n° 25, pág. 49.

Com a *novação*, a obrigação cessa, em razão do surgimento de nova, que a extingue. Mas é lícito ao credor ressalvar a hipoteca, anticrese ou penhor se os bens tiverem sido dados em garantia pelo próprio devedor, ou mesmo por terceiro se este for parte na novação (Código Civil, art. 364). Realizada a novação, extingue os acessórios da dívida, sempre que não houver estipulação em contrário (art. 364), o que autoriza concluir que a estipulação contrária mantém viva a hipoteca.

Extinta a obrigação pela *dação em pagamento*, com entrega de coisa diversa da devida (*aliud pro alio*) a obrigação desaparece. Então, com a dação em pagamento cessa a hipoteca. Mas, se não prevalecer a *datio in solutum*, como no caso de ser o credor evicto, a aquisição é de nenhum efeito, a obrigação primitiva se restabelece (art. 359) e com ela a hipoteca.

Pela consignação em pagamento como pela confusão, a obrigação se extingue e com ela a hipoteca.[78]

2. *Destruição da coisa*. Tantas vezes já o dissemos que nos dispensamos de desenvolvê-lo: perece o direito, perecendo seu objeto. A destruição da coisa dada em garantia implica a extinção da hipoteca. Não se trata de deterioração ou de perda parcial, pois que nestes casos a relação hipotecária subsiste no remanescente, e ganha até maior alento, autorizando o credor a pedir reforço sob pena de vencimento antecipado. Efeito idêntico à destruição tem a depreciação da coisa, qualificada como a baixa do seu preço no mercado, motivada por causas gerais.[79]

O que é difícil é a determinação da hipótese de destruição total do imóvel hipotecado, uma vez que se o prédio se esboroa ou incendeia, resta o solo. Lysipo Garcia supõe o caso de um condômino dar em garantia quinhão em coisa indivisa, e, com a *actio communi dividundo*, nada lhe tocar. Não é propriamente a destruição da coisa, como o próprio autor reconhece,[80] mas se lhe assemelha.

O princípio, por uma simetria com as demais relações jurídicas, está de pé: destruída a coisa, cessa a hipoteca.

Se for devida *indenização* por terceiro, tendo como causa a destruição da coisa, não se altera o princípio da extinção da hipoteca, pois direito do credor hipotecário desloca-se para o seu valor (*sub-rogação real*), conservando caráter preferencial.[81]

Dá-se, ainda, a sub-rogação no preço da indenização, em caso de *desapropriação*.[82]

3. *Resolução do domínio*. A propriedade resolúvel já foi examinada acima (nº 299, *supra*), e pode advir, como resume Beviláqua, de causa ínsita no título ou a ele estranha e superveniente à aquisição do domínio, como seria a revogação da doação, por exemplo.[83] Mas neste último caso somente a hipoteca constituída posteriormente

78   Tito Fulgêncio, *Direito Real de Hipoteca*, vol. II, pág. 441.
79   Azevedo Marques, ob. cit., nº 28, pág. 53.
80   Lysipo Garcia, *Registro de Imóveis*, vol. II, nº 261.
81   De Page, ob. cit., nº 924.
82   Planiol, Ripert e Boulanger, *Traité Élémentaire*, vol. II, nº 3.658.
83   Clóvis Beviláqua, ob. cit., § 194.

ao fato se invalida, pois que em relação à anterior à resolução o devedor será considerado proprietário perfeito (art. 1.360).

Resolvido, pois o domínio, deixa de ser dono quem deu a coisa em garantia (devedor ou terceiro) e, como a propriedade do objeto é pressuposto da hipoteca, perde esta o seu supedâneo fático e jurídico, deixando de subsistir: *resoluto iure dantis resolvitur ius accipientis*.

4. *Renúncia do credor*. Esta hipótese de extinção somente se aplica à hipoteca convencional. A hipoteca legal, inspirada num interesse de ordem pública, é irrenunciável.[84] E, como vimos, sujeitam-se mesmo a perdas e danos aqueles que a lei incumbe de sua especialização e inscrição e se omitem (nº 361, *supra*).

Instituída, porém, a convencional ou voluntária em benefício do credor, desenvolve-se cumprindo seu ciclo inteiro neste plano, em que predominam razões de natureza particular exclusivamente. E a renúncia é, sem dúvida, uma forma de exercer o direito. É seu requisito a capacidade do renunciante, não apenas a genérica mas ainda para a disposição do bem. Pode a renúncia ser também tácita, como no caso do credor consentir na hipoteca do imóvel a outrem, ou que o aliene sem ressalva de seus direitos.[85]

A renúncia aqui referida é à garantia hipotecária, caso em que cessa esta, mas subsiste a obrigação. Se a renúncia envolver o perdão da dívida, extingue-se esta, e a cessação da hipoteca é por via de consequência (o problema do perdão já foi debatido sob um e outro aspecto no nº 167, *supra*, vol. II). E não sofre contradita doutrinária esta faculdade, atendendo a que a hipoteca é um direito real patrimonial de que pode o particular abdicar.[86] Não cabe, também, indagar se gratuita ou onerosa, pois uma e outra produzem o mesmo efeito em relação ao direito hipotecário (De Page).

Os autores costumam aludir, também, à renúncia *translativa*, pela qual um terceiro investe-se nas vantagens (Tito Fulgêncio, Baudry-Lacantinerie). A esta espécie aplicam-se os princípios da cessão, sob os quais opera, e somente tem cabimento com a transferência do crédito cedido (v. nº 358, *supra*).

5. *Remição hipotecária*. Faculdade concedida ao credor da segunda hipoteca, ao adquirente do imóvel hipotecado e ao executado (remição da execução), a *remição hipotecária* pode operar a libertação do bem gravado e extinção do ônus real. Já tendo ao assunto dedicado todo um parágrafo (nº 360, *supra*), a ele nos reportamos.

6. *Arrematação e adjudicação*. Dotada que é a hipoteca de força executória e intentada esta, termina com a arrematação do imóvel por quem maior lance oferecer, pela adjudicação requerida pelo credor hipotecário ou pela remição. Da remição já tratamos. Da *arrematação* e *adjudicação* cogitamos agora.

São alinhadas como causa extintiva da hipoteca, que lhes não sobrevive, ainda que o preço seja inferior ao crédito garantido. Neste caso, o credor ainda o será pelo

---

84 De Page, ob. cit., nº 921.
85 Dionísio Gama, ob. cit., nº 129, pág. 136; Tito Fulgêncio, ob. cit., pág. 443.
86 De Page, ob. cit., nº 921.

saldo, mas sem privilégio: simples credor quirografário. O ônus extingue-se com o praceamento do imóvel e desta sorte quem o adquire (seja o credor adjudicante, seja o terceiro arrematante) recebe-o livre e desimpedido. Extingue-se a hipoteca do credor exequente, como dos credores posteriores, se o produto da arrematação não for suficiente para a satisfação daquele.[87]

A menção do Código à "arrematação e adjudicação" suscitou uma dúvida: se é qualquer *venda em hasta pública*, ou somente a que se efetua no executivo hipotecário. E a doutrina, fundada em que a arrematação do imóvel hipotecado é inválida sem citação do credor hipotecário, e forte nos pronunciamentos judiciais, inclusive do Supremo Tribunal, entende que a extinção da hipoteca somente resulta da venda judicial realizada no executivo hipotecário.[88]

Aderimos à conclusão, mas com uma ressalva: citado o credor hipotecário para a arrematação promovida por outro credor, o seu comparecimento para exercer o direito de preferência tem o condão de validar a arrematação, como se se tratasse de executivo hipotecário por ele mesmo intentado.[89]

7. *Sentença*. Além dos casos de extinção da hipoteca examinados nos itens 1 a 6 acima, e fundados nos respectivos incisos do art. 1.499 do Código Civil de 2002, e embora o Código tenha omitido a referência, merece ser lembrada a sentença passada em julgado. Não se trata de causa extintiva da garantia hipotecária em particular. Ao revés, motiva a cessação de qualquer relação jurídica. Trata-se de sentença que declare a nulidade ou decrete a anulação da hipoteca, por algum fundamento de ordem material ou formal. A primeira classe pode atender à ausência de requisitos subjetivos (falta de capacidade do devedor, ou falta de domínio da coisa) como objetivo (inexistência do bem gravado, como ser ele *extra commercium*). Ainda na primeira classe pode incluir-se a apuração de defeito do consentimento (erro, dolo, coação ou lesão) ou defeito social (simulação, fraude). Neste passo é conveniente lembrar que se considera caso especial de presunção de fraude contra credores dar o devedor insolvente garantia a algum credor (Código Civil, art. 163), o que muito frequentemente atinge a hipoteca.

Na segunda classe (fundamento de ordem formal) pode dar-se a inobservância da escritura pública, ou desatendimento às exigências em relação a esta.

É conveniente salientar, aqui, que a sentença pode declarar a ineficácia (nulidade, anulabilidade, rescisão ou resolução) da relação principal e com ela a da acessória de garantia. Ou pode atingir simplesmente a hipoteca, sem abranger a obrigação garantida, caso em que simplesmente cessam os seus efeitos, desaparecendo a sequela e terminando a preferência. O credor, que o era com privilégio, não perde a condição creditícia, mas tão somente passa à categoria quirografária.

Passada em julgado a sentença, promove-se o cancelamento da inscrição hipotecária, e o bem se livra forro do ônus real.

---

87   Enneccerus, Kipp e Wolff, *Tratado, Derecho de Cosas*, vol. II, § 141.
88   Clóvis Beviláqua, ob. cit., § 199.
89   No mesmo sentido, Azevedo Marques, *A Hipoteca*, nº 96.

8. *Prescrição*. A referência a esta causa extintiva não é somente inspirada em razão de simetria ou de sistema. Com efeito, a prescrição, *patrona generis humani*, põe fim às relações jurídicas, extinguindo a exigibilidade da pretensão (*Anspruch*), como no devido lugar estudamos e desenvolvemos (nº 121, *supra*, vol. I).

Embora despiciendo, o Código de 2002 poderia ter se reportado a ela como razão determinante da cessação da hipoteca, causa extintiva que é de qualquer relação jurídica, e, portanto, a alusão obedeceria ao espírito de sistema. Mas não seria apenas este o motivo de invocá-la explicitamente o art. 1.499. Uma outra razão acode ao espírito, quando se medita nos problemas ao propósito suscitados.

A) Em primeiro lugar assentemos que a prescrição extintiva da obrigação garantida tem como consequência a cessação da hipoteca, sob a fundamentação tantas vezes repetida: *accessorium sequitur principale*. Neste caso, a extinção da hipoteca é simultânea à da dívida.[90]

B) Sendo a hipoteca um direito real, prescreve em dez anos entre presentes e quinze entre ausentes. Mas não ocorre pela simples omissão do credor, porém no caso de se criar contra ele uma situação incompatível com o seu direito real.

C) Pode, ainda, operar-se a prescrição da hipoteca por via indireta, quando o adquirente do imóvel o recebe a *non domino* e o possui como seu, pelo tempo de duração da usucapião ordinária, mansa e pacificamente, com justo título e boa-fé. Pelo mesmo fundamento da aquisição do domínio, que se consolida *tractu temporis*, o adquirente se vê liberto do ônus que o gravava nas mãos do *verus dominus*.

D) Outra hipótese ainda é a do que adquire do proprietário verdadeiro um imóvel tido como livre e desembaraçado, e assim transcreve o seu título. Decorrido o tempo necessário à prescrição aquisitiva sem que o credor jamais o molestasse, o adquirente consolida pela prescrição uma ausência de gravame que implica prescrição da hipoteca. E não colheria argumentar com a validade da inscrição da hipoteca que prevalece até ser cancelada, porque no caso desenhar-se-ia um conflito de registros: à inscrição hipotecária opõe-se entretanto a da propriedade livre de ônus e, no conflito de declarações contraditórias do registro imobiliário, prevalece a liberação que tem a seu prol o decurso do tempo e a inércia do credor, e ainda se beneficia da velha sentença advinda do Direito Romano, enunciada a outro propósito, mas que a este se aplica: *plus favemus liberationibus quam obligationibus*.

Na dedução das quatro hipóteses aqui mencionadas, de extinção da hipoteca com fundamento em prescrição, procuramos desvencilhar o assunto das controvérsias que o embaraçam e em nada concorrem para o esclarecimento das questões. Quem, todavia, pretender aprofundar-se no assunto encontrará vasto material de pesquisa.[91]

---

90 Tito Fulgêncio, ob. cit., vol. II, pág. 442.
91 Clóvis Beviláqua, *Comentários ao Código Civil*, vol. III, art. 849; Clóvis Beviláqua, *Direito das Coisas*, vol. II, § 198; Lafayette, ob. cit., § 278; Azevedo Marques, ob. cit., pág. 111 e segs.; Affonso Fraga, *Direitos Reais de Garantia*, págs. 904 e segs.; Tito Fulgêncio, *Direito Real de Hipoteca*, vol. II, pág. 444; Serpa Lopes, *Tratado dos Registro Públicos*, vol. II, pág. 396, nº 382; De Page, *Traité*, vol. VII, nº 779.

9. *Usucapio libertatis*. Além das hipóteses extintivas examinadas, menciona-mos ainda um último, sob a epígrafe *usucapião da liberdade* – que não confundimos, como fazem Spencer Vampré, Tito Fulgêncio, e muitos outros eminentes civilistas, com a prescrição da hipoteca no caso de ter o adquirente recebido o imóvel e regis-trado como se livre e desembaraçado fora.

A nosso ver a *usucapião da liberdade* tem fundamento no princípio que se opõe à perpetuidade deste direito real, e estabelece que em perfazendo 30 anos da data da inscrição, não mais se poderá prorrogar, e somente subsiste o contrato hipotecário reconstituindo-se por novo título e nova inscrição, embora se lhe mantenha a prece-dência anterior (Lei nº 6.015, de 31 de dezembro de 1973, art. 238). Formulamos, então, esta pergunta: *quid iuris,* se, decorrido o triplo decênio, as partes não recons-tituírem o contrato hipotecário por novo título, e o credor não promover dentro dele a excussão da hipoteca?

O bem hipotecado se libera, já que não subsiste o contrato hipotecário funda-do no título anterior. E de conseguinte extingue-se o vínculo, ocorrendo aquisição do direito à liberação do bem gravado por uma circunstância análoga à aquisição *per usucapionem* – *usucapio libertatis*, que também se denomina *peremção do registro* (Lafayette).

Decorridos 30 anos, sem renovação, a hipoteca se extingue ainda em relação ao terceiro adquirente do imóvel que haja feito menção dela no título.[92] Não há confun-dir a peremção do registro ou liberação do imóvel pelo decurso de 30 anos passados sobre a inscrição com a prescrição da hipoteca, prescrição extintiva correlata à pres-crição da obrigação garantida. Com a peremção do registro, a obrigação subsiste, mas a garantia real perime, porque não se admite o gravame hipotecário perpétuo.[93] Dentro do prazo de 30 anos, toda renovação é lícita, e basta a simples menção em instrumento particular. Escoado o triplo decênio, cessa de produzir efeitos a inscri-ção hipotecária, ainda que os interessados o queiram, salvo a constituição de nova hipoteca, por novo título e nova inscrição, embora se lhe mantenha a precedência que então lhe competir (Código Civil, art. 1.485). O que perime é o direito mesmo, que não existirá mais em relação a terceiros.[94]

363. CANCELAMENTO DA INSCRIÇÃO HIPOTECÁRIA

Como consequência da extinção da hipoteca, ter-se-á de proceder ao cance-lamento da inscrição realizado pelo oficial do respectivo registro, por averbação à margem com a menção da data, sob responsabilidade de sua assinatura e menção da causa extintiva.

---

92   Ruggiero e Maroi, *Istituzioni*, vol. II, § 199.
93   Lafayette, *Direito das Coisas*, § 249.
94   De Page, *Traité*, vol. VII, nº 776.

É bem de ver que não cabe ao oficial cancelar arbitrariamente a inscrição. Responderá civil e criminalmente se o fizer. O cancelamento é *ato causal*. Dada a diversificação reconhecida, pode ser voluntário ou necessário (Lafayette, Dionísio Gama, Trabucchi, Clóvis Beviláqua). Diz-se *voluntário* ou *convencional* o cancelamento a que se procede mediante um ato de vontade dos interessados, traduzido no requerimento de ambas as partes, se forem capazes e conhecidas do oficial. Chama-se *cancelamento necessário* ou *coativo* aquele que se realiza por decreto judicial, em virtude de sentença. Forçoso é ainda o que tem lugar mediante a prova do fato determinante, o qual entretanto não se perfaz pela simples verificação do oficial, porém, utilizada a via do mandado do juiz. Em qualquer caso, não se efetivará o cancelamento por sentença de que penda recurso, qualquer que seja o efeito deste, mesmo o extraordinário interposto para o Supremo Tribunal Federal (Lei nº 6.015, de 31 de dezembro de 1973).

Para proceder ao cancelamento, deverá fundar-se em qualquer das causas de extinção da hipoteca (mencionadas no art. 1.499, acima estudadas).

Não basta, porém, que se reporte a ela. Necessita ainda de ter presente o instrumento que a contém.

Daí excluir-se o cancelamento por ordem verbal, seja dos interessados, seja de qualquer autoridade, judiciária inclusive. Somente à vista de um escrito poderá o oficial fazê-lo. E o escrito será:

a) requerimento emanado do credor e devedor;

b) requerimento do devedor instruído com instrumento de quitação, ou autorização em forma, ou procuração bastante do credor;

c) mandado judicial contendo a determinação específica, expedido com base em processo contencioso ou administrativo;

d) sentença passada em julgado, de que resulte a referência expressa à extinção da hipoteca;

e) carta de arrematação ou adjudicação do imóvel gravado, expedida pela Juízo da execução hipotecária.

Enquanto não cancelada, produz a inscrição o efeito de manter de pé a hipoteca (v. nº 358, *supra*). É pelo cancelamento que se põe termo ao direito real e, portanto, uma vez extinta, há interesse em a ele proceder-se (Código Civil, art. 1.500).

364. ANTICRESE

Entre os direitos reais de garantia, o Código Civil de 2002 inclui a *anticrese*, seguindo aliás a trilha de nosso direito anterior. Não tem sido contudo tranquila a existência deste instituto, como pacífico não é o seu porvir.

Com efeito, contrato de origem grega, no Direito Romano a anticrese não funcionava como figura autônoma. Era tratada e usada como pacto adjeto ao contrato pignoratício ou hipotecário, muito embora as pesquisas históricas façam remontar a garantia anticrética à mais alta antiguidade. Teria nascido da conjugação da faculdade de perceber frutos, com a posse da coisa dada em garantia e direito de sequela, que são próprios do penhor.[95]

Na Idade Média sofreu a condenação canônica articulada contra todo procedimento capaz de revestir caráter usurário. Ressurge no século passado como expressão da autonomia da vontade, e afirma-se com o princípio que defendeu a liberdade das convenções em nome da igualdade jurídica.

Nota-se na atualidade a tendência a suprimi-la, como se observa no Projeto Brasileiro de 1965, e ainda no Código Português de 1966, ou a retirar-lhe o caráter de direito real como fez o Código Italiano de 1942, nos arts. 1.960 e seguintes. A razão de seu desprestígio é criar entraves à circulação dos bens.[96] O Anteprojeto de 1972/73 expressamente manteve o direito real de anticrese, não obstante o desuso em nossas práticas jurídico-econômicas, e o desprestígio em que caiu o instituto nos Códigos modernos. O Projeto de 1975, que resultou no novo Código, manteve-o, como dito anteriormente.

Vigente em nosso direito positivo, embora de rara aplicação prática (em mais de cinquenta anos de vida profissional intensa tivemos uma só oportunidade de redigir um contrato anticrético), não se pode omitir nestas *Instituições*, com a ressalva quanto ao seu pouco interesse e ao prognóstico pouco favorável à sua mantença. É provável que no futuro venha a perder a categoria de direito real, subsistindo como contrato de natureza meramente creditícia ou cláusula adjecta a contrato hipotecário. Não lhe deverão faltar inovações como as que o Código Italiano nela introduziu, limitando o prazo de duração, vetando o pacto comissório, mesmo que posterior à sua constituição, obrigando o credor a cultivar o imóvel, e restringindo os efeitos do contrato às partes contratantes,[97] Pode-se-lhe criar restrição ainda, exigindo-se para a sua constituição a prévia autorização da autoridade administrativa, como ocorre na França desde a Lei de 1940.[98]

Dentro de nosso direito positivo atual, ou seja, de *iure condito* (Código Civil, arts. 1.506 e segs.), a *anticrese é um direito real sobre coisa imóvel pelo qual o devedor transfere a sua* posse ao credor para que este perceba e retenha os seus frutos imputando-os no pagamento da dívida. Previsível que é a supressão do direito real de anticrese, subsistirá apenas a convenção anticrética, que com o mesmo nome era referida em nosso direito anterior, mas com a ressalva de não ter a convenção (*nula*) o poder gerador do *ius in re*.[99] No estado atual de nosso direito, todavia, subsiste como direito real, embora se resuma em última análise num privilégio sobre os frutos e rendimentos da coisa, com o objetivo de compensar o débito dos juros e amortizar o capital da dívida.[100]

---

95   Lacerda de Almeida, *Direito das Coisas*, § 118.

96   Planiol, Ripert e Boulanger, *Traité Élémentaire*, vol. II, n° 3.613.

97   Ruggiero e Maroi, ob. cit., § 172.

98   Planiol, Ripert e Boulanger, ob. cit., n° 3.617.

99   Lafayette, *Direito das Coisas*, § 168.

100 Lacerda de Almeida, *Direito das Coisas*, § 122.

Dado o volume dos rendimentos produzidos, a imputação poderá ser feita no capital e juros, ou somente nestes últimos.

Para a *constituição da anticrese* devem estar presentes os requisitos decorrentes de sua disciplina legal:

a) *capacidade* das partes, inclusive para o devedor dispor do bem;

b) *instrumento* escrito, particular ou público, exigido este se o valor exceder da taxa legal;

c) *tradição* do imóvel, real e não apenas ficta ou simbólica, pois que sem a posse direta do credor anticrético não se realiza a finalidade contratual da percepção das rendas;

d) *transcrição* no Registro para que se constitua o direito real;

e) *coisa imóvel*, pois se for móvel o objeto confunde-se com o penhor;

f) *aplicação* das rendas no pagamento da obrigação garantida.

Pelo Código de 2002 a anticrese pode viver existência autônoma ou ligar-se ao contrato hipotecário, o que, aliás, já era da tradição de nosso direito (Lafayette), como relação de garantia preponderante, se na declaração de vontade constitutiva sobrelevar a natureza anticrética do direito criado; ou ao revés, será secundária, se preponderar a instituição hipotecária (art. 1.506, § 2º).

Vindo geminados os dois contratos, nenhuma observação caberá se for o mesmo o credor. Mas, em caso contrário, cumpre atentar para a observação de Beviláqua: o devedor pode onerar com hipoteca um imóvel gravado de anticrese; mas o devedor hipotecário não pode constituir anticrese sobre o imóvel já hipotecado.

Cabem ao credor a posse do imóvel e a percepção dos frutos, que pode ser confiada a terceiro quando o título não estabelece que se faça pelo credor pessoalmente.

Vinculada a renda imobiliária ao pagamento da dívida, cabe ao credor direito de retenção até que se liquide, ou pelo prazo que for estipulado.

Na pendência do ônus anticrético, a dívida garantida não prescreve.[101]

O que se deve acentuar como característico do direito real de anticrese é a *sequela*. O devedor é livre de confiar um imóvel ao credor, ou lhe outorgar procuração para que opere a liquidação do débito com os frutos que percebe. Mas não haverá aí uma anticrese. Esta se configura como *ius in re*, e neste caso adere à coisa, acompanhando-a em caso de transmissão *inter vivos* ou *causa mortis*, uma vez constituída como tal e inscrita. Vale dizer que a mutação da propriedade não altera a situação do credor anticrético.[102]

Incidindo o direito do credor na renda imobiliária, não tem direito preferencial sobre o produto da arrematação ou adjudicação, nem sobre o valor da indenização, do seguro ou do preço expropriatório.

Reversamente, é o credor anticrético obrigado a conservar a coisa e administrá-la segundo a sua finalidade natural, respondendo ao devedor pelos danos que causar por culpa sua ou pela mudança de destinação não autorizada. Responde ainda pelos

---

101 Planiol, Ripert e Boulanger, ob. cit., nº 3.624.
102 Planiol, Ripert e Boulanger, ob. cit., nº 3.613.

frutos que por negligência deixar de colher. Sendo as obrigações do credor anticrético procedentes da posse da coisa – *obligationes propter rem* –, delas poderá eximir-se, entregando-a ao devedor.[103]

Administrador de coisa alheia, embora no interesse próprio, o credor anticrético deve contas de sua gestão, demonstrando ter bem aplicado os rendimentos auferidos, que não pode empregar em finalidade diversa da liquidação da obrigação, salvo as despesas de conservação e reparos na própria coisa.

Findo o prazo contratado, ou liquidado o débito, cabe ao credor anticrético restituir o imóvel ao devedor, com baixa no registro.

Extingue-se a anticrese com a extinção da dívida garantida, uma vez que é relação jurídica acessória, que segue a sorte da principal. E a extinção da dívida pode dar-se pelo fato de se amortizar com os frutos da coisa, ou pelo pagamento antecipado. Considerar-se-á igualmente extinta a garantia anticrética, cessando a obrigação por qualquer dos meios admitidos em direito, com ou sem pagamento. Mas a prescrição é incompatível com a anticrese, porque o só fato de auferir o credor os frutos da coisa imputando-os na liquidação da obrigação impede se constitua uma situação contrária e geradora da extinção da dívida.[104]

---

103 Lafayette, *Direito das Coisas*, § 171.
104 Clóvis Beviláqua, *Direito das Coisas*, vol. II, § 128.

Capítulo LXXX-A
PROPRIEDADE FIDUCIÁRIA

Sumário

364-A. Generalidades sobre negócio fiduciário. **364-B**. Conceito, requisitos e extensão da propriedade fiduciária. **364-C.** Obrigações do alienante e do adquirente. **364-D.** Execução do contrato.

Bibliografia

Pontes de Miranda, *Tratado de Direito Privado*, vol. 21, §§ 2.668 e segs.; vol. 23, §§ 2.826 e segs.; vol. 52, §§ 5.482 e segs.; Luiz Alberto da Silva, *Contribuição ao Estatuto das Sociedades de Financiamento no Brasil*, págs. 102 e segs.; Contardo Ferrini, *Manuale delle Pandette*, nº 533; Pietro Bonfante, *Istituzioni di Diritto Romano*, § 157; Nestor José Forster, *Alienação Fiduciária em Garantia*; Tullio Ascarelli, *Problemas das Sociedades Anônimas e Direito Comparado*, págs. 99 e segs.; Orlando Gomes, *Alienação Fiduciária em Garantia*; Juan B. Jordano Barea, *El Negocio Fiduciario*; Nicolo Lipari, *Il Negozio Fiduziario*; Otto de Sousa Lima, *Negócio Fiduciário*.

364-A. GENERALIDADES SOBRE NEGÓCIO FIDUCIÁRIO

O direito brasileiro tem experimentado novos instrumentos de garantia, uma vez que a complexidade da vida moderna não se satisfaz com aqueles de cunho tradicional. O penhor (nos 350 e segs., *supra*) e a hipoteca (nos 356 e segs., *supra*) revelam-se demasiado rígidos para acompanharem a velocidade crescente do tráfico jurídico. O primeiro, exigindo a efetiva *traditio* (salvo algumas exceções) da coisa apenhada, não satisfaz às exigências da vida mercantil. A segunda, limitada aos bens imóveis, navios e aeronaves, tem o seu campo de incidência estreito demais. E da anticrese não há falar, dado o desuso em que incorre em nosso direito, como em face da tendência moderna à sua supressão como direito real (nº 364, *supra*).

Suprindo essas deficiências, imaginou-se a venda com reserva de domínio (nº 230, *supra*, vol. III) pela qual o bem adquirido a crédito permanece na propriedade do vendedor, até liquidação final do preço, sujeito à apreensão e venda judicial. Tem ainda os seus préstimos, e muito se pratica, mas padece de duas restrições: de um lado a morosidade do aparelho judiciário, empecendo a recuperação do preço com a alienação da *res vendita*; de outro lado, a limitação de seu emprego apenas pelo vendedor, não se compadecendo com a ideia de assegurar o pagamento de débito contraído com terceiro, seja para aquisição do mesmo bem, seja com escopo exclusivo de garantia.

Foi então que o direito moderno acordou da poeira dos séculos o negócio fiduciário, que o Direito Romano já conhecia nas duas figuras da *fiducia cum amico* e da *fiducia cum creditore* (v. nº 257-A, *supra*, vol. III). Gaius se lhe refere, nas duas modalidades: *Sed cum fiducia contrahitur aut cum creditore, pignoris iure, aut cum amico quo totius nostrae res apud eum essent.*[1]

No período clássico teve farta aplicação, mas foi abolido no direito justinianeu.[2]

A *fiducia cum amico* não tinha finalidade de garantia. Contrato da confiança (*fiducia*), permitia a uma pessoa acautelar seus bens contra circunstâncias aleatórias (ausência prolongada, viagem, risco de perecer na guerra, perdas advenientes de eventos políticos). Efetivava o fiduciante a sua alienação a um amigo, com ressalva de lhe serem restituídos após passado o perigo. Esta modalidade fiduciária degenerou, contudo, na subtração dos bens à garantia genérica dos credores.

Na *fiducia cum creditore* (ou *fiducia pignoris causa cum creditore*), o devedor transferia, por venda, bens seus ao credor, com a ressalva de recuperá-los se, dentro em certo tempo, ou sob dada condição, efetuasse o pagamento da dívida. Com estas características aproximava-se da retrovenda – *pactum de retro emendo* – de que entretanto se distinguia pelo fato de não vir ostensiva a faculdade de recompra. No contrato de fidúcia, havia em verdade dois atos: um de alienação (*mancipatio* ou *in iure cessio*) e outro de retorno condicional ao devedor (*pactum fiduciae*). Em qualquer de suas modalidades, no negócio fiduciário havia uma transferência de coisa ou direito

---

1 Gaius, *Institutiones, Commentarius Secundus*, nº 60.
2 Gaius, *Institutiones, Commentarius Secundus*, nº 60.

para determinado fim, com a obrigação de realizar o adquirente a sua devolução ao alienante, depois de satisfeita a finalidade pretendida.[3] Para fazer valer o seu direito, a princípio não contava o fiduciante senão com uma sanção moral (*fides fiducia*); mais tarde, porém, foi provido de ação específica (*actio fiduciae contraria*), que representava um desfavor para o fiduciário, por envolver acusação de uma quebra do dever moral de sua parte.[4]

Sua supressão no *Corpus Iuris Civilis* do século VI importou em que não recebeu acolhida nos sistemas romano-cristãos. Não penetrou no Código Francês de 1804, nem no BGB de 1896, e em consequência os Códigos todos, filiados à corrente napoleônica e à tedesca, o ignoraram. Inclusive o brasileiro de 1916. Os sistemas da *Common Law*, todavia, desenvolveram o instituto do *trust*.

Deixando de ser negócio jurídico contratual típico, nem por isso ficou entre nós repudiado inteiramente. Filho órfão, e mesmo enjeitado, encontrou todavia abrigo em uma e outra manifestação esporádica. A doutrina o não desconhecia de todo, e os tribunais, embora com certa relutância e alguma vacilação, entenderam que não seria uma figura contratual contrária ao nosso sistema.

Quando recebemos o encargo de colaborar na reforma de nosso direito privado, fizemos inserir no Projeto de Código de Obrigações de 1965 o contrato de fidúcia (art. 672), sem perder de vista a reminiscência histórica e aproveitando a experiência do *trust* do direito anglo-americano, que outros sistemas ocidentais querem igualmente abrigar. E temos a lamentar que a timidez do Anteprojeto de 1972/73 não o tenha acolhido.

Ao mesmo tempo que cuidávamos da tipificação do negócio fiduciário em nosso direito positivo (*contrato de fidúcia*), a lei especial de disciplina do mercado de capitais (Lei nº 4.728, de 14 de julho de 1965) introduziu em nosso direito a *alienação fiduciária em garantia*. É uma feliz coincidência. Sem que tenha havido troca de impressões e de ideias, a elaboração *jurídica pátria*, uma vez que, atendendo a objetivos imediatos diferentes, procurava reinstalar em nosso sistema o negócio fiduciário: o Projeto de Código de Obrigações voltou as suas vistas para a *fiducia cum amico,* ao passo que a Lei do Mercado de Capitais cogita da *fiducia cum creditore.*

À primeira já aludimos, embora com caráter de contribuição *doutrinária de iure condendo*, no nº 257-A, *supra*, vol. III; à segunda, lastreada sobre o direito legislado (*de iure condito*), cuidamos no presente capítulo.

Esclarecendo que se trata de um novo direito real de garantia, aqui o colocamos e o estudamos. E atendendo a que veio disciplinado originariamente no art. 66-B da Lei 4.728/1965 e posteriormente nos arts. 1.361 a 1.368-B do Código Civil de 2002, estruturamos a dogmática deste instituto à vista destes provimentos legislativos, sem

---

3   Gaius, *Institutiones, Commentarius Secundus*, nº 60.
4   Bonfante, *Istituzioni*, pág. 442; Ferrini, *Pandette*, nº 553; Clóvis Beviláqua, *Direito das Coisas*, vol. II, pág. 41; Nestor José Forster, *Alienação Fiduciária em Garantia*, pág. 12.

perder de vista as disposições do Decreto-lei 911/1969, bem como as alterações promovidas pelas Leis nº 10.931/2004, nº 13.043/2014 e nº 14.711/2023.[5]

Registramos, ainda, que, embora por vezes sejam empregadas indistintamente, as expressões *alienação fiduciária em garantia* e *propriedade fiduciária* correspondem tecnicamente a fenômenos distintos. A primeira relaciona-se ao *negócio jurídico* que constitui o título da garantia, ao passo que a segunda designa o *direito real de garantia* em si considerado.

364-B. CONCEITO, REQUISITOS E EXTENSÃO DA PROPRIEDADE FIDUCIÁRIA

Conceito. Inscrevendo-se como "direito real de garantia", cuja conceituação genérica vem estabelecida acima (nº 346, *supra*, vol. IV), pode-se definir a propriedade fiduciária, *como a transferência, ao credor, do domínio e posse indireta de uma coisa, independentemente de sua tradição efetiva, em garantia do pagamento de obrigação a que acede, resolvendo-se o direito do adquirente com a solução da dívida garantida.*

A natureza *resolúvel* desta alienação vai antes filiar-se à concepção germânica do que às suas origens romanas.[6]

De sua conceituação legal resulta que é um negócio jurídico de disposição condicional. Subordinado a uma condição resolutiva, porque a propriedade fiduciária cessa em favor do alienante, uma vez verificado o implemento da condição resolutiva, não exige nova declaração de vontade do adquirente ou do alienante, nem requer a realização de qualquer novo ato. O alienante, que transferiu fiduciariamente a propriedade, readquire-a pelo só pagamento da dívida.

A averbação do instrumento de quitação, no cartório onde se arquivou o alienatório, terá efeito meramente probante, como adiante se verá.

---

5   Sylvio Capanema, em atualização à obra Condomínio e Incorporações, também de autoria do Professor Caio Mário da Silva Pereira, explica de maneira didática os mecanismos elaborados pela Lei nº 9.514, de 1997, que instituiu o Sistema de Financiamento Imobiliário (SFI) e pela Lei nº 10.930, de 2004, que que criou a Cédula de Crédito Imobiliário (CCI). Segundo o saudoso mestre, "As Leis n. 9.514/1997 e n. 10.931/2004 articulam mecanismos jurídicos e legais destinados à viabilização de novas fontes de recursos para o setor da produção, comercialização e financiamento de imóveis" e complementa: "Embora não abandone a hipoteca, o novo sistema privilegia a ideia da fidúcia, tendo em vista duas características peculiares da garantia fiduciária, que a tornam incomparavelmente mais eficaz do que a hipoteca: *primeiro*, o fato de que na garantia fiduciária o devedor transmite a propriedade do bem (conquanto fiduciariamente) ao credor, afastando-o, portanto, do risco de excussão por parte de qualquer outro credor, e, *segundo*, a simplificação e celeridade da realização da garantia, que se faz independentemente de intervenção judicial". (Caio Mário da Silva Pereira, *Condomínio e Incorporações*. 13. ed. Atualizado por Sylvio Capanema. Rio de Janeiro: Forense, 2017).

6   Pontes de Miranda, *Tratado*, vol. 23, pág. 289.

Direito real de garantia veio colocar-se em nosso sistema ao lado do penhor, da hipoteca e da anticrese. Completou-os. Para confirmar a regra, o legislador acrescentou o art. 1.368-B ao Código Civil que estatui: "A alienação fiduciária em garantia de bem móvel ou imóvel confere direito real de aquisição ao fiduciante, seu cessionário ou sucessor. Parágrafo único. O credor fiduciário que se tornar proprietário pleno do bem, por efeito de realização da garantia, mediante consolidação da propriedade, adjudicação, dação ou outra forma pela qual lhe tenha sido transmitida a propriedade plena, passa a responder pelo pagamento dos tributos sobre a propriedade e a posse, taxas, despesas condominiais e quaisquer outros encargos, tributários ou não, incidentes sobre o bem objeto da garantia, a partir da data em que vier a ser imitido na posse direta do bem".

Os termos iniciais do § 1º – "o credor fiduciário que se tornar proprietário pleno do bem, por efeito de realização da garantia, mediante consolidação da propriedade, adjudicação (...)" – a rigor colidem com o art. 1.365 do mesmo Código, pois no *caput* do art. 1.365 veda-se a possibilidade de o proprietário fiduciário ficar com a coisa alienada em garantia, se a dívida não for paga no vencimento. Cláusula redigida neste sentido seria nula.

Mas há forma mais direta e objetiva do que o credor fiduciário assumir a titularidade do bem? Não, não há. É o mais indicado para a celeridade dos negócios. Logicamente que se a avaliação do bem, quando da celebração do negócio, foi superior ao valor real do bem e, mesmo aplicando-se os encargos da mora, exista a possibilidade de o bem dado em garantia ter valor superior à dívida contraída, é indicado que algum mecanismo público seja dado ao procedimento de perda da propriedade do devedor para que a lisura do negócio fique clarividente.

Como nos termos do art. 66-B, § 3º, da Lei nº 4.728/1965, se a venda for efetivada pelo credor a terceiros, poder-se-á, "independente de leilão, hasta pública ou qualquer outra medida judicial ou extrajudicial, devendo aplicar o preço da venda no pagamento do seu crédito e das despesas decorrentes da realização da garantia, entregando ao devedor o saldo, se houver, acompanhado do demonstrativo da operação realizada".

Temos ciência que a vida civil caminha a passos mais lentos que a vida econômico-financeira, mas as definições de uma esfera mais célere devem se prestar a inspirar a esfera mais compassada, em nome do incremento dos negócios. A assunção de titularidade pelo próprio credor pode ser precedida de leilão ou praça envolvendo terceiros e o credor adjudicar o bem pelo maior lanço.

A contrariedade dos dispositivos chegará ao Poder Judiciário, mas tendemos a crer que a resolução será pela validade da medida mais expedita que é a autorização para o credor assumir o bem e seus encargos, independentemente de estar ou não vedado no instrumento negocial.

Em distinção marcante relativamente aos outros direitos reais que se constituem em coisa alheia (o credor tem o direito de garantia mas não tem a propriedade), a propriedade fiduciária, pelo fato mesmo de sua constituição, recai sobre coisa que é então do domínio do credor, passando este a proprietário dela automaticamente. O pensamento de Orlando Gomes apenas reafirma o que a inovação legislativa do art. 1.368-B trouxe ao Código Civil.[7]

Como negócio jurídico translativo da propriedade, não vale o contrato por si só, pois, como visto acima (nº 303, *supra*), o nosso direito não reconhece efeitos reais aos contratos. É mister, para a transferência de coisa móvel, a sua tradição, e de coisa imóvel, a transcrição do título. Neste particular, dispõe o parágrafo único do art. 1.361 do Código de 2002 que "constitui-se a propriedade fiduciária com o registro do contrato, celebrado por instrumento público ou particular, que lhe serve de título, no Registro de Títulos e Documentos do domicílio do devedor, ou, em se tratando de veículos, na repartição competente para o licenciamento, fazendo-se a anotação no certificado de registro".

Tratando aqui da propriedade fiduciária, não nos parece ter havido quebra, ou exceção ao princípio. Ao revés, reportando-nos ao que dissemos sobre a tradição (nº 312, *supra*), recordamos que nem só pela entrega (*traditio real*) ela se cumpre. E no caso ocorre a *traditio ficta*, que igualmente opera com efeito translatício.

A propriedade fiduciária gera a transferência da propriedade ao credor. Mas há duas declarações de vontade geminadas: *a*) uma de alienação, pela qual a coisa passa ao domínio do adquirente; *b*) outra (correspondente ao *pactum fiduciae*) exprimindo o seu retorno condicional ao devedor. No Direito Romano elas eram destacadas, e distintas na natureza e nos efeitos. No nosso, a *conditio* está ínsita no próprio ato. Assim o considera o Código Civil de 2002, qualificando de *resolúvel* a propriedade do adquirente, isto é, domínio que traz em si mesmo o germe de sua cessação, baseado no fato jurídico do pagamento.

E a posse, que era desdobrada (*direta* no *devedor*; *indireta* no *credor* e adquirida pelo constituto possessório), perde esta característica para ser uma só, sem dicotomia, no fiduciante.

Caracteres. A alienação fiduciária é um contrato: *a*) *bilateral*, porque gera obrigações para o alienante e o adquirente; *b*) *oneroso*, porque beneficia a ambos – proporcionando instrumento creditício ao alienante, e, assecuratório ao adquirente; *c*) *acessório*, uma vez que sua existência jurídica subordina-se à da obrigação garantida, cuja sorte segue; *d*) *formal*, porque há de constar sempre de instrumento escrito (público ou particular).

Requisitos. Na determinação de seus requisitos há que atentar para a circunstância especial de sua destinação econômica e de sua finalidade assecuratória.

A) *Subjetivos*. Qualquer pessoa, física ou jurídica, dotada de capacidade genérica para os atos da vida civil, pode alienar em garantia. Sendo ato translatício, pressupõe a capacidade de disposição, no seu duplo aspecto, de ter o alienante o domínio da coisa e de poder dela dispor livremente. Em relação à primeira circunstância (ser o alienante dono), a validade do ato não requer a preexistência na sua titularidade. Ao revés, a lei admite a constituição da alienação fiduciária em garantia *por parte do não proprietário*, desde que venha a sê-lo subsequentemente; neste caso a aquisição

---

7   Orlando Gomes, *Alienação Fiduciária em Garantia*, pág. 20.

da propriedade da coisa retrotrai os seus efeitos à data do contrato, considerando-se o domínio fiduciário transferido no momento em que se opera a aquisição do objeto pelo devedor, independentemente de qualquer nova formalidade. Cabe aqui esclarecer que, se a alienação fiduciária tem em vista prover o devedor de meios para pagar o preço da coisa, e for a ele inferior o que obtiver com a alienação fiduciária, o restante constitui um direito pessoal, mas corretamente designado como simples direito de crédito.[8] Na dependência das condições normais de solvência do devedor, poderá ser revestido de outras garantias como a fiança no contrato principal, ou o aval em título a este vinculado, ou até de outra garantia real. Nenhuma delas é incompatível com a alienação fiduciária, uma vez que não incidam sobre os bens alienados.

Em relação à capacidade jurídica para ser sujeito ativo da alienação fiduciária (adquirente) levantou-se controvérsia séria entre os autores. De um lado, aqueles que somente reconheciam esta aptidão nas instituições financeiras pelo fato de a regulamentação do negócio fiduciário constar da Lei nº 4.728, de 14 de julho de 1965, cuja finalidade precípua foi a disciplina do mercado de capitais, e ainda de se fazer menção a que veio o instituto atender à política de crédito no campo específico dos valores mobiliários.[9] De outro lado, os que não enxergavam nesta circunstância uma exigência de caráter subjetivo, mas consideravam aquele diploma apenas o veículo legislativo de seu aparecimento.[10]

Já no Direito anterior não víamos motivo para a restrição, superada pelo Código de 2002. Antes da lei disciplinadora do mercado de capitais já o nosso direito admitia, posto que em caráter atípico, o negócio fiduciário. Quando o legislador lhe concedeu foros de negócios jurídico nominado, deu-lhe abrigo naquela lei especial por uma razão de conveniência: o comércio monetário, necessitando de um instrumento mais dinâmico de garantia, do que os tradicionais, e as instituições financeiras agindo sob fiscalização das autoridades monetárias, entendeu o legislador de boa política ali inserir esta modalidade de garantia, sem exclusividade entretanto. Não seria o receio de fraudes, porque fora também do comércio bancário vigora o princípio da boa-fé na maioria dos negócios, e a formalidade publicitária acoberta os terceiros de abusos e maquinações dos contratantes.

Como argumento de estrita interpretação gramatical, é de se admitir que o Decreto-lei nº 911, de 1969, ao cogitar a execução da propriedade fiduciária, abria ao credor a alternativa da apreensão da coisa ou execução do título com a alusão ao *executivo fiscal*. Esta última referência já indicava que o legislador franqueara a alie-

---

8   Nestor José Forster, *Alienação Fiduciária em Garantia*, pág. 59.
9   Alfredo Buzaid, "Ensaio sobre Alienação Fiduciária em Garantia", *in Revista dos Tribunais*, vol. 401, pág. 19; Arnoldo Wald, "Da Alienação Fiduciária", *in Revista dos Tribunais*, vol. 400, pág. 25; Milton Paulo.
10   Luiz Alberto da Silva, "Âmbito de Aplicação da Alienação Fiduciária em Garantia", *in Legislação Mineira*, nº 35, outubro de 1970, pág. 11; Egon Félix Gottschalk, "Negócio Fiduciário", *in Problemas Brasileiros*, vol. 74, pág. 20; Euler da Cunha Peixoto, "Alienação Fiduciária em Garantia", *in Mensagem Econômica*, vol. 194, pág. 24.

nação fiduciária em garantia de débito a pessoa jurídica de direito público, ou seja, a entidade não integrante da rede bancária ou financeira.

B) *Objetivo.* Embora por certo tempo tenha campeado aqui diversificação polêmica, a saber, se a alienação fiduciária em garantia deve restringir-se aos móveis, a questão é de mais fácil desate. A Lei n° 4.728, de 1965, com a alteração conferida pela Lei n° 10.931, de 02.08.2004, alude tão somente à coisa móvel ou valores mobiliários, orientação que foi seguida pelo Código Civil de 2002 (art. 1.361). A conclusão imediata seria a de que os critérios instituídos para a alienação fiduciária em garantia e o processo de execução previstos no diploma específico só têm cabimento em relação à *res mobilis*, e mais limitadamente aos bens móveis duráveis. Daí concluírem alguns que só pode ser objeto de alienação fiduciária coisa móvel.[11]

A nosso ver, já cumpria, todavia, distinguir: fora do mecanismo de execução regulamentado na Lei especial, a alienação fiduciária pode comportar a coisa imóvel, como a jurisprudência de nossos tribunais já admitia antes da Lei n° 4.728, admitindo a validade do contrato de alienação fiduciária de coisa imóvel, e validando o *pactum fiduciae*.[12] A questão foi resolvida com o advento da Lei n° 9.514, de 20 de novembro de 1997, que em seus arts. 22 a 33 disciplina o regime da propriedade fiduciária de bens imóveis.

Aqui, tem lugar a figura denominada Patrimônio Rural em Afetação, instituída pela Medida Provisória n° 897, de 2019, posteriormente convertida na Lei n° 13.986, de 2020. Com a criação desse novo instituto, tornou-se possível ao proprietário de imóvel rural, pessoa física ou jurídica, submeter a totalidade ou fração de seu imóvel ao que se chamou de "regime de afetação" e, assim, o terreno, bem como seus acessórios, servirão de garantia à emissão de Cédula de Produto Rural (CPR) ou de operações financeiras contratadas pelo proprietário por meio de Cédula Imobiliária Rural (CIR).

A denominação empregada, no entanto, torna-se questionável, na medida em que não se está diante de verdadeiro patrimônio de afetação, pois, como deixava claro o então vigente parágrafo único do art. 7° da referida lei, apenas o imóvel rural e seus acessórios poderiam compô-lo, o que vai de encontro ao próprio conceito de patrimônio, caracterizado como universalidade e, portanto, capaz de expandir-se ou retrair-se com a incorporação ou alienação de bens.

Por conta de seu caráter estático, o novo instituto aproxima-se mais do conceito de garantia real do que propriamente do de patrimônio de afetação. A Lei n° 13.986, de 2020, portanto, parece ter incorporado ao ordenamento jurídico brasileiro nova espécie de garantia, que tampouco se confunde com a alienação fiduciária em garantia, pois, no novel instituto, não há transferência da propriedade resolúvel ao credor, como ocorre naquela.

---

11 Orlando Gomes, ob. cit., pág. 52; em sentido contrário, Luiz Alberto da Silva, *Contribuição ao Estudo das Sociedades de Financiamento no Brasil*, pág. 102.

12 Pontes de Miranda, *Tratado*, vol. 52, § 4.482, admite que a propriedade fiduciária incide também em bens imóveis.

Com a entrada em vigor da Lei 14.421/2022, ocorreram mudanças no ponto, em vista de tais inconsistências técnicas: (i) fez-se previsão de nova redação ao anterior parágrafo único, agora transformado em parágrafo primeiro, no sentido de que "[n]o regime de afetação de que trata o caput deste artigo, o terreno, as acessões e as benfeitorias nele fixadas, exceto as lavouras, os bens móveis e os semoventes, constituirão patrimônio rural em afetação, destinado a prestar garantias por meio da emissão de Cédula de Produto Rural (CPR), de que trata a Lei nº 8.929, de 22 de agosto de 1994 , ou em operações financeiras contratadas pelo proprietário por meio de Cédula Imobiliária Rural (CIR); (ii) acrescentou-se o parágrafo segundo ao art. 7º da Lei 13.986/2020, consignando expressamente que o patrimônio rural em afetação dado em garantia na forma deste dispositivo constitui direito real sobre o respectivo bem.

C) *Formais.* Negócio jurídico formal, a alienação fiduciária em garantia, ou propriedade fiduciária, exige instrumento escrito (público ou particular), de que constem: a menção ou estimativa da dívida garantida; o prazo, ou época do pagamento; a taxa de juros, se houver, e a descrição da coisa objeto da transferência, com os elementos indispensáveis à sua identificação (art. 1.362 do Código Civil). O Decreto-lei nº 911/69 admitia que, faltando este último elemento, fosse ele objeto de prova posterior, a cargo do adquirente. Tolerância que o Direito atual não contempla.

Fica o registro de que o Decreto-lei nº 911/69, ao admitir que o bem fosse posteriormente identificado, sem restringir o meio de prova, admitia, inclusive, a testemunhal, posto não seja a mais segura, por sua natural incerteza e imprecisão.[13] O referido diploma faz alusão ao escrito "para prova" da alienação fiduciária. E isto levou alguns autores a sustentar que não seriam exigidos para validade do ato, mas *ad probationem tantum*.[14] A nosso ver, teria ocorrido simplesmente um desvio vocabular. O requisito formal é, e sempre foi, da *essência do ato*, pois que sem o instrumento escrito não haverá arquivamento no Registro de Títulos e Documentos para "valer contra terceiros", e é óbvio que se a alienação fiduciária não for oponível a terceiros não transmite a propriedade, uma vez que é da essência desta a oponibilidade *erga omnes* (*Introdução, supra*). Argumenta Pontes de Miranda que o problema é de prova e que a confissão supre a ausência do instrumento. Não nos parece aceitável, pois teria como consequência tolerar uma propriedade exclusivamente *inter partes*, sem validade *erga omnes*, e que poderia haver transmissão de posse pelo constituto possessório sem a existência de cláusula expressa.

O "formalismo do ato" completa-se com o "formalismo publicitário" – o registro do contrato no Registro de Títulos de Documentos do domicílio do devedor, ou, em se tratando de veículos, na repartição competente para o seu licenciamento, fazendo-se a anotação no certificado de registro (§ 1º do art. 1.361, CC), providência que gera duplo efeito: 1º) atribuir ao ato validade contra terceiros e, portanto, caracterizar a propriedade da coisa fideitransmitida ao credor; 2º) tornar conhecida a garantia, para quem quer que trate com o devedor, permitindo-lhe saber e

---

13   Nestor José Forster, ob. cit., pág. 58.
14   Pontes de Miranda, *Tratado*, vol. 52, pág. 357; Orlando Gomes, ob. cit.

recusando-lhe ignorar que o bem, embora na posse do devedor, não lhe pertence enquanto pender a condição resolutiva.

Para nós, que já admitíamos a alienação fiduciária também de coisa imóvel, seja na modalidade da *fiducia cum amico* (nº 257-A, vol. III), seja na de *fiducia cum creditore*, a forma pública sempre se nos afigurou indispensável na alienação imobiliária *cum pactu fiduciae* e sua transcrição no Registro Imobiliário. Caso contrário, o *pactum fiduciae* cria apenas um direito de crédito, desvestido de execução direta e sem oponibilidade a terceiro.

Ressaltam-se, ainda, as alterações promovidas pela Lei nº 14.620/2023, que trouxe a possibilidade de alienação fiduciária dos direitos oriundos da imissão provisória na posse concedida a entes federativos (art. 22, § 1º, V, da Lei nº 9.514/1997) e do direito ao saque do FGTS, desde que voltada ao pagamento das prestações de financiamento habitacional contratado por meio do SFH (art. 20, § 27, da Lei nº 8.036/1990).

Extensão. O art. 22 da Lei nº 9.514/1997, com a redação dada pela Lei nº 14.711/2023, permite a chamada alienação fiduciária superveniente, a qual se afigura suscetível de registro desde a data de sua celebração, tornando-se eficaz a partir do cancelamento da propriedade fiduciária anteriormente constituída (§ 3º). Com isso, tal como na hipoteca, criou-se modalidade de alienação fiduciária "de segundo grau" ou sucessiva, a permitir que um mesmo imóvel seja utilizado como garantia em mais de um negócio jurídico, quer dizer, subalienações fiduciárias em garantia.

Em tais subalienações, os credores fiduciários de segundo ou mais graus serão titulares de um direito real de propriedade sujeito a duas condições: (i) a condição resolutiva consistente no adimplemento da respectiva dívida garantida; e (ii) a condição suspensiva consistente na extinção da propriedade fiduciária de grau inferior. Logo, a alienação fiduciária superveniente terá efeito em caso de cancelamento da anterior ou se, após executada esta, houver saldo em dinheiro, que se prestará ao credor da alienação superveniente.

Havendo alienações fiduciárias sucessivas da propriedade superveniente, as anteriores terão prioridade em relação às posteriores na excussão da garantia, observado que, no caso de excussão do imóvel pelo credor fiduciário anterior com alienação a terceiros, os direitos dos credores fiduciários posteriores sub-rogam-se no preço obtido, cancelando-se os registros das respectivas alienações fiduciárias (§ 4º).

Resta também assente que o credor fiduciário que pagar a dívida do devedor fiduciante comum ficará sub-rogado no crédito e na propriedade fiduciária em garantia (§ 5º).

Vale dizer que o inadimplemento de quaisquer das obrigações garantidas pela propriedade fiduciária faculta ao credor declarar vencidas as demais obrigações de que for titular relacionadas ao mesmo imóvel (§ 6º). Trata-se da viabilidade da chamada cláusula *cross default*, ou seja, de vencimento cruzado da avença, permitindo ao credor exigir o vencimento antecipado de uma obrigação em razão do não cumprimento tempestivo, por parte do devedor, de obrigações previstas em outros contratos. Esse dispositivo contratual precisa, necessariamente, estar consignado no instrumento constitutivo e não opera automaticamente, dependendo, pois, de manifestação do credor na intimação do procedimento executivo extrajudicial.

Além da alienação fiduciária superveniente, outra inovação legal diz respeito à inclusão dos arts. 9º-A a 9º-D da Lei nº 13.476/2017, habilitando a extensão da alienação fiduciária de coisa imóvel. Por meio desta forma de recarregamento, a propriedade fiduciária já constituída passa a poder ser utilizada como garantia de operações de crédito novas e autônomas de qualquer natureza, desde que (i) sejam contratadas as operações com o credor titular da propriedade fiduciária e (ii) inexista obrigação da contratada com credor diverso garantida pelo mesmo imóvel.

Essa nova potencialidade da alienação fiduciária, ora denominada extensão, recarregamento, compartilhamento ou refil da garantia facilita, do ponto de vista cartorário, a conexão de novas obrigações a uma anterior garantia real imobiliária, estando sua eficácia submetida apenas ao ato de averbação na matrícula, não se confundindo, portanto, com hipóteses de meros aditivos contratuais.

Deve-se atentar à regra da unicidade de credor, ao prazo final de pagamento e ao valor máximo garantido, além do permissivo contratual.

Nada obstante a possibilidade de o recarregamento da hipoteca desafiar, ainda que excepcionalmente, a unicidade do polo creditício, outras diferenças se mostram também marcantes: a extensão da alienação fiduciária em garantia de imóveis só pode ser realizada por instituição financeira ou por empresas simples de crédito em qualquer tipo de negócio, já a da hipoteca materializa-se livre a qualquer sujeito; o refil da alienação fiduciária pode ser formalizado por instrumento particular, admitida a apresentação em formato eletrônico (Lei nº 13.476/2017, art. 9-B, § 2º), de modo diverso da hipoteca, que depende de escritura pública (art. 108 do Código Civil).

364-C. Obrigações do Alienante e do Adquirente

Gerando obrigações para ambas as partes, a alienação fiduciária em garantia cria ao mesmo tempo direitos correlatos.

Alienante. O alienante, que é o devedor na obrigação principal, tem deveres nestas duas condições.

Como *devedor*, há de solver o débito com todos os seus acessórios (juros, comissões permitidas, correção monetária segundo os índices estipulados). Consistindo a *solutio* numa só prestação, assim deve ser cumprido; se em parcelas periódicas (o que é mais frequente nesta modalidade negocial, pois que o grande campo de incidência desta garantia é o financiamento de vendas diretas ao consumidor) incumbe ao devedor pagá-las pontualmente, sujeitando-se à execução da garantia, na falta de cumprimento delas, conforme o avençado. O Código de Defesa do Consumidor (Lei nº 8.078/1990), referindo-se expressamente à alienação fiduciária em garantia, considera nulas as cláusulas que "estabeleçam a perda total das prestações pagas em benefício do credor que, em razão do inadimplemento, pleitear a resolução do contrato e a retomada do produto alienado" (art. 53); ponderando o parágrafo segundo do dispositivo em tela que "nos contratos do sistema de consórcio de produtos duráveis, a compensação ou a restituição das parcelas quitadas, na forma deste artigo, terá descontada, além da vantagem econômica auferida com a fruição, os prejuízos que o desistente ou inadimplente causar ao grupo".

Transferida a propriedade da coisa ao credor, o alienante, como tal, conserva-a em seu poder com as obrigações de *depositário*, sujeitando-se à sua manutenção e conservação. E tem o dever de admitir que o credor fiscalize em qualquer tempo o seu estado.

Não pode o devedor dispor da coisa a qualquer título, oneroso ou gratuito, na pendência da alienação fiduciária, pois que sua não é, mas do credor. E a este tem o dever de entregá-la, se descumpre o obrigado, sujeitando-se às penas impostas ao depositário infiel, de que se salienta a de prisão (Código Civil, arts. 1.363 e 652), embora o dispositivo não seja mais aplicável em decorrência de decisão do Supremo Tribunal Federal como veremos mais à frente. A lei especial, quando equipara o alienante ao depositário, acrescenta que lhe assume este as responsabilidades e encargos, de acordo com a lei civil e a penal. Os deveres básicos do depositário consistem em conservar e restituir, e a sanção para este último residia até há pouco tempo na prisão até por um ano (n° 247, *supra*, vol. III).

O Supremo Tribunal Federal julgou, em 2008,[15] processo de *habeas corpus* em que se examinou o caso de um paciente que tivera prisão decretada por não ter entregado o bem dado em garantia. Os ministros, por maioria, entenderam que o Pacto de São José da Costa Rica, tratado de Direito Internacional ratificado pelo Brasil, que prevê uma única possibilidade de prisão civil – a do responsável pelo inadimplemento voluntário e inescusável de obrigação alimentícia –, tem caráter de supralegalidade e se sobrepõe às leis que autorizam esse tipo de prisão civil.[16]

O Supremo Tribunal Federal vinha decidindo pela legalidade da prisão do depositário infiel, tendo, inclusive, sumulado seu entendimento (Súmula n° 619). No entanto, em decorrência de emenda constitucional (Reforma do Judiciário) que deu maior magnitude aos tratados internacionais de Direitos Humanos que sejam ratificados pelas Casas Legislativas brasileiras por meio de quórum especial de 3/5 em dois turnos (art. 5°, § 3°, da CF), o tribunal reviu seu entendimento, revogando o enunciado da Súmula. Ratificando esta nova concepção, foi editada a Súmula Vinculante n° 25, que declara ser ilícita a prisão civil de depositário infiel, qualquer que seja a modalidade do depósito. Na mesma esteira, o Superior Tribunal de Justiça, em sua Súmula n° 419, entende ser descabida a prisão civil do depositário judicial infiel.

---

15 HC 87.585/TO, rel. Min. Marco Aurélio, 03.12.2008.

16 O caráter de supralegalidade foi defendido pelo Ministro-Presidente do Supremo Tribunal Federal, Gilmar Mendes, e acompanhado pela maioria. Outros membros (Ministros Celso de Mello, Cezar Peluso, Ellen Gracie e Eros Grau) consideraram o tratado como norma constitucional. Não obstante a divergência de classificação do Pacto de São José da Costa Rica, o *habeas corpus* foi concedido e a prisão do paciente foi relaxada. Sobre o tema, imprescindível, ainda, a referência à decisão do STF no julgamento do RE 466.343/SP, Pleno, Rel. Min. Cezar Peluso, julg. 03.12.2008.

A mora ou inadimplemento, que autorizam o credor a promover a execução da garantia, decorre do protesto do título ou da intimação ao devedor por carta registrada expedida por intermédio do Cartório de Títulos e Documentos.

O alienante continua pessoalmente obrigado pelo remanescente da dívida, se o produto da venda da coisa, pelo credor, não bastar para solver o débito, e mais as despesas efetuadas para a cobrança (CC, art. 1.366). Em tal caso, o credor encontra no patrimônio do devedor a garantia genérica para as obrigações deste, em concorrência com os demais credores, e sem privilégio. Poderá excutir as garantias fidejussórias, procedendo contra os eventuais fiadores ou avalistas do alienante.

Adquirente. Se a obrigação principal é constituída simultaneamente com a alienação fiduciária, o adquirente tem o dever de proporcionar o financiamento a que se obrigou, ou empréstimo combinado, ou a entrega da mercadoria (se a garantia fiduciária é estipulada com o fornecedor daquela). Cumprirá o que o negócio jurídico principal lhe impõe.

Como adquirente, no negócio jurídico da alienação fiduciária propriamente dito, cumpre ao credor respeitar no alienante o direito ao uso regular da coisa, não molestar a sua posse direta, e não se apropriar da coisa alienada, uma vez que é defesa a cláusula comissória (CC, art. 1.365).

Em consequência, se da venda da coisa a terceiro, no inadimplemento do devedor, restar saldo após a solução do débito com todos os acessórios e despesas da cobrança, será restituído ao devedor (art. 1.364).

Cumprida a obrigação garantida, o adquirente tem o dever de restituir ao alienante a propriedade da coisa. No Direito Romano, o *pactum fiduciae* tinha caráter pessoal (nº 364-A, *supra*) e era assegurado pela *actio fiduciae contraria*.

A propriedade fiduciária, de nosso direito, gera para o devedor uma pretensão restitutória de natureza real.[17] Dada porém a circunstância especial de conservar o fiduciante a posse direta do bem, ao contrário do que ocorria em Direito Romano, a discussão é de pouco interesse prático, e sempre se executa por ato unilateral do próprio alienante. A recuperação do domínio opera-se pela averbação da quitação do credor no cartório em que a alienação foi inscrita. Se o credor recusa receber ou dar quitação em forma, tem o devedor ação de consignação em pagamento, valendo a sentença como título liberatório e, *ipso facto*, recuperação da propriedade.

A recusa do credor pode sujeitá-lo ao ressarcimento das perdas e danos, pois é curial que a subsistência do direito real após a liquidação do débito acarreta prejuízo ao devedor, pelo qual o credor responde.

A recuperação da propriedade pelo alienante é *pleno iure*, como efeito da própria caracterização legal do instituto: propriedade resolúvel. Resolve-se de pleno direito, sem necessidade de qualquer ato do adquirente ou declaração de vontade do alienante, e tem o corolário de resolver também os direitos que eventualmente haja o adquirente fiduciário constituído sobre a coisa.

---

17   Orlando Gomes, ob. cit., pág. 21; Pontes de Miranda, Tratado.

A posse do adquirente (*posse indireta*) cessa automaticamente, e o alienante, que somente a tinha direta, recupera-a em toda a plenitude.

364-D. EXECUÇÃO DO CONTRATO

O procedimento de execução do contrato varia conforme a natureza do bem dado em garantia, se móvel ou imóvel. Com o inadimplemento da obrigação garantida por bens móveis, o proprietário fiduciário poderá vender a coisa a terceiro e aplicar o produto da venda na solução de seu crédito e das despesas decorrentes da cobrança, aqui valendo destacar que houve a inclusão da possibilidade de busca e apreensão extrajudicial de veículo automotor, pela Lei nº 14.711/2023, por seu art. 6º, alterando o Decreto-lei nº 911/1969. O dispositivo, que havia sido vetado pela Presidência da República, teve sua literalidade restabelecida por força de derrubada de veto promovida pelo Congresso Nacional..

Com o inadimplemento da obrigação garantida, o proprietário fiduciário poderá vender a coisa a terceiro e aplicar o produto da venda na solução de seu crédito e das despesas decorrentes da cobrança.

Cumpre-lhe, antes de mais nada, *constituir o devedor em mora*. E esta decorrerá do simples vencimento do prazo para pagamento e poderá ser comprovada por carta registrada com aviso de recebimento, não se exigindo que a assinatura constante do referido aviso seja a do próprio destinatário (art. 2º, § 2º, do Decreto-lei nº 911/1969, com redação determinada pela Lei nº 13.043, de 2014). Nesse caso, como nos de vencimento antecipado da obrigação por força de lei ou convenção, o credor poderá considerar vencidas todas as obrigações, e tomará as medidas defensivas de seus direitos, com base no Decreto-lei nº 911/69:

a) poderá promover a busca e apreensão do bem alienado fiduciariamente, a qual será concedida liminarmente, desde que comprovada a mora ou o inadimplemento do devedor;[18]

b) cinco dias após executada a liminar, consolidar-se-ão a propriedade e a posse plena e exclusiva do bem no patrimônio do credor fiduciário, que poderá promover a venda da coisa apreendida, ficando a seu critério fazê-lo judicialmente (com aplicação dos preceitos processuais da venda judicial) ou extrajudicialmente, cabendo às repartições competentes, quando for o caso, expedir novo certificado de registro de propriedade em nome do credor, ou de terceiro por ele indicado, livre do ônus da propriedade fiduciária;

---

18 O Supremo Tribunal Federal pacificou a controvérsia a respeito da recepção do art. 3º do Decreto--Lei nº 911, que autoriza a busca e apreensão do bem, ao firmar a seguinte tese: "O artigo 3º do Decreto-Lei nº 911/69 foi recepcionado pela Constituição Federal, sendo igualmente válidas as sucessivas alterações efetuadas no dispositivo". (STF, Tribunal Pleno, RE 382.92/MG, Rel. p/ acórdão Min. Alexandre de Moraes, julg. 22.09.2020).

c) no prazo de cinco dias após a execução da busca e apreensão liminarmente concedida, o devedor fiduciante poderá pagar a integralidade da dívida pendente, segundo os valores apresentados pelo credor fiduciário na inicial, hipótese na qual o bem lhe será restituído livre do ônus;

d) o devedor fiduciante apresentará resposta no prazo de quinze dias da execução da liminar, a qual poderá ser apresentada ainda que o devedor tenha se utilizado da faculdade de pagar a integralidade da dívida pendente, segundo os valores apresentados pelo credor fiduciário na inicial, caso entenda ter havido pagamento a maior e desejar restituição;

e) da sentença cabe apelação apenas no efeito devolutivo;

f) na sentença que decretar a improcedência do pedido de busca e apreensão, o juiz condenará o credor fiduciário ao pagamento de multa, em favor do devedor fiduciante, equivalente a cinquenta por cento do valor originalmente financiado, devidamente atualizado, caso o bem já tenha sido alienado, multa esta que, como não poderia deixar de ser, não exclui a responsabilidade do credor fiduciário por perdas e danos;

g) se o bem alienado fiduciariamente não fosse encontrado ou não se achasse na posse do devedor, alguns expedientes processuais culminavam na decretação da prisão civil do alienante, considerado, então, depositário infiel, como meio de coerção ao pagamento. Entretanto, após intensos debates, o Supremo Tribunal Federal editou a Súmula Vinculante nº 25, pacificando a controvérsia nos seguintes termos: "É ilícita a prisão civil de depositário infiel, qualquer que seja a modalidade de depósito". Hoje, portanto, ao credor resta o caminho das cobranças pelas vias ordinárias, de maneira que a prisão civil se limita à hipótese de inadimplemento voluntário e inescusável de obrigação alimentícia.

Se, porém, se tratar de alienação fiduciária de bens imóveis, regida pela Lei nº 9.514/1997, caso ocorra inadimplemento da obrigação pactuada, a garantia será executida por meio extrajudicial, mediante notificação pessoal expedida pelo correspondente cartório de registro de imóveis. Recebida a notificação, o devedor precisará satisfazer, no prazo de 15 dias, as prestações vencidas e as que vencerem até a data do pagamento, acrescidas dos juros e dos demais encargos contratuais e legais, além de tributos e cotas condominiais referentes ao imóvel, se for o caso, bem como das despesas de cobrança e de intimação.

Em caso de inércia do devedor, o cartório de registro de imóveis certificará a não satisfação do crédito. Ato contínuo, o proprietário fiduciário apresentará comprovante de pagamento do Imposto sobre a Transmissão de Bens Imóveis (ITBI). Com isso, será feita a averbação na matrícula do imóvel da consolidação da propriedade em nome do credor, que, nos termos do art. 27 da Lei nº 9.514/1997, deverá realizar o leilão para promover a venda do bem.

O Supremo Tribunal Federal analisou a constitucionalidade do procedimento de execução extrajudicial em espeque, no bojo do RE 860.631, fixando-se o Tema 982, no sentido de que "[é] constitucional o procedimento da Lei nº 9.514/1997 para a execução extrajudicial da cláusula de alienação fiduciária em garantia, haja vista sua compatibilidade com as garantias processuais previstas na Constituição Federal".

Falência. Para perfeita exposição doutrinária há que distinguir a falência do devedor e do credor.

1. A *falência do devedor* alienante não altera a estrutura do mecanismo de execução da alienação fiduciária, cabendo ao credor pedir contra a massa a restituição do bem alienado fiduciariamente, e em seguida agir como a lei especial faculta.

2. Mais complexa, e por isso mesmo controvertida, é a questão se o devedor fiduciante na *falência do credor fiduciário* tem direito à separação do bem alienado, em espécie, ou apenas a um crédito quirografário contra a massa. Se prevalecesse a concepção romana, que atribuía ao *pactum fiduciae* efeitos meramente pessoais ou de crédito, somente caberia ao fiduciante habilitar-se como credor sem privilégio. Igual consequência vigora no direito alemão, com a teoria do ato abstrato.[19] Em face, porém, do direito pátrio, da propriedade resolúvel, o fiduciário é titular de um domínio condicional. Adquire a propriedade da coisa, mas o implemento da *conditio* implica sua resolução *pleno iure*. Desta sorte, pagando o fiduciante a dívida, como é direito seu, inclusive amparado pela ação de consignação poderá, exercer contra a massa a pretensão restitutória, separando o bem alienado que retorna à sua propriedade livre, visto como é oponível à massa o seu direito contra o falido, embora os não tenha maiores nem melhores do que antes da falência.[20]

Recuperação Judicial. São imunes aos efeitos da recuperação judicial de empresas os créditos decorrentes da alienação e da cessão fiduciária de bens móveis ou imóveis, prevalecendo o direito de propriedade do credor fiduciário sobre a coisa, bem como as condições contratuais (art. 49, § 3º, da Lei nº 11.101/2005). O dispositivo, no entanto, ressalva que os bens considerados essenciais à atividade empresarial não poderão ser retirados do estabelecimento nem alienados pelo credor durante o prazo de 180 dias previsto no art. 6º, § 4º, da Lei 11.101, de 2005, durante o qual permanecerão suspensas as execuções em face do devedor.

Execução. A apreensão da coisa em execução da alienação fiduciária é uma faculdade concedida ao credor, que não é obrigado a promovê-la. Se ele o preferir, poderá intentar procedimento executório (ou executivo fiscal se o fiduciário for pessoa jurídica de direito público, a que seja concedido esse privilégio), contra o devedor ou seus fiadores ou avalistas.

No caso de execução contra o fiduciante poderá o credor fazer que a penhora incida em qualquer bem do devedor.

Em sendo a dívida paga pelo terceiro (fiador do contrato, avalista, terceiro a outro título interessado ou mesmo, na inovação do Código de 2002, pelo terceiro não interessado), sub-roga-se o *solvens* na condição jurídica do credor, podendo exercer contra o devedor todos os direitos advindos da alienação fiduciária (art. 1.368).

Cláusula comissória. Não faculta a lei especial ao adquirente fiduciário, mesmo por cláusula expressa, ficar com a coisa alienada para si mesmo, se a dívida

---

19 Pontes de Miranda, ob. cit. e loc. cit.; Otto de Sousa Lima, ob. cit., pág. 313; Orlando Gomes, ob. cit., pág. 129.

20 Orlando Gomes, ob. cit., pág. 132.

não for paga no vencimento. Avença acaso existente, neste sentido, é fulminada de nulidade. Faculta-se-lhe, conforme visto acima, vender a coisa a terceiro, uma vez operada a consolidação da propriedade e da posse na sua pessoa. Objeto da alienação é a própria coisa, e não somente o seu direito de proprietário fiduciário.[21] Não está adstrito à venda por autoridade da justiça. Pode efetuá-la direta.[22]

A nós nos parece que o legislador deixou-se por demais influenciar pela dogmática do penhor e da hipoteca. E da mesma influência penetrou-se o Código Civil de 2002 (arts. 1.364 e 1.365). No plano ontológico não tem cabimento a atração do princípio. Ao contrário do que ocorre na situação pignoratícia ou hipotecária, com a alienação fiduciária a coisa já está na propriedade e na posse (indireta embora) do credor. Desta sorte, não haveria proibir aquilo que é o efeito natural do negócio fiduciário (aquisição da coisa pelo credor). No penhor, como na hipoteca, a coisa é do devedor e do devedor continua sendo, gravada embora do ônus real; na alienação fiduciária a coisa já passa à titularidade do credor, descabendo a proibição de vir ele a ser seu dono.[23] Comprovado o inadimplemento da obrigação e constituído o fiduciante em mora, a propriedade se consolida em definitivo no fiduciário, que exerce tão somente a pretensão possessória, pela via da busca e apreensão da coisa. Não deverá ser proibido de conservá-la para si mesmo, ou revendê-la a terceiro. Pontes de Miranda alude à jurisprudência alemã, amparada em boa sorte da doutrina, que tem por legítima a cláusula comissória.[24]

A influência do penhor é tão acentuada que levou o Professor José Paulo Cavalcanti a publicar estudo (Recife, 1989) sob o título "O Penhor Chamado Alienação Fiduciária em Garantia".

O critério do direito pátrio é ilógico e gerador de dificuldade práticas. Ilógico porque proíbe uma aquisição que já está ínsita na própria constituição do direito. E gerador de problemas porque se o fiduciário promove a revenda ulterior da coisa, extrajudicialmente, poderá ser acionado pelo devedor, sob alegação de que dispôs da coisa a baixo preço. Em tal hipótese, em que se admite prova testemunhal, o credor poderia acabar condenado a indenizar o devedor, pela *minus valia*, com prejuízo para o credor e em desprestígio do instituto mesmo da alienação fiduciária, ou de seus objetivos de garantia do crédito.

Por outro lado, *quid iuris* se o adquirente fiduciário não encontrar comprador para a coisa, seja em venda judicial, seja extrajudicialmente?

Daí defendermos, de *iure condendo*, admitir a cláusula comissória. Uma vez promovida a apreensão da coisa, com observância dos trâmites legais, e observada a faculdade conferida ao devedor de pedir a purgação da mora, no credor consolida-se o domínio, não lhe devendo ser, portanto, imposta a obrigação da venda. A segurança do devedor já consiste na faculdade de purgar a mora em dois

21 Pontes de Miranda, ob. cit., vol. 52, pág. 366.
22 Luiz Alberto da Silva, ob. cit., pág. 111.
23 Pontes de Miranda, ob. cit., vol. 21, § 2.669.
24 Pontes de Miranda, ob. cit., vol. 52, pág. 363.

momentos: quando é intimado para pagar e nos três dias da apreensão do bem. Se não a exerce, perde-o em definitivo para o credor. Não nos parece, todavia, viável a solução alvitrada por Orlando Gomes, no sentido de que a lei poderia prescrever que "os bens alienados não poderiam valer mais, ao preço do mercado, do que o crédito concedido, acrescido de determinada percentagem para atender à desvalorização e despesas". Tal restrição, embaraçando sobremaneira o negócio fiduciário com uma estimativa prévia que o retira do campo da livre iniciativa, deixa de atentar em que é da conveniência do devedor postular maior ou menor financiamento. Não deve o empréstimo garantido ficar vinculado ao valor do bem alienado. E não se pode esquecer que a alienação fiduciária não se destina exclusivamente a proporcionar financiamento para aquisição direta pelo consumidor. Pode servir, e frequentemente serve, de garantia à constituição de outras modalidades de dívidas, mesmo já existentes anteriormente.

Amenizando o rigor da proibição de cláusula comissória, que no plano teórico sujeita, em demasia, a propriedade fiduciária aos princípios do penhor, o parágrafo único do art. 1.365 do Código Civil admite que, após o vencimento da dívida, credor e devedor convencionem a *datio in solutum* dos direitos eventuais deste último, para extinção da obrigação. Tal acontecendo, o credor é imitido na posse direta do bem alienado, e fica exonerado de efetuar a sua venda a terceiro, bem como de entregar qualquer remanescente ao devedor. Por outro lado, exonera-se este de qualquer saldo residual. Em se tratando de negócio jurídico autônomo, os interessados são livres em estipular o que mais lhes convenha.

PARTE QUINTA

DIREITO REAL DE AQUISIÇÃO

CAPÍTULO LXXXI
PROMESSA IRREVOGÁVEL DE VENDA

Bibliografia

Philadelpho Azevedo, "Execução Coativa da Promessa de Venda", *in Revista de Crítica Judiciária*, vol. X, págs. 601 e segs.; Andreas von Tuhr, *Tratado de las Obligaciones*, vol. I, págs. 188 e segs.; Amílcar de Castro, *Comentários ao Cód. do Processo Civil*, ed. Revista Forense, vol. X, nº 417; Francesco Messineo, *Dottrina Generale del Contratto*, págs. 199 e segs.; Serpa Lopes, *Curso*, vol. III, nos 132 e segs.; Orlando Gomes, *Direitos Reais*, nos 258 e segs.; Giovanni Carrara, *La Formazione del Contratto*, págs. 25 e segs.; Gabba, *Nuove Questioni di Diritto Civile*, vol. I, págs. 141 e segs.; Edmundo Lins, *Estudos Jurídicos*, págs. 303 e segs.; Planiol e Ripert, *Traité Pratique de Droit Civil*, vol. VI, nos 144 e segs.; Carlos Fulgêncio da Cunha Peixoto, "Promessa de Compra e Venda de Imóvel", *in Revista Forense*, vol. 74, págs. 437 e segs.; De Page, *Traité*, vol. II, 1ª Parte, nos 504 e segs.; Regina Gondin, *Contrato Preliminar, passim*; Ruggiero e Maroi, *Istituzione di Diritto Privato*, vol. II, § 138; Demogue, *Obligations*, vol. II, nos 469 e segs.

365. Contrato preliminar e direito real

Já cuidamos de estruturar a dogmática do *contrato preliminar* como figura genérica (n° 198, *supra*, vol. III) e no seu aspecto particular de promessa de compra e venda (n° 223, *supra*, vol. III).

Ali tratamos, obviamente, desta modalidade contratual que a prática dos negócios incrementou de maneira notável no direito moderno, e salientamos que as condições peculiares da vida brasileira estimularam uma evolução sem paralelo desse ato negocial em nosso direito.

Não há, pois, mister retornar ao assunto, senão para determinar as características particulares da promessa de compra e venda no seu aspecto especial de *direito real*. Pois que é no direito pátrio um novo *direito real*.

De início, assalta-nos o problema taxinômico.

Distinto da propriedade, na promessa de compra e venda o titular não tem os atributos do domínio sobre a coisa. Aliás, se os tivesse, já não haveria falar num direito real do promitente comprador, senão que a promessa se confundiria com a venda, e o promitente comprador, pelo só fato de o ser, já se equipararia ao comprador. Não falta no direito brasileiro quem o sustente,[1] numa confusão talvez com o direito francês, onde se afirma que *promesse de vent vaut vente*.[2] No direito brasileiro os dois fenômenos, no plano jurídico como no econômico, se destacam. Distingue--se, ainda, a promessa de venda dos direitos reais de gozo ou fruição (enfiteuse, servidões, usufruto, uso, habitação), cujos elementos ontológicos como etiológicos desenvolvemos nos lugares próprios deste volume. Diferencia-se, igualmente, dos direitos reais de garantia (penhor, hipoteca, anticrese).

É um direito real novo, pelas suas características, como por suas finalidades. E deve, consequentemente, ocupar um lugar à parte na classificação dos direitos reais. Nem é um direito real pleno ou ilimitado (propriedade), nem se pode ter como os direitos reais limitados que o Código Civil, na linha dos demais, arrola e disciplina. Mais próximo da sua configuração andou Serpa Lopes, quando fez alusão a uma categoria de *direito real de aquisição*, ocupada pela promessa de venda.[3]

Por esta razão, abrimos neste volume uma Quinta Parte com esta epígrafe. É bem certo que dos tratadistas estrangeiros nos distanciamos, ao procedermos desta sorte. É igualmente exato que não acompanhamos os nossos civilistas, que ou não cogitavam da promessa de compra e venda como direito real, ou colocavam-na ora entre os de fruição e gozo, ora entre os de garantia.

Ao abrirmos esta Quinta Parte, não só obedecemos a um imperativo de ordem metodológica, como também deixamos bem claro o nosso pensamento, no rumo de que a nosso ver este instituto não completou o seu ciclo evolutivo em nosso direito. A tendência será estremá-lo desenganadamente dos demais, fixando-lhe o conceito

---

1   Barbosa Lima Sobrinho, *As Transformações da Compra e Venda*, págs. 84 e segs.
2   Planiol, Ripert e Boulanger, *Traité Élémentaire*, vol. II, n°s 2.414 e segs.
3   Serpa Lopes, *Curso*, vol. VI, n° 119.

e as tendências, acentuando os elementos que o geraram fora do Código. Desde as edições anteriores destas Instituições, previamos mesmo que, a exemplo do que a Comissão de 1965 já havia feito (Orosimbo Nonato, Orlando Gomes, Caio Mário da Silva Pereira), um novo Código Civil que intentasse captar o pensamento juscivilístico nacional propenderia inevitavelmente pela fixação de rumos ainda mais avançados para este novo direito real. E, de fato, o Código de 2002 contempla o instituto, mencionando-o no rol dos direitos reais (art. 1.225, VII) e dedicando-lhe um Título para fixar sua disciplina fundamental (arts. 1.417 e 1.418).

Não se deve confundir, todavia, o contrato preliminar de compra e venda com o direito real respectivo. O primeiro é o ato causal do segundo. Melhor dito: o primeiro (o contrato) pode tornar-se a causa geradora do direito real. Originariamente a promessa de compra e venda há de ser um *pré-contrato*, que, como toda avença desta espécie, tem por objeto a celebração de outro, que será então o contrato definitivo.[4]

Para que tenha existência o direito real é mister a verificação de elementos específicos, ou requisitos que diferem, pela sua peculiaridade, dos encontrados no contrato preliminar – gerador este de um direito de crédito, também chamado (embora inadequadamente) direito pessoal.

Por motivos de ordem didática, deixamos de lado, sem contudo dele fazer abstração, o contrato preliminar de compra e venda, ou a promessa de compra e venda (objeto de estudo no nº 223, *supra*, vol. III, e merecedor de tutela no Código Civil de 2002, entre os arts. 462 e 466). No presente Capítulo, tratamos, pois, do *direito real de* promessa de venda.

366. REQUISITOS DO DIREITO REAL DE PROMESSA DE VENDA

Conforme desenvolvemos na exposição doutrinária da promessa de contratar, passou esta avença por uma série de fases em nosso direito. Tendo como ponto de partida o art. 1.088 do Código Civil de 1916, admitia-se que o promitente, antes de celebrado o contrato definitivo, podia arrepender-se. A divergência campeava no saber se era ou não sujeito a pagar perdas e danos.[5]

Imaginou-se, depois, uma distinção: se revestisse os requisitos do contrato definitivo, comportaria execução específica, habilitando o promitente-comprador a exigir judicialmente a declaração de vontade recusada ou seu suprimento, bem como a entrega da coisa.[6]

---

4   Von Tuhr, *Obrigaciones*, vol. I, pág. 188; Ruggiero e Maroi, *Istituzioni*, vol. II, § 138; Messineo, *Dottrina Generale del Contratto*, pág. 207.

5   Edmundo Lins, *Estudos Jurídicos*, pág. 303.

6   Philadelpho Azevedo, "Execução Coativa da Promessa de Venda", *in Revista de Crítica Judiciária*, vol. X, págs. 593 e segs. Em seguida a Philadelpho Azevedo, Carlos Fulgêncio da Cunha Peixoto, "Promessa de Compra e Venda de Imóvel", *in Revista Forense*, vol. 74, pág. 437.

Com o Decreto-lei nº 58, de 10 de dezembro de 1937, foi atribuída a condição de ônus real à promessa de compra e venda, embora restrito o seu campo aos imóveis loteados.

Veio o Código de Processo Civil de 1939, e cogitou da execução de sentença nas obrigações de fazer, quando seu objeto fosse a declaração de vontade (art. 1.006), surgindo esta outra distinção: se a promessa de compra e venda reveste todos os requisitos da compra e venda, é dotada de execução direta, suprindo o juiz a emissão volitiva do devedor, e valendo a sentença como escritura a ser transcrita no registro imobiliário.[7]

Com a Lei nº 649, de 11 de março de 1949, foi efetivamente criado o *direito real de promessa de venda*, nos termos de seu art. 1º, a saber: *Os contratos, sem cláusula de arrependimento, de compromisso de compra e venda de imóveis não loteados, cujo preço tenha sido pago no ato de sua constituição ou deva sê-lo em uma ou mais prestações, desde que inscritos em qualquer tempo, atribuem aos compromissários* direito real, *oponível a terceiros, e lhes confere o direito de adjudicação compulsória.*

Finalmente, o art. 1.417 do Código de 2002, no mesmo diapasão, atribui ao promitente comprador direito real à aquisição do imóvel mediante promessa de compra e venda em que não se pactuou arrependimento, celebrada por instrumento público ou particular, devidamente registrado.

Assentado o reconhecimento deste direito real, desde logo lhe saltaram os requisitos.

A) *Irretratabilidade do contrato.* Resulta da promessa de manifestação unilateral de vontade. Para que um contrato de promessa de venda dê nascimento ao direito real é necessário não venha acompanhada de *cláusula de arrependimento.* Não há mister se declare expressamente a irretratabilidade, como frequentemente se insere nos contratos. Basta à caracterização da irrevogabilidade a ausência dessa cláusula.

A irretratabilidade é a que resulta de manifestação unilateral de vontade e não se confunde, obviamente, com a cláusula resolutiva, ainda que expressa. Se a um contrato de promessa de venda for aposta uma cláusula resolutiva como sanção para o descumprimento de obrigações de promitente comprador, não perderá ele por isso o caráter de direito real, uma vez que se não pode confundir a *cláusula de arrependimento* com a *cláusula resolutiva*, que sanciona o inadimplemento.

De recente, consolidou-se, no ordenamento brasileiro, a possibilidade de o consumidor (promitente comprador) ter direito à resilição unilateral em face do incorporador (promitente vendedor), no âmbito dos contratos de promessa de compra e venda de imóveis objeto de incorporação imobiliária. Em tentativa de equilibrar a relação contratual travada entre partes não equipolentes, a chamada lei do distrato imobiliário (Lei nº 13.786/2018), admitiu-se a possibilidade de resilição unilateral apenas em favor do promitente comprador, previu, na ocorrência de tais casos, pena

---

7   Amílcar de Castro, *Comentários ao Código de Processo Civil*, edição Revista Forense, vol. X, nº 417.

convencional correspondente a valor não superior a 25% da quantia paga pelo consumidor. Vale dizer, desfeito o negócio, o adquirente receberia de volta não a integralidade, mas tão somente 75% do valor já quitado à incorporadora. Trata-se de dispositivo a um só tempo protetivo do consumidor – muitas vezes incapaz de dar continuidade ao pagamento das parcelas que não raro se alongam por anos – e que pretende conferir segurança jurídica ao mercado, fixando percentuais objetivos em prol do promitente vendedor prejudicado com a desistência, acrescido pela lei nova à disciplina do contrato de incorporação imobiliária (art. 67-A da Lei nº 4.591/64). Essa cláusula de arrependimento *ex lege* não descaracteriza a irretratabilidade, seja porque se volta apenas ao segmento das incorporações imobiliárias, seja porque, mesmo nesses contratos, pela disciplina jurídica de 2018, somente pode ser invocada pelos promitentes compradores, razão pela qual a nova lei em nada afeta a irrevogabilidade do contrato de promessa de compra e venda em relação às incorporadoras, mantendo-se hígido o direito real de aquisição do consumidor.

Outros dois relevantes dispositivos foram acrescentados à Lei nº 4.591/64 pela lei do distrato imobiliário nas promessas de compra e venda com incorporadoras. O art. 35-A passou a exigir que todos esses contratos se iniciem com quadro-resumo contendo informações básicas, como o preço total a ser pago pelo imóvel, o valor da parcela de entrada etc., garantindo o direito à informação do promitente comprador, a bem da transparência na relação contratual travada entre as partes. O art. 43-A e seus parágrafos, por sua vez, preveem os requisitos e as consequências da resolução do contrato por inadimplemento do incorporador.

B) *Imóvel*. Alude a lei a imóvel não loteado, vale dizer, não existe o direito real na promessa de venda de coisa móvel.[8] Somente imóvel. Qualquer imóvel, contudo. Embora a Lei nº 649/49 falasse em imóvel não loteado, abrangia casa ou terreno, rural ou urbano. Nunca houve o propósito de excluir os terrenos loteados, pela simples razão de que estes já encontravam no regime do Decreto-lei nº 58 situação idêntica.

C) *Preço*. Seja este pago à vista, ou dividido em prestações, deixou o legislador manifesto que não é *conditio legis* da constituição de direito real a quitação no ato. Vale ele, quer se pague o valor do imóvel de um só jato, quer se difira a *solutio* para momento ulterior toda inteira, quer finalmente se fracione em prestações mensais ou mais espaçadas.

D) *Inscrição*. O momento culminante da gestação deste direito real é a inscrição no registro imobiliário. Sem ela a apuração dos demais requisitos é nada. Verificados que sejam, e inscrito o documento, vigora o direito real de promessa de venda. Evidentemente, a partir do momento do registro. Até aquela data, o contrato de promessa de venda existe, porém gerador de direitos meramente obrigacionais. Operada a inscrição constitui-se o direito real.

Seus efeitos *erga omnes* originam-se da data do registro, e somente com ele podem ser invocados (v. nº 367, *infra*).

---

8   Orlando Gomes, *Direitos Reais*, nº 264.

E) *Outorga conjugal*. Embora controvertido o ponto, não se pode dispensar. E a razão está em que, segundo a regra contida no art. 1.647 do Código Civil, o cônjuge não pode, exceto no regime da separação absoluta de bens, alienar ou gravar de ônus real os bens imóveis, sem o consentimento do outro cônjuge.

Gerando a promessa de venda um direito sobre imóvel, não pode faltar a outorga da mulher do promitente vendedor; como também não pode, se o bem pertence à mulher, faltar a autorização marital – para a validade ou eficácia do direito.

F) Acompanhando a evolução da promessa de compra e venda em nosso direito, a tendência de nossa doutrina, como de nossa jurisprudência, já vinha sendo a de aceitá-la mesmo por instrumento particular, o que foi consagrado pelo art. 1.417 do Código de 2002. No Direito anterior, a matéria era controvertida.[9]

367. EFEITOS

Verificados os requisitos arrolados no parágrafo anterior, o direito real de promessa de venda é oponível a terceiros. Assim dispõe a lei, a bem dizer desnecessariamente, pois que todo direito real é oponível a terceiros (v. *Introdução, supra*).

Não foi, porém, vã a proclamação legislativa. A oponibilidade *erga omnes* tem aqui um sentido particular e elucidativo.

Celebrado o contrato de promessa de venda, já era ele dotado de execução direta, podendo exigir o promitente comprador a declaração de vontade da outra parte, e valendo a sentença pela escritura definitiva recusada.

Com o novo princípio, foi instituído para a promessa de venda o *direito de sequela*, vinculado desta sorte o compromisso de venda ao próprio imóvel. Em poder de quem quer que se encontre, o imóvel acha-se gravado no *direito real de promessa de venda*. Em consequência, o promitente-comprador tem o poder de exigir a escritura definitiva. Do promitente-vendedor, originariamente.

Mas se o imóvel tiver sido alienado a terceiro após a inscrição da promessa, o adquirente o recebe onerado, e a ele é oponível o direito de receber a escritura, independentemente de outras condições, além daquelas que constam do instrumento inscrito.

Com a faculdade de receber a escritura definitiva, suprível evidentemente pela sentença judicial, tem ainda o promitente comprador direito à *adjudicação compulsória. Recusada* a entrega do imóvel comprometido, ou alienado este a terceiro, pode o promitente comprador, munido da promessa inscrita, exigir que se efetive, adjudicando-lhe o juiz o bem em espécie, com todos os seus pertences. Ocorre, então, com a criação deste direito real, que a promessa de compra e venda se transforma de geradora de obrigação de fazer em criadora de obrigação de dar, que se executa mediante a entrega coativa da própria coisa.

---

9   Serpa Lopes, *Curso*, vol. III, nº 138; Sebastião de Sousa, *Da Compra e Venda*, nº 141.

No plano, ainda, dos efeitos cabe a menção à *cessibilidade* da promessa. É um direito transferível, valendo a cessão por instrumento público ou particular. Para que produza efeitos em relação a terceiros, cumpre seja a cessão levada a registro, e averbada à margem da inscrição.

O Código de Processo Civil de 2015, no art. 501, estatui que, na ação que tenha por objeto a emissão de declaração de vontade, a sentença que julgar procedente o pedido, uma vez transitada em julgado, produzirá todos os efeitos da declaração não emitida.

Por fim, como exceção à regra geral da mora automática – *dies interpellat pro homine* –, verificado eventual atraso no pagamento das prestações, não sofrerá o promitente comprador os efeitos da *mora debitoris* até que se lhe notifique por via judicial ou por intermédio de Cartório de Registro de Títulos e Documentos. Transcorridos quinze dias da interpelação, e não havendo a purga da mora, o devedor incorrerá em inadimplemento absoluto, abrindo-se as portas para a eficácia da cláusula resolutiva expressa (art. 62 da Lei 13.097/2015).

367-A. LOTEAMENTOS

A Lei nº 6.766, de 19 de dezembro de 1979, dispondo sobre o parcelamento do solo urbano, estabeleceu as linhas gerais, sem coarctar os Estados, o Distrito Federal e os Municípios, no que se refere ao estabelecimento de normas complementares, adequadas às peculiaridades regionais e locais. Instituiu os requisitos urbanísticos para loteamento, e os exigidos para a aprovação respectiva e do desmembramento de áreas. Regulamentou o registro dos loteamentos e os casos em que pode ser cancelado. Declarou irretratáveis os contratos que atribuam direito à adjudicação compulsória, e, estando registrados, confiram direito real oponível a terceiros. Proibiu a venda ou promessa de venda de parcela de loteamento ou desmembramento não registrado. E definiu como crimes contra a Administração Pública a comercialização de loteamento clandestino. Impondo sensível alteração no regime da promessa irretratável de venda, estabeleceu que o candidato à aquisição de um imóvel desmembrado ou loteado, munido de documento do qual conste manifestação de vontade das partes, poderá notificar o devedor para outorga do contrato de oferecimento de impugnação no prazo de 15 dias, sob pena de se proceder ao registro do pré-contrato, passando as relações entre as partes a ser regidas pelo contrato-padrão (art. 27).

A já referida lei do distrato imobiliário (Lei nº 13.786/2018) igualmente realizou alterações na Lei nº 6.766/1979. Assim, também os contratos de promessa de compra e venda em loteamentos deverão ser iniciados com quadro-resumo contendo informações básicas para o promitente comprador (art. 26-A). Além disso, passou a regular as consequências da resolução da promessa de compra e venda por fato imputável ao promitente comprador, estabelecendo quais valores poderão ser retidos pelo loteador nessa hipótese e quais deverão ser restituídos ao consumidor (art. 32-A).

Por sua vez, a Lei nº 14.620/2023 efetuou alterações na Lei de Loteamentos (Lei nº 6.766/1979). A mais relevante, constante do novo art. 18-A, é no sentido de que a critério do loteador, o loteamento poderá ser submetido ao regime da afetação, pelo qual o terreno e a infraestrutura, bem como os demais bens e direitos a ele vinculados, manter-se-ão apartados do patrimônio do loteador e constituirão patrimônio de afetação, destinado à consecução do loteamento correspondente e à entrega dos lotes urbanizados aos respectivos adquirentes, o que indubitavelmente repercute em maior segurança jurídica à continuidade do empreendimento.

Isso porque, na linha da própria inteligência sobre o patrimônio de afetação, os efeitos da decretação da falência ou da insolvência civil do loteador não atingem os patrimônios de afetação constituídos, não integrando a massa concursal o terreno, a obra até então realizada e os demais bens, direitos creditórios, obrigações e encargos objeto do loteamento (art. 18-F).

ÍNDICE ALFABÉTICO-REMISSIVO

(Os números se referem aos parágrafos.)